2020年卷
总第4辑

企业合规论丛（第4辑）

华东师范大学企业合规研究中心 / 编

中国法制出版社
CHINA LEGAL PUBLISHING HOUSE

《企业合规论丛》编辑委员会

目　录 CONTENTS

专题研讨　破产法专题

专题研讨　税法专题

论文争鸣

专题研讨

破产法专题

重获新生：自然人执行不能案件的出路与利益衡平

——以构建个人破产制度为思路

潘慧斌　郑丛华

内容摘要　我国出台企业破产法却未同时推出个人破产法。司法资源承载力有限，自然人执行不能案件数量暴涨，终局性退出机制缺失，造成大量执行不能的积案。随之而来，推动建立个人破产制度，完善现行破产法，畅通“执行不能”案件依法退出路径的呼声越来越高。实践数据统计表明，自然人执行不能的积案形势严峻，执行不能又是客观上无可执行财产的一种状态，寻找到有效的自然人执行不能案件的退出道路迫在眉睫。从主体维度看，构建个人破产制度是市场经济有序健康发展的需要，是法院化解执行积案实现司法公正的需要，是债权人重获新生与债务人公平偿债之间利益衡平的需要；从制度维度看，个人破产制度有弥补现有参与分配制度局限的构建必要性，也有相关配套制度成熟带来的构建可行性。本文通过这两个维度的分析，得出结论，即构建个人破产制度是实现自然人执行不能案件退出与多方利益衡平的一种极好的思路。本文通过借鉴域外立法经验，区别于企业破产法，提出了构建个人破产制度的几点建设性意见。一方面，明确了个人破产制度的适用主体、简易程序的优先适用、移送破产前的严格审查；另一

作者单位：浙江省温岭市人民法院。

方面，从免责制度的规范、失权与限制消费制度的制定、恶意逃债的监督、免责撤销权、刑事追责几个方面重点构建了滥用个人破产制度恶意逃债的规制制度。

关键词 自然人 执行不能 个人破产 制度构建

2019年2月27日，最高人民法院发布了《关于深化人民法院司法体制综合配套改革的意见——人民法院第五个五年改革纲要（2019—2023）》，首次提出“研究推动建立个人破产制度”。个人破产制度是破产法律制度中一个非常重要的组成部分，我国《企业破产法》于2006年发布，却未同时推出个人破产法。深刻分析当下形势，全国法院每年新收执行案件超过500万件，遏制增量、削减存量尚且面临诸多难啃的硬骨头，而客观执行不能的案件又占据相当大的比重。大量的自然人执行不能案件积压，又缺少退出机制，既阻断债务人的重新发展，又影响债权人利益的公平实现，更制约社会经济秩序的稳定发展。因此，推动构建个人破产制度的呼声越来越高。

一、边界确定：执行不能之深入理解与研究重点

执行不能，是指案件在执行过程中，人民法院穷尽财产调查措施及相应的强制执行措施后，被执行人确无财产可供执行。作为执行不能的实质标准，被执行人确无财产可供执行有三种情况：一是人民法院没有发现被执行人有可供执行的财产；二是被执行人虽拥有财产但不具备执行条件，如某些地区的集体土地无法处置；三是被执行人虽有一定财产但生活处于最低保障阶段而无履行债务能力。执行不能在程序上要求人民法院穷尽强制执行措施、财产调查措施和执行制裁措施，依然无法实现生效法律文书确认的申请执行人权益。本文所研究的自然人执行不能，属于无可执行财产的一种客观执行状态。

执行不能因被执行人的种类不同而分为自然人执行不能与组织执行不能。常见的组织执行不能，如企业可以通过执行转破产进入破产程序，经破产和解、重整或者清算实现债务的足额清偿而执行完毕，或者不足清偿的按受偿比例清偿并注销，从而实现执行案件的彻底性终结。组织的执行不能，最终是可以画上句号的，而自然人的执行不能只以终结本次执行的方式结案，这种结案是暂时性的，不具有案件结案的彻底性，待发现被执行人有可供执行的财产时立刻恢复执行。自然人执行不能案件存在无法彻底终结的局限，尤其显得其具有研究意义。是故，本文的研究对象限定于自然人作为被执行人的执行案件的执行不能。

二、迫在眉睫：依法退出是执行不能的现实图景与客观属性之必然

（一）实证检视：自然人执行不能之形势严峻

从 Z 省 W 市法院 2016 年至 2018 年以自然人为被执行人的执行案件结案情况来看（详见下图）：第一，以终结本次执行方式结案的案件比重过大。[1] 2016 年至 2018 年的占比分别为 86%、79%、71%。可见，执行的形势严峻，执行不能的情况显著。第二，以终结本次执行方式结案的执行案件，通过后期执行恢复完毕的很少。2016 年至 2018 年终结本次执行后恢复执行完毕的案件分别占总案件的 15%、10%、4%，而终结本次执行后未恢复执行完毕的案件占比分别为 71%、69%、67%。该数据有力地说明以自然人为执行人的案件在短时期彻底执行完毕困难很大，绝大多数属于长期执行不能的案件，这也反映了执行不能的积案比较严重。那么，寻找到有效的自然人执行不能案件的出路迫在眉睫。

[1] 数据来源：浙江省温岭市人民法院执行办案管理平台系统。

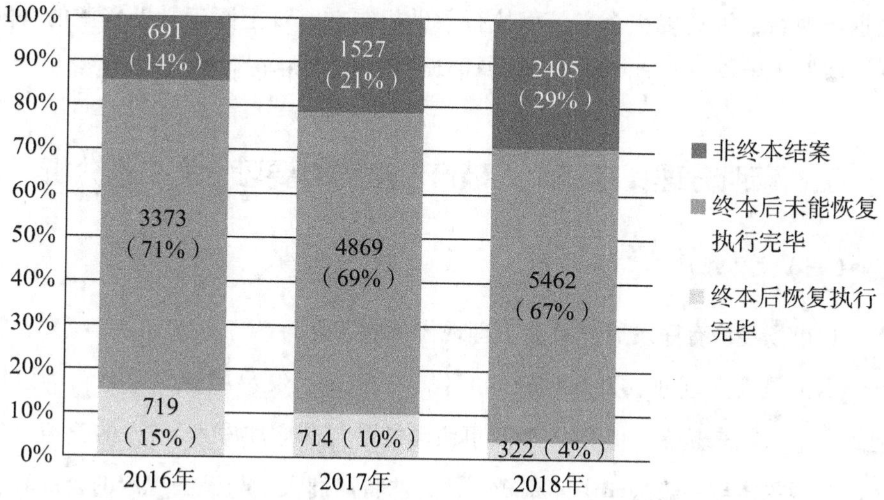

Z省W市法院2016—2018年自然人执行案件结案情况图

（二）客观特性：执行不能唯有退出执行一途

执行不能区别于执行难，其具有明显的客观性。执行不能的案件处于一种客观执行状态：要么被执行人客观上无任何财产，要么查控被执行人客观上无任何财产，要么查控财产被处置后无财产可供执行，要么虽有财产但受客观原因阻断而无法执行。进一步理解，首先，被执行人的财产状况或履行能力在案件执行时是相对固定的客观事实；其次，客观事实须主观认识。上述几种执行不能的客观状态均表现为法院采取足以令人信服的财产查控和强制执行措施后仍无法发现可供执行的财产。在此认识的基础上，可以看到，对于执行不能案件，“法院继续穷尽一切执行措施没有任何实际效果，不能归责于执行工作不力，此情形不是真正意义上的‘执行难’，应通过完善相应的法律制度或社会保障制度予以解决。比如，建立破产制度来消化无财产可供执行的案件；对涉及民生的无财产可供执行案件，通过司法救助制度来消化”[2]。简言之，执行不能的客观性要求我们必须去寻找执行不能案件的退出道路。特别在目前我国司法资源承载能力有限的现实状况下，通过某种正当的制度设计使案件最终完

---

[2] 刘贵祥：《一“网”打尽“执行难”》，载《南方周末》2016年1月10日。

全退出执行，极具现实意义。而执行救助机制在客观上囿于救助资源的有限性，所以，构建个人破产制度为思路的执行不能退出机制值得重点探索。

三、擘肌分理：构建个人破产制度的必要可行之二维分析

（一）主体维度

1. 市场经济有序发展与社会治理现代化的需要

当下是大众创业、万众创新的时代，从事商品交易或提供服务行为以谋利的商个人越来越多，自然人对商事活动的参与已愈加深入。“人的普遍商化使得商事主体与一般法律主体相融合，无法将‘商人’与民法规定的公民和法人相区别。”[3]当前，个人破产制度的缺失极大地制约了市场经济体制的高质量建设和市场经济主体的规范性退出。允许自然人在生产经营失败之后保留最基本的自由财产进入破产程序，无疑是个体经济、私营经济有序健康发展的有力保障。我国个人信用体系比较完善，配套的管理措施较为严密，较为完善的社会治理基础为个人破产制度的推动奠定了基石。此外，构建个人破产制度是进一步提升社会治理现代化的重要一环，也是司法工作融入、推动社会治理现代化的需要。

2. 法院执行积案化解与司法公正最优的需要

执行转破产制度的有效实施，有效消化了一部分执行积案。但囿于企业破产法适用对象仅限企业法人，执行转破产制度无法适用自然人执行案件。然而，从Z省W市法院执行信息系统中的数据来看，执行案件中至少70%是以自然人作为被执行人。并且，上文关于Z省W市法院2016年至2018年自然人执行案件的结案情况统计数据已经表明了自然人执行不能的严峻形势。可见，自然人作为被执行人的执行积案的严重问题已经日益凸显。所以，构建个人破产制度以填补“半部破产法”的另一半空白，不管是从横向维度上化解执

[3] 史际春、陈乐琴：《论商法》，载《中国商法学精粹》2002年卷。

行积案的当前态势来看，还是从纵向维度上建立缓解执行积案的长效机制来看，均是推动自然人执行不能案件“清库存”的强有力举措。

构建个人破产制度能让执行工作实现帕累托最优。首先要正确定位执行工作，“司法没有自身的利益，它的全部价值在于在司法权的行使中最大限度地把写在纸上的法律上的公平正义实实在在地转化成为现实中‘看得见、摸得着’的鲜活的公平正义，真正让全体社会成员共享法治的公平与正义”[4]。投入较小的司法成本获得最大的司法收益，是司法工作在经济学上的永恒追求。实际上，相当部分的执行不能案件，耗费大量执行资源却收效甚微，应当适时退出执行程序交由规范的破产程序解决。只有对有限的司法资源进行最合理的配置，才能够实现司法公正的帕累托最优。

此外，从Z省W市法院执行信息系统中的数据来看，同一个被执行人涉及三个以上执行案件的案件数占案件总数的比重至少有35%。这些案件的被执行人大多已是破产状态，此类案件不能转入破产程序，将导致大量“抽屉案”的产生。解决执行难，不仅是执行工作力度的强化过程，更是执行不能案件的清理过程。正如法谚所云：“迟来的正义非正义”，执行不能案件的久拖不决有损司法公信力。

3. 债权人重获新生与债务人权益保障的需要

对债务人而言，需要一种解除债务枷锁和保障生存发展权的制度。英国法学家费奥娜指出：“很多破产者应当受到关注复苏胜过关注惩罚的仁慈对待，法律及法律程序应当反映出这一点。”在现代化法治国家，“诚实而不幸”的债务人应当受到法律的保护与拯救。沉重的债务枷锁所带来的婚姻家庭破碎、非法暴力讨债袭扰等已经严重影响了债务人及其亲属生存发展权的基本保障。个人破产制度作为一种社会容错机制的体现，能够将“诚实而不幸”的债务人从无休止的债务清偿中拯救出来，在保障生存发展权的基础上让其重获新生。

---

[4] 王棋国：《论和谐司法》，载《法治研究》2007年第1期。

对债权人而言，需要一种利益平等保护和债权最佳清偿的制度。一是个人破产制度能充分保障全体债权人申报债权的权利，主要体现在破产受托人会通过公告、电话等渠道通知广大债权人申报债权。它有利于拓展可供破产分配的财产范围，有效甄别虚假债权债务，达到全面高效、公平有力保障债权的目的。二是债务人在沉重的债务压力下，无法获得重新上阵的机会。“破罐破摔”思想的蔓延导致债务人丧失了偿还债务的积极性，执行不能成为永久性的执行不能。通过破产程序中的免责制度能让债务人在一定程度上获得债务豁免，使债务人保持还债积极性，使债权人的受偿比例最大化。三是有助于提升债权人风险意识和自我保护意识。“执行不能的退出机制会使债权因缺乏公权力救济而无法实现，但执行案件的客观不能不因公权力干预而改变，势必会使债权人在民事活动中提高警惕、防范风险。”[5]

（二）制度维度

1. 弥补参与分配制度的不足

当前，在执行程序中，对多个债权人利益平等保障的主要制度就是参与分配制度，而现有的参与分配制度局限性已无法满足客观需要。个人破产制度可以弥补这种局限：（1）参与分配制度主要体现已取得执行依据的债权人按比例受偿，是保障有限范围内的公平，个人破产制度是保障经债权申报程序后的全体债权人的公平受偿。（2）参与分配制度无法撤销“财产危险期间的个别清偿”“非正常低价出售”“对没有财产担保的债务提供财产担保”等欺诈性、偏袒性清偿行为形成的债权，而这些行为损害了其他债权人的利益。个人破产制度可以通过破产撤销权对债务人在破产程序开始前的法定期间内（通常是六个月）所为的侵害债权人利益的行为，申请法院否认其效力并予以撤销。（3）参与分配制度无法拯救债务人，而个人破产制度让债务人拥有重新起步的机会。个人破产制度尊重人类的基本生存权利，体现现代法律的文明和人性关怀，具

[5] 胡家强、张立群：《论执行不能案件的退出》，载《中国海洋大学学报》第 2012 年第 2 期。

有独特的制度优越性。对于诚信的债务人，破产后可以通过个人破产的免责机能免除其部分债务，债务人的自由财产即保障最低生活需求的财产可以受到保护，还可通过破产和解或重整恢复生产经营的能力，从而重获新生。

2. 相关配套制度已较成熟

总体来看，制定个人破产法的配套条件已经比较成熟。一方面，我国社会信用体系和社会保障制度已经初步建立。截至 2018 年 8 月末，央行的征信系统的数据库累计收录信贷信息 33 亿多条，我国已经建立起约 9.7 亿自然人统一信用档案的信息基础数据库。[6]我国社会保障体系初步建立于 1982 年，历经近 40 年的完善，在社会保障的力度、类型及覆盖范围等方面都已有所建树。其他相关的配套制度也在逐步健全，如法院建立了“黑名单”制度、限制高消费制度等一系列限制失信被执行人的制度；再如不动产登记已经实现全国联网，其他个人财产的登记制度也已较为完备。另一方面，构建个人破产制度与完善配套制度应当同时推进，不能等到配套制度完善了再启动建立个人破产制度，因为没有一项制度是尽善尽美的，均需逐步完善。

四、断鳌立极：借鉴域外立法经验，构建个人破产制度之路径设计

（一）个人破产区别于企业破产的几点制度构建

1. 明确个人破产制度的适用主体

目前国际上的个人破产立法主体模式有三种：一是商个人破产模式，以法国、意大利为代表，仅承认按照法定程序取得商事能力、独立从事营业性商行为、依法承担商法权利和义务的自然人具有破产能力，否认消费者的破产能力；二是消费者破产模式，以丹麦、荷兰为代表，只承认基于非营利性行为所

[6] 参见蒋勇：《我国征信体系初步建立已为 9.7 亿自然人建立信用档案》，载 https：//baijiahao.baidu.com/s?id=1614742399033070211&wfr=spider&for=pc，2019 年 6 月 6 日访问。

负债务的消费者具有破产能力；三是一般个人破产模式，以德国、英国为代表，认为商个人和消费者均具有破产能力。

我国的个人破产制度宜采取一般个人破产主义。第一，人的普遍商化使社会个人的商属性界限比较模糊，无法精准区分商个人与消费者。比如，民间借贷的借款既用于生产经营又用于生活消费的现象很常见，实际上做到准确区分的调查取证难度很大。第二，现代破产法的拯救机能应当具有主体宽泛性，以契合法之平等价值。只要债权人愿意，商个人和消费者可以被拯救。至于主体宽泛所带来的恶意逃债可能性增加，可通过预防惩戒制度来规制。第三，一般破产主义符合世界潮流且域外实践经验丰富，在此基础上的“一步到位立法”符合立法先进性的目标。

2. 简易程序的优先适用

个人破产制度一旦设立，大量符合执转破的案件增长预期要求法院必须寻找一条经济便捷的方式处理个人破产案件。一般来说，相较于企业破产程序之冗长复杂、消耗资源之大，个人破产中的债务人财产规模更小、债权人数量更少、债权债务关系更简单明确，这为简易程序的适用提供了可能。个人破产的简易程序优先适用“可以保护债权人的利益，避免从破产财团中划出过多的破产费用和节省国家为个人破产付出的成本”[7]。《德国破产法》有关个人破产程序简化的规定，值得借鉴。例如，“以书面方式进行不开庭审理；只有审查期日而无报告期日；以破产财产监管受托人取代破产管理人”[8]。

笔者对我国个人破产简易程序的设计有以下几点建议：（1）设立破产受托人，区别于企业破产法设立破产管理人，破产受托人的设置更简单灵活、职责更加简化。不同于企业破产管理人，不要求由律师事务所、会计师事务所等专业机构组成，也无须先提交竞选方案且经法院筛选后摇号选定。法院可以视具

[7] 刘静：《试论当代个人破产程序的结构性变迁》，载《西南民族大学学报》2011 年第 4 期。

[8] 赵万一、高达：《论我国个人破产制度的构建》，载《法商研究》2014 年第 3 期。

体情况直接裁定确认合适个人（如法官助理、会计师）担任受托人。（2）支持书面认可取代债权人会议。允许债务调整协议的书面认可，区别于企业破产法必须召开债权人会议。破产期间，简单事项允许由受托人直接解决，重要事项允许由债权人书面表决。（3）简化个人破产的财产调查。通过确立以债务人申报为主、受托人调查为辅的模式，缩短调查时间、减少调查成本，也符合受托人职责简化的要求。要求债务人申请破产时必须向法院提交申请日前2年内涵盖全部有重要影响的个人支出、收入的财务报告。虽说要优先适用简易程序，但当个人破产案件债权数额大、债权人人数多、债权债务关系复杂时，也应采用一般破产程序。

3. 移送破产前的严格审查

只有满足特定条件，法院才可移送破产审查。这种条件既包括作为破产原因的实体标准，也应包括基于我国现实条件下的相应程序要件。参照破产立法例，个人破产的实体标准：不能清偿到期债务，并且资产不足以清偿全部债务或者明显缺乏清偿能力；程序要件：以终结本次执行且持续两年作为依职权移送破产的前置程序。终结本次执行后的两年内，法院应继续查询被执行人财产、申请执行人应持续追踪并提供被执行人财产线索、被执行人应定期向法院报告财产，若始终未发现被执行人有财产，法院可移送破产审查。

（二）重中之重：规制滥用个人破产制度恶意逃债的制度构建

有不少人担心个人破产法会被恶意利用，从而成为债务人逃避债务的“保护伞”。诚然，风险是存在的，但也不能因噎废食而搁置个人破产制度的立法。只要逐步健全个人破产制度，利用个人破产恶意逃避债务的“漏洞”就能被及时堵上。

1. 免责制度的具体规范

破产免责是法律赋予债务人的一种特殊利益，是以损害债权人部分债权为基础的双方利益衡平，域外立法均对破产免责给予了限制。

（1）明确一般债务可免责性。个人破产制度是应具有拯救和康复意义的免责制度。自然人破产制度可以明确偿还部分债务作为免责的条件。通过制订债务调整方案或者清偿方案的形式，经债权人多数同意，债务人在一定时间内对部分债务偿还完毕就可以获得剩余债务的全部免责。

（2）明确免责的严格审查许可。首先，可参考德国实行的典型个人破产许可免责主义。德国明文规定只有债务人申请并经法院审查后，债务人才得就剩余债务免责。许可免责主义的优点在于，由法院严格审查债务人是否符合免责条件，这能有效防止通过虚假破产损害债权人利益的情形发生。其次，我国社会信用体系尚有诸多待完善之处，需要减少人们对债务人通过虚假破产逃避债务的隐忧。因此，我国应以许可免责主义作为立法模式，明确债务人财产经破产程序分配完毕后，就剩余未清偿债务并不享有当然获得免予清偿资格，其必须在满足一定条件后向法院申请，由法院严格审查认定。具体到审查操作层面，要重点审查债务人是否是诚实破产人，是否具有虚假破产情形，是否因实施了欺诈行为或其他不当行为致使到期债务无法清偿。

（3）明确特殊债务的不予免责。个人破产法拯救的对象是诚实的债务人，免责是对诚实债务人的褒奖。各国考虑到人道主义、人身专属性等因素，立法时将某些特殊情形排除在免责范围之外。建议立法时对不可免责的特定类型债务进行详细明确规定，具体归结起来有以下五点：①人身损害赔偿金不可免责。人身专属性赔偿的价值属性远高于一般债务。②应承担的赡养、抚养费用不可免责。作为生活依靠的费用被免除，违背社会基本道德。③盗窃、诈骗等犯罪导致的民事赔偿不可免责。不能违背国家打击犯罪的原则。④奢侈浪费、赌博、投机行为导致负债的不应免责。免责不是让债权人为债务人恣意浪费等严重过错买单。⑤债务人支付严重不足。允许债务人清偿债务过少就可免责，则过度损害债权人权益。同时，应对上述不可免责情形出台相应的司法解释进行标准的严格化。比如，“我国台湾地区 2012 年修正的‘消债条例’从严规定了第 134 条的消费者奢侈浪费、赌博、投机行为条款。以数额（必须达到必要生活费用之半数，或因此所负之债务占清算时无担保债务之半数）及行为时间（清算前 2 年）双重约束该条款不被法官作扩大化解释，避免使原则变成了例外，让破产者不免责反而成了常态”[9]。

（4）债务调整计划以延期还款为核心。从西方个人破产立法的经验与教训来看，不免责主义的立法无助于个人破产制度的应用，而围绕债务调整计划的有限免责主义才是当代法治社会的理性选择。个人破产制度对债务人的拯救，要侧重于债务调整计划的延期还款，而不是轻易免除债务。因为，债务调整计划若以债务免除为核心，必定招致债权人的不满。而以延期还款为核心能使债权得到较大实现，会更容易被债权人接受，从而推动个人破产的顺利开展。

2. 失权与限制消费制度的制定

失权制度和限制消费制度设立的目的，既是教育惩戒债务人，又是保护债权人利益，有助于避免个人破产的流产。失权是针对自然人破产人的一种惩罚，表现为特定期间内对其各种公私法权利和资格的限制，但具有可恢复性。我国台湾地区个人破产相关规定就详细列举了破产人丧失获得资格的十八种身份。限制消费制度，是债务人在破产期间内被限制高消费的制度。如禁止使用奢侈品、入住星级宾馆等。

我国在构建个人破产制度时，可参考《最高人民法院关于限制被执行人高消费及有关消费的若干规定》，并适当借鉴域外经验，建立合理的失权制度，加宽限制范围、加长限制时间。建议规定债务人在破产期间内，下列消费行为和从业资格受到限制：①不准使用奢侈品牌或者同类物品中较高价物件；②不能购置不动产或新建、扩建、高档装修房屋；③不准在星级以上宾馆、夜总会等场所高消费；④不得旅行、度假；⑤交代清楚资产或负债后方可自由出省，事前将行程、住处及联络方法通知破产受托人，须在指定日期内返回省内；⑥不得参与招投标活动；⑦不能出任特定人士，如党代表、公职人员、会计师、律师、合伙企业的合伙人、公司的董事及监事；等等。

[9] 沈冠伶：《消费者债务清理之清算免责制度——以信用卡债务为中心》，载《台大法学论丛》2012年第2期。

3. 恶意逃债的监督、免责撤销权、刑事追责

（1）强化监督。作为自然人的债务人，因无力清偿到期债务被宣告破产后，其在一段时间内必须接受破产受托人、债权人、法院以及其他社会主体的监督。比如，破产受托人要不定期到破产人家中视察，重点关注家中是否有较高价值的物件等。在监督期限之内，不准有奢侈的生活，法律只保障破产者最低生活标准和基本工作的延续以及一些个人的专属物品。法院要公告破产人名单，让破产人接受全社会监督。包括债权人在内的任何个人和单位发现破产人有违反个人破产法规定的行为的，均有权向法院、破产受托人举报。比如，公安机关可以通过人脸识别系统、身份证使用预警系统对破产人入住高档酒店、景点旅游情况进行监督并及时向法院反馈。法院还要定期从生活状况、经营行为、对外债权债务等方面审查其是否存在恶意逃债相关行为。

（2）免责撤销。免责撤销权是指债权人发现已取得破产免责的债务人有不能免责情形，在法定时间内，享有向人民法院请求撤销对债务人免责的权利。之所以赋予债权人免责撤销权，是因为免责是一项特许利益，以损害债权人部分债权的方式为债务人提供东山再起的机会，放任债务人免责有失公平，还会使其心存侥幸。免责撤销的后果是债务人恢复其原来债务，当然扣除已实际履行的部分。全部债权人均有权向债务人求偿当初免责的债务，除非其自愿放弃求偿权利。此外，应当对出现免责撤销的债务人给予额外惩戒，如罚款或者追究刑事责任。免责撤销分为两种情形：一种是债务人在破产时被发现有不可免责的情形，则法院应裁定其不可免责，并撤销原来的破产裁定继续执行原裁判；另一种是破产时未被发现，如债务人隐瞒财产难以及时被发现，但破产程序结束后发现有不可免责的情形的，债权人向法院申请撤销对债务人的免责认定。但是债权人的免责撤销权不可能无限期地存在。时间越长，债权人就越不可能找到债务人隐瞒财产的证据。所以，各国广泛规定为 1 年。建议规定债务人在破产期间内出现包括但不限于以下情形的可适用免责撤销：①隐匿、转移财产的；②违反失权制度和限制消费的；③对其财产状况作出虚假报告以及作出不当清偿的；④不配合破产进行，情节严重的；⑤有欺诈犯罪行为或其他不

诚信记录的。

（3）刑事追责。对恶意利用个人破产制度规避债务的被执行人，性质严重、行为恶劣的，可以按照《刑法》的有关规定，以拒不执行判决、裁定罪依法严厉追究其刑事责任。同时，对于妨碍审判秩序或者严重损害他人合法权益的，以相应的虚假诉讼罪等罪名追究其刑事责任。

五、结　语

制度无法改变人性，只有充分尊重人性，使私人成为制度的合作者和利用者，才能统合国家和个人的能力和资源，更有效地促成秩序的形成。[10]解决执行难，需要跳出执行看执行，仅从执行内部寻找出路地探索会进入死胡同。司法资源承载力有限，自然人执行不能案件数暴涨以及终局性退出机制缺失，造成大量执行不能的积案。构建个人破产制度能消解大量自然人执行不能案件，既能使债务人重获新生，又能保障债权人的公平受偿，更能完善市场经济体制的有序发展，于国于民都是利好。要破除个人破产制度有效落实的最后一道藩篱，离不开各方的强大合力，要形成党委领导、政法委协调、人大监督、政府支持、法院主办、部门配合、社会参与的综合治理工作新格局[11]，推动个人破产机制高速运转，助力社会治理现代化，稳定社会经济秩序。逝者如斯，来者可期。构建个人破产制度，势在必行，也正当其时。

[10] 参见蔡立东：《公司自治论》，北京大学出版社 2006 年版，第 138 页。

[11] 参见周强：《最高人民法院关于人民法院解决“执行难”工作情况的报告》，载 https：//www.chinacourt.org/article/detail/2018/10/id/3542564.shtml，2019 年 6 月 6 日访问。

关于破产法市场化实施的配套法律制度的调研

温岭法院课题组

内容摘要 破产制度是为解决债权人公平受偿问题而产生的一种法律制度。通过法律程序对债务人的财产进行强制清算，将债务人的财产相对公平地分配给全体债权人，最终公平公正合理地清偿债权人的债权。破产制度对债权人起到了保障其利益不受损的作用，即便如此，债务人往往为了自身利益，通过隐匿资产或恶意转移财产等行为减少财产或降低偿还能力，不仅严重损害了债权人的利益，甚至会造成更严重的恶性事件。破产制度中的撤销权制度通过撤销在法定期限内债务人不当处理财产的行为，打击债务人的逃债行为并增加债务人可供分配的财产，尽可能对债务人的财产相对公平合理地分配以减少债权人的损失，保障全体债权人的公平偿付。我国的破产法理论研究起步晚，理论体系缺乏系统性，相关立法规定比较抽象，具体操作中亦存在诸多问题。近几年存在大量企业负债经营的现象，随着各级法院对于生效判决的执行力度加强，执行程序转破产程序成为主流趋势，本文立足浙江法院破产撤销权在实践运行中存在的难题，调研实践

本课题系台州市中院重点调研课题，课题组成员：陈文通、谢文春、夏群佩、俞圣岳、应巧、张振。课题主持人：陈文通，温岭市人民法院院长。

中该制度的运行状况并提出建议，让该制度真正与司法实践相适应。

关键词　破产制度　破产撤销权　公平受偿

一、破产撤销权的实践运行

案例：2013 年 5 月，浙江瑞安某厂被当地法院依法裁定破产清算，管理人在办理案件过程中发现债务人在 2012 年 4 月至 12 月陆续向某银行贷款或申办商业汇款承兑业务，本金总额达 2800 万元，2012 年年底债务人出现经济危机，但在 2013 年年初，债务人与某银行将原先设立的抵押物价值从 700 多万元提高到 1800 万元，同时双方签订金额为 1800 万元的最高额抵押合同，并将此前已经发生的贷款和商业汇票承兑业务全部转入此次最高额抵押担保的债权范围，随后至相关部门办理了抵押登记。[1]

经审查，上述行为属于《企业破产法》规定的在破产申请受理前一年内对没有财产担保的债务提供财产保证，管理人依法提起撤销权之诉，最终经过多方努力，该抵押行为被撤销。另，该案还发现债务人于立案前三个月将其名下三辆汽车私自转让给三人，且未收取车辆转让款，并办理了过户登记手续。三位受让人明知车辆系债务人所有，且未支付对应价款，依法不属于善意第三人，管理人依据债务人无偿转让财产的行为依法撤销的规定提起撤销权之诉，最终经法院调解，三位受让人均支付了车辆折价款或车辆转让款，并赔偿损失。

在现实生活中，大部分债务人在经营状况出现危机时就已经千方百计地

[1] 参见张湉、黄作敏：《打击假破产温州司法护航信用温州建设》，载 http://news.66wz.com/system/2014/11/10/104269080_01.shtml，2018 年 9 月 15 日访问。

为自己寻找后路，甚至不排除与他人恶意串通转移财产或降低自己的财产总额，如果此时债务人被裁定破产清算，管理人能接管的财产可能已经所剩无几。而且，破产清算案件中恶意处置财产、逃避债务、损害债权人公平受偿的行为往往比较隐蔽，形式多样。如果不对债务人的不法、不当行为加以规制，将直接影响整个社会经济市场的信用体系，管理人通过行使撤销权予以撤销，能有效提高债权受偿的比例，保障债权人的合法权利，促进市场公平竞争，捍卫破产程序的核心价值。

（一）破产撤销权制度是诚实信用原则的体现

诚实信用是人们交往过程中应当具备的基本道德，也是民商事主体在民商事活动中应当遵循的最基本原则。诚实信用原则是民商法中的帝王条款，要求人们在行使自己权利的同时不得损害他人的利益。当代社会，当债务人出现资不抵债甚至面临破产的风险时，出于人性的恶意和投机的心理，仍然有不少债务人会为了自身的利益做出一些损害债权人利益的行为，想办法通过各种方式隐匿资产或恶意转移财产以减少财产或降低偿还能力，这些行为严重损害了债权人的利益，甚至会造成更严重的恶性事件。我国《民法典》中对无效和可撤销行为的规定就是以诚实信用原则为基础的，破产撤销权源于民法撤销权，基于诚实信用原则，它要求债务人在人民法院受理破产案件前六个月内不得作出损害债权人利益的行为，否则在进入破产程序后，管理人即可行使撤销权撤销不法行为，所以，破产撤销权制度是诚实信用原则的体现。

（二）破产撤销权制度是公平平等原则的体现

企业濒临破产时的资产状况注定使债权人不可能得到完全的清偿，此时管理人、债权人与债务人的关系与正常交易中的债权债务关系完全不同。当债务人存在可撤销行为时，法律将破产管理人向法院申请撤销债务人的行为作为管理人的一项义务，本身就是出于对全体债权人利益的考虑，体现了法律公平的价值。法律面前人人平等，而公平受偿是破产法的基本原则，企业一旦进入破产程序，其财产将统一由管理人进行管理和处置，最终按照《企业破产法》规定的顺序逐一或按比例对全体债权人进行分配，大部分债权人都要被动地接受部分清偿或者无法清偿的结果。不管债权产生的时间和地点，不管是否经过司法程序，不管债权人处于何种地位，也不管其所占债权金额大小，只要是处于同一顺位的债权，在破产财产的分配上都按照其债权份额所占比例受偿，任何债权人都是平等的。同时，法定期限内债务人不当处理财产的行为被撤销后，管理人可以收回债务人的财产和利益，增加可供分配的财产总额，尽可能地提高破产债权的清偿率，这些都是破产法的公平和平等原则的体现。

（三）破产撤销权制度是利益均衡原则的体现

破产制度通过司法途径化解企业危机，在保护债权人利益的同时充分考虑债务人和关联方的利益，寻求社会整体利益的均衡。债务人提前偿还未到期债务、对无担保的债权提供担保、个别清偿等行为（可归纳为偏颇性清偿行为）在破产受理前的法定期间内可以被撤销，是利益均衡的体现。如果从合同相对性而言，债务人在破产清算前完全有权利自由处置自己的财产，即使有偏颇性清偿行为，也没有损害相对债权人的利益，当债务人进入破产程序后，管理人基于撤销权制度撤销偏颇性清偿行为，反而会对已经受清偿的个别债权人的利益造成损害。

实际上，破产法的立法目的之一即表现为追求全体债权人利益的公平保护和社会资源的最大节约，也即维持可供债权人分配以及可供社会利用的总财富的价值。[2] 破产撤销权制度的设立，对交易相对人起到警示作用，交易相对人在面对债务人的清偿行为时要考虑可能被撤销的风险，在一定程度上可以从根源上降低债务人做出损害债权人利益行为的概率，以达到综合考虑到破产案件各当事人之间的利益的目的。对于债务人偏颇性清偿行为的撤销，

[2] 参见严卫红：《论破产撤销权》，华东政法大学 2013 年硕士学位论文。

更是破产撤销权制度均衡个别利益与整体利益，均衡企业效益与社会效益的体现。

二、我国破产撤销权制度的现状及不足

（一）立法规定缺乏系统性

1986年我国《企业破产法（试行）》公布，并于1988年开始实施，规定债务人的部分不当行为在破产程序中称为“破产无效行为”，但实践中的具体操作则是以破产撤销权制度为依据。事实上，这种规定是很不合理的，既然认定为无效行为，就不存在时效期限问题，不管经历多长时间，无效的行为都不可能变成有效的行为。2007年施行的《企业破产法》进一步完善了《企业破产法（试行）》中对于破产撤销权行为性质的认定，该法同时规定了破产无效行为和破产撤销权两种制度，并且以列举方式将可撤销行为罗列出来，该法亦明确规定破产管理人有权就债务人的不当行为请求法院予以撤销。2007年《最高人民法院关于审理企业破产案件确定管理人报酬的规定》中将破产管理人的报酬与债权人最终获得清偿的财产额挂钩，[3]极大地调动了破产管理人行使破产撤销权的积极性。

2013年《最高人民法院关于适用〈中华人民共和国企业破产法〉若干问题的规定（二）》从程序和实体两个方面对《企业破产法》中撤销权制度做出进一步修改，如明确规定个别清偿中撤销权行使的例外条款、经行政清理程序和强制清算程序转入破产程序时可撤销行为的起算期限、管理人怠于行使破产撤销权的救济途径等。但是，我国破产法较西方发达国家起步晚，立法体制仍然不够完善，虽然确立了破产撤销权制度，但是对可撤销权行为种类、可撤销权期间、撤销权具体行使等方面的规定过于简单，对可撤销权行为中的主观要件、破产撤销权行使的法律后果、法律责任等方面没有明确的规定，立法缺乏

[3] 参见浙江省律师协会：《破产疑难案件实务应对》，法律出版社2017年版，第146～147页。

系统性。

（二）可撤销权的行为采用列举式规定

破产撤销权的立法模式主要有两种，一种是列举式，就是将可能存在的情况罗列出来加以总结，并以法律的形式明确规定出来；另一种是列举式加概括式，就是在对可撤销行为列举的同时增加弹性条款或兜底性条款。目前我国破产法对可撤销行为采用列举模式，按照《企业破产法》第 31 条的规定，法院受理破产申请前一年内，管理人都有权请求法院撤销债务人无偿转让财产的行为、对未到期的债务提前清偿的行为、以明显不合理的价格进行交易的行为、对没有财产担保的债务提供财产担保的行为、放弃债权的行为。根据《企业破产法》第 32 条规定，法院受理破产申请前六个月内，债务人的个别清偿行为，管理人有权请求法院予以撤销，但前提是债务人不能清偿到期债务，并且资产不足以清偿全部债务或者明显缺乏清偿能力，同时要排除个别清偿使债务人财产受益的情况。

1. 债务人无偿转让财产的行为

无偿转让财产的行为是受让人取得破产财产时没有支付任何代价，各国破产法及相关法律法规均将无偿转让财产的行为规定为当然可撤销的行为，一般不考虑行为人主观性是否恶意。典型的无偿转让财产如赠与行为中，相对人并未支付任何对价，而债务人财产因该转让发生了减少，因此，基于“不得不劳而获”朴素的公平观念，撤销这类行为是有正当性的。[4]我国《企业破产法》关于无偿转让行为没有规定例外条款，看似所有的无偿转让行为都是可撤销的，但笔者认为，在实践中，无偿转让行为大部分表现为赠与行为，而民法典合同编规定赠与行为具有任意撤销权，但同时又规定了例外条款，即我国民法典合同编明确规定了某些行为是不可撤销的，所以并非所有的无偿转让行为都必然被撤销。破产撤销权源于民法撤销权，那么民法典合同编关于不可撤销的

[4] 参见许德风：《论破产中无偿行为的撤销》，载《法商研究》2012 年第 1 期。

赠与是否可以适用于破产撤销权，笔者认为不能简单地认定债务人无偿转让财产的行为就应该当然被撤销。比如，公益性捐赠行为，若该行为尚未做出，债务人经济状态严重恶化时就不需要履行捐赠义务，如果捐赠行为已完成，因该行为具有社会性、公开性、公益性，如果轻易被撤销，必然损害社会公益事业的发展。另外，笔者认为，无偿转让财产的行为中的财产应该作广义理解，包括有形财产和无形财产（财产性权利）。

2. 以明显不合理的价格进行交易的行为

这种行为和无偿转让最大的区别在于其存在真实的交易，是有偿行为，只是因为交易的价格明显不合理而被撤销。一般“不合理的价格”是指以明显高于市场价格买入或明显低于市场价格卖出，这些非正常的买卖行为都是不合理的表现，会对债务人的财产造成损失，从而降低债务人可供分配的总财产价值。什么才是“明显不合理的价格”，如何正确理解“合理价格”的范围，我国《企业破产法》及相关司法解释并没有作出解释，实践中，一般是综合考虑交易时间及对应期间的同类产品的评估市场价予以确定。

3. 放弃债权的行为

“放弃”是债务人的单方行为，表现为积极放弃和消极放弃两种状态，债务人主动放弃债权的行为实际上是积极地免除了债务人对他人的债权，应当撤销；关于消极放弃的行为，有学者认为债务人必须具备故意的条件，且应当有充分证据证明存在主观故意，而非必然属于可撤销的行为。本文认为，可撤销的行为仍应当只限于债务人积极的放弃行为，对于消极的放弃债权行为，不能适用撤销权制度。[5]消极放弃往往表现为不作为，有时候是因为债务人的过失导致的主观上债务人并不想放弃，但由于客观原因不得不放弃，债务人自身已是迫不得已，对于这样的消极放弃如果适用撤销权制度，对于债务人会造成一定的负面影响，影响企业发展的动力，从社会的整体经济利益角度分析亦是不合理的。

---

[5] 参见唐军:《论破产撤销权》，载《社会科学研究》2013 年第 1 期。

4. 提前清偿未到期债务的行为

提前清偿未到期债务的临界期是人民法院受理破产申请前一年内，在债务人正常经营状态下，提前清偿行为并不被法律禁止，但债务人处于危机状态时如果债务人消灭未到期债权，就会给人一种捷足先登的感觉，原本未到期的债权只有当债务人破产清算立案时视为到期、参与分配的，现在却提前偿还，非但破坏了债权人之间平等受偿的均衡性，而且这种提前清偿往往存在恶意串通的可能。需要说明的是，所谓的未到期债务一般是指无财产担保的普通债权，至于有财产担保的债权，因本身对于担保财产就具有优先受偿的权利，以担保财产处置后的价款为限，债权是否到期、是否提前偿还都不影响普通债权人的清偿，但是如果债务人担保物价款高于担保额时，超过部分就会转变为普通债权，担保债权清偿完毕后剩余的债权即转变为普通债权，与其他普通债权按比例清偿，此时适用的理论基础与不能提前清偿未到期普通债权的理论相同。

5. 对没有财产担保的债务提供财产担保的行为

若债务人经营状况正常，也没有出现资不抵债的情形，债务人是可以任意对债权人设定担保的，他人无权干涉，这是债务人自行处分财产的表现。但是，当债务人周转困难濒临破产时，不排除因个人情感或由于个别债权人的逼迫，对原先没有财产担保的债务提供财产担保。设立担保的行为明显表现出对个别债权人的偏颇性，一般情况下，担保财产都是指债务人的财产，如果在原先没有设立担保的债权上设立担保，就直接将债权性质从普通债权变成担保债权，而担保债权就担保财产所得款项享有优先受偿权，这就不是简单的偿还比例问题，其他普通债权人很可能从有分配直接变成零分配，这明显损害了其他普通债权人的受偿权。法律上将这种行为的临界期规定为在人民法院受理破产申请前一年内，即只有在受理前一年内的后加担保行为，才有被撤销的可能。

6. 个别清偿行为

个别清偿的时间结点是受理破产申请前六个月内，且债务人已处于危机状态。正常情况下，债务人完全可以自主决定是否对他人进行个别清偿或全部清偿，只有债务人满足了不能清偿到期债务的条件，且资产已经不能清偿全部债务或明显无偿还能力的，个别清偿行为才会使其中的个别债权人获得优先待遇，损害其他债权人公平受偿的权利。《企业破产法》虽然有规定但书条款，即“个别清偿使债务人受益的除外”，但该例外条款的文字表述过于简略，对什么样的标准才是受益，如何准确把握收益范围没有对应的解释。这会对法官的专业知识和理论基础的要求更加严格，同时法官的自由裁定权也会相对变大，容易出现同案不同判的情况。

（三）立法未规定可撤销行为的主观构成要件导致司法实践同案不同判

案例：浙江湖州某县2012年某破产撤销权案件就因主观要件问题出现同案不同判的情况。J公司于2012年2月被某法院裁定受理破产清算，破产管理人接受指定后发现J公司、Q公司、Y公司法人人格混同，经J公司管理人申请，某法院裁定Q公司、Y公司与J公司合并破产。A公司为被裁定破产公司的部分债务保证人，对某公司债务承担连带保证责任。（1）A公司为Y公司2011年6月向B银行借款400万元提供担保，并签订《保证借款合同》。同年12月B银行与Q公司签订《最高额抵押合同》，并明确约定该最高额抵押合同同时为上述400万元的《保证借款合同》提供抵押担保。（2）A公司为Y公司2011年9月向B银行提供400万元银行承兑提供担保，并签订《银行承兑汇票承兑协议》约定该协议项下银行承兑汇票共七十五张合计人民币1000万元，保证金600万元，A公司为保证人，承当连带保证责任。同年12月B银行与Q公司签订《最高额抵押合同》，并明确约定该最高额抵押合同同时为上述400万元的《银行承兑汇票承兑协议》提供抵押担保。J公司管理人接管公司后，以B银行为被告提起撤销权之诉，要求撤销B银行与Q公司于2011年12月签订的《最高额抵押合同》。

案件经过二审终审，但一审和二审的判决结果却截然不同。一审判决认为：根据《企业破产法》第31条的规定，人民法院受理破产申请前1年内，涉及债务人财产的对没有财产担保的债务提供财产担保的行为，管理人有权请求人民法院予以撤销。B银行与Y公司《保证借款合同》《银行汇票承兑协议》签订在先，在履行过程中，B银行又与Q公司签订《最高额抵押合同》，并办理抵押登记，该行为明显属于增加担保的行为，从无到有且在法院受理破产申请前1年内发生，符合法律规定的临界点要求，依法应当予以撤销。最终判决撤销Q公司于2011年12月为Y公司对B银行负有800万元债务提供财产担保的行为。一审判决后，B银行提起上诉，二审法院在审理的过程中提出一个被原审法院忽略的问题：争议的财产抵押物系B银行的关联部门B银行营业部于2010年9月为Y公司融资借款，与Q公司签订的《最高额抵押合同》中约定的抵押物完全一致。二审法院认为，B银行下设分支机构的行为由B银行对外承担责任，B银行营业部于2010年9月为Y公司融资借款，与Q公司签订的《最高额抵押合同》中约定，B银行认为可溯及B银行下属的分支机构与Q公司之间其后发生的融资借款提供的抵押担保，从抵押人与抵押物的同一性和不同抵押人之间的特定关联性分析，B银行的二次抵押行为并非新的抵押行为，而是延续性抵押行为，尚不完全符合《企业破产法》第31条列举的情形，同时难以确信B银行事先存在恶意转移财产或损害其他债权人的主观动机。最终二审法院判决撤销一审判决，驳回被上诉人J公司破产管理人的诉讼请求。[6]

本案两审法院在认定债务人的行为是否属于可撤销行为上存在差异，一审法院完全没有考虑主观恶性，仅以行为时间和行为结果导致债权人利益损失两个方面认定行为的可撤销性，因《企业破产法》对于行为人主观恶性没有规定，故不能完全否认一审法院的判决结果。而二审法院则考虑到债务人和相对人的主观心理，不以《保证借款合同》《银行汇票承兑协议》《最高额抵押合同》签订的先后顺序直接推定该抵押行为明显属于对没有财产担保的债务提供财产担保。是否明显属于对没有财产担保的债务提供财产担保，应当在探究签订合同时当事人双方的真实意思表示的基础上考虑行为人的主观恶性，加以判断，

[6] 参见贺宝健：《往年经典案例——某破产撤销权案件》，载 http://www.chinaqw.com/kong/2016/04-21/86174.shtml，2018年8月10日访问。

并参照合同法中债权人撤销权对主观恶性的适用。

（四）相关时间及期限规定不明确

我国《企业破产法》规定的临界期只有两种，一是第 31 条规定的人民法院受理破产申请前 1 年内，二是第 32 条规定的人民法院受理破产申请前 6 个月内。此外，《企业破产法》第 123 条还规定了破产程序终结之日起 2 年内，如发现破产人（即债务人）有应当追回的财产或有应当供分配的其他的财产，债权人可以请求法院按照已经确认的破产财产分配方案进行追加分配。一个是针对破产案件受理前债务人的可撤销行为的时间临界点，另一个是针对破产案件终结后追加分配的时限，但这两种规定要么就太单一，要么就过于笼统，在实践中不利于维权。另外，撤销权的行使必须通过诉讼，而实践中处理破产案件一般没有具体审理期限的限制，破产程序的周期往往都很长，一些复杂的破产清算甚至可能需要几年的时间，破产撤销权的诉讼时效到底有几年，从何时起算，是否可以直接适用民法上关于诉讼时效的规定，《企业破产法》都没有规定。

（五）行使的法律后果无明确规定

我国民法典合同编规定了债权人行使撤销权后，被撤销的行为自始无效，但破产撤销权的行使主体是破产管理人，而撤销行为的受益人是债权人，管理人行使撤销权极有可能损害部分债权人的利益，这与债权人撤销权明显不同，管理人行使撤销权后对债权人、债务人、行为相对人造成怎样的法律后果，被撤销的行为的性质如何，我国现行法律都没有相应的规定。

三、完善我国破产撤销权制度的建议

（一）完善可撤销行为的规定

1. 增加原则性条款、灵活性条款和兜底条款

随着市场经济的不断发展，债务人所为的损害债权人利益的行为种类不

断变化，列举式的立法模式满足不了日益变化的实践需求，我国目前的法律规定不能覆盖全部的损害行为。如果单一的推崇列举主义，法条列举的行为范围外的损害行为就容易逃脱法律的制裁。通过对可撤销行为采取列举主义加概括主义的方式予以立法规范化，适当增加原则性条款、灵活性条款和兜底条款，赋予法官自由裁量权，在不违背基本原则的前提下作出正确的裁判，当然，法官的自由裁量权的增加必然要求法官具有较高的业务水平。

2. 适当增加例外性条款的规定

我国《企业破产法》仅在个别清偿方面规定了例外性条款，相比之下，其他国家例外性条款的规定就广泛多了，如英国规定无偿赠与的传统节日的礼物不能撤销。《德国破产法》规定无偿赠与低价值的常见的随意性物品不得撤销。从法理上讲，一些行为是否应当被撤销，是否能够被撤销是存在争议的，如留置权，留置权是一种法定担保，不是债务人可以自行设立的担保，又如债务人的公益捐赠，是无偿赠与的行为且不可撤销，不能简单地认定债务人无偿转让财产的行为就当然被撤销。如果以上情况发生在破产程序中，从破产法的立法角度分析，这些行为都是应当被撤销的。实践中，不是撤销就一定增加债务人的财产，也不是所有减少债务人财产风险的行为被撤销都是对债权人利益的保护。一些行为如果不做例外性的规定，管理人在实现撤销权追回财产的同时可能付出更大的代价，往往得不偿失。所以，不管从利益平衡角度还是从节约司法资源的角度，适当增加例外性条款的规定是很有必要的。

3. 明确生效判决和执行行为的不可撤销规定

首先，一个债权人启动执行程序后，如果可以执行到位，意味着债务人仍具有清偿能力，其他债权人同样可以依据生效文书或债权凭证要求债务人履行义务；如果无法执行到位，债权人对债务人的清偿能力产生怀疑，此时若其他债权人认为执行程序会损害其利益，完全可以申请债务人破产清算，使执行程序中止。其次，近几年法院将执行程序转为破产清算的案件数量逐年增多，这些债务人往往在进入执行程序时就已经明显资不抵债，亦没有多少财产可供执行，法院自身在执行案件的处理上已经有所警示。最后，理论上虽然可以将执行行为作为个别清偿予以撤销，但在实践中难以操作，即使成功撤销了，造成的后果也不利于市场及社会的稳定。前文中提到撤销权的被告一般是行为的相对人而不是债务人，而撤销的行为是债务人的具体行为，但执行行为是法院强制执行的，并非债务人自愿的行为，甚至大部分情况下债务人是持抗拒心理的。执行具有公示性，如果涉及不动产变更登记、财产处置过程中税务征收等工作，还要做好与其他相关部门的协调工作。原则上对于生效裁判的执行行为不予撤销，但可以规定例外性条款，以免债务人利用合法手段达到违法目的。

（二）完善我国对破产撤销权主观构成要件的规定

我国目前没有明确规定破产撤销权的主观构成要件，但在民法典合同编里规定了债务人以明显不合理低价转让财产的，受让人需要明知才可以撤销。既然债权人撤销权规定行为人主观上的恶意性，破产撤销权作为债权人撤销权在破产法中的延伸和扩张，本质仍属于撤销权，但行使范围已远远超过债权人撤销权的范围。如果对所有行为都采用单一的判断标准，不利于均衡各方利益。损害债权人的利益作为可撤销行为的必要条件，同时应当在法律规定的临界期内作出，简单的理解就是“行为损害性”和“行为时间性”是可撤销行为的一般构成要件。

无偿行为，因在债务人丧失清偿能力时，任何形式的无偿给付必然损害债权人的利益，行为本身就足够证明主观恶性的存在，故无须考虑主观要件因素。有偿行为的情况较无偿行为复杂，需要区别对待，根据不同当事人的主观心理可以分为债务人与行为相对人均恶意的行为、债务人恶意但受益第三人善意的行为、债务人善意但受让人恶意的行为、债务人恶意且受益第三人恶意的行为，原则上除债务人恶意但受益第三人善意的行为不可撤销外，其他恶意行为均可以撤销。

我国破产撤销权之所以没有规定主观恶意作为构成要件之一，最大的原因是主观恶意难以证明。目前司法实践中普遍适用“谁主张，谁举证”的举证责任原则，但在破产案件中，撤销权行使主体是管理人，利益主体却是债权人，由于管理人的特殊法律地位，举证证明债务人、行为相对人或第三人主观恶意是很困难的，而可撤销行为往往不易被察觉，不仅需要行为具有可撤销性，还需要满足破产程序中临界期要求，具有其自身的特殊性。立法上可以参照“过错推定原则”确定“恶意推定原则”，即审理破产撤销权案件时，如果行为本身具备可撤销条件，而债务人、行为相对人或第三人无法证明其非“恶意”，行为即可撤销。这种举证原则表面上增加债务人、行为相对人或第三人的举证责任，但从破产可撤销行为的特点看，对债务人、行为相对人或第三人起到警诫作用，对于“特殊状况下”的债务人的行为，行为相对人或第三人应当承担更大的风险，有利于预防不当转移财产的行为的发生。

（三）完善临界期和行使时效的规定

1. 破产撤销权临界期规定过于单一，需进一步完善

我国目前在《企业破产法》中列举的六种可撤销行为，在规定其临界期时都是以债务人破产立案作为起算点向前倒推，只需要考虑债务人的不法不当行为是在其出现资不抵债，或明显缺乏清偿能力时不能清偿到期债务的情形前的某一时期内作出的，而没有考虑行为本身给债权人带来的损害结果，也没有考虑行为人的主观恶性，如此一刀切的做法并不能有效打击债务人的恶意行为。事实上，在处理具体破产案件的过程中我们会发现，很多债务人可能在破产案件受理一年前就已经资不抵债并缺乏清偿能力，债务人所谓的偿还能力只不过是拆东墙补西墙的结果。按照现行法律，超过一年或六个月时间的，管理人就不得行使撤销权，这显然是不公平的。笔者认为，可以适当根据行为本身的危害性确定不同临界期，同时适当延长现行法律关于临界期的规定。

2. 明确规定破产撤销权的行使期限

破产撤销权的行使涉及两方面利益的平衡问题：一是破产债权人的正当利益；二是交易相对人对交易安全和交易风险防范的合理预期和判断。[7]不同案件难易度不同，处理的时间必然有长有短，不设定合理的期限或者采用一刀

[7] 参见韩长印：《破产法学》，中国政法大学出版社 2007 年版，第 133 页。

切的立法模式，都不利于市场的稳定发展。事实上，管理人可以在破产程序终结前的任何时间行使破产撤销权，另外，法律还规定在破产程序终结后，债权人仍然可以向法院提出要求，根据已被裁定确认的破产财产分配方案对财产进行再次分配，时间则规定为两年内。所以，我国破产撤销权的行使期限可以延续至破产程序终结后两年内，但这只是法理上的一种推定。

《企业破产法》第123条规定的“两年”不应该属于诉讼时效。破产程序终结后，债权人发现债务人财产后只能是向法院提出再次分配的要求，而不能通过诉讼要求法院依诉讼程序强制义务人履行义务。实际上，债权人的债权已经确定，发现财产后只是按照原先法院认可的分配方案重新分配。如果“两年”的性质属于除斥期间，那么，破产案件中债务人的可撤销行为相对比较隐蔽，即使延续到终结程序后两年内也不见得就会被发现，经过两年不行使就消灭难免有失公平。

（四）完善破产撤销权行使的法律保障

1. 明确破产撤销权的行使主体

我国目前的《企业破产法》规定由破产管理人行使破产撤销权，但管理人行使破产撤销权并不是因为撤销权是它自身的权利，管理人行使撤销权实际上是法律赋予管理人的一种职权。进入破产程序后，管理人按照法律规定履行管理人的职责，包括但不限于具体清算工作、管理和处分债务人的财产等，撤销权的行使最终的目的是对债务人财产进行追回，这也是管理财产的一种表现，故撤销权是管理人的法定职权，应当由管理人统一行使。

2. 完善债权人撤销权在破产程序中的行使

破产管理人的职责包括代表债务人参加相关法律程序，行使撤销权需要通过诉讼所以破产管理人行使撤销权一般不需要经过债权人同意，但在实践中会出现两种情况：一是管理人认为有必要行使破产撤销权，但已经超过法律规定的期限而无法行使，这属于想为而不能为的情形；另一种是管理人认为不必要行使撤销权或认为行使撤销权成本过大，选择不行使撤销权，但部分债权人却坚持要撤销债务人的行为，这属于管理人与债权人出现意见分歧的情形。

由于可撤销权行为采取列举规定，且我国规定的临界期相对单一，涉及债务人损害公平受偿的行为并不一定都属于破产撤销权的适用范围。如果债务人的行为已经超过了破产撤销权规定的临界期限，但是却没有超过债权人撤销权行使的期限，又该如何正确地行使撤销权以保障债权人的利益？目前我国就债权人能否自行行使破产撤销权并没有明确立法，本文认为，如果管理人有条件行使但出于其他原因不行使撤销权的时候，规定债权人可以行使破产撤销权不利于债务人事务和财产的统一管理。如遇此种情况，可通过两种方式解决，一是当债权人认为有必要撤销但管理人在一定期限内未予以明确答复，或在得知管理人拒绝行使撤销权的时候，可以向法院明确提出，要求管理人履行职责，由人民法院裁定；二是将提起撤销之诉的决定交由债权人会议表决，虽然破产撤销权的行使不需要经过债权人同意，但债权人可以监督管理人行使职责的具体行为，债权人会议是债权人的自治机构，许多职权应当由债权人会议自主决定行使，撤销权行使是为了全体债权人的利益。

3. 明确撤销权诉讼中被告及第三人的诉讼地位

从理论上分析，如果仅涉及行为本身，可以只列债务人为被告，如果涉及财产转移有追回的财产的，可以列债务人和行为受益人为共同被告或一人为被告一人为第三人。但是，司法实践中管理人代表债务人参加诉讼，如果将债务人列为被告或第三人，就会出现管理人起诉，管理人应诉的现象，这显然有悖于民事诉讼程序规则。而且，可撤销行为都是发生在债务人与特定相对人之间的，行为后果是导致债务人财产减少，行为相对人受益，要想从行为相对人处追回其获得的财产和利益，应当最终指向可撤销行为的相对人。所以，破产撤销权应当以行为相对人或受益人为被告，如果要追回的财产或利益已经多次转让，可以以行为相对人与转得人为共同被告，如“南通美嘉利服饰破产撤销案”与“华强奇苑房地产破产撤销案”，案件中的被告均为受益人。

（五）明确破产撤销权行使的法律后果

破产撤销权的行使因被撤销行为不同而产生不同的效果，对债务人、债权人、行为相对人亦产生不同的效果。

1. 对债务人的法律后果

进入破产程序以后，破产管理人接管了破产企业，此时债务人的法律地位具有限制性，管理人不仅要管理和处分破产企业的财产，还要负责破产企业的日常管理、资产清算等工作，同时管理人要代表债务人参加诉讼仲裁或者其他法律程序。实际上债务人已经丧失了管理、处分的权限，独立的法人资格也受限制，一旦债务人的行为被撤销，对债务人而言，其实只需要遵循被撤销行为本身所产生的法律后果。破产管理人行使撤销权，被撤销的行为自始无效，如无偿转让财产的行为，则转让合同无效；放弃债权的行为，则放弃的意思表示无效；为无财产担保的债权提供新的抵押或担保，新的抵押或担保无效；以明显不合理的价格进行交易、提前清偿未到期债务及个别清偿等行为，则行为无效。

2. 债权人享有行使撤销权后所得利益

行使破产撤销权后，债务人的行为无效，管理人可以依法追回债务人的财产、相应财产价值或权利，并将追回的财产如破产财产进行统一分配，债务人可供分配的财产总额增加，势必降低债权人无法得到清偿的风险。所以，债权人享有行使破产撤销权后所得利益，是撤销权行使的利益主体。

3. 对行为相对人的法律后果

破产撤销权的行使会使债务人与行为相对人之间的关系恢复到行为发生前的状态，对于纯粹的无偿行为，如行为相对人未取得给付，被撤销的仅是债务人的意思表示，对行为相对人没有影响；但如果已经实际取得财产或利益，则应当将对应的财产或利益返还给债务人，以原物返还为基本原则，若原物灭失或有损害，应当返还原物的财产价值或在返还原物的同时增加损害部分的财产价值。若被撤销的行为是有偿的（如明显不合理的价格进行交易），当破产管理人请求相对人返还其所得财产时，由于行为相对人支付了对价，虽然该对价不一定合理，但一旦返还财产，所支付的对价应当认定为行为相对人对债务人享有的债权，行为相对人可以以其受损害部分利益，依法向管理人申报债权，从而参与到破产程序的财产清偿。当债务人个别清偿的行为被撤销后，个别清偿无效，债务人即不存在清偿的情况，行为相对人因债务人未清偿而恢复债权人地位，同样可以以债权人身份参与破产程序的财产清偿。

4. 主观要件影响破产撤销权对第三人的法律后果

如果行为相对人在取得给付后二度转让财产或利益，债务人的可撤销行为就会涉及第三人。对于纯粹的无偿转让行为，应当无条件返还，即不考虑第三人的主观是否善意，第三人所得财产均归入破产财产。对于有偿行为，应该考虑第三人的主观恶性，对于善意第三人原则上可以适用善意取得原则，否则有损正常的市场交易秩序；如果第三人知道或者应当知道或恶意串通，主观恶意明显的，可以要求返还全部违法所得。

5. 我国撤销权法律后果的立法完善

立法方面可以借鉴其他国家的相关原则性规定，破产撤销权行使后，对于债务人的无偿、为无担保债权提供担保、放弃债权等行为，因行为本身不会导致收回行为相对人权利的结果，可以作概括性规定；对于有偿的行为，如果支付了货币或给付了特定物，当行为被撤销后，行为相对人应当返还财产，但同时可以取回其付出的对价。行为相对人享有取回权，但这种取回权是基于返还财产的情况下，最终原因是债务人行使了法定的被撤销的行为，追溯至行为作出时，行为相对人本身就应承担有偿给付行为可能被撤销的风险，如果将该部分对价作为共益债务优先受偿，其清偿顺位仅次于破产费用，对于行为相对人而言承担的风险小甚至会变成没有风险。笔者认为行为相对人的权利可以恢复，但也只能作为普通债权参与破产财产的分配。对于债务人偏颇性清偿，当清偿行为被撤销后，行为相对人的权利被恢复，自然可以向管理人申报债权参与分配。至于涉及第三人的行为，应该在充分考虑其主观恶性和被撤销行为性质的基础上作出不同规定。

四、结 语

目前，阻碍经济良性运转的负面因素和潜在风险仍然在不断显现，破产是商品经济条件下市场优胜劣汰的必然结果。作为一种法律制度，破产撤销权体现了法律的公平平等原则，在贯彻破产法诚实信用、平等公平、利益均衡原则以及保障全体债权人公平受偿的利益等方面发挥着重要作用。如果缺少破产撤销权制度，那么破产法制度就不完整，破产撤销权制度的设立，对债务人不当处置财产的行为起到约束作用，对行为相对人的部分行为起到警示作用，对债权人公平受偿起到保障作用。但对已作出的行为行使撤销权必然会影响交易环境的稳定，如果过分保护债权人的利益而忽视利益平衡，反而会适得其反，扰乱正常的市场交易秩序，所以应当建立一个相对完善的破产撤销权机制。

浅析破产清算程序税收优先权问题

徐　萍

内容摘要　随着社会经济的发展，日益激烈的企业竞争使破产清算成为一种社会现象。企业破产清算涉及包括国家在内的众多债权人的利益，破产债权的确定和债权受偿顺序是破产的关键内容。其中破产财产受偿顺序问题，不仅关系到债权人和国家公共利益，也关系到整个社会的长远发展。其中，规范破产税收优先权制度，对构建合理的破产债权受偿序位至关重要。本文在肯定税收优先权必要性基础上，从破产法与税法关于税收债权受偿序位的立法冲突着眼，在税收债权的申报、范围、种类等适用和实践方面进行分析并借鉴国外相关经验，提出完善税收优先权制度的建议，以期平衡破产清算程序中国家税收与其他债权人的利益分配问题。

关键词　破产清算　税收债权　税收优先权

作者单位：浙江省温岭市人民法院。

一、前 言

党的十九大报告指出，企业破产对于我国调整产业结构、补齐市场主体救治和退出机制短板、建立现代企业制度及完善司法工作整体布局、为供给侧结构性改革提供有力保障具有重大意义。中国正处在经济高速发展的关键时期，在产业转型升级过程中，部分不能适应经济发展的企业因经营不善资不抵债，损害相关债权人的合法权益，因此，破产清算日益成为企业不得不面对的问题。在企业财产不足以清偿其全部债务，或无力清偿到期债务的情况下，通过破产清算程序，就破产企业的全部财产对债权人进行公平清偿。破产清算通常涉及众多债权人，包括税收。而由于税收债权的特殊性，破产法赋予了税收债权优先权。企业破产清算中，既要维护破产企业和债权人的合法权益，更要维护国家财政收入，因此处理好普通破产债权和国家税收优先权之间的冲突非常重要。平衡好破产债权人利益与社会公共利益，确保破产企业有序退出市场机制，对深化供给侧结构性改革意义重大。但税收优先权制度在我国法律规定中存在差异，导致在实际操作中出现了问题，影响了该制度的价值。本文围绕税收优先权在立法、适用、实践等方面的研究，致力于化解破产企业利益与社会公共利益的最佳契合，并维护国家税收的合法权益，更好地实现社会资源优化配置，积极回应经济全球化的时代挑战。

二、税收优先权概述

（一）税收债权和税收优先权

税收是国家依法强制性、无偿性地征收纳税人财产上缴国库，对社会财富进行的再分配，是国家实现其行政职能的形式之一。税收是国家用于社会的基础建设和公共服务最主要、最有效的收入来源，对国家的建立发展至关重要。税收的公益性质，决定了税收具有法定性、强制性、无偿性的特征：法定性是指征税须严格按照法律规定进行，不能依照当事人协商合意决定；强制性是指纳税是每个公民的义务，不允许拒绝，严禁偷税漏税，否则将受到法律的惩罚和制裁；无偿性是指征税纳税为非对价性，纳税人向国家上缴财物，国家并不支付对价。因此，税收具有公法属性。另外，国家享有要求个人、组织、企业依法纳税的权力，纳税人也有享用国家提供的基础设施建设、公共产品和公共服务的权利。因此，税收在一定程度上也符合"特定人之间可以请求特定行为的法律关系，即属债之关系"[1]的特征，属于一种债权，如破产法规定了税收款属于破产债权。

实践中，企业处于正常经营状态时，具有偿还能力，国家通过法律程序实现其税收，不会影响到其他人的利益；但在破产程序中，税务机关的税收债权相对于其他破产债权人来说已构成威胁，直接影响到他们可获得分配的财产多寡。如何处理两者之间的关系对于保护个人的私有财产与国家的经济利益有重要的作用。在我国，为确保税收的及时实现以保障国家财政收入，我国税法规定在企业破产清算过程中，把税收债权置于其他民事债权地位之上，即税收优先权。[2]从内容上讲，税收优先权是不同的权利及其所代表的利益发生冲突时法律的选择；从制度上讲，税收优先权是民法中优先权制度在税法中的延伸，具有优先权的一般性质与特点。不同学者对税收优先权定义略不相同，张守文教授认为："所谓税收优先权，或者说税收的一般优先权，一般是指税务机关或海关等征税主体的税收请求权与其他主体的债权共同存在于同一债务人，并且债务人的财产不能足额清偿时，征税主体可以依照法律规定优先受偿的权利。"[3]刘剑文教授认为："纳税人未缴纳的税收与其他未偿债务同时存在，且纳税人剩余财产不足以清偿全部债务时，税收可以依据法律规定排除其他债权而优先受偿的权利。"[4]笔者认为，税收优先权是指纳税人同时负有未缴税款

[1] 王泽鉴：《民法学说与判例研究》（第四册），中国政法大学出版社 2005 年版，第 76 页。
[2] 参见王芳：《税收优先权在企业破产程序中的适用问题探讨》，载《甘肃金融》2010 年第 7 期。
[3] 张守文：《财税法疏义》，北京大学出版社 2005 年版，第 195 页。
[4] 刘剑文、熊伟：《税法基础理论》，北京大学出版社 2004 年版，第 299 页。

与其他未偿债务，并且纳税人的剩余财产不足以清偿全部债务时，税收债权人基于法律的直接规定而优先受偿的权利。

（二）税收优先权的存废之争

随着社会的不断进步和市场经济的蓬勃发展，人们的公平交易和安全观念日益增强，尤其在企业破产清算这一特殊阶段，税收优先权势必会加剧企业的不良态势，影响其他破产债权人的利益，进而破坏市场经济基本秩序，影响市场经济的健康运行。因此，目前国际上的趋势是弱化税收优先权，将税收优先权列于与普通债权同等的地位，我国现行《企业破产法》也采用了该做法。那么，税收优先权是否应该将继续存在呢？不同学者对此有不同的观点。

主张税收优先权存续的学者认为，税收的公益性是税收优先权存在的最重要的原因。税收作为国家财政支柱，是满足公共需要而采取的最主要经济手段。同时，从风险转嫁角度来看，如果不赋予优先权，就意味着因税款流失造成的损失，政府最终会通过增加税率或者扩大税基而外化为其他纳税人的损失，即由其他无辜的纳税人分摊本应由原纳税人及其债权人承担的损失。而如果其他破产债权人因税收优先受偿减少了可获得的数额，反倒可能促使一般债权人增强对债务人的监管力度和预防风险的积极性，从而降低整个社会的债权损失概率。[5]再者，相比于普通债权具有对待给付的特点，税收债权缺乏对待给付，税务机关与纳税人之间信息不对称，税收的保障手段受到很大限制，并且我国目前的征税状况是纳税人的纳税意识不强，所以税收债权的实现比其他普通债权更加困难。因此，赋予税收债权优先权有助于税款的征收，维护国家的利益。

主张取消税收优先权的学者则认为，法律授予税收优先特权，让公共利益凌驾于个人利益之上，体现了国家利益至上的思想，却忽视了个人利益。而

---

[5] 参见韩长印：《破产优先权的公共政策基础》，载《中国法学》2002 年第 3 期。

实际上，个人利益中也渗透着公共利益。税收本身的主要来源是市场经济产生的社会财富，只有遵循市场经济的基本逻辑和运行秩序，国家税收才会源源不断。因此，当公共利益和个人利益相冲突时，应该妥善加以权衡，而不能直接过分强调税收的优先受偿，否则会破坏一个更大的市场经济交易秩序，颠覆税收之根基。此外，税收债权固然具有风险性，但相比私法债权，税收债权的保障措施众多，包括税收保全、强制执行、预先征收、加收滞纳金、代位权和撤销权等，相比于私法债权仅有的担保、保全措施而言，税收的保障措施相当完善。如果再赋予税收优先权，公共利益与个人利益之间的平衡又会被打破。而且，税务机关怠于行使征税职责导致拖欠税款，至破产程序时又依赖于税收优先权弥补其过错，意味着由其他破产债权人为税务机关的过错买单，不符合公平民主的法治精神。再者，国际上多个国家已经取消了税收优先权，在一定程度上证明该制度不适应时代的发展，应当取消。

笔者认为，制定法律的终极目标是追求社会福利。目前，我国税法和破产法虽然在税收优先受偿顺序上规定不一致，但仍肯定了税收优先受偿权的存在基础：税收的公益性。当然，税收优先权的设立是利弊互存的，关键在于社会利益和个人利益如何权衡。国家和个人（组织）凭借公权力强势于普通债权人无疑，一笔数量可观的破产债权对普通债权人的影响重大，可放到整个国家的财政收入来看可能极为微小，这意味着国家比普通债权人的抗风险能力更强。另外，税务机关征税是其法定职责，因此税务机关应该在企业正常经营过程中及时足额征缴税款，而不能平时怠于行使征税职责，在企业破产时，依赖税收优先权保证税款的征收。笔者认为，我国当下税法领域形势较为严峻，相关配套法律法规还不是很健全，纳税人的纳税意识也不高，欠缴税款、偷漏税的现象都很严重。而我国立法中也规定了税收债权的优先权并予以特别保护，如果突然之间将税收的一般优先权全面取消，会让人一时无法接受。所以，笔者认为，与其一刀切地取消税收优先权，不如完善相关规定的不足、空白，如限定税收优先权的范围、明确税收债权的申报事宜等使其与破产法的规定有效衔接，更好地为企业破产程序提供助力，有效促进市场资源的优化配置，推动社会主义市场经济深入快速发展。

三、破产清算程序中税收优先权的现状

《税收征收管理法》和《企业破产法》都涉及了税款的征收。但对于破产程序中税收优先受偿顺序的法律规定差异、税收优先权的具体适用、破产清算程序中税收债权的申报以及税收优先权行使期限等问题仍有争论。

（一）立法规定存在差异

《税收征收管理法》第 45 条第 1 款、第 2 款规定："税务机关征收税款，税收优先于无担保债权，法律另有规定的除外；纳税人欠缴的税款发生在纳税人以其财产设定抵押、质押或者纳税人的财产被留置之前的，税收应当先于抵押权、质权、留置权执行。纳税人欠缴税款，同时又被行政机关决定处以罚款、没收违法所得的，税收优先于罚款、没收违法所得。"税收征管法规定当其他债权属于无担保债权时，除了法律另有明文规定的以外，一律优先执行税收；当其他债权属于担保债权时，税收视同于担保债权，即税收与担保债权处于平等地位，按各自发生时间的先后决定执行的顺序；当其他债权属于其他行政机关决定处以罚款、没收违法所得时，一律优先执行税收。

《企业破产法》第 109 条规定："对破产人的特定财产享有担保权的权利人，对该特定财产享有优先受偿的权利。"第 110 条规定："享有本法第一百零九条规定权利的债权人行使优先受偿权利未能完全受偿的，其未受偿的债权作为普通债权；放弃优先受偿权利的，其债权作为普通债权。"第 113 条第 1 款、第 2 款则规定："破产财产在优先清偿破产费用和共益债务后，依照下列顺序清偿：（一）破产人所欠职工的工资和医疗、伤残补助、抚恤费用，所欠的应当划入职工个人账户的基本养老保险、基本医疗保险费用，以及法律、行政法规规定应当支付给职工的补偿金；（二）破产人欠缴的除前项规定以外的社会保险费用和破产人所欠税款；（三）普通破产债权。破产财产不足以清偿同一顺序的清偿要

求的，按照比例分配。”

可见，对于破产财产中税收的清偿顺序，《企业破产法》第113条和《税收征收管理法》第45条的规定存在冲突。《企业破产法》规定担保债权相对于税收债权享有绝对优先地位，税收处于第二序位，淡化了税收债权的优先性，而《税收征收管理法》规定税收视同于担保债权，即税收与担保债权处于平等地位，按各自发生时间的先后决定执行的顺序优先受偿。

支持取消税收优先权的学者认为，过分强调税收债权优先于担保债权，会损害普通债权人的利益，妨害交易安全，不利于市场经济的长远发展，导致税款收入失去源头。笔者认为，担保债权应当予以保护，但税收债权因其公益性、国家性同样至关重要。在破产清算程序这一特殊阶段，企业财产原本就资不抵债，国家再凭借税收优先权取得所欠税款，有与民争利之嫌，但在市场交易过程中，合作双方对于企业经营缴纳税款应当明知，经税务机关通知缴纳的税收债权已经确定，应当将征税欠税的风险考虑到交易成本中，因此，在破产清算中，税务机关已经通知的税款优先受偿对于其他普通债权人来说是公平合理的，因为这也是一种交易风险。如美国法律规定，税收债权一经通知即成为担保债权，优先受偿。这种规定值得我国借鉴。不过，我国目前虽然规定了欠税情况的公告制度，但由于缺乏具体的操作细则，普通债权人无法及时知悉交易企业的欠税情况，无法及时预测交易风险。所以，应该从制度层面进行完善，健全欠税公告制度，税务机关及时通知企业欠税并采取有效措施征收税款，增加其他债权人的风险预期，在经济交往中严谨慎重，不但有利于稳定市场交易秩序，也有利于维持国家财政收入的源源不竭。

综上，结合我国当下国情，税收优先权的存在有一定的必要性，不可能完全取消，至于是否与担保债权并列、以时间先后受偿或者劣后于担保债权，笔者认为，在企业破产程序中，《企业破产法》为特别法，应适用特别法；根据法律规定，劳动债权优先于税收债权，而税收债权优先于欠款后产生的担保债权，即劳动债权优先于设定在后的担保债权，将导致破产债权受偿顺序的逻辑混乱。综合以上方面考虑，应按《企业破产法》的规定，维持担保债权的特殊优先权，优先于税收债权受偿为宜。

（二）税收优先权适用上存在争议

一般认为，税收优先权适用于税款本金没有争议，但对税收优先权的适用范围、种类、行使期限等问题，因相关法律规定不明确，仍存在较大争议。

1. 适用范围：滞纳金是否享有优先权

我国税法规定了不按期申报纳税应处以滞纳金。有学者认为，欠税导致的滞纳金类似于普通债权的利息，相当于欠税纳税人超期占用税款的利息利益，应当与税款本金一样享受优先权；也有学者认为，滞纳金的产生源自纳税人拖欠税款、国家对其进行经济上的制裁，如果滞纳金优先受偿，意味着国家对债务人的惩罚由无辜的普通破产债权人来承担，显失公平。

笔者同意第二种观点，滞纳金不是税款本金的天然孳息，而是因为纳税人纳税意识不强、税务机关怠于履行征税职责导致的不良后果，不同于普通债权的利息，而是相当于逾期还款后产生的罚息、复利，带有处罚和惩戒意味。而在破产清算的关键时期，一笔数额可观的税款本金已经对普通破产债权人造成了威胁，还要承担债务人过错造成的滞纳金损失，无疑是雪上加霜，显然不符合平等交易和市场安全的原则。因此，笔者认为滞纳金应作为一般破产债权，不具有优先权。司法实践中也采用了上述观点。《最高人民法院关于审理企业破产案件若干问题的规定》第61条规定，人民法院受理破产案件后债务人未支付应付款项的滞纳金，包括债务人未执行生效法律文书应当加倍支付的迟延利息和劳动保险金的滞纳金不属于破产债权，即不享有优先权。《最高人民法院关于税务机关就破产企业欠缴税款产生的滞纳金提起的债权确认之诉应否受理问题的批复》规定：“对于破产案件受理后因欠缴税款产生的滞纳金，人民法院应当依照《最高人民法院关于审理企业破产案件若干问题的规定》第六十一条规定处理。”

2. 适用种类：税收优先权的条件限制

根据我国破产法及相关司法解释的规定，破产债权是在破产宣告前成立的，对破产人发生的，经依法申报确认，并由破产财产中获得公平清偿的可强制执行的财产请求权。[6]我国税收债权的成立时间采取的是纳税义务发生时说，但因为纳税申报具有周期性，所以企业破产时所欠的税款区分为已到期税收债权（经通知催告缴纳的税收）和未到期税收债权（未确定未公告的“隐形”税收）。对这两种性质不同的税收债权，现行破产法未作明确区分，均赋予了一般优先权。但是笔者认为，如前所述，对于税务机关已经通知纳税而确定的到期税收债权优先受偿导致破产财产减少的，其他普通破产债权人已有心理预期和风险防范的可能性，也能够为普通破产债权人接受，因此是合情合理的。而未经通知（公告）的税收债权，一是由于纳税人未依法及时申报纳税，二是由于税务机关未尽勤勉义务及时催告通知纳税，导致临到企业破产清算了才以保护国家利益的名义依赖税收优先权制度优先受偿，显然对其他普通破产债权人是极不公平的。

因此，笔者认为以税务机关对债务人作出限期缴纳税款通知书并予以公告的时间为界，区别对待破产债务人所欠税款为宜，对于经过税务机关通知征税的已到期税收债权赋予优先权。税收债权虽然自纳税人的纳税义务发生时即刻产生，但仍以抽象的形式存在，无法明示于公众。而经过一定的纳税申报期限，通过税务机关通知催缴纳税人积极缴税的公告行为，确定了纳税义务的具体形态包括数额、税率等，既保护了其他债权人的风险预估机会，也在一定程度上督促税务机关勤勉、尽责地履行法定职责，更好地维护国家财政收入。

同理可证，对于破产企业正常所欠税款与偷逃漏税所欠税款同样应该区别对待。相较于未经公告公示的“隐形”税收债权，偷逃漏税所欠的税款更加具有隐蔽性，而且不具有普遍性，普通债权人根本无法对该种税收债权产生心理预期，且偷逃漏税属于违法行为，不能将破产企业（债务人、纳税义务人）的违法成本不公平地转嫁给普通债权人来承担。

[6] 参见我国《企业破产法》第 30 条规定。

3. 适用期限：税收优先权的行使时间是否需要限定

我国破产法中规定了国家税收优先于普通破产债权受偿，但对税收优先权的行使时间并未明确规定。例如，企业破产清算 5 年前税务机关已作出通知催缴税款通知书，但纳税人一直未缴纳，税务机关也未积极采取措施催缴，该笔税款是否享受优先权？虽然该现象极为少见，大部分税务机关都积极履行着征税义务，但仍不排除个别税务机关过分依赖于税收优先权而怠于行使职责，放任企业欠税的现象。长此以往，大量积累的欠税对于已经资不抵债的破产企业来说无疑是火上浇油，对普通债权人的可分配财产也构成了威胁，而且破产企业或税务机关的过失造成的损失由其他普通债权人背负，不符合社会公平理念。因此，应当对享有优先权的税收债权的适用期限进行限定。

（三）税收优先权实践中不规范

破产清算程序中，破产债权的申报是基础环节。债权人只有积极按时申报债权，才能更好地维护其利益。我国破产法规定，除劳动债权为公示形式外，其他债权都要由债权人进行申报。对税收债权是否需要申报或公示即可，法律没有明确。笔者认为，税收债权应当依法申报，否则税收债权的数额无法确定。破产税收债权的申报是税收优先权实现的重要程序，但因税收债权的公权属性，具体到破产税收债权的申报主体、金额以及申报期限等方面需要注意。

1. 申报机关

申报主体的确定关乎税收债权人的数量，也关系到债权人会议的表决、重整计划草案的分组表决等具体问题，影响破产程序进程。从理论上讲，税收债权的申报主体应当是税务机关。但目前我国实行分税制，国税局、地税局、海关分别征收不同税种，地方财政部门还征收契税，因此，国税局、地税局，地方财政部门、海关都有可能成为税收债权的申报主体。有学者认为应根据不同的征税主体来确定税收债权的申报主体。但笔者认为，目前我国征税主体格局纷繁复杂，对应不同的税种由不同征税机关申报，容易产生分歧，实施起来困难重重，增加了破产清算程序的复杂和拖沓，不利于破产程序的顺利进展，也与我国破产法立法精神相悖。因此可考虑统一由市级国家税务机关作为税收破产债权的申报主体[7]，较为稳妥。

2. 申报数额

企业破产清算的核心内容是财产分配，债权数额的确定是先决条件。税收优先权实现的首要条件是税收债权数额的合理确定，才能让其他破产债权人信服。对已到期确定的税收债权以公示形式确定纳税数额，未到期的税收债权依照法律规定在破产申请受理时视为到期。而我国的税收债权的成立时间是纳税义务发生时，不过，此时成立的税收债权只是抽象意义上的，其具体的数额仍无法确定。因此即使税收债权视为已到期，但未经申报，税务机关仍难以确定该税款的具体金额，所以应当赋予税务机关查询破产企业账目的权利，以确定欠税金额，再交由债权人会议核查。原则上，破产债权是指在破产申请受理前发生的债权。但是，因破产清算期间可能产生新的税收债权，如破产管理人决定继续履行申请破产前成立而未履行完毕的合同时产生的税收，破产财产变卖、折价、抵债时产生的税收，这类税收不同于破产申请受理前产生的税收债权，而是破产费用，优先其他所有债务予以清偿。

3. 申报期限

我国破产法规定了法院受理破产申请后，应当确定债权人申报债权的期限，自法院公布受理破产申请公告之日起最少三十日最长三个月，逾期未申报的可在破产财产最后分配之前进行补充申报，但以前已经分配的财产，不再对其补充分配。而对于破产申请受理视为到期的税收债权的数额需要查账予以核查确定，可能需要较长时间，对税务机关超过三个月后申报的税收债权，是否予以确认，实践中做法不一。笔者认为，税收债权的实际所有者是国家，税务机关仅为申报机关，代国家行使征税职责，为避免国家税款的流失，应当对破产税收债权的申报期限予以适当合理地放宽。法院受理破产清算申请后应及时通知税务机关，税务机关根据破产企业财务的复杂情况提出延期申报的申请。

[7] 参见熊伟：《作为特殊破产债权的欠税请求权》，载《法学评论》2007 年第 5 期。

四、我国税收优先权制度的完善意见

（一）国外税收优先权的经验借鉴

随着现代法治国家的建设，对于人权的保护和交易安全的重视，税收优先权在各国的地位逐渐弱化，尤其是德国在其新破产法中取消了税收优先权的规定。

1. 德国

德国破产法中税收优先权的变化应该是最具颠覆性的。1877年旧破产法承认税收债权的优先清偿地位，1994年新破产法取消了所有的优先权制度，包括税收优先权，并且规定有担保的债权人自己承担和变现其权利的费用。这样的规定无疑有利于扩大破产财产，使更多的债权人实现其债权。德国取消税收优先权表明其在注重维护国家作为税收债权人利益的同时，也注重对其他债权人及债务人利益的保护，这种立法理念也值得我国的破产法借鉴，注重社会整体利益的维护，有利于市场经济发展和社会和谐稳定。

2. 英国

英国破产法历经多次修改，意在充分保护无担保债权人的利益、协调税收债权和其他破产债权的受偿顺序，但出于税收的公益性目的，仍规定了税收优先权制度，赋予了税收债权与除担保债权、破产费用外其他优先权同等的优先地位，当破产财产不足以清偿所有优先债权时，优先债权之间按照比例清偿。尽管在英国破产法中税收优先权的地位不高，一些税收的优先受偿甚至被取消，如废除了政府对所得税和增值税的优先受偿权。此外，英国破产法中税收优先权的行使时间得到了严格的规定，如“在有关日期前六个月发生的任何增值税”和“在有关日期，债务人因从在该日期前12个月期间被付的薪金中扣除收入税而发生的金额”等限制。[8]英国破产法关于担保债权、破产费用优先于税收债权受偿的规定与我国破产法一致，且根据不同的税种赋予不同程度

---

[8] 参见〔英〕《英国破产法》，丁昌业译，法律出版社2003年版，第294页。

的优先权、规定了税收优先权行使时间也存在一定合理性，如对于纯增加国家财政收入的税种可减弱其优先性或推后其受偿顺序。

3. 美国

美国破产法中把债权人的债权分为担保债权和无担保债权两类，无担保债权的清偿顺序如下：破产案件审理的行政费用；债务人在破产清算中进行正常业务活动所形成的债权；债务人所欠其雇员的工资和其他劳动报酬；债务人雇员的其他福利；粮食生产者或水产品生产者的债权；消费者交付的定金；政府税收；特殊的银行保证金；普通的无担保债权人。可见，虽然美国破产法中税收债权地位不高，但美国税法规定，政府的税收债权一经向债务人作出通知即成为担保债权，并以债务人的全部财产作为担保。[9]另外，美国税法还规定绝大多数税收，如所得税、财产税、销售税、预提税、进口关税等，都属于不可豁免的债务。以上规定中关于一经通知即成为担保债权享有税收优先权、企业故意偷逃漏税所欠税款不可豁免的规定，值得我国借鉴。

（二）我国税收优先权制度的完善意见

关于税收优先权的去留问题，我们不能盲目照搬国外的做法，而应当结合我国目前的具体情况完善现有的规定，使现有制度发挥应有价值。我们应当遵循“一理念二原则”，多措并举，完善税收优先权制度，平衡各方利益，助力企业破产清算程序的顺利推进。

“一理念”是平衡社会公共利益和普通债权人利益的理念。在破产清算中，不仅要维护国家税收的公益性和完整性，也要重视和维护破产债权人、债务人的合法利益，不仅要使破产债权得到公平清偿，也要维护破产企业的合法权益。“二原则”是宏观调控原则和公平清偿原则：我国虽然已经步入世界大国行列，但各地区发展不平衡，基础设施建设和社会福利的发展仍需要国家财政的大力支持。税收优先权制度作为税收制度的有机组成部分，更应遵循有利于

---

[9] 参见潘琪：《美国破产法》，法律出版社 1999 年版，第 139 ～ 140 页。

国家宏观调控的原则。而破产法的最基本的原则在于平等分配破产财产，公平对待债权人。虽然税收债权的公、私法属性决定了公平不可能绝对的平等，但税收优先权与破产债权公平清偿原则并不矛盾。当然，要对税收优先权有所限制。我们对于税收优先权的完善也应当重视所有债权人的公平保护，这才符合现代破产法的发展趋势。

1. 统一立法规定明确税收债权优先受偿顺序

我国《民事诉讼法》《企业破产法》《税收征收管理法》中都涉及了税收优先权制度，而出于不同的立法目的，多部法律对其规定存在差异，最突出的差异就是《税收征收管理法》和《企业破产法》之间关于税收债权和担保债权受偿顺序的不一致，不仅损害了法律的权威性，也影响该制度在实际中的运行效果。笔者认为，在保留税收的一般优先权的基础上，应当确立担保财产债权的特殊优先受偿权。因此，破产债权的受偿顺序为：破产费用和共益债务＞破产人所欠职工的工资和医疗、伤残补助、抚恤费用，所欠的应当划入职工个人账户的基本养老保险、基本医疗保险费用，以及法律、行政法规规定应当支付给职工的补偿金＞破产人欠缴的除前项规定外的社会保险费用＞破产前已经做出追缴通知且未超过时效的税收债权＞普通债权和破产前未经通知的税收债权。

2. 规定税收优先权的限制条件以保障普通债权人利益

破产企业在破产清算时往往资不抵债，在担保债权、劳动债权、税收债权等优先受偿后，普通债权人的清偿率极低，[10] 损失较大。税收优先权因公益性而存在，在行使过程中不可过分侵害其他普通债权人的利益。如前所述，在破产清算时应对税收优先权的适用条件加以限制：在税收优先权适用范围方面，税款本金享有一般优先权并无异议，但对于因欠税产生的滞纳金、罚款等款项，应作为普通破产债权，不享有优先权；在税收优先权适用范围方面，从税收成立时间、产生原因方面加以区分，以税务机关对债务人作出限期纳税通

[10] 参见陈海涛：《从税收流失角度谈我国破产法的缺陷与完善》，载《淮阴工学院学报》第14卷第4期。

知并予以公告为界，规定未经税务机关通知征税的税款和因企业偷漏逃税所欠税款不享有优先权，且因企业故意偷漏逃税产生的税款在破产清算完结后未全部受偿的部分，应当继续履行，税务机关可依法对企业主要负责人或股东、合伙人追偿；在税收优先权适用期限方面，可参照《税收征收管理法》中税收追征期限和追缴期限3年的规定，并借鉴英国税收优先权行使时间的规定，规定企业破产前的一年时间或半年时间内已经税务机关通知催收并公告的到期税收债权享有优先权，除此之外的其他未超过诉讼时效的税收债权列为普通债权。

3. 规范税收债权申报以保障税收优先权顺利实现

我国《企业破产法》对破产企业和其他破产债权人的利益予以充分保护，但对于税收部分的重视仍显不足。为保障国家税收优先权顺利实现，有必要对破产税收债权的数额、申报程序进行规范：关于申报主体，建议采用“统一确定破产企业所在地的市级国家税务机关为税收破产债权的申报主体，内部专设机构和人员负责征缴破产企业的税收，相关征税机关协助其确认税收债权，债务清偿所得比例和预算级次分别缴入国库”[11]的观点；关于申报期限，法院受理破产申请后应及时通知税务机关，税务机关根据破产企业财务的复杂情况提出延期申报的申请，为避免国家税款的流失，应当对破产税收债权的申报期限予以合理放宽；关于申报数额，如上所述，以破产申请受理时间为界，受理后的新生税收为破产费用，应随时优先受偿，受理前形成的税收债权剔除因企业透漏逃税所欠税款和未经税务机关催告、公告的税款及其他关联担保债权等特殊担保债权，授予税务机关查阅破产企业账目的权利以便核实确定税收债权。

另外，各级税务机关作为国家的代表应当积极履行法定职责，及时通知企业纳税并采取有效措施征收税款；完善欠税公告制度，健全具体实施细则，使企业的纳税信息更加公开透明，增加其他债权人的风险预期；在接到法院受理企业破产申请通知后，应及时准确进行债权申报，在破产清算程序中积极参与清算事宜，如参加债权人会议、审查核实税收债权、参与破产财产处理和分

[11] 参见熊伟：《作为特殊破产债权的欠税请求权》，载《法学评论》2007年第5期。

配方案的讨论等，避免过分依赖税收优先权，对未尽到勤勉义务的相关人员应追究责任。[12]

五、结 语

国际上，税收优先权呈逐渐弱化态势，但是税收优先权因其公益性价值，在我国现阶段仍然具有存在的意义。作为税收保障制度的重要部分，破产程序中的税收优先权是一种具有优势的法律形态。我们更应该考虑充分发挥其制度价值，保持国家和普通债权人的利益平衡，从而推动我国法治社会建设向前发展。

[12] 参见徐阳光：《论破产程序中的税收债权》，载《政治与法律》2008 年第 9 期。

专题研讨

税法专题

非营利组织税收优惠制度研究

刘芳池

内容摘要 非营利组织可以依照市场模式提供公共产品和服务，其本身公益性的特性又使它与市场的逐利本质相区分，非营利组织的出现弥补了政府与市场在社会治理方面的缺陷。各个国家为了促进非营利组织的发展纷纷采取各项举措，其中提供税收优惠是较为普遍的做法。我国非营利组织税收优惠制度给非营利组织的发展带来了许多积极的促进作用，但这期间也存在一些不容忽视的瑕疵。本文全面梳理国内非营利组织税收优惠相关规定，从宏观把控到细节分析，深入研究了非营利组织税收优惠制度在立法层面、实体性规定和程序性规定等方面存在的不足，通过总结借鉴国外成熟的立法经验，提出符合我国国情和经济社会发展的非营利组织税收优惠制度的完善建议，希望可以促进非营利组织税收优惠制度的进一步完善。

关键词 非营利组织　税收优惠　捐赠　税收优惠制度

我国非营利组织在扶助弱势群体、保护环境、调解贫富差距等方面发挥了重要的作用，党和国家都十分重视非营利组织的发展。国家通过税收优惠政策促进社会公益事业的发展已经成为各个国家社会治理的重要途径，我国对于

作者单位：天津国有资本投资运营有限公司。

非营利组织的税收优惠也体现了足够的重视。党的十六届六中全会着重增强社会的慈善意识发挥慈善事业，以完善慈善组织税收减免为目标。2016 年政府工作报告中强调规范社会组织的发展，支持志愿服务和慈善事业。同年，全国人大审议通过了《慈善法》首次界定了慈善的含义，并且还专章规定了慈善组织的税收优惠措施。2017 年的政府工作报告也指出了推进公益和慈善事业发展的重要性。

近年来，我国也出台了一系列有关非营利组织税收优惠的规定，但是现行的税收优惠制度并不能够完全跟进非营利组织的飞速发展，我国非营利组织税收优惠制度在取得成绩的同时，也存在很多的问题，包括实体性规定的问题以及程序性规定的问题，相关的法律法规亟待完善。有鉴于此，建构我国非营利组织税收优惠制度就需要对非营利组织的相关法律规定进行整合分析，同时借鉴域外先进的税收优惠制度对我国的非营利组织税收优惠制度进行完善。

一、非营利组织的界定及其税收优惠的必要性

（一）非营利组织的界定

1. 非营利组织的概念

非营利组织（Non-Profit Organization，NPO）来源于美国，最早出现于 19 世纪 70—80 年代，原因在于当时部分福利国家经济不景气，人们自发的募捐济贫形成为公共利益服务的团体，从而引发了非营利组织的蓬勃发展。

至今国际上并没有一个统一称谓来指称非营利组织。由于各国对这类组织关注点的差异以及各学者知识背景和研究方向的不同，称谓自然也多种多样（见表 1）。但这些称谓基本都用来代表这种具有非营利性、非政府性的自愿组织。

在中国，不仅存在从其他国家舶来的近似概念，还有一些类似于社会组织、民间组织、中介组织、公益组织、群众组织、公民组织、非商业组织等本

土的近似概念。甚至对于非营利组织还存在非赢利组织、非盈利组织三种不同的表达。1998年国务院在颁布的法规中分别使用了“非营利性社会组织”和“从事非营利性社会服务活动的社会组织”。[1]2004年颁布的条例中使用了“非营利性法人”。[2]若说国务院行政法规中的上述行文与“非营利组织”还有差距，2004年财政部颁布的部门规章则明确使用了“民间非营利组织”这样的概念。[3]自此，非营利组织这一措辞从纯粹的学术概念变成了官方认证的法律概念并一直延续了下去。[4]

表1　各学者对非营利组织的不同称谓及描述[5]

学　者	名　称	侧重点
莱维特	第三部门	强调这些组织相对于政府和私人企业的独立性
布特勒和威尔森；古林和范·蒂尔	慈善组织	强调这些组织的资金来源于私人慈善性捐款
杰瑞米和马丁	免税组织	强调国家的税法给予这些组织免税待遇
海德利·罗德尼；王颖、折晓叶和孙炳耀	中介组织	强调组织是政府、单位和个人之间以及单位与单位、个人与个人之间的“非行政联结”纽带
黑格尔；马克思；托克维尔；葛兰西；哈维尔	公民社会	可用来描述某个特定的、建立在志愿基础上的非商业性组织，也可以用于对所有这类组织的总称
德福尼·杰奎斯	辅助性活动	强调非营利组织的社会地位和功能
比利斯；克雷默	志愿者组织	强调组织的运作与管理在很大程度上靠志愿者在时间、精力和金钱上的投入
卡曾斯；胡德	非政府组织	主要用来描述发展中国家里以促进经济、社会发展为己任的组织

[1] 参见《社会团体登记管理条例》（1998年）第2条和《民办非企业单位登记管理暂行条例》第2条。
[2] 参见《基金会管理条例》第2条。
[3] 参见《民间非营利组织会计制度》。
[4] 参见刘太刚：《非营利组织及其法律规制》，中国法制出版社2009年版，第124页。
[5] 参见田雪莹：《企业捐赠非营利组织的行为及竞争优势研究：基于社会资本的视角》，浙江大学2008年博士学位论文。

对于非营利组织的具体界定各个国家有不同的定义和理论阐述，其中一个引用率极高的定义来源于美国著名学者 Lester M. Salamon 教授。他认为非营利组织具有组织性、非政府性、利润不分配性、自治性和志愿性这五大特点，只要符合这些特点的组织均可被称为非营利组织。世界银行将非营利组织定义为不以营利为目的，在特定的法律系统下不被视为政府部门的协会、社团、慈善信托、基金会、非营利性公司或其他法人。[6] 日本的非营利组织则是指致力于国内以社区为基础的各类公益活动的社会组织。[7] 澳大利亚统计局对于非营利性机构的定义为，具有非营利性，但是不进行利润分配，在机构上独立于政府，并且进行自我管理的非强制性组织。[8] 英国税法将非营利组织定义为组织的设立必须基于慈善目的，即组织成立的文件中必须规定组织的目的是完全满足英格兰和威尔士法律下的慈善定义并且必须提供公共利益。[9]

我国至今还没有专门针对非营利组织的立法，对于非营利组织的定义散见于各种法律法规中。《民法典》中规定非营利法人是为公益目的或者其他非营利目的成立，并且不分配所取得利润的法人。《企业所得税法实施条例》中规定非营利组织应当从事公益性或非营利性活动，取得的收入用于符合章程的公益性或非营利性事业，且不得分配其财产及其孳息。2016 年通过的《慈善法》规定慈善组织的活动应当符合慈善宗旨且不以营利为目的。2018 年财政部与税务总局联合出台的《关于非营利组织免税资格认定管理有关问题的通知》中，对非营利组织的条件做出了更为具体的规定。其中最为重要的依然是强调该组织从事的活动应为公益性与非营利性的，收入用于规定的公益性或非营利性事业，且不得分配财产及孳息。除此之外，在其他法律法规中也有关于

[6] 参见国家税务总局政策法规司课题组：《非营利组织税收制度研究》，载《税务研究》2004 年第 12 期。
[7] 参见王名、李勇：《日本非营利组织》，北京大学出版社 2007 年版，第 78 页。
[8] 参见廖鸿、石国亮等：《澳大利亚非营利组织》，中国社会出版社 2011 年版，第 92 页。
[9] 参见李向辉：《我国非营利组织税收政策问题研究》，中国人民大学 2014 年博士学位论文。

非营利组织的部分规定。[10]

2. 非营利组织的特征

尽管关于非营利组织存在着许多不同的定义和内涵，但是通过梳理国内外不同立法机关的规定及学者的观点，还是可以发现许多一致性的。主要体现在以下三个方面。

首先，非营利组织必须从事公益性或其他非营利性活动。作为有别于政府与企业的“第三部门”，非营利组织利用自己的优势为公众提供公共服务，承担社会责任，满足公共利益，在弥补市场缺陷的同时，一定程度上承担了政府的责任，为政府减轻了负担。正是由于其公益性特征的存在，许多国家才愿意承认并支持非营利组织，可以说从事公益性是非营利组织存在的初衷及必要性之体现。但随着时代的发展，现在也逐渐衍生出一些并非从事公益性活动的非营利组织，如通过组织内部的自我服务来实现特定群体内部的互助利益，所获收益同样不予分配。

其次，非营利组织不能以营利为目的。非营利组织与企业的区别不仅在于二者从事的领域范围有所差异，更为重要的一点是非营利组织所获得的资助或收益必须用于符合其组织宗旨的用途，不可以将其分配给内部成员。这可以作两个方面的理解：第一，非营利组织的资金来源包括政府、捐助、自营等途径，所获资金必须用于符合其组织宗旨的活动，而非分配或变向分配给组织内部成员，更不能投入与组织宗旨无关的活动中；第二，非营利组织的工作范围以及资金去向应为公益或其他非营利导向的，由于非营利组织必须从事公益性或其他非营利性活动，所以组织各类活动针对领域应为公益领域或者其他非营

[10] 参见《基金会管理条例》第 2 条：“本条例所称基金会，是指利用自然人、法人或者其他组织捐赠的财产，以从事公益事业为目的，按照本条例的规定成立的非营利性法人。”《公益事业捐赠法》第 2 条：“自然人、法人或者其他组织自愿无偿向依法成立的公益性社会团体和公益性非营利的事业单位捐赠财产，用于公益事业的，适用本法。”《民办非企业单位登记管理暂行条例》第 2 条：“本条例所称民办非企业单位，是指企业事业单位、社会团体和其他社会力量以及公民个人利用非国有资产举办的，从事非营利性社会服务活动的社会组织。”

利领域，而非过多关注营利领域。

最后，非营利组织为非政府性社会组织。非营利组织与政府机构有所区别，既不属于政府，也不由政府直接管控，非营利组织在符合法律规定的范围内，由志愿人员自愿组成，本身存在组织宗旨与自我管理程序，其在遵循法律与管理程序的情况下从事与组织宗旨相符的活动，但这并不意味着非营利组织不能接受政府的资助或者不能允许政府的官员担任董事，有些非营利组织还具有“半官方”的性质，决策在一定程度上受到政府的影响，但非营利组织与政府在法律性质、组织机制、管理程序、成员构成等方面均有所区别，虽然非营利组织从事公共利益这一点与政府职能有所重叠，但其是与政府截然不同的存在形态。

3. 非营利组织的分类

非营利组织为社会公益及其他非营利性质的利益而存在，从制度设计的视角研究非营利组织，需要对其组织形态进行类别细分，不同国家及地区因各自不同的需求、价值判断与文化传统的差异而形成不同的分类体系。

从美国非营利组织的发展历史来看，其法律制度也在不断建构以适应非营利组织发展的需要。美国《国内税收法典》第 501（C）（3）条提到了非营利组织，并将其分为公共慈善组织、私人基金会以及教会与宗教组织。[11] 其领域主要限定在慈善、教育、科学、文化和宗教等方面。1980 年生效的《加利福尼亚州非营利法人法》根据非营利组织资金的来源和活动的受益范围将非营利法人分为公益型、互益型和宗教型，这直接影响 1987 年美国《非营利法人示范法》做了相同的非营利法人的分类，这是美国国内目前较为普及的分类方式。公益型非营利组织是指为公众服务使得公众受益的非营利组织。互益型非营利组织是指为会员服务或者相互之间受益的非营利组织。宗教型非营利组织是指具有宗教性质的非营利组织。

---

[11] See IRS，*Tax Exempt Status for Your Organization*，载 https://www.irs.gov/pub/irs-pdf/p557.pdf，2021 年 1 月 30 日访问。

日本非营利组织的活动领域也涵盖了生活的方方面面，1988年颁布的《特定非营利活动促进法》规定了非营利组织的17个活动领域，包括健康和福利、教育、环境、城镇建设等。[12]日本的非营利组织按照法律形式分为公益法人、其他公益法人、特定非营利活动法人和中间法人。日本非营利组织的分类以公益法人为中心，根据2008年实施的《公益社团法人和公益财团法人认定法》的规定，公益社团法人和公益财团法人是通过公益认定的一般社团法人和一般财团法人，也可以说公益法人是以举办公益事业为宗旨的非营利法人。其他公益法人根据《日本民法》第34条颁布的一些特别法律而设立的，特定非营利法人的依据是1998年颁布的《特定非营利活动促进法》，而且特定非营利活动法人只能是社团，不包括财团。[13]中间法人既非营利又非公益，它是为了实现特定人群利益而存在的。

我国非营利组织并没有依据是否符合公益性质进行分类，而是类似于德国的分类方式，仅仅根据是否登记而分为登记的非营利组织和未登记的非营利组织。根据我国实际的工作状况，目前登记的非营利组织主要有三种类型，分别是：社会团体、基金会、社会服务机构，[14]均属于民政部门管辖。根据《民法典》的规定，非营利法人还包括事业单位这一组织形式，但事业单位本身有

[12] 参见田香兰：《日本民间非营利组织的发展现状——法律环境及社会贡献》，载《日本问题研究》2013年第2期。

[13] 参见王世强：《日本非营利组织的法律框架及公益认定》，载《社会组织研究》2012年第10期。

[14] 2016年9月1日施行的《慈善法》第8条中将非营利性组织主要分为基金会、社会团体和社会服务机构三种表现形式，基金会和社会团体在相关行政法规中都有定义，而社会服务机构是《慈善法》的首创概念，2017年10月1日施行的《民法总则》也采用了社会服务机构的概念。财政部和税务总局联合发布的《关于非营利组织免税资格认定管理有关问题的通知》（财税〔2018〕13号，称为新13号文）自2018年1月1日起执行，《关于非营利组织免税资格认定管理有关问题的通知》（财税〔2014〕13号，称为老13号文）同时废止，在新13号文中用社会服务机构代替了老13号文的民办非企业单位，目前民政部也在公开征求意见将《民办非企业单位登记管理暂行条例》修订为《社会服务机构登记管理条例》，从各类法律法规和通知文件中可以获知，这里的社会服务机构就是指从前的民办非企业单位。因时间原因，财政部2017年数据统计中统计名称仍为民办非企业单位。

政府财政拨款支持，不符合非营利组织的非政府性特征，而且国内的事业单位正处于改革期，改革的主要方向也是向政府或企业的方向转型，因此本文暂且不对其进行介绍。

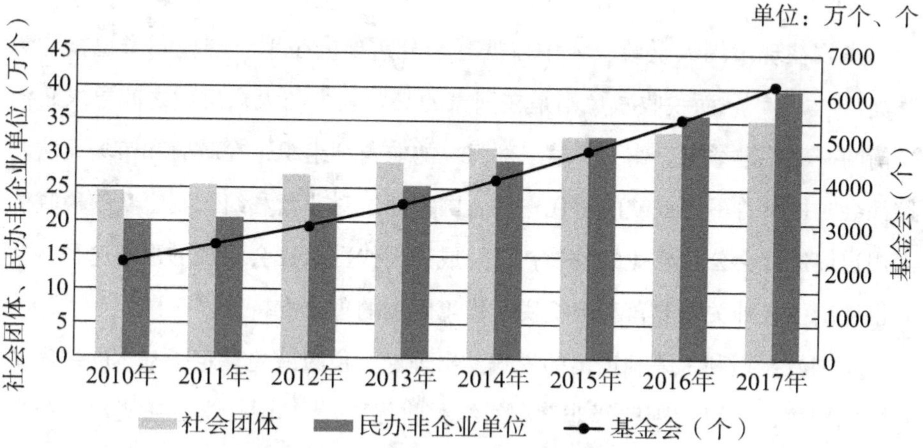

表 2　社会组织发展情况[15]

指标	2010 年	2011 年	2012 年	2013 年	2014 年	2015 年	2016 年	2017 年
社会团体（万个）	24.5	25.5	27.1	28.9	31.0	32.9	33.6	35.5
基金会（个）	2200	2614	3029	3549	4117	4784	5559	6307
民办非企业单位（万个）	19.8	20.4	22.5	25.5	29.2	32.9	36.1	40.0

截至 2017 年年底，全国共有社会组织 76.2 万个，比上一年度增长 8.4%，吸纳社会各类人员就业 864.7 万人，其中社会团体 35.5 万个，基金会 6307 个，民办非企业单位（社会服务机构）40 万个。[16]可见，我国登记的非营利组织数量十分巨大并且逐年呈递增状态（见表 2）。

未登记的非营利组织也分为两种类型：一种是免登记的非营利组织，如

[15] 参见中华人民共和国民政部：《2017 年社会服务发展统计公报》，载 http://www.mca.gov.cn/article/sj/tjgb/2017/201708021607.pdf，2018 年 12 月 2 日访问。

[16] 参见中华人民共和国民政部：《2017 年社会服务发展统计公报》，载 http://www.mca.gov.cn/article/sj/tjgb/2017/201708021607.pdf，2018 年 12 月 2 日访问。

工会、妇联、共青团、文联等人民团体；另一种就是未依据相关法律在民政部门登记注册的“草根组织”。

（二）非营利组织享受税收优惠的必要性

税收在现代国家财政收入中占据着十分重要的位置，现代国家也被称为“税收国家”。[17] 而税收减免则是在国家的必要收入与大众反应之间寻求政治平衡的一项关键举措。作为“第三部门”的非营利组织，在政府和市场无法调控社会时提供着不可或缺的替代作用，国家通过对非营利组织制定实施税收优惠规定促进社会公益事业的发展，已经成为现代国家社会治理的重要途径。学界也提出了各种关于非营利组织税收优惠制度的理论支持。

美国教授坦利·萨利提出的税式支出理论为税收减免奠定了基本的制度基础，此理论也可以用来解释非营利组织税收优惠。[18] 国外学者还提出了补贴理论、非税基理论、资本结构理论、捐赠理论等，从不同的视角分析非营利组织的税收减免。这些理论影响了我国学界，在此基础上可税性理论、行为实质理论、第三次分配理论接连出现。

就税收优惠制度而言，综合以上各种理论，基本可以从两个角度出发进行解释。

首先是关于分配正义的解释。有学者认为，整个社会分配过程经历了三个阶段：第一，由私人市场为主体以效率为取向进行分配；第二，由政府为主体按照兼顾公平和效率以及侧重公平的原则，通过税收、社会保障支出等途径进行的再分配；第三，在道德力量感召下，通过个人自愿捐赠（慈善的方式）进行的分配。[19] 现代社会的分配正义是一个不断对初次分配进行校正的过程，而非营利组织的行为就是其中的一次校正，被称为第三次分配。因此非营利组

[17] See Schumpeter J.A，*The Crisis of the Tax State*，Princeton University Press，1999，pp.99-140.

[18] 税式支出理论是指将税收减免等同于一种间接的财政支出。

[19] 参见〔美〕塞缪尔·弗莱施哈克尔：《分配正义简史》，吴万伟译，译林出版社 2010 年版，第 2～5 页。

织本身就是为了调整资源分配而存在的，在政府与市场无法进行有效调控时，非营利组织可以使资源分配和公益实现更加均衡。通过税收优惠促进非营利组织的发展，这是国家对分配正义制度设计的重要举措，有利于社会利益平衡和稳速发展。

其次是以利益诱导的方式给予非营利组织以利益补贴或利益激励。[20]由于法律无法强制进行第三次分配，而非营利组织可以通过税收优惠制度将公益事业与个人利益结合起来，这种诱导性的制度有利于公益组织和捐赠人主动从事公益活动。也就是说，虽然法律无法直接控制第三次分配，但可以通过设计税收优惠制度使公益行为具有诱致性。国家的强制性无法促进非营利组织和民众主动参与公益活动，而分配校正又无法仅仅依靠道德得以实现，法律与道德单方面的努力均不能实现第三次分配的顺利开展，只有这二者结合，法律制度与道德信念相辅相成，非营利组织与民众从事公益事业具有“自愿”的特征，但这种“自愿”又在一定程度上来源于税收优惠制度的激励与诱致。因此，虽然道德劝导仍然是鼓励大家参与公益与慈善的重要力量，但是法律规范也同样为公益与慈善行为的开展起到重要作用。[21]

二、我国非营利组织税收优惠制度的现状梳理及存在的问题

我国非营利组织的税收优惠制度是法律移植的结果。通过对其他国家相关制度的研究与学习，20 世纪 80 年代我国逐渐从法律上确认了社会团体和基金会等非营利组织，但税收优惠制度却并没有随之确立。1988 年，我国相继

---

[20] 诱致性秩序的概念来自经济学家林毅夫，他认为制度变迁可以分为诱致性制度变迁与强制性制度变迁，而诱致性制度就是以利益诱导，使对方主动配合的制度构建。本文中，诱致性秩序则是指让公益组织和捐赠人有利可图，从而达到促进非营利组织发展的目的。

[21] 参见张晓婷、杜源：《非营利组织税收减免制度建构的基本导向》，载《法学研究》2016 年第 5 期。

出台了几部有关非营利组织的法规，[22] 表明对非营利组织的特殊性的认知已经逐步在我国立法上予以体现。但在相关规定中，除《基金会管理办法》中规定了国外捐赠给基金会的物资免征关税外，并没有对非营利组织所得税优惠政策作出明确的规定。[23] 伴随着改革开放的脚步，与国际接轨的必要性也迫使国内非营利组织税收优惠规定的进一步丰富和发展。下文会将我国现今非营利组织税收优惠的规定分为实体性规定和程序性规定两个方面予以简单分析。

（一）我国非营利组织税收优惠制度的现状梳理

1. 我国非营利组织税收优惠现行实体性规定

现阶段，我国税法对于非营利组织的税收优惠的相关规定主要体现在所得税、流转税和财产税等方面。从一般意义上来讲，国家对于非营利组织的税收优惠存在两类措施：第一类是对于非营利组织本身给予的税收优惠规定，这主要针对非营利组织自身的活动运作，有选择性地实施税收优惠；第二类是对向非营利组织进行捐赠的企业和个人给予的税收优惠规定，即向符合条件的非营利组织所进行的捐赠，捐赠者可以在计算缴纳企业和个人所得税时予以税前扣除。

（1）对于非营利组织自身的税收优惠规定

对于非营利组织自身的税收优惠规定可以从所得税优惠、流转税优惠以及其他税种方面的优惠分别予以介绍。

第一，所得税优惠方面。我国非营利组织税收优惠的相关规定主要体现在《企业所得税法》[24] 和《企业所得税法实施条例》这两部法律规定中。《企业

---

[22] 这里指《基金会管理办法》（现已失效）、《外国商会管理暂行规定》（1989年）和《社会团体登记管理条例》（1989年）。

[23] 参见金锦萍：《论我国非营利组织所得税优惠政策及其法理基础》，载《求是学刊》2009年第1期。

[24] 2007年3月16日第十届全国人民代表大会第五次会议通过，根据2017年2月24日第十二届全国人民代表大会常务委员会第二十六次会议《关于修改〈中华人民共和国企业所得税法〉的决定》第一次修正，根据2018年12月29日第十三届全国人民代表大会常务委员会第七次会议《关于修改〈中华人民共和国电力法〉等四部法律的决定》第二次修正。

所得税法》规定只有符合条件的非营利组织收入才可以免税，在《企业所得税法实施条例》中分别规定了何为符合条件的非营利组织以及何为符合条件的非营利组织的收入。所以，《企业所得税法》中“符合条件”这一限制应同时施加于非营利组织本身和非营利组织的收入这两个概念上，即只有符合条件的非营利组织的符合条件的收入才可以获得税收优惠。并且在《企业所得税法实施条例》中明确了符合条件的非营利组织的收入不包括其从事营利性活动取得的收入，除非另有规定。由此可见，我国对于非营利组织的税收优惠排除了非营利组织的营利性收入，即无论非营利组织的营利性收入是否与该组织的宗旨有关，或者是否再次用于与组织目的相同的非营利活动，其营利性收入都需要纳税。

虽然这两部法律对于非营利组织税收优惠做出了一定的规定，但获得税收优惠的收入应该具体符合何种条件却并没有做出详细的规定。[25]为弥补此项内容的法律空白，2009年财政部和国家税务总局联合发布的规定对“免税收入”明确了范围，包括捐赠收入、财政拨款外的其他政府补助收入、会费、特定的银行存款利息收入以及财政部和国家税务总局规定的其他收入。[26]

第二，流转税优惠。我国现行的流转税主要包括增值税、消费税和关税这三种。[27]虽然非营利组织的活动常常涉及流转税，但我国法律并没有直接针对非营利组织流转税方面的优惠规定，更多的是关于非营利组织提供的各类服务给予的税收优惠。例如，在《增值税暂行条例》及其实施细则中规定对科研教学用途或外国捐助的进口物资设备以及由残疾人组织进口的残疾人专用物品免于征收增值税。该条规定有利于科研、教育和残疾人类非营利组织的发展。

---

[25] 参见张怡、李瑞缘：《完善非营利组织税收激励机制的法律思考》，载《税务与经济》2013年第6期。

[26] 参见《关于非营利组织企业所得税免税收入问题的通知》第1条。

[27] 2017年11月，《国务院关于废止〈中华人民共和国营业税暂行条例〉和修改〈中华人民共和国增值税暂行条例〉的决定》，将营业税正式废止。

第三，财产税、资源税、行为税方面的优惠。财产税以纳税人拥有或支配的财产为征税对象，包括房产税、契税、车船税；资源税包括土地增值税、城镇土地使用税、矿产资源税、耕地占用税；行为税是政府为了实现一定的目的而向某些行为征税，包括印花税、城市维护建设税、车辆购置税等。通过梳理立法文件发现，在这些税种中有不少关于非营利组织税收优惠的规定，大多集中在房产税、土地税、契税和车船税中。例如，在房产税和土地使用税方面，国家财政部门拨付事业经费单位自用的房产或土地可以免征房产税和土地使用税。[28]在耕地占用税方面，学校、幼儿园、养老院和医院占用耕地都纳入了免税范围。[29]在契税方面，国家机关、事业单位、社会团体、军事单位用于科研、教学、办公、医疗和军事设施的房屋和土地免征契税。[30]另外，在财政部和国家税务总局的多部规范性文件中，对于从事于教育、医疗、科研和养老领域的非营利组织也规定了较多的税收优惠规定。[31]

（2）向非营利组织捐赠的税收优惠规定

为推动我国非营利组织的发展，鼓励个人和企业向非营利组织进行捐赠，通过引入更多资金来加强非营利组织的自身实力，使其更有能力参与社会公共服务的提供，我国针对企业和个人向非营利组织捐赠制定了许多税收优惠

---

[28] 参见《房产税暂行条例》第5条和《城镇土地使用税暂行条例》第6条。

[29] 参见《耕地占用税暂行条例》第8条。

[30] 参见《契税暂行条例》第6条。

[31]《财政部、国家税务总局关于教育税收政策的通知》中规定对国家拨付事业经费和企业办的各类学校、托儿所、幼儿园自用的房产、土地，免征房产税、城镇土地使用税；对财产所有人将财产赠给学校所立的书据，免征印花税。并且在耕地占用税、契税、农业税、农业特产税和关税方面也有一定的规定，不过大多只针对具有官方性质的教育机构。在《财政部、国家税务总局关于非营利性科研机构税收政策的通知》中对于非营利性科研机构自用的房产、土地，免征房产税、城镇土地使用税。《财政部、国家税务总局关于对老年服务机构有关税收政策问题的通知》中也有相关规定，对政府部门和企事业单位、社会团体以及个人等社会力量投资兴办的福利性、非营利性的老年服务机构，暂免征收企业所得税，以及老年服务机构自用房产、土地、车船的房产税、城镇土地使用税、车船使用税。

规定。

《个人所得税法》中将个人对公益事业的捐赠给予应纳税所得额30%额度之内的扣除，国务院另有规定的除外。《企业所得税法》给予企业在年利润总额20%以内的公益性捐赠支出扣除的优惠，超出部分可以结转以后3年内在计算应纳税所得额时进行扣除。《慈善法》对这一规定又一次予以强调。并且《企业所得税法实施条例》将“公益性捐赠”的范围限定在企业通过特定组织或政府部门进行的公益性捐赠，[32]即企业直接向受赠人捐赠，即使是公益、救济性的捐赠，也不允许进行扣除。

《公益事业捐赠法》对企业及个人捐赠方面的税收优惠并没有具体规定，仅说明企业及个人在向公益事业进行捐赠时可享受税收优惠，境外符合条件的捐赠可减免进口关税和增值税，但是也将捐赠可获减免税优惠的非营利组织限定在特定的范围内。财政部和国家税务总局对于企业及个人向特定非营利组织进行捐赠所享受的税收优惠也出台了一些规范性文件。[33]

我国《海关法》《进出口关税条例》《慈善法》中都规定了对于外国政府、国际组织赠送的物资减免关税，而且在赋予了国务院对于特定地区、特定企业或者有特定用途的进出口货物给予减免关税优惠的立法权。在资源税、财产税和行为税中，只有土地增值税和印花税两个税种对纳税人的捐赠免税做出了规定，但是内容也并不是很具体。[34]

---

[32]《企业所得税法实施条例》第51条规定：“企业所得税法第九条所称公益性捐赠，是指企业通过公益性社会组织或者县级以上人民政府及其部门，用于符合法律规定的慈善活动、公益事业的捐赠。”

[33] 在《财政部、国家税务总局关于教育税收政策的通知》中规定了通过中国境内非营利的社会团体、国家机关向教育事业进行的捐赠，准予在企业所得税和个人所得税前全额扣除。《财政部、国家税务总局关于对老年服务机构有关税收政策问题的通知》中规定了通过非营利性的社会团体和政府部门向福利性、非营利性的老年服务机构进行的捐赠，可以在缴纳企业所得税和个人所得税前准予全额扣除。

[34]《土地增值税暂行条例实施细则》第2条规定，以继承、赠与方式无偿转让房地产的行为，不征土地增值税。《印花税暂行条例》第4条规定，财产所有人将财产赠给政府、社会福利单位、学校所立的书据免征印花税。

2. 我国非营利组织税收优惠现行程序性规定

正当程序是现在法治社会应当遵循的一项普遍法则，它要求通过一系列具有正当性的过程，以实现程序的正义和理性化，并获得实体结果的公正。[35]同样，对于非营利组织税收优惠制度来讲，实体法固然重要，但程序设计也不容忽视。

我国非营利组织的税收管理与普通企业一样需要涉及成立登记、税务登记、纳税申报、征收税款、检查税务、税务的行政复议和诉讼等过程，并且主要参考的法律文件也是《税收征收管理法》及其实施细则，只是在一些其他的法律法规中对于非营利组织的税收管理做出了更严格的规定。区别于普通企业，非营利组织在税收优惠资格获取和事后监管方面更具特殊性，因此本文对这两个方面的规定进行着重说明。

（1）非营利组织税收优惠资格获取的规定

我国法律规定非营利组织必须依法登记才可以获得免税资格。[36]非营利组织的登记采取许可主义，并且是“双重许可主义”。[37]受理非营利组织登记申请的是登记管理机关民政部门，但我国的非营利组织向民政部门正式申请登记之前还需要经业务主管单位审查同意，缺少业务主管单位和登记管理机关任一方的同意，非营利组织都不可能合法登记成立。在经业务主管部门审查同意后，非营利组织的发起人需要准备筹备申请书、业务主管单位的批准文件、验资报告、场所使用权证明、章程草案等材料向登记管理机关申请筹备。经登记管理机关批准筹备后，非营利组织还必须召开会员大会或者会员代表大会通过章程、产生执行机构和法定代表人，然后再次向登记管理机关申请成立登记。

[35] 参见章剑生：《现代行政法基本理论》，法律出版社2014年版，第7页。

[36]《企业所得税法》及其实施条例规定可以获得免税收入的非营利组织依法履行非营利组织登记手续。《财政部、税务总局关于非营利组织免税资格认定管理有关问题的通知》也规定了非营利组织必须先依法设立登记或者经国家财政部、税务总局认定才可以取得免税资格。对于非营利组织的具体登记制度分别规定在《社会团体登记管理条例》《民办非企业单位登记管理暂行条例》《基金会管理条例》等法律法规中。

[37] 参见苏力等：《规制与发展——第三部门的法律环境》，浙江人民出版社1999年版，第179页。

近几年国务院及其相关部门出台的规范性文件中对降低登记准入门槛、简化登记程序、推进直接登记提出了意见和倡导，但是这些规定指导性较强，在非营利组织的登记实践中执行力不是很理想。[38]

非营利组织的免税资格并不是自非营利组织登记成立之日起自然获得，而是在非营利组织成功登记后还必须向税务机关申请免税资格的获取。免税资格的申请需要报送相关材料，包括管理制度、资金来源及使用情况、公益活动和非营利活动明细情况、工资薪金情况等。在《财政部、税务总局关于非营利组织免税资格认定管理有关问题的通知》中还规定了不同登记机关登记的非营利组织必须向不同级别的部门申请才能获得相应的免税资格。[39]

（2）对于非营利组织税收优惠事后监管的规定

在我国法律规定非营利组织受到业务主管单位和登记管理机关的双重管理[40]，如对于社会团体这一组织形式，业务主管单位需对社会团体的各类登记前审查、依章程开展活动、年度检查初审、违法行为、清算事宜进行监督管理，登记管理机关民政部门需对社会团体的成立、变更、注销登记、年度检查、违规情形进行监督检查，民政部门也会按照相关规定对非营利组织采取随机抽查、财务审计、信息公开、信用管理等方式对非营利组织进行监督管理，对受理的投诉举报予以调查和处理。[41]在社会服务机构与基金会的相关法律法规中也有类似的条款。《慈善法》中同样规定了民政部门对慈善组织的监督

[38] 参见国务院2016年出台的《关于改革社会组织管理制度促进社会组织健康有序发展的意见》、2018年出台的《民政部关于进一步加强和改进社会服务机构登记管理工作的实施意见》；在《中国残疾人联合会、民政部关于促进助残社会组织发展的指导意见》中也提出助残社会组织实行直接登记制度。

[39] 省级（含省级）以上登记管理机关批准设立或登记的非营利组织需要向所在地省级税务主管机关提出免税资格申请，而经地市级或县级登记管理机关批准设立或登记的非营利组织需要分别向其所在地的地市级或县级税务主管机关提出免税资格申请。

[40] 参见《社会团体登记管理条例》《民办非企业单位登记管理暂行条例》《基金会管理条例》。

[41] 参见《民办非企业单位年度检查办法》《社会组织抽查暂行办法》《社会组织信用信息管理办法》《社会组织评估管理办法》《社会组织登记管理机关受理投诉举报办法（试行）》等规定。

管理，包括进行现场检查、查阅复制有关资料、查询金融账户等，同时也鼓励单位和个人发现慈善组织违法时积极投诉和举报，并且鼓励公众、媒体对慈善活动进行监督。

除业务主管单位和登记管理机关对于非营利组织的主动监管外，在非营利组织进行了成立登记和免税资格申请成功后，还需要根据《税收征收管理法》及其实施细则等有关规定办理税务登记主动进行按期的纳税申报。但在这两部法律中并没有着重对非营利组织的税务登记或纳税申报等内容进行特殊的说明，视同普通企业一样的处理程序。虽然我国法律规定了三种非营利组织使用特定的纳税申报表进行纳税申请，但申报的具体内容并没有实际体现出非营利组织的特殊性。[42]

在有关部门的日常管理过程中，如果发现非营利组织不符合免税条件的，可以提请核准其免税资格的财政、税务部门进行复核，如果复核发现确实不合格的，非营利组织在相应年度将不得享受税收优惠制度。《财政部、税务总局关于非营利性组织免税资格认定管理有关问题的通知》较为详细地规定了非营利组织取消资格的六种情形。[43]如果非营利组织被取消了税收优惠资格，那么主管税务机关应当自其取消资格的当年开始追缴其应纳税款。

除此之外，考虑到非营利组织税收优惠过程中容易被忽略的违法行为，非营利组织信息披露也一直是利益相关者关心的问题。《慈善法》中规定慈善组织、慈善信托的受托人应当依法履行信息公开义务。具体公开的信息并没有在这部法律中予以体现，仅仅表述为慈善组织应当向社会公开组织章程和决策、执行、监督机构成员信息和民政部门要求公开的其他信息，另外，慈善组

[42] 参见《事业单位、社会团体、民办非企业单位企业所得税征收管理办法》第3条。

[43]《财政部、税务总局关于非营利组织免税资格认定管理有关问题的通知》规定："已认定的享受免税优惠政策的非营利组织有下述情形之一的，应自该情形发生年度起取消其资格：（一）登记管理机关在后续管理中发现非营利组织不符合相关法律法规和国家政策的；（二）在申请认定过程中提供虚假信息的；（三）纳税信用等级为税务部门评定的C级或D级的；（四）通过关联交易或非关联交易和服务活动，变相转移、隐匿、分配该组织财产的；（五）被登记管理机关列入严重违法失信名单的；（六）从事非法政治活动的。"

织每年需向社会公开年度工作报告和财务会计报告。其他文件中有关信息披露的规定也是仅仅要求非营利组织公开名称、社会代码、宗旨和业务范围等基本信息，并不能够达到有效信息披露的标准。

《公益事业捐赠法》中有专门针对向非营利组织捐赠的监督管理规定，受赠人每年度都应当将其受赠财产的使用和管理情况向政府有关部门报告，必要时政府和海关可以进行审查，并且受赠人还应当接受捐赠人与社会的监督。

（二）我国非营利组织税收优惠制度存在的问题

1. 我国非营利组织税收优惠立法层面存在的问题

在研究非营利组织税收优惠制度存在的问题时，需要先从宏观进行把控再从各个细节进行剖析，在梳理我国主要的非营利组织税收优惠规定时，发现我国非营利组织税收优惠立法层面主要存在以下两个问题：

第一，非营利组织税收优惠立法位阶低。对上文所涉非营利组织税收优惠规定进行整理可以看出，我国关于非营利组织税收优惠的规定主要分为三种类型：一是全国人大及其常委会规定的法律；二是授权立法，由于客观存在难度较大或者成本较高的立法情况，全国人大及其常委会可以授权国务院进行立法；三是行政立法，这是我国税收立法中最常见的形式，包括税收行政法规、部门规章和大量的规范性文件，在非营利组织税收优惠规定中财政部、民政部、国家税务总局的文件与通知比比皆是。虽然这三个立法阶层的法律效力逐级递减，可是法律数量却逐级递增，属行政立法的数量最为庞杂。

我国这种立法现状产生的根源在于长期以来经济状况发展迅猛，税收情况经常随之产生变化，行政部门制定税收政策的灵活性致使其相对全国人大及常委会制定法律更能迅速符合社会具体现状。《立法法》规定税收基本法律只有全国人大及其常委会享有专有立法权，特殊情况下可以授权国务院制定行政法规。这一规定的存在的主要价值并不是给税收立法提供便利，而是为了追求公平与效率，高位阶法律规定制定困难，很多税收优惠的法律规定又不是很具体全面，使得实际执法中难以操作，低位阶立法的出现可以及时补救这些执法中无法可依的窘境。但是这种方便快捷也会给我国税收带来隐患，税收立法位阶偏低的客观事实导致了非营利组织税收优惠的立法位阶也偏低，行政法规、部门规章和规范性文件中散见关于非营利组织税收优惠的规定，而全国人大及其常委会的立法和授权立法关于非营利组织税收优惠的规定却很少，这造成非营利组织税收优惠在这种情况下权威性较差，法律效力低，法律适用十分困难。

第二，非营利组织税收优惠规定分散且欠缺。我国目前暂时没有一部统一的有关非营利组织税收优惠的立法，关于非营利组织税收优惠的内容散见于法律、行政法规、部门规章和规范性文件中。在上文分析我国现行非营利组织税收优惠规定中可发现，非营利组织税收优惠规定所涉及的税种包括所得税、增值税、关税、契税、房产税、城镇土地使用税等，每一个税种所涉及的政策中都有关于非营利组织税收优惠的内容，但由于在立法过程中立法机关制定政策所采取的划分标准不尽相同，不可避免地会造成不同的法律、法规、部门规章和规范性文件中的内容出现重复、冲突、不衔接以及缺位等问题。此外，国家需要根据非营利组织的发展状况不断制定新的税收优惠规定，下发条例和文件对现行政策进行调整增改，缺乏统一的指导的税收立法使得非营利组织税收优惠制度一直处于不稳定的状态。例如，在《关于非营利组织企业所得税免税收入问题的通知》中对于“免税收入”的解释就有限缩《企业所得税法》及其实施条例规定的嫌疑。[44]并且分散复杂的税收政策也使得很多非营利组织对自身可享受的优惠难以全面了解，这样也会导致对非营利组织税收的政策扶持难以到位。

除此之外，我国非营利组织税收优惠规定以所得税为主，其他税种中关于非营利组织税收优惠的规定比较欠缺。我国自分税体制改革以来，商品税占税收总收入的绝大部分，远高于所得税的收入，而我国非营利组织税收优

[44] 参见施正文：《应当正确解释和尽快完善非营利组织所得税优惠问题》，载《税法解释与判例评注》2010年第1期。

惠又多倚重所得税，这使得非营利组织的发展促进作用极为受限。同样，财产税主要针对的是存量财富，纳税人如果以存量财产进行捐赠就可以提高存量财产的使用效率。在我国非营利组织税收优惠规定中，财产税领域只有土地增值税和印花税对纳税人的捐赠免税作了规定，其他税种并未谈及此方面。虽然我国非营利组织税收优惠主要体现在直接税上，因为间接税将税负转嫁给了最终消费者，直接税的税收优惠能够直接减轻非营利组织的税负，但因为在有些情况下非营利组织也作为最终的消费者，直接承担税负，所以考虑赋予非营利组织间接税的税收优惠也是在一定程度上减轻非营利组织的税负，促进非营利组织的发展。

2. 我国非营利组织税收优惠现行实体性规定存在的问题

通过梳理分析我国非营利组织税收优惠现行实体性规定，可以发现主要有以下两个方面的问题：

第一，我国对于非营利组织营利性收入的税收优惠规定模糊。我国非营利组织税收优惠规定中对非营利组织营利性收入的表述较为模糊，甚至有些条款之间还存在矛盾。例如，《企业所得税法实施条例》第 85 条规定，如果国务院财政、税务主管部门另有规定，非营利组织从事营利性活动取得的收入存在免税的可能性。即这部法规原则上禁止对非营利组织的营利性收入给予税收优惠，但是又赋予了财税主管部门根据情况作出不同的规定。[45] 至少在此部法规中，非营利组织是被允许从事营利性活动的，而《社会团体登记管理条例》第 4 条第 2 款则直接规定社会团体不得从事营利性经营活动。在这两部法规中对于非营利组织是否可从事营利性活动规定的矛盾显而易见。除此之外，关于非营利组织的收入是否享受税收优惠这一内容，在不同的法律法规中存在不同的评判标准。例如，《企业所得税法实施条例》规定，非营利组织的收入是否享受税收优惠取决于收入来源于非营利性活动还是营利性活动，而《关于非营利性科研机构税收政策的通知》则并不以收入来源作为免税的评判准则，它规

[45] 参见占苏：《非营利组织营利收入及其税收优惠可行性探讨》，载《价格月刊》2010 年第 11 期。

定对于与科研机构主营业务相关的收入免征所得税，而对于其无关的收入则征收各项税收，用于与机构宗旨相关的投资的无关收入也可经批准抵扣。在这个文件中，评判标准更加注重收入是否与宗旨相关，并不一定完全来源于非营利性行为。而在大部分的法律规定中，对于非营利组织的营利性行为都没有特殊规定，税收待遇等同于普通企业，几乎没有相关的税收优惠规定。很多学者认为，非营利组织只依靠捐助已经越来越不能支持其日益扩大的资金需求，为了自身的生存与发展，有必要从事一定的营利活动赚取利润。[46] 禁止非营利组织参与营利活动是脱离社会、脱离实际的，非营利组织营利性收入的税收优惠应在我国法律中予以明确规定。

第二，捐赠享受税收优惠的非营利组织数量有限。在进行公益捐赠的过程中，公司可以享受到税前扣除的税收优惠待遇，但并不是所有的公益捐赠都可以享受，公司只有向法律规定的非营利组织进行公益捐赠才能享受到税前扣除的税收优惠待遇，即只有财政部、税务总局和民政部联合审核通过的非营利组织才可以获得捐赠税前扣除的资格。[47] 由此可见，我国可以获得税收减免的非营利组织需要通过更加严格的审查，因此范围较窄、主体较少，目前在我国，从事公益性的非营利组织大概有数十万家，其中在接受捐赠时有资格享受税收优惠的非营利组织数量并不可观。一些公司具有广泛的社会资源，其进行捐赠时可以选择特定的非营利组织进行捐赠从而享受一定的税收优惠，可是一些中小型的公司或个人在捐赠渠道相对不那么畅通，日常批量多、数量小，地区性的捐赠难以选择可享受税收优惠的非营利组织进行，公益捐赠税收减免途径受到了限制。不可否认这样的规定可以防止公司利用公益捐赠串通受赠人逃脱税款，但这种对公益捐赠对象限制过窄的税收优惠

[46] 参见刘汉霞：《我国非营利组织营利活动的税收优惠问题》，载《税务研究》2014 年第 3 期。

[47] 在《企业所得税法实施条例》和《公益事业捐赠法》中，都规定了这些非营利组织限于包括公益性非营利事业单位和公益性社会团体以及县级以上人民政府及其部门。《财政部、税务总局、民政部关于公益性捐赠税前扣除有关事项的公告》中也规定了财政部、税务总局、民政部联合对非营利组织的捐赠税前扣除资格进行核查。

模式也不利于非营利组织落实税收抵扣的税收优惠规定，从而会使得公众捐赠的积极性不高，并且这种税收优惠模式导致资金向特定非营利组织集中，对其他未获得捐赠免税资格的非营利组织较为不公平，不利于我国非营利组织的健康发展。

3. 我国非营利组织税收优惠现行程序性规定存在的问题

由于上文主要是针对非营利组织区分普通企业的程序，即税收优惠资格获取和事后监管两个方面的现行规定进行总结研究，所以以下也主要针对这两个方面提出问题：

第一，非营利组织税收优惠资格获取程序烦琐。非营利组织税收优惠主体登记程序繁杂已经成为非营利组织申请税收优惠资格面临的一个重要问题，由于非营利组织的数量增速迅猛，国家为方便对其加以审核控制，将监管的重心放在了非营利组织税收优惠准入阶段，我国目前的非营利组织受到业务主管单位和登记管理机关的双重管理，即非营利组织的登记注册需要同时获得业务主管单位和登记管理机关的同意。即使顺利经过了登记环节，免税资格也并不是随登记自然获得，财政、税务部门的联合同意才能使非营利组织真正获得税收优惠资格。由此可见，一个非营利组织想获得相应的税收优惠资格，需要经过业务主管单位、登记管理机关、税务主管部门、财政部门这几个部门的步步审核同意。

虽然制定复杂的非营利组织税收优惠准入程序对于国家监督管控从而实现税收目的具有一定的保障作用，但是在实践生活中，多重审核制度给非营利组织税收优惠资格的获取也着实带来了不少的麻烦。许多中小非营利组织因为难以找到挂靠的业务主管单位而无法完成登记，即使可以找到相应的挂靠单位，由于大多数业务主管单位在非营利组织进行活动的过程中并不能受益，并且非营利组织的形式领域又常出新意，审核过程中难以通过法律法规准确把握，导致许多业务主管单位在审核过程中要求繁多，或干脆不予配合。这种复杂的非营利组织税收优惠主体资格登记程序使得许多非营利组织，尤其是中小型非营利组织出于时间或成本等因素的考虑，放弃享受税收优惠的权利，使得税收优惠规定无法实际落实到非营利组织自身，造成非营利组织利益的受损。近年来，我国通过一些规范性文件鼓励直接登记制，开始放开对部分非营利组织的登记管理，但由于此类规范性文件指导性偏强，实际发挥的效用并不是很大。[48] 并且我国长时间重资格预审、轻行为监管的现状也使得没有严格的事后监管可以匹配直接登记制度。所以直接登记制度在我国或许还需经过长时间的检验尝试，才可进入正式的具体实施中。

第二，对于非营利组织税收优惠的事后监管薄弱。在我国虽然对非营利组织本身的监管有一定的法律规定，如在《慈善法》中规定了民政部门、公众和媒体对非营利组织的监督，一些规范性文件中也有对社会服务机构通过年度检查、随机抽查等方式进行的监管，但是直接针对非营利组织税收优惠的监管基本仅体现在《财政部、税务总局关于非营利组织免税资格认定管理有关问题的通知》中，其他法律法规中鲜有直接提及对非营利组织税收优惠进行监管的内容，尽管说在对非营利组织自身的年度报告、资金来源、金融账户进行检查的过程中也会涉及有关税收优惠条件满足与否的内容，但法律法规中未直接具体规定，其重视程度以及规范程度也要相对薄弱。并且非营利组织在每年按期进行纳税申请时都是依据《税收征收管理法》及其实施细则的有关规定进行，虽然我国法律规定这三种非营利组织使用特定的纳税申报表进行纳税申请，但申报具体内容与普通企业区别不大。并且非营利组织免税优惠资格的有效期为五年，五年期满后才需要再次提出复审申请，在这五年期间无须再提交有关税收优惠资格的材料，只有当非营利组织免税资格发生变动，自己主动向主管税务机关报告才会再次直接涉及税收优惠资格这一问题。非营利组织的宗旨导致其日常活动的特殊性和资格审查严格的必要性，若是不能对其日常活动及应纳税活动的申报严格要求，并且对其税收优惠资格持有的合法性定期审查，那非营利组织骗取税收优惠的概率会较大。

[48] 2016 年《中共中央办公厅、国务院办公厅印发关于改革社会组织管理制度促进社会组织健康有序发展的意见》和 2018 年《民政部关于进一步加强和改进社会服务机构登记管理工作的实施意见》中均提到了推进直接登记改革的内容。

三、国外非营利组织税收优惠制度的相关规定及总结

（一）国外非营利组织税收优惠制度的相关规定

1. 美国非营利组织税收优惠制度的相关规定

自1909年第一部联邦税法颁布以来，非营利组织在联邦税收体系下一直享有税收优惠的待遇。[49]美国关于非营利组织的法律法规分散在联邦宪法、国际条约、国内税收法典、联邦和州的立法以及司法判例中，虽然美国没有一部完全针对非营利组织的法律法规，但是其对于非营利组织税收优惠的规定却是十分清晰明确的。

（1）美国非营利组织税收优惠的实体性规定

美国对非营利组织的税收优惠分类制定政策，根据不同的组织类型规定不同的税收优惠政策。依服务宗旨的不同，美国将非营利组织分为公益型、互益型和宗教型。美国《国内税收法典》针对不同类别的非营利组织制定了不同的税收优惠规定。《国内税收法典》501（c）（3）规定的公益型非营利组织，包括私人基金会和慈善组织这两类，需要通过申请获得免税资格，除501（c）（1）中规定的分别规定的根据国会法案组成并获得免税资格的公司组织和501（c）（2）中规定的持有其他免税组织财产所有权的公司外，501（c）项下其余的组织属于互益型非营利组织，这些组织无须申请自动获得免税资格。宗教型非营利组织也无须申请自动获得免税资格。[50]

在具体税种方面，美国实行联邦、州和地方（市、县）三级征税制度，其中联邦税主要有个人所得税、公司所得税、社会保障税、消费税、关税、遗产税和赠与税等，州税以销售税和州所得税为主，地方税以财产税为主。[51]非

[49] 参见〔美〕玛丽恩·R. 弗莱蒙特－史密斯：《非营利组织的治理：联邦与州的法律与规制》，金锦萍译，社会科学文献出版社2016年版，第223页。

[50] 参见汪昊：《中国非营利组织税收政策改革研究》，经济科学出版社2016年版，第85页。

[51] 参见陈日生、陆岩：《美国税制的借鉴和启示》，载《涉外税务》2012年第9期。

营利组织税收优惠主要体现在所得税、遗产税、赠与税、财产税等方面。美国非营利组织税收优惠制度分为自身税收优惠与捐赠税收优惠两个方面。

美国对于非营利组织自身享受的税收优惠主要体现在所得税优惠和财产税优惠两个方面：第一，在所得税优惠方面。对于非营利组织不同类型的收入，美国制定了不同的税收优惠规定。美国非营利组织收入来源主要由政府拨款、社会捐助、来自政府的产品和服务的收费、来自社会的产品和服务的收费还有其他收入项目。[52]在这些收入来源里，前三项为非营利性收入，不予征税，后两项通常是一种营利性收入。美国将非营利组织营利性收入分为与非营利目的本质上相关和与非营利目的本质上不相关两种类别，其中与目的相关的经营活动的收入是免税的，而不相关的经营活动的收入是需要缴税的。在美国，判定非营利组织的某一项营利性活动与其组织目的是不相关的，需要满足三个方面的条件：首先，该活动为营利性活动，美国联邦税法和法院判断一项活动是否是营利性活动的标准，为非营利组织是否具有营利的动机，即是否以获得利益为目的，如果非营利组织确以获得利益为目的，那么该活动构成营利性活动。其次，该项营利性活动没有定期开展，考虑其频率和持续性来对是否定期做判断。最后，该营利性活动与非营利组织的免税目的没有实质上的关联，即该营利性活动与实现非营利组织的目的并不存在因果关系，则需要考虑该活动为营利性活动的可能性较高。经过这三项判断后，如果非营利组织的某项活动被认定为营利性活动，那么此项活动所获得的收入就需要同普通公司一样缴纳公司所得税。但在需要缴税的不相关经营活动中，美国还排除了一些特殊类型的收入，如特许权使用费、租金、研究收入等可以免缴公司所得税。第二，在财产税优惠方面。美国各州和地方政府都对具有免税资格的非营利组织拥有的房产等课税对象给予免征财产税的优惠。

美国在1917年就已经设置了捐赠扣除的税收政策，并且随着发展对捐赠者鼓励的力度还在不断变大，很早就有美国学者对于税收优惠激励慈善捐赠的

[52] 参见王名、李勇、黄浩明：《美国非营利组织》，社会科学文献出版社2012年版，第42页。

问题进行详细的研究。[53] 而美国对于向非营利组织捐赠的企业和个人享受的税收优惠主要体现在所得税、遗产税、赠与税三个方面。第一，所得税优惠方面。公益型、互益型、宗教型非营利组织虽然均可获得免税资格，但是对于向不同类型的非营利组织进行捐赠所获得的税收优惠不同。对于向公益型非营利组织进行的捐赠的企业和个人可以享受税前扣除，而对于向互益型、宗教型非营利组织进行的捐赠则不可享受税前扣除的优惠。第二，遗产税优惠方面。美国税法规定了向公共、慈善和宗教事业的遗产捐赠可以获得遗产税全额扣除的优惠。第三，赠与税方面。美国的赠与税是与遗产税是相匹配的，其税收优惠的内容与遗产税的规定类似，也是对于捐赠者的捐赠行为给予全额扣除的优惠。但是美国的企业和个人也不是向所有的非营利组织捐赠都可以获得税收优惠的待遇，美国税法中允许扣除的主要是"慈善捐赠"，主要指向以下主体进行的捐赠：各政府分支机构；符合条件的公司、信托、基金和基金会等；退伍军人协会、分会及其相关信托、基金会；符合规定的社团、兄弟会等；符合条件的墓地企业等。

（2）美国非营利组织税收优惠的程序性规定

美国政府对于非营利组织的管理涉及多个机关和部门，包括登记机关、税务机关、审计机关和政府有关主管部门。其中美国国内税务局（IRS）在非营利组织管理方面发挥着十分重要的作用，它主要负责对非营利组织免税资格的认定和税收监管，并且其内部还专门设置了免税组织与政府机构部这一部门。由此可见，美国有专门的业务部门负责非营利组织税收的管理。同时美国政府还委托了国家慈善信息局、人类慈善咨询服务组织和宗教事务委员会等机构来制定相应的管理标准、评估非营利组织的运行状况、对非营利组织进行监督管理等。[54] 具体对于非营利组织的管理体现在以下两个方面。

---

[53] See Clotfelter C T. *Tax Incentives and Charitable Giving: Evidence from a Panel of Taxpayers*, Journal of public Economic, 1980, p.319; Feldstein M. Clotfelter C. *Tax Incentives and Charitable Contributions in the United States: A Microeconometric Analysis*, Journal of public Economics, 1976, p.35.

[54] 参见汪昊：《中国非营利组织税收政策改革研究》，经济科学出版社 2016 年版，第 92 页。

首先是免税资格获取方面。美国在非营利组织获取免税资格方面的管理方式与中国十分类似，也是采取先在管理部门完成注册登记再向相应税务部门申请的流程。非营利组织向各州务卿办公室申请注册登记，只要宗旨合法，章程符合规定，一般都可以成功登记。经过注册登记的非营利组织再向美国国内税务局提交申请表获得免税资格，大多数非营利组织填写的是国税局1023号表格，并且不同类别的非营利组织需要填写不同的附表，申请表的内容细致涵盖非营利组织的基本信息、经营活动的具体情况、财务资料等，表格还特别关注非营利组织的营利性活动是否具有免税目的和免税资格。[55]凡是申请税收优惠资格的非营利组织，必须通过组织测试和运行测试才可以获得该资格。[56]

其次是监管方面。美国主要负责监管非营利组织的是国内税务局下设的免税组织与政府机构部门，监管内容包括：审核非营利组织提交的免税资格申请、对非营利组织进行审计监察、法律培训等。美国对于非营利组织存续期间的监管是全程且全面，非营利组织必须按年度向美国国内税务局报送纳税申报表（990 报表）详细报告其收入及支出、服务项目完成情况、高管名单等，990 报表同样对于非营利组织的经营收入十分关注。免税组织与政府机构部门对这些报表进行审查，并抽取一些企业重点检查，如发现问题则会立即进行罚款、征收特别消费税或取消免税资格等惩罚措施。[57]除此之外，美国政府还委托国家慈善信息局、慈善咨询服务组织和宗教财务委员会等制定相应监管标准，对非营利组织进行评估管理。

信息披露也是对非营利组织进行监管的一个重要方式，按照联邦的规定，美国民众可以查询非营利组织每年申报免税资格的各种文件，包括其申请表、相关的文件、财务报表、职工工资等，以此来监督非营利组织的日常活动、财务状况、资金来源和去向等内容。如果非营利组织拒绝公开或者公开的是

[55] 参见赵灵、张爱民：《美国非营利组织免税申请表中的关注点》，载《新会计》2011 年第 10 期。
[56] 参见王名、李勇、黄浩明：《美国非营利组织》，社会科学文献出版社 2012 年版，第 142 页。
[57] 参见汪昊：《中国非营利组织税收政策改革研究》，经济科学出版社 2016 年版，第 93 页。

虚假信息，一旦被媒体或公众发现，其将面临十分严厉的处罚。除这些要求公开的基本信息外，有些非营利组织还为了进一步获得民众的信任而主动公开更加详细的信息，这无疑为美国非营利组织的健康发展创造了良好的制度环境。并且美国一些非营利组织还自发联合组成了第三方机构，通过对公开信息的研究或实际考察加强对行业成员自律性的监督。一些著名的第三方机构包括美国全国慈善信息局，它通过对各个非营利组织的组织目标、活动信息、财政资助、资金使用情况、年度报告等方面的研究，每个季度都公布对全国数百家非营利组织的测评结果，宣布“完全符合规范”和“未完全符合规范”的非营利组织的名单；美国专业的非营利组织评级网站“慈善导航”可以查询到美国所有非营利组织过去一年的机构设置、财务、经营状况，以及过去五年的具体报表。[58]

美国对于非营利组织多方面多层次的监管在引导社会及个人进行捐赠、规范非营利组织行为、保证非营利组织公信力方面无疑发挥了十分重要的作用。

2. 日本非营利组织税收优惠制度的相关规定

非营利组织遍布日本各地，在社会生活的诸多领域都有它们的身影，近年来日本非营利组织以每年5000个的速度飞速增长，发展态势可观。[59]日本对于非营利组织税收优惠的规定在一百多年的发展历程中形成了自己独有的特色。

（1）日本非营利组织税收优惠的实体性规定

根据非营利组织的特点，日本的非营利组织被分成了不同的类型，为了避免在税收实务中由于主体税收优惠资格界定不明而导致法律上适用的不便，日本立法机关针对明确不同类型的非营利组织制定了详细的税收优惠规定。上文曾提到日本的非营利组织分为公益法人、其他公益法人、特定非营利活动法人和中间法人这四种。日本税法规定公益法人和特定非营利活动法人的所得在原则上是免税的，而中间法人和大量无法通过公益性认证的非营利组织则无法

[58] 参见李继真：《美国慈善事业研究》，山东大学2017年硕士学位论文。

[59] 参见民政部“日本NPO法律制度研修”代表团：《日本非营利组织：法律框架、制度改革和发展趋势》，载《学会》2006年第10期。

享受税收优惠的待遇。虽然公益法人和特定非营利活动法人具备了享有税收优惠的先决条件，但是日本对于非营利组织真正获得免税资格的认定是十分严苛的，其不仅需要满足公益性目的，不以互益活动为主营业务，还必须通过公众支持度测试，并且其活动占比、资金来源与支出占比和信息公开等也必须符合十分严格的规定。由于日本对于非营利组织享有免税资格的认定十分苛刻，大多数日本非营利组织是很难获得免税资格的。但值得一提的是，只要非营利组织获得了免税资格，那么其非营利性收入是完全免税的，而对于营利性活动所获取的收入则和国际上大多数国家相同也是需要缴税的。

日本采用"功能主义方法"，在不违背活动宗旨的前提下，根据非营利组织法人公益性的特点将其可以从事的营利活动明确罗列出来，并且认为从公平角度考虑，非营利组织的营利性收入也应当像企业的收入一样进行税收缴纳，但是非营利组织又不能和企业完全相同，因为企业的股东会因营利性收入而获得收益，但是非营利组织的成员却不能获得利润分配，大部分的资金都用来从事公益事业。

日本《法人税法》规定非营利组织的营利性收入需要缴纳法人税，超过800万日元的营利性收入税率为30%，低于800万日元的营利税率为22%。[60]虽然日本非营利组织的营利性收入被征税，但是税负已经远远低于普通企业所有收入税率均为30%的税负。而且并不是非营利组织的所有营利性收入都需要被征收税率为22%的所得税，日本税法规定非营利组织营利性收入的20%将被"视同捐赠"，即只有80%的营利性收入需要缴纳22%的法人税。需要注意的是，"视同捐赠"制度只适用于经过认定的特定非营利活动法人，其他非营利组织则不能享受"视同捐赠"的税收优惠制度。对于特定公益法人、社会福利法人、校友会公益法人等的营利性收入则适用不同的法律，采用减免50%的税收优惠。除此之外，对于社会福利法人和私立学校法人是免

[60] 参见张思强、卞继红：《营利行为界定与完善非营利组织所得税制标准》，载《税务与经济》2011年第5期。

征公司税的，医疗法人却被排除在税收优惠的法律规定之外，同企业的纳税规则相同。[61]

在可享税收优惠的税种方面，日本非营利组织在法人税、所得税、登记税、印花税等方面可以享受税收的减免，还可以免除道府县民税、城市规划税、事业税、不动产所得税等。

而对于非营利组织捐赠的规定可以分为两类，一类是公益捐赠，另一类是一般捐赠。企业和个人根据捐赠类型和对象的不同享受不同的税收优惠。其中，公益捐赠的目标对象共有四种，分别是国家或地方政府机构、被大藏大臣指定为“指定捐款”的组织、“特定公共促进人”、经认定的非营利法人。“指定捐赠”规定在日本的《所得税法》中，公司、社会团体对政府、慈善团体和其他承担慈善活动的团体的指定捐赠，可享受税前全额扣除。这里的“指定捐赠”即指大藏大臣所指定的公益捐赠。而“特定公共促进人”在日本《特定非营利组织活动促进法》中有 26 个，包括基金会、私利学校法人和福利法人等。企业和个人在进行上述公益捐赠时的税收优惠力度也是不同的，各自使用不同的公式对应计算。一般捐赠则是指企业和个人进行的不属于上述公益捐赠的捐赠，当企业满足设定条件的数额时可以享受税前扣除的税收优惠，然而个人在进行一般捐赠时，是不得进行税前扣除的。[62]由此可见，日本对于非营利组织捐赠的分类是十分细致和谨慎的。

（2）日本非营利组织税收优惠的程序性规定

根据日本税法的规定，不同类型非营利组织申请登记的审批权分属不同的授权主管机关，手续比较烦琐。但是，当非营利组织获得主管机关的批准获得了公益法人地位后，免税资格可随登记自动获得，无须再采取任何其他的手续即可享受相应的税收优惠。非营利组织在登记成功后每年需要向主管机关和国税厅提交报告书，报告书可以在国税厅供查阅，并且还需公开 20 万日元以

[61] 参见辛昕、黎江虹：《非营利组织营利性行为的税法规制》，载《天津法学》2018 年第 1 期。
[62] 参见汪昊：《中国非营利组织税收政策改革研究》，经济科学出版社 2016 年版，第 99 页。

上的捐赠者名单。日常活动中也需要接受国税厅的监管，如支付赞助费时需要及时向国税厅报告实际支出，向海外携带或汇款 200 万日元以上同样也需要向国税厅提供相关报告。日本的非营利组织只接受政府机关的监管，可以选择不向社会公开信息，因此社会监督和民众监督在日本非营利组织的监管方面发挥的作用相对微小。这种监管状况的产生主要是因为日本的非营利组织绝大部分都由大型企业或某个团体资助，还有一些直接由中央或地方政府出资设立，它们与主管行政机关关系密切，甚至可以说是行政机关的外围团体。所以，日本这种监管制度使得的非营利组织被国家控制的情况比较明显，一定程度上限制了其国内非营利组织的发展。

3. 德国非营利组织税收优惠制度的相关规定

德国著名非营利组织研究专家穆特·安海尔（Helmut K.Anheier）曾提出，分析一个国家的非营利组织，不仅要考察非营利组织的雇员数量和支出总量，还要考察参与非营利组织工作的志愿者数量，从社会资本的角度考察会员的数量，从组织密集度的角度考察非营利组织的数量。[63] 德国非营利组织参与其中的工作人员及志愿者占人口总量的 1∶75，产值 GDP 比重约为 4%，是世界上非营利组织数量最多的国家，并且成为支撑德国经济的重要力量。[64] 德国对于非营利组织的税收优惠也有自己的特点。

（1）德国非营利组织税收优惠的实体性规定

在德国，非营利组织是否可以享受税收优惠不拘泥于形式与地位，主要在于其是否满足非营利组织成立的宗旨和目的。德国非营利组织的成立宗旨和目的符合以下三个类别之一即可获得免税资格：公益目标、慈善目标和与教会有关的目标。[65] 其中公益目标强调非营利组织致力于从物质或精神层面上提

---

[63] See Helmut K. Anheier, *Dimensions of the Third Sector: Comparative Perspectives on Structure and Change*, Journal of Youth Studies, 2001, p.14.

[64] 参见张网成、黄浩明：《德国非营利组织：现状、特点与发展趋势》，载《德国研究》2012 年第 2 期。

[65] 参见郑国安：《国外非营利组织法律法规概要》，机械工业出版社 2000 年版，第 249 页。

高公众的生活水平。慈善目标强调非营利组织帮助因疾病和贫困无法正常生活的人们，与教会有关的目标使用范围较窄，仅针对宗教性事务的实施。只要非营利组织成立的宗旨和目标满足了这三个类别之一，无论其登记与否，均可以享受税收优惠。

从税收角度可以将德国非营利组织的收入分为追求崇高理想的收入、财产管理的收入和应税经济活动收入。其中追求崇高理想的收入不给自己带来任何的利益，如捐赠、政府补助和成员出资等。追求崇高理想是指非营利组织从事的符合章程规定的活动，如经营老年公寓、提供午餐、帮助残疾人工厂等活动。这些收入是免税的。财产管理的活动是指来源于孳息或者资产进行交易获得的收入。应税的经济收入来源于并不直接服务于组织章程规定的活动，而是来源于经营资产，且这些收入也没有被投入符合组织章程的活动中去。这些收入是需要缴税的。[66]

德国非营利组织税收优惠主要涉及的税种有企业所得税、工商税、营业税、遗产税、赠与税和财产税，如果非营利组织有彩票收入，还需要征收彩票税，如果非营利组织涉及土地有关事项，还会参考土地买卖税法和土地法。关于非营利组织税收优惠的规定分散在具体的税法中，同时联邦财政部还颁布了税收条例的使用说明，实践性较强。[67]

德国的企业和个人在向非营利组织进行捐赠时要区分捐款和赞助两种情况。捐款扣减的适用范围有限，用于教会相关目的、宗教和科学目的、慈善目的等捐款。最高可以扣除全部应纳税额的5%，或扣除营业额的2%，其个人支出可以全部扣除。对于受到特别支持的如科学性、慈善性和文化艺术目的的捐款，扣减额度可以提高至10%。对于赞助商而言则有不同的税收优惠规定，如果享受税收优惠的非营利组织在接受赞助后为了赞助商的发展提供服务，那么该赞助总额将被视为营利性收入，需要按照15%的税率进行征税，还需按

[66] 参见王名、李勇、黄浩明:《德国非营利组织》，清华大学出版社2006年版，第128页。
[67] 同上注，第116页。

照增值税的一般税率16%征收增值税。[68]

（2）德国非营利组织税收优惠的程序性规定

在德国，免税资格一般授予给符合组织宗旨和目的的非营利组织，无论这些组织是何种类型或法律地位。财政部门审核非营利组织的宗旨和目的后，只要符合条件，即可获得免税资格。在非营利组织获得免税资格后需要向当地的税务局周期性地上交活动报告，而且税务局每三年就要对非营利组织的免税资格进行一次审查。

对于向非营利组织进行捐赠的减免，有权开出捐赠证明的非营利组织必须是追求公共福利、慈善事业、有特殊捐赠资格、能独立开出捐赠证明并且得到可享受税收优惠通知书的非营利组织。享受税收优惠通知书的有效期为5年，超过时限将不被财政部门认可。非营利组织需要将可扣除税款的证明与纳税申报表一同交给有关部门，如果捐赠人想向没有免税资格的非营利组织进行捐赠，需要先捐给一个公共部门，该部门再将捐赠转给目标非营利组织，同时发一个可抵扣证明给捐赠人。财政部门为了减轻非营利组织开出捐赠证明的负担，还规定了符合一定条件的邮局和金融机构汇款的付款证明也可以视为捐赠证明。

（二）国外非营利组织税收优惠制度相关规定的总结

1. 分类规定非营利组织的税收优惠

发达国家对非营利组织税收优惠采取了分类规定的做法，即不同类型的非营利组织将享受到不同程度的税收优惠。这样既可以保障国家的税收，也可以避免一些非营利组织搭便车享受税收优惠。

美国将非营利组织分为公益型、互益型和宗教型。公益型非营利组织需要申请才能获得免税资格，互益型和宗教型非营利组织无须申请自动获得免

[68] 参见廖鸿、石国亮、朱晓红：《国外非营利组织管理创新与启示》，中国言实出版社2011年版，第132页。

税资格。但是向公益型非营利组织进行捐赠可以享受税收优惠减免，并且不同类型的公益型非营利组织会享受不同程度的税收优惠。例如，向公共慈善组织捐赠享受的税收减免要由于向私立基金会的捐赠。但是向互益型和宗教型非营利组织捐赠则不能享受捐赠减免的待遇。在日本，非营利组织的类型被划分得更为精细，其中公益法人和特定非营利活动法人原则上是免税的，其他的非营利组织则不能享受税收优惠。德国对非营利组织的形式和类型并没有过多注重，不过真正享受税收优惠的非营利组织也是经财政部门审核从事公益性活动的组织。

公益型非营利组织提供的产品和服务多数都具有公益的特性，更加符合非营利组织设立的初衷和目的，而其他非营利组织虽然也不以营利为目的，但是性质并不一定具有公益性。事实上，大多数国家一般都将公益型非营利组织或者具有公益性质的非营利组织单独划分出来给予更加充分的税收优惠待遇。

2. 非营利组织营利性收入的税收规定明确

非营利组织以公益性或互益性为目的，不能追求营利性，但是它们的营利活动不一定都与组织宗旨相悖。目前各国基本都允许国内的非营利组织从事营利性活动，不过给予的税收优惠不尽相同。

美国更注重非营利组织的营利性应为是否与组织目的本质相关，对于与组织目的本质相关的营利性活动所取得的收入给予税收优惠，不相关活动获得的收入则需要缴税。但是在不相关的营利性收入中，美国还排除了一些特殊的收入。因此，美国对于非营利组织的营利性行为是否给予免税的待遇主要取决于其活动是否与组织目的相关，并且还专门设定了三个条件进行检验。只要符合了这三个条件的营利性收入，无论数额多少均可完全享受免税的优惠待遇。德国与美国较为相似，如果非营利组织的营利性收入用于同组织宗旨相符的用途，则该部分收入免税，其余用于与组织宗旨无关活动的收入则需要缴税。而日本则强调非营利组织从事经营活动虽与普通企业形成竞争，但本质仍是不同的，因此实行实际低于普通企业的税率以及“视同捐赠”制度，并且不同类型的非营利组织营利性收入的税率也是不同的。虽然各国对于非营利组织营利性行为的税收优惠规定各不相同，但是基本都对营利性活动给予了减免的优惠。不过有些国家减免力度稍大一些，对于非营利组织的营利性活动完全免税，有些国家减免力度稍小一些，并未做到完全免税但也给予了一定的税收优惠。

3. 享受捐赠税收优惠的主体范围广

在进行慈善捐赠的过程中，各国企业和个人并不是向所有的非营利组织进行捐赠都可以享受到税收扣减的优惠。美国将可以获得税收扣减优惠的非营利组织限定在五大类中，包含了政府类别，大量符合条件的公司、信托、基金和基金会类别，退伍军人协会类别，兄弟会、联合会类别，墓地企业类别，范围较广，涉及行业较多。日本也将可享受税收减免的非营利组织概括为四大类，包括政府类别、"指定捐款"组织类别、特定公益促进法人、特定非营利法人。即使企业不向以上四个类别的非营利组织捐赠也可以享受较少额度的税收优惠。德国享受税收扣减资格的必须是可以开出捐助证明的非营利组织。但是财政部门为了减轻非营利组织开捐助证明的压力，规定也可以通过邮局和金融机构汇款的付款证明来证明捐助。并且如果企业或个人向没有扣减资格的非营利组织捐赠，可以通过公共部门转赠，也同样可以获得扣减证明。由此可见，美国、日本、德国对于可享受捐赠扣减的非营利组织，要么主体资格范围较大，要么即使主体范围并没有涵盖大量的非营利组织，但是都采取了相应的补救措施，如通过公共部门转赠或可享受力度较小的税收优惠。

4. 设立专门机构管理非营利组织税收优惠

对非营利组织税收优惠的监管各个国家都比较重视。其中，美国在税务机关中就专门设置了用来管理免税组织的免税组织与政府机构部，作为免税组织的非营利组织需要向税务机关报送纳税申请表。免税组织与政府机构部定期利用计算机对非营利组织申请表中的各项活动、收入和支出等内容进行详细的审查，并对其日常行为也进行监督管理。此外，该部门还负责将纳税申请表、免税资格证明、财务报表等信息向公众公开和披露，接受社会的监督。日本和德国虽然没有设立专门的机构，但是国内税务机关也都发挥了主导性的作用。澳大利亚的"非营利组织中心"隶属于税务局，专门负责管理非营利组织的税收。英国的“慈善委员会”也是负责管理非营利组织税收的专门机构。

5. 各国对非营利组织免税资格的获取把控程度不同

各国对非营利组织免税资格获取的把控程度有所区别。美国对于非营利组织税收优惠的审核遵循的是“宽进严查”的政策。非营利组织只要符合条件即可向管理部门申请注册登记随后再向税务部门申请获得免税资格，申请免税资格时按性质提交不同的申请表。对于美国的非营利组织来讲，获得免税资格并不困难，但在免税资格获得之后的监管则比较严格。在德国，因为非营利组织无论登记与否，只要符合组织宗旨即可获得税收优惠，所以对于非营利组织的登记并不是很复杂。只要财政部门在审核非营利组织的宗旨和目的后，符合条件即可获得免税资格。而日本非营利组织税收优惠资格的获得就相对比较严格，大多数非营利组织无法获得免税资格，同时政府的裁量权也较大。日本国内对于这一制度也多有诟病，多次呼吁进行修改。各国对于非营利组织免税资格准入的难易程度并不完全相同。从非营利组织的现状以及民众的反响来看，美国和德国较为宽松的免税资格授予模式更有利于非营利组织的生存发展。不过政策的制定还是要根据本国的国情以及非营利组织发展历程的不同而有所差异。

6. 非营利组织的税收申报制度与信息披露制度较为完善

非营利组织享有税收优惠也需要配有相应的税收申报以及信息披露制度进行监管。美国对非营利组织进行分类申报管理，在申请免税资格时就已经根据组织所属的类别详细填写相应的 1023 号表格，此后每年还需要向税务局报送 990 报表详细报告收入支出和服务项目完成情况等内容。接受捐赠的非营利组织还要填写其他的报表以便及时报告捐赠人的信息。美国国内税务局通过定期使用计算机对所提交的申报表进行比对分析实时监控国内的非营利组织。日本和德国的非营利组织在登记成功后每年也需要向税务机关提交报告书进行申报。

信息披露方面，美国非营利组织的免税申请表、相关证明文件、免税资格证明以及各种申报表等信息都必须向社会公开和披露，任何人都可以通过互联网、邮件和电话等方式了解非营利组织的运行情况。除此之外，第三方机构的评估也对非营利组织造成一定的监督作用。德国有类似于美国的信息披露制度，通过建立专门的民间机构来强化社会监督。这些民间机构可以对国内非营利组织的信息进行整合并设立排行榜，以此来督促非营利组织的行业自律。日本对于非营利组织信息披露的规定则较为保守。日本的非营利组织主要接受政府部门的监管，并没有法律规定要求非营利组织信息披露和公开，政府也无须公开相关的材料。大多数国家的非营利组织都受到政府、社会和民众的共同监督。一些国家强调政府监管的有限性，一些国家政府的裁量权则较大，实践证明强调运用多样化的监管才更有利于非营利组织的规范运作。

通过对美国、日本和德国三个具有代表性的国家对非营利组织税收优惠规定的介绍与总结，我们可以发现其中有很多的共同点，当然也有许多的不同。这些相同与不同在我国制定和完善非营利组织税收优惠规定的进程中可以结合国情予以借鉴。

四、完善我国非营利组织税收优惠制度的建议

（一）完善非营利组织税收优惠制度的整体考量

我国现有的非营利组织税收优惠规定立法位阶低。大多数税收优惠规定都由国务院授权财政部和国家税务总局以法规、规章或文件的形式加以制定，只有少部分体现在全国人大及其常委会制定的法律中。这种立法现状不仅违背了税收法定主义原则，也不利于税法的稳定性及权威性。将非营利组织税收优惠规定的立法权回归全国人大及其常委会，严格限制立法机关的授权立法并且降低行政立法的比例，提高非营利组织税收优惠立法的阶层是完善非营利组织税收优惠制度的必然选择，这有利于税收法定主义原则的实现及维护税法的权威性。

但是不得不承认的是，在短时间内改变税收立法现状，提高税收立法的位阶是十分困难的。我们可以将提升立法位阶这一大目标拆分为多个小目标逐步加以实现。针对现阶段税收优惠规定分散杂乱的弊端，最先可采取的措施就

是整理规范现有的法律法规、集中非营利组织税收优惠的规定。

1. 清理非营利组织税收优惠制度规定

我国关于非营利组织税收优惠的法规、规章和规范性文件的数量已经相当巨大。一些针对特定情况专门制定的税收优惠规定，时移俗易没有了存在意义却依然显示现行有效。国家立法机关和税务机关针对经济形势的变化制定政策比较积极，却相对忽视了失效政策的清理。虽然国家税务总局和财政部会公布整体失效废止、部分条款失效废止的规章和规范性文件的目录，但是此类公告发布的时间间隔不稳定且经常间隔较长时间才做一次清理，而且失效废止目录中常有遗漏。有些失效的规范性文件还可以在部分立法机关的官网上查看，这种情况使得整个非营利组织税收优惠体系经常充斥着无意义的规定。这给基层执法者和非营利组织本身在实践生活中查阅借鉴相关内容制造了许多不必要的麻烦。因此，税务机关会同财政部等其他部门应该每隔一段时间对非营利组织税收优惠规定做一个系统的清理。

2. 制定关于非营利组织税收优惠的专门法律

由于我国非营利组织税收优惠的相关规定大多都是各部门自行制定，联合制定的政策为数不多，这就不可避免地造成各部门之间的规定出现矛盾或者不衔接的情况。如果全国人大及其常委会可以单独制定一部非营利组织税收优惠的法律详细规定非营利组织税收优惠的内容，这对于各部门制定政策具有一定的导向性，有利于非营利组织税收优惠制度分散杂乱现状的解决。但这一举措的缺点是，在现有的条件下，整合各个部门制定一部专门的非营利组织税收优惠的法律可行性较低，操作难度较大。虽然美国也没有一部非营利组织税收优惠的法律，但在不少法律法规中有关于非营利组织税收优惠的专章规定，使得美国关于非营利组织的规定十分全面清晰。因此，我国暂时也可以考虑在各个税种的法律中对非营利组织税收优惠做出专章规定。这种方式立法成本较小，执行难度也较低。

3. 增加非营利组织税收优惠规定欠缺税种中的内容

我国非营利组织税收优惠以所得税优惠为主，其他税种中的相关内容比较欠缺。在流转税领域，消费税和关税仅有少量有关非营利组织税收优惠的内容，而在资源税、财产税和行为税领域更是只有土地增值税和印花税涉及了相关内容。美国非营利组织可享税收优惠涉及很多税种，而且在遗产税中也重点规定了非营利组织税收优惠的内容。同样，日本多个税种中也规定了非营利组织税收优惠的内容，如法人税、所得税、登记税、印花税、事业税等。在中国商品税收入占税收总收入绝大部分的情况下，在不同税种中给予非营利组织更多的税收优惠，虽然在一定程度上减少了国家的财政收入，但是非营利组织的蓬勃发展也会在公益事业方面为政府带来方便。因此，建议我国在进一步完善所得税的基础上，应当丰富流转税、财产税等其他税种中关于非营利组织税收优惠的内容，尤其是在增值税方面。我国已全面实行“营改增”的征税制度，日常活动中涉及增值税的机会越来越多。考虑到非营利组织也经常作为最终的消费者，增值税应当被充分纳入非营利组织税收优惠的范围内。而且现在世界各国大多将遗产税作为调节贫富差距的工具，虽然我国现今还没有开征遗产税，但是建议在未来遗产税立法中可以将非营利组织税收优惠的内容考虑在内。

（二）完善非营利组织税收优惠实体性规定的具体建议

1. 分类制定非营利组织税收优惠规定

我国税法对非营利组织具体属于公益型或互益型没有具体的区分，当然税收优惠规定也没有对公益型或互益型非营利组织进行区别对待。随着我国非营利组织数量逐年递增，这一政策可能面临巨大的漏洞。

给予非营利组织税收优惠最主要的作用就是促使非营利组织发展，从而利用其优势弥补政府和市场的不足，为公众提供公共服务，满足公共利益。互益型非营利组织以为组织成员或者会员提供服务为目的，公益性程度较弱，并且不同的互益型非营利组织的公益性程度也有所不同。例如，互助性的医疗组织的公益性要明显高于注册会计师协会的公益性。因此，如果对于非营利组织不区分公益型和互益型一律给予相同的税收优惠，那么其公平性难以得到认可。在对非营利组织注册登记放开以后，可能会面临着更大的税收隐患。

笔者认为，我国立法机关应当以公益型和互益型为分类基础对非营利组织进行分类，并给予不同的税收优惠。公益型非营利组织的正常所得享受税收优惠，如政府的拨款、捐赠和服务费等。而对于互益型非营利组织还应区分为较强公益性互益型非营利组织以及其他。对于较强公益性互益型非营利组织给予同公益型非营利组织相同的税收优惠，其他互益型非营利组织不给予免税待遇。[69]人民团体的税收优惠可以参照美国政治组织的税收模式，而民间非营利组织需要尽快根据其公益性归类到公益型非营利组织或互益性非营利组织，在暂时未予归类之前，可以考虑给予低于登记的非营利组织的税收优惠。

2. 明晰非营利组织营利性收入的税收优惠规定

在市场经济环境下，无论是国内还是国外，营利性收入对于非营利组织都是十分重要的。非营利组织不仅可以通过获取营利性收入维持其自身的生存发展，而且客观上营利性收入作为自有资金也能赋予非营利组织一定的中立性，不会受制于政府或某一财团。在非营利组织营利性收入占比越来越大的情况下，对非营利组织营利性收入税收优惠做出具体明确的规定是当务之急。

我国税法虽然对非营利组织营利性收入有部分规定，但是内容较少并且十分不明确，甚至在具体政策中还出现了相互矛盾的情形。我国现行税收政策对非营利组织营利性收入规定的不统一在一定程度上体现了我国不同部门及领域对这一问题看法的不同。我国学者对这一问题也存在诸多讨论。

美国与日本关于非营利组织营利应为制定税收优惠规定的角度不同。美国从促进非营利组织本身的发展出发，关注点在于营利性收入是否与非营利组织宗旨相关。日本从市场竞争的角度出发，更关注于非营利组织的营利活动同普通企业的营利活动存在的竞争关系。

虽然美国和日本非营利组织营利性收入税收优惠的关注点不同，但两国的

[69] 参见汪昊：《中国非营利组织税收政策改革研究》，经济科学出版社 2016 年版，第 113 页。

经验都值得我国借鉴。我国可以在考虑非营利组织营利行为是否与组织宗旨相关的前提下，给予相关程度高的营利性收入以较低的税率，而相关程度低的营利性收入同普通企业承担一样的税负。但不建议我国完全采取美国对于非营利组织营利性收入的态度，即对于非营利组织有关组织宗旨的营利性收入完全免税。原因在于虽然非营利组织与普通企业活动目的不同，但如果非营利组织与普通企业对于同一活动所承担的税负差距过大，随着非营利组织数量的逐渐增多，这一影响市场公平竞争的因素很可能对企业造成不利的影响。因此，给予非营利组织营利性收入税收优惠是必要的，但对其加以限制也同样十分重要。

3. 增加可享受捐赠税收优惠的非营利组织数量

虽然捐赠税前扣除优惠针对的是向非营利组织捐赠的企业或个人，但是拥有该资格的非营利组织可以吸收更多的公众捐款，从而可以有更多的资金支持其从事的公益事业。我国捐赠人并不是向任何非营利组织捐赠都可以享受到一定的税前扣除，只有少部分的非营利组织才拥有开具捐赠扣除证明的资格。据不完全统计，目前我国可以享受捐赠人捐赠全额扣除的非营利组织不到30家，如宋庆龄基金会、中国福利会、中国残疾人福利基金会和中国扶贫基金会等。企业、事业单位、社会团体和个人只能向这些非营利组织捐赠才能享受全额税前扣除的税收优惠待遇。[70]而享受捐赠部分扣除的非营利组织不到100家，这些非营利组织基本都具有业务能力强、社会声誉好的特点。为了鼓励捐赠，让捐赠人在向非营利组织捐赠时可以有更多的渠道和选择享受税收优惠，国家应该培育享受捐赠人捐赠税前扣除优惠的非营利组织的数量。建议国家适当放开非营利组织捐赠税收优惠的准入条件，即国家税务总局、民政部和财政部在审核非营利组织是否可以获得税收优惠资格时适当降低标准。因为此项举措需要对非营利组织的资源利用效率、社会声誉等进行综合评判，短时间内可能无法做到赋予大量非营利组织捐赠扣除的资格，但我国可以考虑临时税收扣除资

[70] 参见国家税务总局官网，载https：//12366.chinatax.gov.cn/znzx/znzx/main?guide=null&_state=0，2019年2月24日访问。

格。该资格的获取在成立时间、社会声誉、资源利用效率上可以较正式税前扣除资格要求偏低。该项举措应当配合相应的监管机制进行。

（三）完善非营利组织税收优惠程序性规定的具体建议

1. 建立专门机构对非营利组织税收优惠进行管理

我国对于非营利组织税收优惠的管理权分散在多个部门中，业务主管单位、民政部门、财政部门和税务部门均可对非营利组织税收优惠进行相应的监管。在《财政部、税务总局关于非营利组织免税资格认定管理有关问题的通知》中规定，如果有关部门在日常管理中发现非营利组织不符合免税条件，应将此情况提请财政部门和税务部门复核。虽然这种多部门同时监管的制度看似对非营利组织税收优惠的严格执行具有积极的作用，但是如果不存在一个专门机构对监管进行主导，那么多部门同时管理的过程中很容易出现不统一的情形。

随着中国非营利组织数量的急剧增长，对其严格监管的重要性不言而喻。美国、澳大利亚和英国都有专门负责非营利组织的机构，建议我国在税务机关中设置专门的职能部门负责处理非营利组织税收优惠的有关事项，如审查报表、日常检查和公开披露等。这有利于我国对非营利组织税收优惠的管理。同时，该部门还应与业务主管单位、民政部门、财政部门等建立信息共享机制。当各部门对同一事项处理意见不统一时，该职能部门的意见更具指导性。

2. 简化非营利组织税收优惠资格获取程序

我国非营利组织必须通过登记申请和免税资格申请两个步骤的审批才能获得税收优惠资格。在这个过程中非营利组织至少经过业务主管单位、登记管理机关、税务主管部门、财政部门这四个部门的审核同意，其间材料提交、同四个部门的沟通等问题的复杂程度不言而喻。我国对于非营利组织一直过于强调准入监管而忽视事后监管的状况使得大量的非营利组织难以获得免税资格，在准入门槛外徘徊。

我国对于非营利组织税收优惠的监管思路已然过时，应当借鉴美国“宽进严查”的税收优惠政策。而且我国政府证对行政审批制度正在进行改革，逐步建立公开透明、便民高效的行政审批程序。对于非营利组织税收优惠的登记手续也应当响应国家的号召进行简化。取消双重管理制度，降低准入门槛，简化审批程序，在申请时按照非营利组织的分类制定不同的表格，让更多的非营利组织可以成功登记注册并获得税收优惠资格。

此外，我国出台的一些规范性文件鼓励直接登记制，即非营利组织可以直接向民政部门申请登记而无须取得业务主管单位的同意。这表明国家对非营利组织的准入正逐步放开，非营利组织的成立有望从过去的“特许制”变为“审核制”。也就是说，对于非营利组织，只要符合条件，就可以向民政部门申请登记，民政部门申请登记成功后，非营利组织就可以获得非营利组织证书。随后获得证书的非营利组织向财政部门和税务部门申请免税资格的认定即可。但是暂时出台有关制度的规范性文件的指导性偏强，发挥的实际作用不大。建议国家可以对直接登记制度出台更加详细的规定指导非营利组织的登记。自“三证合一”开始施行之后，理论上我国非营利组织也可以在民政部门登记后立即取得税务登记，但是相关的税收规定还没有进行修改，在实践生活中执行依然有难度。因此，我国应当尽快修订税收政策中发生纳税义务 30 天内向税务机关登记的制度，改为成立登记之时起非营利组织就要进行税务登记。

3. 强调非营利组织税收优惠相关的申报制度与信息披露制度

我国《税收征收管理法》及其实施细则并没有对非营利组织的税收征管规定特殊的程序。非营利组织登记时的纳税申报与普通企业的区别不大，并且国内对于免税资格实行五年一审制度，周期很长。在非营利组织纳税申报中也没有对于免税资格方面的特殊说明。这不利于管理部门对非营利组织免税资格的后续监管。非营利组织纳税申报表的设计应当与普通企业有所区别，重点对免税资格的符合情况加以体现。因此，建议我国税法应当更新当前非营利组织纳税申报表，表格应全面反映非营利组织活动的完成情况、营利活动占比、资金运营情况等内容。美国非营利组织在登记注册时填写的国税局 1023 号表格针对不同类别的非营利组织设立了不同的内容，较为详细地显示了非营利组织的基本信息、经营活动、资金状况等内容。美国还要求非营利组织每年填写纳税申报990报表，再次详细汇报年度收入及支出、服务项目完成情况、经营收入介绍等。笔者认为，我国可以在非营利组织免税资格申请时就填写详细报表进行税收情况的汇报，此后每年都向税务机关进行细致的纳税申报。税务机关在接受纳税申报报表时根据报表内容同时对免税资格进行审查。

配合纳税申报制度，我国立法机关也应当完善非营利组织的信息披露制度以便增加非营利组织运营的公开度和透明度。我国现有的信息披露制度要求非营利组织公开的信息较为基础且模糊。美国和德国关于非营利组织的信息公开制度较为完善，非营利组织大部分材料都必须向社会公开披露，民众可以通过网站查询非营利组织向税务机关提交的各种文件。此外，一些第三方机构还将国内非营利组织公开的信息现状对比总结研究，为税务机关的监管及捐赠人的选择提供方便。因此，建议我国非营利组织的信息披露应该尽可能全面，包括非营利组织具体活动项目、活动进展、资金流动情况等重要内容在报刊、官方网站等公共媒体上予以公开，供公众可以通过多种渠道获取信息。税务机关也应当将非营利组织的纳税申报表、免税资格证明、日常提交的材料、管理人员的工资表向社会详细地公开和披露。可以考虑根据非营利组织的规模大小，获得社会捐赠的额度或者社会影响力来区别对待不同非营利组织的披露程度。如果非营利组织公开募捐或从政府处获得较大的支持，那么其公开披露就应该尽可能详细。反之，如果非营利组织只有很少的活动和资产，或者没有从政府或公众处获得较大的资助，那么其披露的详细程序可以略低。这种区别对待的做法可以适当降低非营利组织繁重的报告义务以及减轻税务机关的工作负担。

五、结　语

由于政府和市场在为公众提供公共服务、承担社会责任方面都存在缺陷，这就需要作为“第三部门”的非营利组织来进行弥补。非营利组织能够按照市场的模式来提供产品和服务，并且志愿者的参加也能够使得活动成本低、效率高并且减少腐败的概率。同时，其通过提供公益性质的产品或服务帮助政府解决难题，又有别于企业追求利润的最大化。世界上很多国家都采取给予非营利组织税收优惠的方式来促进非营利组织的发展，通过分配正义与利益诱导的方式使得非营利组织获得利益补贴或利益激励，这在一定程度上可以左右非营利组织的数量和资产。20世纪初，非营利组织的概念逐渐被引入中国，改革开放之后非营利组织才真正蓬勃发展。但至今我国并没有对非营利组织税收优惠制度的统一立法，相关规定散见于法律、法规、规章和各种规范性文件中，同一内容规定在不同法律法规中出现矛盾冲突的情况也时有发生。并且我国税收优惠以直接税为主，其他税种方面的优惠比较欠缺，税法中对于非营利组织的营利性收入规定也并不明确，而且可享受捐赠税收优惠的非营利组织数量也不甚理想。此外，准入和监管层面也存在一定的问题，烦琐的税收优惠资格获取程序抑制了许多非营利组织的积极性。我国长期“重准入、轻监管”的模式使得事后监管较为薄弱，税收申报和信息披露方面的规定并不完备。

我国的非营利组织发展较晚，税收优惠的规定也在不断地变化和改进中。虽然存在些许不足，但也不能否认其给我国非营利组织发展带来的益处。完善我国非营利组织税收优惠制度并不是完全摒弃国内的现行制度，而是在梳理我国现行税收优惠规定的基础上，参考域外的经验，整合提炼出符合我国国情的内容加以借鉴。美国、日本和德国这三个国家的非营利组织数量巨大，通过分析对比各国国内非营利组织税收优惠制度，可以看出虽然各国的税收优惠制度都有各自的特点，但总结来看还是有许多相似点值得借鉴。通过汲取其他国家制度中的精华并且尽量贴近我国的经济发展现状后，发现完善我国非营利组织税收优惠制度的法律体系是必然之选，宏观把控后的细节调试也不容忽视，追求实体性规定和程序性规定的尽善尽美。在整体考量方面，建议立法机关经常清理效用不大的法律法规，尽量制定有关非营利组织税收优惠的专门法律并且丰富各税种中有关非营利组织税收优惠的内容。这些举措有利于构建益于非营利组织发展的法律环境。在实体性规定方面，将非营利组织区分为公益型与互益型且给予不同的税收优惠，营利性收入根据其与组织的宗旨和目的的相关性区别对待。此外，增加获得捐赠税收优惠资格的非营利组织也同样十分重要。程序性规定方面，仿照发达国家设立专门机构管理非营利组织的行为。我国也可以考虑在税务机关中加设专门负责非营利组织税收优惠的职能部门，降低非营利组织获取税收优惠的准入门槛，简化审批程序，加强事后监管，强调纳税申报与信息披露，纠正“重准入、轻监管”的管理现状。

我国一般反避税规则研究

胡溢超

内容摘要　近期以来，明星避税案件和《个人所得税法》的修正使一般反避税规则成为众人瞩目的焦点。实际上，该问题一直以来也是税法学界研究的热点。我国当前的一般反避税规则体系，无论是避税法律概念的界定还是各税种法间的体系协调，都存在一定的问题，制约着我国一般反避税规则的实践。本文希望首先在理论上明晰避税的概念及其违法性根源，进而探讨一般反避税规则的设计理念，结合现实案例以分析我国税收法律法规体系的现状和问题，从而对我国一般反避税规则的立法体例、权力平衡设计、配套措施等提出建议，以期对反避税事业有所贡献。

关键词　避税　反避税　权力平衡　经济实质原则

作者单位：中国人民大学法学院。

基金项目：上海哲学社会科学专项课题“习近平总书记关于上海自贸区建设重要论述与上海自贸区税收营商环境优化法律问题研究”（项目号：2020ZXA006）。

引 言

2016年苹果公司“三明治避税架构”曝光，[1]欧盟委员会裁定其补税130亿欧元。苹果公司利用AOI、AOE、ASI、ADI四个位于爱尔兰的公司，加上荷兰子公司，通过特许权使用费转移利润，利用国际税收协定和避税天堂，把税率从35%以上成功降为2%—3%。该案中的高额补税也使避税问题再度成为人们关注的热点。再观国内，娱乐明星的阴阳合同事件牵出了特定行业潜规则，设立个人工作室“巧用”核定征收、转劳务报酬为特许权使用费、利用霍尔果斯等疑似避税港操作，涉及金额令人瞠目，群情激愤质疑公平，一夜之间皆谈避税。

20世纪70年代以来，避税产业日盛，各国财政受损，租税国危机凸显。现实情况越发复杂，避税形式屡屡出新，原以为最能兼顾形式与实质公平的“特别反避税条款”力不从心，绝对的税法形式主义开始受到冲击，制定一般反避税规则提上日程。对我国而言，直接税税基侵蚀一直较为严重，而增值税复杂的税收优惠体系又为避税提供了滋长空间，[2]总体反避税需求强烈，特别反避税的有限形式难以满足现实需求。另外在税收法定和依法行政的要求下，原来依靠税务部门的批复、答复等方式解决反避税问题的工作方式，需要向符合法定程序和要件的行政执法模式转变，这对一般反避税条款的设定也提出了新的要求。2008年《企业所得税法》增加一般反避税条款，在2018年《个人所得税法》的修正中，一般反避税条款也是重点。然而两法对照，我国一般反避税规则的体系问题却也逐渐显现。此外，2017年4月，最高人民法院再审德

[1] 参见刘子瀛：《从国际税收大事件视角反思我国反避税管理工作》，载《中国商论》2018年第10期。

[2] 参见杨默如：《反避税规则融入增值税立法：国家经验与中国前景》，载《东南学术》2016年第6期。

发税案，[3]判决内容默认税务机关可以引用《税收征收管理法》第35条对德发公司进行税收核定和调整。对未被证明为逃税，也未违反纳税人协力义务的主体径行适用该条款，不仅有违税收核定本意，更为一般反避税规则的发展埋下权力肆意的隐患。现有体系下，核定征收条款实不应承载一般反避税之重任。透过德发税案，一边是我国急迫的反避税需求，另一边是现有一般反避税体系的冲突矛盾。反避税案件中避税定义不明、实体规则缺失，税收领域立法、行政、司法各项权力平衡不足，导致税务机关借助《税收征收管理法》中的核定条款进行一般反避税实践操作，也是我国反避税规则实践问题最为集中的体现。

一、避税基础概念与一般反避税规则的必要性

（一）避税的概念与本质

1. 避税概念的传统外延

避税介于逃税与合法的税收筹划之间，其具有形式合法性的同时又被各国认为需要规制和调整。长久以来，避税具有“描述比定义容易”[4]的性质已经得到广泛认同。从避税与相关概念的区分来说，避税和逃税的区别能够较为清晰地从税法规定中发现，但相较而言，避税和税收筹划却一直界限模糊，使得直接把握避税内涵较为艰难。因此，学者希望从外延入手进行归纳，进而总结出避税内涵，从描述性定义转向规定性定义，但实际效果并不理想。当然，外延研究的成果能够为我们提供避税的一般样貌，可以为避税本质的探寻提供线索。

（1）避税与逃税的区别

部分学者在广义上使用避税概念，认为凡是能最终导致税收减少的行为都是避税。[5]主流观点则更多在狭义上使用避税概念，并与逃税相区分，其强

[3] 参见中华人民共和国最高人民法院行政判决书（2015）行提字第13号。

[4] 参见翁武耀：《避税概念的法律分析》，载《中外法学》2015年第3期。

[5] 参见〔日〕北野弘久：《税法学原论》（第四版），陈刚、杨建广等译，中国检察出版社2000年版，第117页。

调避税在私法与税法形式上是合法的，而在逃税则形式上就违法。虽然两者都在经济上追求税收利益，主观动机几无差别，但是形式合法性给两者立起了明晰界限。[6]学者归纳，避税和逃税的差异主要体现在以下几个方面：[7]第一，逃税并不直接改变基础交易行为。逃税主要表现为不履行纳税义务，或隐匿、销毁凭证歪曲事实。而避税则真实表达交易事实，但利用法律交易形式的差别以减少税款。总体来看，逃税直接违反法律明文、隐匿可税行为；而避税在阳光下，故意选择性地适用私法交易形式，未直接违法。第二，在逃税中，纳税人的行为导致税务机关产生错误认识，使其难以掌握真实情况，从而直接抵制征税。避税虽然也间接误导税务机关，但仅仅隐藏交易意图，其形式合法。第三，在法律后果方面，逃税者补征税款的同时，还可能承担行政或刑事责任。而避税具有有效私法基础，通常不具有可处罚性。第四，小型企业和独立劳务者纳税人更可能逃税，而大型企业纳税人更有可能避税。[8]

基于避税的各项特征，学者们试图对避税进行描述性定义，如“纳税人的行为或者交易带来的经济结果与其试图规避的税法行为、交易的预期目标一致”[9]。或者是“避税是纳税人实施的旨在避免或降低税负的行为，其并不违法”[10]，“避税涉及为取得税收利益而在税法制度准则之外行使权利”[11]。可

[6] See Chris Evans, *Containing Tax Avoidance: Anti-Avoidance Strategies*, University of New South Wales Faculty of Law Research, Series 40, 2008, p.32.

[7] 相关总结参见翁武耀：《避税概念的法律分析》，载《中外法学》2015 年第 3 期。

[8] 参见翁武耀：《避税概念的法律分析》，载《中外法学》2015 年第 3 期。

[9] Pasquale Pistone. *L'elusione fiscale ed il diritto comunitario*, in AA.VV. , la normativa tributaira nella giurisprudenza delle corti e nella nuova legislazione, Atti del convegno “gli ottanta anni di Diritto e pratica tributaria” (Genova 9-10 febbraio 2007), coordinati da Victor Uckmar, CEDAM, 2007, p.91. 转引自翁武耀：《避税概念的法律分析》，载《中外法学》2015 年第 3 期。

[10] Cosciani, *Stato dei lavori della commissione per lo studio della riforma tributaria*, Milano, 1964, p.145. 转引自翁武耀：《避税概念的法律分析》，载《中外法学》2015 年第 3 期。

[11] Paolo Costantini e Federico Monaco, L'elusione tributaria: commento alla norma (l.408 / 90 esuccessive integrazioni) e analisi delle pratiche elusive: elusione, risparmio, d'imposta evasione e frode: comparazione e differenze, Rimini: Maggioli, 1997, p.38. 转引自翁武耀：《避税概念的法律分析》，载《中外法学》2015 年第 3 期。

见，上述三种描述分别着眼于“结果”“私法合法性”“税法的脱法性”三个层面。第二种描述中所谓的“行为不违法”指的应该是在私法上和税法形式上的不违法。而第三种描述中所谓“在税法制度规定的准则之外”的表述则十分耐人寻味，何谓在法律“之外”行使权利，笔者认为其想表达的是这一行为虽不“违”税法，但也不“合”税法。除此之外，还有观点认为避税“并不是通过隐匿征税行为，而是通过另一征税行为加以替代”[12]。这一方面重申了避税和逃税的重大区别在于法律上的隐匿行为，另一方面阐明了避税的一般手段，就是用一项征税手段代替另一项，而这种替代可以有很多种形式，如利用公司组织形式，利用税收优惠等。[13]

类型化区分狭义避税和逃税概念的原因在于，两者在税法的形式合法性上不同，导致两者的违法性根源不同，对两者的规制基础也就不同。比如，对于纳税人未尽协力义务的逃税行为可以进行税收核定，但在没有特别授权的情况下就不应对狭义避税行为随意展开。[14]对狭义避税的规制措施也不能仅简单从形式税法中寻找其合法性基础，还需在税法之外证成其正当性，并赋予其合法性。因此，本文所集中关注的“避税”，是与逃税相区分的狭义避税，其最根本的特征是私法和税法形式的合法性。但这仅是避税外延的一个方面，还需继续明确避税与税收筹划的区别。

（2）避税与税收筹划的区别

通说认为，避税和税收筹划两者在形式上都符合税法，但一直以来概念都不清晰。首先，税收筹划的概念本身多有争议。在使用上，甚至有观点认为税收筹划也并不一定合法。例如，经合组织将税收筹划分为“合法或可接受的

[12] See The Institute for Fiscal Studies, Tax Avoidance: *A Report by the Tax Law Review Committee*, IFS, London, 1999, p.7.

[13] 参见周鉴声：《一般反避税的实践与思考》，载《国际税收》2018 年第 4 期。

[14] 参见汤洁茵：《不可承受之重：税收核定的反避税功能之反思》，载《中外法学》2017 年第 6 期。

税收筹划”和“激进的税收筹划”两个概念。[15]实际上，在这个定义中所谓的“可接受的税收筹划”是本文希望阐述的“税收筹划”。而“激进的税收筹划”实际上与本文所说的“避税”和“逃税”两者相加的概念重叠。仔细分析此描述，可以发现其本身也是一种循环定义，何为“可接受”本身就不明确，这也从一定程度上反映出避税和税收筹划概念区分的难度。

概念纷繁且多有歧义，但其实真正有意义的无非三种类别，本文希望通过“形式违法的逃税”“形式合法但须禁止的避税”“形式合法且受鼓励的税收筹划”三个概念加以指代。其间关系参见下图所示。

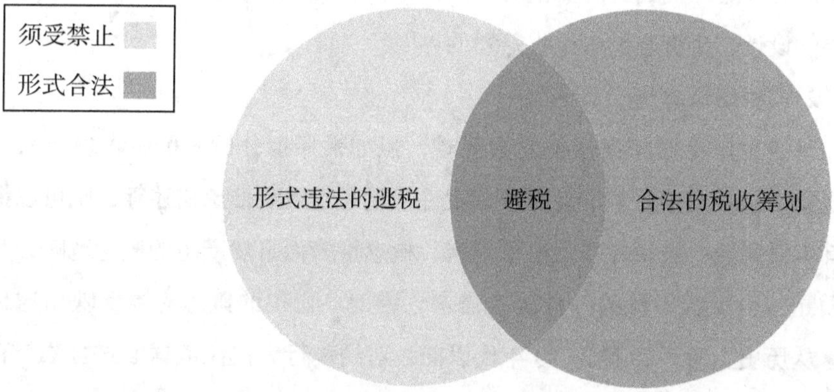

本文对避税概念的概念界定

英美法基于实践产生的避税定义与法律构成要件本身相混同。例如，除非行为的主要目的不是避税，而是其他目的，否则一切取得税收优惠的行为都被定义为避税。[16]可以发现这个定义实际上就是把司法认定中的“合理商业目的”原则搬过来，从法律认定要件上认识避税定义。一旦司法实践中法律解

[15] See OECD, *International Tax Avoidance And Evasion*, *Four Related Studies*, Paris, 1987, p.11. 两个概念分别为：可接受的税收筹划（legal / acceptable tax planning）和激进的税收筹划（aggressive tax planning）。所谓可接受的税收筹划，经合组织描述为：“通过完全可接受的税收筹划有可能减少或者消除纳税义务。比如，在符合正常商业交易的前提下，在各类税收减免和激励措施中选择其中最有利的一项进行交易安排。”

[16] 参见〔美〕休奥尔特·加布赖恩阿诺德：《比较所得税法——结构性分析》（第3版），丁一、崔威译，北京大学出版社2013年版，第40页。

释变化、认定模式改变，避税定义就将随之改变。此外，这也导致不同国家采用的要件不同，避税的概念也就不同，不能起到对避税本质的认识作用。

真正的问题是，为何一部分在形式上合税法的行为要被重新定性并突破税法文意、重新认定计税依据，然而另一部分不需要。实践中发展起来的"商业合理目的原则"和"经济实质原则"都在试图明确这两者之间细微易变的界限。[17]事实上，这两个原则是法律上对于避税的认定标准，只能顺应而贴合避税本质。而认定标准在逻辑上不能成为反避税的正当性论据，就像无过错责任的构成要件不能成为法律上规制特定侵权行为的正当性论据一样。我们需要在认定要件之外找到避税真正的违法性根源。实现这个过程才能进一步改进认定要件设计，认清避税与税收筹划的界限。

2. 避税的概念寓于其本质

对避税定义的探索似乎尤为艰难，但如果仔细分析避税所表现出来的各种现象，包括描述易于定义、具体案件裁量易于宏观抽象描述等，则可以探查到其本质属性：避税并非由法学逻辑、概念推演而自然产生的概念范畴，究其本质是来自现实考量的一种国家需求，因此，避税的概念应当反映出这种本质。从历史上看，20世纪70年代以前，对纳税行为仅仅依据形式合法与否加以区分。各国在避税规制上坚持绝对的税法形式主义，即便出现了避税问题，也认为应该先立法后规制，认为防止避税行为不是行政或者司法权力的问题，而属于立法权课题。[18]这说明，当时在税法形式上合法的行为，没有行政和司法干预乃至否定的空间，从而最大限度保护私人自由。典型的如在1935年Westminster案件中，英国法院的观点是：[19]纳税人有税收筹划和选择交易形式

[17] Cfr. Ripa Giuseppe, *Disposizioni antielusive*: *confronto tra risparmio d'imposta ed elusione*, in Corriere tributario, 2000fasc.18, p.1277. 转引自翁武耀：《避税概念的法律分析》，载《中外法学》2015年第3期。

[18] 参见〔日〕北野弘久：《税法学原论》（第四版），陈刚、杨建广等译，中国检察出版社2000年版，第151～152页。

[19] See Assaf Likhovski, *Tax Law and Public Opinion*: *Explaining IRC v. Duke of Westminster*, Studies in the History of Tax Law, Vol.2, 2006.

的权利，即便税务机关感到不满，也不能补征税款。这之中的价值逻辑是承认纳税人的税收筹划权，认为为自己减轻税负是每个理性人的必然选择，不能以道德义务苛责纳税人。[20]但是，20世纪70年代后，经济危机下各国出现了巨大的财政赤字，租税国危机明确显现，各国对于税收收入有了更急切的需求。与此同时，英美避税产业繁盛，企业集团等几十年来发展积累了大量利用税法漏洞的经验，税基侵蚀日益严重，经济危机又反过来催使纳税人更为积极地避税，致使矛盾升级。[21]同时，雇用律师进行税收筹划成本高昂，往往是具有一定规模和实力的大型企业才能进行，这导致巨额的税负不能被公平分担，大型企业变相获得了竞争特权，在加强马太效应的同时也倒逼小型企业和纳税人铤而走险违法逃税，实际导致相同纳税人可能承担不同的税负，实质公平受到威胁。[22]在多重问题之下，绝对的税法形式主义开始受到质疑，人们发现，法律的漏洞永远存在，立法者的认识和预期具有局限性，这使得法律也具有不完备性，不可能对形式日益多样的避税行为事无巨细地规定。[23]至此，涉税行为两分论逐渐被扬弃，各国希望从形式合法的涉税行为中再区分出需要规制的避税行为，形成逃税、避税、税收筹划三分论。在税法问题规则化的认识之下，税法领域也开始出现脱法避税的概念，[24]避税的社会认知基础也得到了普遍承认。1982年，英国法院在Ramsay案中第一次对避税进行了否定。随后澳大利亚、加拿大等国家也制定国内法对避税行为进行规制，联合国税务专家组也开始进行避税定义。

然而需求催生的反避税浪潮受阻于避税本质的认识，人们希望从传统法律框架导出避税定义的努力总不尽如人意，一方面描述性外延似乎无法穷尽，

[20] 参见汪若文：《适用一般反避税规则的合理性》，载《纳税》2017年第30期。

[21] 同上注。

[22] See Richard E, *Structure and Policy of Australian Income Taxation*, Australian Taxation: Principles and Practice 1, 1987, p.11.

[23] 参见许成钢：《法律、执法与金融监管——介绍“法律的不完备性”理论》，载《经济社会体制比较》2001年第5期。

[24] 参见吕铖钢、张景华：《实质课税原则的路径重塑》，载《税务与经济》2018年第1期。

另一方面来自传统法律框架的“漏洞”“模糊安排”无法自我阐明。[25] 通过仔细研究可以发现，之所以“避税是一种利用法律漏洞的行为”无法形成有效定义，原因在于其逻辑上有循环论证的嫌疑。现实中，只有人们在发现某种行为侵害税收并需要被规制，而税法又无法起作用时，方才认为税法存在所谓“漏洞”。而所谓避税究其本质就是“形式合法行为中因为现实需要而应被规制”的部分，其本质属性就已经说明了自身需要被规制的特点。换言之，避税的价值判定在逻辑上要先于法律漏洞的界定。而判断一种涉嫌避税行为的合法性、合理性根本取决于国家税权的谦抑程度和纳税人权益的伸展程度。[26] 避税的概念来源于国家财政损失和反避税需求，其本质寓于私法自由与国家需求这一对矛盾。因此本文希望基于避税的本质，对避税的概念界定如下："避税是一项取得税收利益且形式上符合税法，但因侵害国家财政收入、有违税收公平或其他现实考量而应被禁止的税收行为。”这一定义，一方面揭示了避税的价值判断依据要到国家的需要中去寻找，另一方面也说明现实需求很难以规定性定义的面貌呈现于反避税法律规范，这也使得避税的认定容易产生过强的主观性，需要用一般反避税条款通过要件形式加以明确固定。

明确避税的基本概念后，则需要引入法律规制，用法律来进行反避税工作，因此必然产生法律上如何界定避税的问题。比较法上，各国采用的“合理商业目的”“经济实质原则”等，都是在法律上界定避税的尝试。避税的本质概念中存在“国家经济现实需要”这一偏主观和动态的因素，而法律则将特定时间内相对稳定的经济需求转化为具体可操作的判断要件，这使得避税的本质概念和法律定义有所差别。多年来，避税的概念之所以难以明确，很大程度上就是因为传统研究混同了避税基于其本质的概念和避税在法律上的界定标准，以后者代替前者，容易使避税概念长期动摇不稳，而以前者代替后者，则陷入了法律认定的过度主观化问题，陷入了税收法定原则的攻击范

[25] 参见李茜：《〈企业所得税法〉一般反避税条款评析》，载《涉外税务》2008 年第 8 期。

[26] 参见董学智：《论不确定法律概念与反避税规制——以“合理”一词为例》，载《烟台大学学报（哲学社会科学版）》2017 年第 3 期。

围。因此进一步需要考虑的是在法律中如何恰当地定义避税，以何种描述精度刻画避税要件。

3. 避税法律定义的难点

避税的法律定义和判断要件同样难以明确，既因为反避税需求难以完全明确，也因为税收征管现实难以操作，而且一旦从现实考量进入法律规定的领域，又会面对诸多具有特殊性的矛盾，其体现为：

第一，私有财产权和国家征税权的矛盾。其作为税法领域中的经典议题，在反避税中尤为明显。税收是国家对公民的无偿、强制财产剥夺手段，即便是以公共服务为代价也并不足以抵消，因此无法用对等价值来核定征收程度，[27] 故而应当以何种力度征税并无精确标准。一方面，反避税的需求源于国家征税权受损；另一方面，反避税措施包含的补征税款直接涉及财产征收，带来了财产状态的不确定性，也阻却了纳税人选择交易方式的自由，从而间接限制私有财产权。[28]

第二，税收法定主义和税收公平的矛盾。避税行为的无限复杂性使得有限的法律条文不能精确定义避税。严守税收法定主义意味着只能对避税进行个别描述，个别问题个别防范，尤其对重点处于税收法治进程中的我国，多数学者认为我国当务之急是要在税收法定上下功夫，让税收进入法治轨道。然而这一观点导致税法上对避税进行一般定义的努力迟迟没有进展。问题在于，面对无穷的避税形式，严守个别立法会导致个别调整本身也形同虚设。这是因为如滥用公司形式、滥用两免三减半等税收优惠形式，当前都是特别纳税调整之外的避税操作，纳税人利用个别规范外的形式避税，也就规避了个别调整本身，最终导致现实中纳税人税负不公，竞争地位日益悬殊，税收公平受到威胁。避税借助税收法定的庇护可以侵害税收公平，而基于税收公平目标和量能课税原则进行反避税又可能带来税务机关的权力膨胀，侵害当前主张的税收法定，这

[27] 参见汪若文：《适用一般反避税规则的合理性》，载《纳税》2017 年第 30 期。

[28] 参见王宗涛：《税法一般反避税条款的合宪性审查及改进》，载《中外法学》2018 年第 3 期。

是现在避税定义的难点所在。

第三，税法就其性质是纳税人权利法还是国家征税法、宏观调控法。避税的一般法律定义必然具有概括性，要件构成的外延不可能自然明确，涉及法律解释和推论。从传统税法理论而言，税法没有明确规定时，法律解释须有利于纳税人，如此加以贯彻，大量的反避税工作将会落空。因而笔者认为，税法就其性质并非单纯的纳税人权利保护法，还需实现国家的财政税收征集、宏观调控等目标。避税行为严重侵害国家税收，其经济效应又使税收的宏观调控效果扭曲失效，如此恪守绝对的纳税人权利保护，不仅税法的两大功能无法实现，纳税人权利保护终也终受负外部性之害。

第四，税法与私法的关系。避税概念的法律定义还涉及税法与基础私法之间的关系，反避税工作需要对涉税行为和税款进行重新调整。问题在于调整对象是私法交易本身还是税法行为，这直接涉及反避税的难度、反避税和各法律之间的协调。[29]如果税法依附于私法，而私法交易本身构成纳税依据，那一方面税款征收需要严格尊重私法上的交易形式，反避税时需要连同私法交易一起否定，征税基础从而消失，纳税调整时将连同私法行为一起重塑。但私法的交易自由归属于宪法权利，是否能以国家税款减少或竞争环境失衡为由，经税法径行调整？税法依附于私法的观点实际上与立法中税法长期借用民法概念有关，但这种借用实际导致了应税行为与所得主体之间产生“形式与实质”冲突，引发了“法律关系定性”与“交易关系定性”的混乱，使得反避税工作受到正当性和合法性挑战。[30]因此，笔者认为，遵循税法独立于私法的观点更能够有效实现反避税效果，也更能使体系自洽。税法结果只是税法对私法交易进行的投射，而非生长于私法交易结构之上。反避税调整应当首先承认私法交易形式和交易自由，而只是不承认私法交易所带来的税法效果，并不否定私法交易本身。对于需要进行反避税的行为，可以独立否认其税法效果，重新进行税款调

[29] 参见王宗涛:《税法一般反避税条款的合宪性审查及改进》，载《中外法学》2018年第3期。
[30] 参见吕铖钢、张景华:《实质课税原则的路径重塑》，载《税务与经济》2018年第1期。

整，既能便于反避税工作的开展，也能避免税收基本权的宪法诘难。

（二）避税的违法性根源

在传统研究中，学者试图从法律框架中自然推论出避税的违法性，例如通过私法视角导出其违法性，包括法律欺诈和权利滥用。但是仔细分析，两者都不能用来论证避税的道德性和违法性根源，而只能用作反避税的法律工具。逃税和避税在事实上都追求逃避税收的同一种经济结果，两者在道德层面应视为一种现象。[31]而传统私法对于避税的违法性论证逻辑却主要是：避税被法律禁止——避税行为违反了“应遵守法律”的道德——避税和税收筹划相比是不道德的——避税应该被法律禁止，有较大的循环论证之嫌。

1. 避税违法性的私法视角

（1）源自罗马法的法律欺诈理论

第一，法律欺诈意图论：该理论认为避税行为形式合法但违背立法意图，而合法税收筹划不仅形式合法，而且符合立法意图。[32]问题在于，何为“立法意图”并不能简单确定。[33]税法立法意图多而抽象，包括税收功能的实现、征税权力制约、纳税人权利保护、税收的公平负担、税收征管效率等。[34]究竟违背何种意图方能认定避税，并无明确标准。从现实情况来看，避税规制的最初目的是挽回税款损失，提升财政收入，发展至今又加入了量能课税的公平追求。但是法律欺诈理论，却无法证明为何这两个目的就比其余目的具有更高的法律地位，而违背其他目的就没有避税认定的危险。这也是法律意图论的缺陷所在。

第二，法律欺诈漏洞论：该理论认为避税涉及税法解释，利用了法律缝

---

[31] 参见〔美〕Zoe M. Prebble，John Prebble：《避税的道德性》，宋彪编译，法律出版社 2015 年版，第 98 页。转引自史际春主编：《经济法学评论》2015 年第 2 期。

[32] 参见翁武耀：《避税概念的法律分析》，载《中外法学》2015 年第 3 期。

[33] 参见王宗涛：《一般反避税条款研究》，法律出版社 2016 年版，第 203 页。

[34] 参见朱大旗编著：《税法》（第二版），中国人民大学出版社 2009 年版，第 28 ～ 32 页。

隙和漏洞，法律无法规制避税是因为其忘了在特定情形下规定征税行为。[35] 所谓“法律漏洞”，是指是现行法体系中存在的，违反立法意图且影响法律功能的不完全性，[36] 或者说，是由于各种原因导致法律规定内容有欠缺或者不周延，以致适用法律时发生困难。[37] 简言之，是法律根据现实或者立法目的应当对某种行为加以规制却不能规制，称之为法律漏洞。照此逻辑，某种行为的应受谴责性在前，而税法不能规制的情况在后，才推导出避税的法律漏洞，避税的正当性判断先于法律缝隙和漏洞的判断。由此可见，这个论证尚无法形成封闭体系，避税应受规制的原因在其论证体系之外。

（2）权利滥用和法律滥用

欧盟及大陆法系国家主要采用权利滥用或者法律滥用来证成避税的违法性，荷兰等一些制定明确授权式一般反避税条款的国家，后来也放弃了条款适用而改用更为“灵活趁手”的法律滥用工具来判断。[38] 该种观点认为滥用行为是权利人以不正常方式或者怀着法律鼓励的目的之外的其他目的行使权利的情形。[39] 避税正是一种对于税收筹划权或者税法的滥用。但是，这些国家当时放弃一般反避税条款转而使用权利滥用工具的原因，并非后者更能证成避税的违法性，而是一般反避税条款往往启动程序复杂，需要考虑的因素太多，不利于税务机关提高执法效率。而相反，倾向使用法律滥用理论却是因为其判断标准模糊、适用简便。但这恰恰反映出“权利滥用”这一工具有侵害纳税人权利的巨大风险。此外，从逻辑顺序来看，权利滥用理论同样不能从本质上论证避税的违法性和非道德性。

第一，权利滥用理论存在私法中，对于权利滥用行为的矫正结果则是在私法上否定该行为效力。而私法交易行为是涉税行为的前提和基础，一旦私法

[35] See Frans Vanistendael, *Taxation, Tax Avoidance and the Rule of Law*, in *Asia-Pacific Tax Bulletin*, *2010*, p.3.

[36] 参见梁慧星:《民法解释学》，法律出版社 2015 年版，第 255 页。

[37] 参见杨解君:《走向法治缺失言说：法理、行政法的思考》，法律出版社 2001 年版，第 85～86 页。

[38] 参见李倩:《浅议一般反避税规则的税法解释》，载《现代营销》2016 年第 6 期。

[39] Elisabetta Vassallo, *Abuso del diritto nell' ordina mento tributario*, *Altalex*, 8 febbraio 2011. 转引自翁武耀:《避税概念的法律分析》，载《中外法学》2015 年第 3 期。

交易效力被否定，那么税收也就无从谈起。换言之，税务机关要用权利滥用工具进行反避税特别调整，就需要先否定原有的基础交易，然后由税务机关重构当事人的民商事交易，不仅烦琐无益，也不符合宪法中的公民基本权利，[40]更与避税认定的实际情况和需要相违背。

第二，权利滥用理论仍然依托立法意图的认识，"滥用"和"违背立法目的"都是价值判断，也都无法从法律框架中自行导出，依旧没能解决何为"立法意图"或者目的的问题，这也意味着"避税"的价值判断先于"法律滥用"与否的判断，依然无法形成封闭的论证。

因此，私法上的法律欺诈、法律漏洞、权利滥用、法律滥用等只能是避税违法性证成的法律工具，而不是其违法性根源。否定避税行为的理由尚在私法框架之外。只有首先通过现实需求确定为何要避税，何为避税，然后才可能通过法律欺诈等私法理论制度进行规制。

2. 避税违法性的现实原因

避税的本质和违法性根源在于法律框架之外的现实需求，与经济法的产生和处境相似。笔者认为，只有从现实需求的角度加以分析才能够真正明确应当规制的避税行为类型，而反避税的正当性与合法性根本指向的是国家经济需求带来的财产权社会义务。[41]

第一，公共收入减少和税基侵蚀。20 世纪 70 年代以来，税基侵蚀问题在各国越发严重。这一时期跨国公司兴盛，便捷的世界资本流动带来了世界范围避税操作，各国受到的税基侵蚀带来了财政危机，形式合法的避税进入了受规制时代。2012 年开始的 BEPS（Base Erosion and Profit Shifting）[42]的全球性合

[40] 参见王宗涛：《税法一般反避税条款的合宪性审查及改进》，载《中外法学》2018 年第 3 期。

[41] 同上注。

[42] 参见 OECD 官方网站的表述：Base erosion and profit shifting (BEPS) refers to tax avoidance strategies that exploit gaps and mismatches in tax rules to artificially shift profits to low or no-tax locations. Under the OECD/G20 Inclusive Framework on BEPS，over 125 countries and jurisdictions are collaborating to implement the BEPS measures and tackle BEPS。

作即可见各国的反避税需求。

第二，侵害实质公平。避税行为的存在使得一部分纳税人得以减免税负，而且往往是大型企业能够聘请中介进行避税，小型纳税人则实际承担了不同税负，有违实质公平和税法的量能课税原则。

第三，损害市场公平竞争环境。从量能课税原则延伸，正因为实力雄厚的大型企业反而能够更多地规避纳税义务，小型企业却因经济实力的差距不能聘请避税专家或因避税成本高于避税收益，而只能依照一般情况纳税，甚至冒着承担刑事处罚的风险进行逃税，这最终导致了大企业借助税收获得更有利的竞争地位，加剧了马太效应，破坏了税收中立原则、公平竞争环境。[43] 这种税收体制的不完善最终可能破坏市场经济的有效运行。[44]

第四，调控性税收目的难以落实。税收还具有重要的调控性功能，所得税力图通过再分配优化资源配置、调节贫富差距；消费税则通过税收政策限制特定产业、调整国民消费结构等。某些形式合法的行为，导致税款无法征收，最终税收调控目的落空。[45] 此外，有些税收优惠措施本意图实现产业调控或者帮助小企业、外资企业成长。而一些不符合优惠条件的企业则通过避税行为违规利用这些优惠政策，导致税收优惠的目的无法实现，阻碍了市场发展。

对避税违法性根源的探究，也就是对反避税规制的合理性和合法性证成。反避税牵涉众多，直接涉及税的征与不征的根本问题，涉及几乎每一条税法原则，需要对这些原则进行平衡协调。部分学者认为，量能课税是一般反避税的根本价值基础，是与税收法定分庭抗礼、为实质公平保驾护航的根本原则，乃至唯一原则。但是，量能课税原则固然牵涉公与不公，似乎最为适合法学讨论，而组织公共收入又或多或少具有国库主义的影子，但也不应当用前者取代后者。财政收入保护是反避税最直接、最原始的目标，财政保障也应该为反避

[43] 参见汪若文:《适用一般反避税规则的合理性》，载《纳税》2017 年第 30 期。

[44] 参见滕祥志:《实质课税的中立性及其与税收法定原则的关系》，载《国际税收》2015 年第 10 期。

[45] 参见王宗涛:《一般反避税条款研究》，法律出版社 2016 年版，第 33 页。

税的题中之义。其与量能课税无论是在需求层次还是逻辑顺序上都不是包含关系，不能将财政收入的维护作为税收公平或者量能课税原则必然含有的一部分，也不应该将量能课税原则作为反避税唯一的、最根本的证成理由。[46]从经济法角度来看，避税的违法性应该来自税收的目的和反避税的需求，既体现了税收的财政收入职能，也体现了宏观调控职能，还需兼顾量能课税及其带来的竞争公平，操作中还需兼顾税收效率。这些既是反避税的合法性根本所在，也是反避税制度的本质要求。

（三）建立反避税一般性规则的必要性

避税需受规制，但可利用的工具中则有一般反避税规则与特别反避税规则之分。立法上的一般反避税规则希望通过法律规定、要件描述涵盖所有避税行为，着重在其一般性和普遍规制性。同时，一般反避税法律条款也对行政机关和司法机关的反避税措施进行权力配置。[47]一般反避税条款具有一般性与立法性两个特征，一般性与特别条款相对，立法性与司法规则相对。之所以规则转向一般性，与特别反避税规则的特点有关，后者以特别规定、特别调整为特征，主要规制具有普遍共性的避税行为，如转让定价、资本弱化、避税港避税等，设立专条专门规定。最初为兼顾纳税人权利保护与反避税需求，学者呼吁应当以特别反避税规则为主。但是近年来，随着避税行为的复杂性提高，特别反避税规则捉襟见肘，难再满足反避税需求，澳大利亚、新西兰和加拿大等国家都承认，它们引入“一般反避税规则”的原因就是应对现行制度的失灵。[48]而之所以规则转向立法，则与司法规则的问题有关，司法反避税规则显示出其效力不足，几经法律解释已然难承反避税之重，由司法来衡量税收利

---

[46] 参见王宗涛：《一般反避税条款研究》，法律出版社 2016 年版，第 10 页。

[47] 参见王晶：《一般反避税条款制定的必要性》，载刘剑文主编：《财税法论丛》（第 6 卷），法律出版社 2005 年版，第 321 页。

[48] 参见赵国庆、张学斌：《“一般反避税规则”制度构建中应关注的主要问题》，载熊伟主编：《税法解释与判例评注》（第 4 卷），法律出版社 2013 年版，第 121 页。

益也不尽合理，因此由立法明文确定一般反避税规则已成为现今的潮流。

1. 避税行为无限复杂性与特殊规定有限性的冲突

税法形式的相对固定性与经济内容的绝对开放性素有冲突，要想用相对确定的法律概念涵摄变化的社会经济关系，需要进行实质主义的补足。[49]避税行为可能性无限，纳税人智力无穷，无论何种完善的特别反避税规则一定会因为法律的不完备性而存在避税空间，[50]因此各国开始转向一般性规则。一般反避税规则因为其一般性规制的特点而只能对避税进行总括性定义，在身具普遍规制优势的同时，也常因模糊表述饱受诟病，被质疑侵害了税收法定要求的法安定性和结果可预测性。[51]但事实上，与大量的特别反避税规则相比，建立一般性反避税规则并且将其法律化，反而可以带给纳税人行为预期。这是因为，法律的确定性与简洁性之间呈现类似抛物线的关系，过度简略原则化的法律规定固然会带来法律适用的模糊地带，但是法律规定过于复杂，以至于纵横交错间出现了交叠冲突，那么确定性同样会随之下降。[52]如果坚守特别反避税规则，那么避税行为的无限复杂性就会带来特别反避税规则数量的急剧扩张、税法条文不断更改扩充，导致税法过于具体而冗长，[53]纳税人可能更会面对浩如烟海的法律条文和朝令夕改的规则生态，反而带来整个法体系的不确定性。

2. 反避税规则司法路径的不稳定性

对于英美法系国家而言，判例法的法律传统，[54]加上避税法律定义的高难

---

[49] 参见吕铖钢、张景华：《实质课税原则的路径重塑》，载《税务与经济》2018 年第 1 期。

[50] 参见熊伟、王宗涛：《反避税的权力限度：以一般反避税条款为例》，载熊伟主编：《税法解释与判例评注》（第 4 卷），法律出版社 2013 年版，第 99 页。

[51] 参见〔日〕金子宏：《日本税法》，战宪斌、郑根林等译，法律出版社 2004 年版，第 59 页。

[52] See AICPA, *Tax Policy Concept Statement No.1, Guiding Principles of Good Tax Policy: A Framework for Evaluating Tax Proposals AICPA*, New York, 2001, p.11.

[53] 参见赵国庆、张学斌：《“一般反避税规则”制度构建中应关注的主要问题》，载熊伟主编：《税法解释与判例评注》（第 4 卷），法律出版社 2013 年版，第 122 页。

[54] 参见董学智：《论不确定法律概念与反避税规制——以“合理”一词为例》，载《烟台大学学报（哲学社会科学版）》2017 年第 3 期。

度，使得利用司法规制避税、发展反避税认定原则成为主要方法。然而司法确立的反避税规则始终没有形成确定的效力，即便是反避税的开山鼻祖 Ramsay 原则也已经开始动摇。Ramsay 原则被后面的判决认为是一种“法律解释方法”而不是“确立了一种原则”，[55] 也就是说，法院在具体案件中不用推翻 Ramsay 原则就可以基于不同的法律解释方法做出与其截然相反的判决。之所以有这样的现象，其实原因在于 Ramsay 原则本身就是对现实中避税行为的简化，从全盘承认避税合法走向了全盘否定，但是避税的复杂性意味着其无法被一个简单原则框定，法院面对不同的案情时发现，坚持Ramsay原则会使得无辜者受罚，反而不能实现法律目的。这样一来，Ramsay 原则没能成为衡量避税与否的唯一天平，而仅是法律规定中打开的一个突破口，使法院规制避税成为可能，而至于如何认定避税还是没有明确标准。实践中，法院先有避税与否的判断，再决定是否适用 Ramsay 原则，导致了不同法院之间的认定标准不统一，更使得司法反避税饱受诟病。有司法反避税传统的国家逐渐意识到，税法会随着避税手段的不断创新而变得千疮百孔，倘若再无一般反避税法律条款，那么避税行为就可能带来无法预估的后果。[56]

除此之外，反避税规则的内容、反避税惩罚的轻重直接关乎辖区内的税收力度和市场吸引力，又进一步影响到当地的经济发展水平和地区间的税收政策竞争。反观这些，都应该是政府仔细考虑的问题，而不应由缺乏专业性和宏观调控能力的法院来决定。司法反避税实际上是让法院来做税法的价值权衡，甚至将税收调控权交到了法院手中，不仅司法难承其重，也让政府无所适从。有鉴于此，立法形成一般性的反避税规则成为越来越多国家的选择。

3. 一般反避税规则是对行政权力的保障和约束

在我国，无论是否有普遍适用的一般反避税的立法规则，我国税务机关都已经在事实上开展了一般反避税工作。我国税改前的营业税并没有特定的一

[55] 参见李倩：《浅议一般反避税规则的税法解释》，载《现代营销》2016 年第 6 期。

[56] 参见熊伟、王宗涛：《一般反避税立法思辨》，载《国际税收》2013 年第 4 期。

般反避税条款，但是避税实际情况严重，现实中的税务机关则从《税收征收管理法》中寻找替代解决方案，把第35条“税收核定”条款作为一般反避税的权力来源。从性质上来说，德发税案就是税务机关针对“营改增”之前的营业税进行的一般反避税调整。税收有自然扩张的趋势，行政权力亦然，而在一般反避税条款因为有权力扩张之嫌饱受诟病乃至难以出台的时候，权力扩张本身已经悄然上演。正如纳税人会利用税法漏洞加以避税一样，具有专业性的税务机关也会利用税法漏洞进行权力扩张。因此，在我国一般反避税的需求较为急迫的情况下，适时地制定一般反避税条款既是对行政权力的保障，也是对其权力的约束，实际上有利于纳税人权利的保护。

二、一般反避税规则的设计理念

一般反避税规则终究需要回归具体的条款规定，最重要的是如何在法律条文中明确避税的认定标准和原则。条文有限而避税形式无穷，意味着一般反避税条款的制定必须具有概括性以容纳避税行为。认定原则的确立既需要尽可能贴合避税的本质，符合国家反避税的需求，也需要防范过度概括的标准被行政误用，造成纳税人权利侵害的巨大风险，还需要考虑现行反避税机关的专业性，确定条款的适用可行性。

（一）避税的认定标准

尽管避税的概念来源于现实的需求，但是现实情况变动不羁，也不可能完全进入法律条文，因此避税认定须归结为几个稳定的认定要件。避税认定原则是对现实的抽象简化，虽不同于避税本质，但应尽量贴合本质。因此，一方面认定原则需随着反避税的需求而变化，另一方面在经济情况相对稳定的时期，应该以立法明确形成稳定的认定标准。

避税与一般反避税有其自身的逻辑，不应将一切计税依据偏低的涉税行为都纳入反避税调整，防止避税概念泛化。从各国立法和司法经验来看，较为成熟的避税认定体系有两套，一是合理商业目的原则，二是经济实质原则，两项原则各自含有一套较为系统的要件体系。如果抽取两者的共性，学者总结认定要件主要是以下四个：一是纳税人利用单独或系列交易进行税收筹划；二是通过筹划行为获得税收利益；三是利用法律形式规避税收要件且达到与通常交易相当的经济效果；[57]四是这一系列行为缺乏合理商业目的或者行为总体上缺乏经济实质。可以进一步总结为：筹划行为、税收获益、效果相当、缺乏目的或经济实质。这种认定和划分未必科学，前三项条件实际组成的是“取得税收利益的筹划行为”，在实际操作的过程中，其与商业目的的判断是并列关系，但其却是经济实质原则判断的组成部分。简言之，两种判断标准分别为“取得税收利益的筹划行为 + 不具有合理商业目的”“取得税收利益的筹划行为本身不具有经济实质”。两者的共性部分，无论是支持合理商业目的还是支持经济实质原则的学者，并无过多的争论，而真正的争论焦点在于，对于一项可以取得税收利益的行为，究竟应该进一步用合理商业目的来判断还是判断其本身的经济实质。这两项原则皆从司法中发展而来，[58]要探究其合理性和局限性，可以从两者的发展演变入手。

1. 主要的两种认定原则

（1）合理商业目的原则及其局限

合理商业目的含义是，一项取得税收优惠的交易应当具有除了追求税收利益之外的合理商业目的，否则就被认为是避税。1921 年 United States v. Phellis 案明确避税行为违反《美国宪法》第 16 修正案以及美国 IRC（Internal Revenue Code）。1935 年 Gregory v. Helvering 案导出了商业目的规则。[59]加拿大《所得税法》也将目的要件作为避税与税收筹划的区分基础，根据该法，独立交易或系列交易的组成部分直接或间接导致税收利益，而又无法被认定为主

[57] 参见李俊明：《论一般反避税条款适用的合理界限》，载《国际税收》2013 年第 4 期。

[58] 参见叶姗：《一般反避税条款适用之关键问题分析》，载《法学》2013 年第 9 期。

[59] 参见欧阳天健：《比较法视阈下的一般反避税规则再造》，载《法律科学（西北政法大学学报）》2018 年第 1 期。

要为了税收利益以外的其他善意目的，都将构成避税交易。[60]

“商业目的”判断希望探寻纳税人交易时的主观想法，导致难以立法方式细化认定标准。这也是合理商业目的及其要件体系主要起源于欧美的税收征管或司法实践而非立法形式的一大原因。[61]美国法院所认定的商业目的主要存在两种形式：一种要求纳税人的商业目的符合法律追求的目的；另一种则只要交易举证非税目的，均认为构成商业目的。[62]但是在实践中，税务机关往往要证明的是“不具有合理商业目的”，其逻辑起点是否定要素；[63]而对于纳税人而言则是肯定式的证明并将其作为抗辩事由。这意味着合理目的的认定范围不同，将会导致截然不同的举证负担和最终结果。学者认为，筹划目的是否构成“善意的商业目的”，需要从两个主要方面加以判断：其一，该行为目的是否为税法所鼓励，符合立法意图；其二，活动是否出于善意的商业考虑追求利润收益。[64]然而，看似十分合理的商业目的原则，在逻辑和表达上都有模糊之处，也存在着现实局限：

第一，过度主观性。其以行为人的目的作为判断标准，但法律无法直接探求主观想法而只能借助客观证据。而且这一立法模式必须建立在“理性人”的假设之上，该假设针对企业尚具合理性，但是我国 2018 年修正的《个人所得税法》将其作为个人所得税的反避税标准就有不妥。

第二，商业目的难以确定。商业逻辑不同于法律逻辑，商业目的更是因具体情况而迥异，立法无法形成明确的商业标准，如果继续沿用现在的利润水

---

[60] See Graeme S. Cooper, *Tax Avoidance and the Rule of Law*, Amsterdam: IBFD Publications, 1997. pp.221-245.

[61] 参见叶姗:《一般反避税条款适用之关键问题分析》，载《法学》2013 年第 9 期。

[62] See Yoram Keinan, *The Many Faces of the Economic Substance's Two-Prong Test, Time for Reconciliation?*, New York University Journal of Law and Business, Vol.1, 2005, pp.392-394.

[63] 参见田志刚、王建伟:《对“合理商业目的”税收立法条款的再解读》，载《当代经济》2015 年第 18 期。

[64] 参见汤洁茵:《〈企业所得税法〉一般反避税条款适用要件的审思与确立》，载《现代法学》2012 年第 5 期。

平标准则无异于让法律逻辑限制商业逻辑，用立法禁止商业创新。而立法若不明确何为商业目的，又会将这个问题抛给行政机关或法院裁决，既未解决明确性问题，又增加行政、司法负担。

第三，合理性概念模糊。目的合理与否较之目的内容更加难以认定，并且势必导致法院必须在两种行为中择一：要么用法律逻辑简单地代替商业逻辑，要么在缺乏专业知识的情况下，替纳税人作出商业判断。而合理性往往又只考虑意图，要求纳税人具有从事合法商业活动的目的，却没有为纳税人考虑商业风险问题。风险发生时，未盈利的纳税人不能在法律上被认定为具有“合理目的”。因此，一项商业活动是否具有合理商业目的有时并不能准确反映其经济实质。[65]

第四，容易事实上形成不利于纳税人的推定。“不存在合理的商业目的”是几乎不可能证明的事实，从而使“合理商业目的”的证明责任落在纳税人身上，也就导致了不利于纳税人的推定，因此学者呼吁依诚实推定原则，应当同时具备主客观两个方面的要件，才能够认定为避税行为，并且在这一过程中要侧重论证客观要件。过分强调主观要件，就可能对纳税人进行过度主观化认定。[66]

（2）经济实质原则及其局限

经济实质原则的产生有两个路径，一个是为了克服商业合理目的的主观性而引入客观判断方式；另一个是直接导源于税法中的实质课税原则，希望有效探寻私法交易的本质。

经济实质原则，究其根本是希望探究一项交易是否存在真实的经济实质或者这种经济实质是否与其表现出的法律形式一致，希望对交易的经济效果进行客观评价。[67]如果一项交易仅仅为了一定的税收利益而伪造某种交易形式，

---

[65] 参见汤洁茵：《〈企业所得税法〉一般反避税条款适用要件的审思与确立》，载《现代法学》2012 年第 5 期。

[66] 参见欧阳天健：《比较法视阈下的一般反避税规则再造》，载《法律科学（西北政法大学学报）》2018 年第 1 期。

[67] 参见汤洁茵：《〈企业所得税法〉一般反避税条款适用要件的审思与确立》，载《现代法学》2012 年第 5 期。

最终又回到原点或者经济地位没有实质改变，则可能被认定为避税。

尽管经济实质原则表述简单，但判断方法多样且相互有冲突。例如，使用较多的商业利益法，其本意是用纳税人是否从经济活动中获得利润等商业利益来判断是否有经济实质。但在实际案件中，有些法院认为，只要为纳税人带来经济收益，即便不能量化，也具有经济实质。[68]而有些法院则认为，经济实质意味着纳税人活动的经济收益预期必须能够量化，如表现为可计算的商业利润，[69]这种观点导致经济实质的存在与否就仅仅在微小盈亏的“一念之间”，在经济利润正负线上差之毫厘，就在最终结果上谬以千里。[70]为了解决此问题，法院尝试采用 6% 的税前回报率作为判断标准，[71]也有学者认为当以低风险或无风险投资回报率作为判断的标准。[72]但让法院来决定企业的商业利润似乎显得有些奇怪，商业利益法最大的问题同样是让不够专业的法院来代替企业做商业判断，试图用法律逻辑来理解甚至修正商业行为。[73]

可比交易法，即用与本交易相似条件下其他交易的缴税情况，来判断本交易的应缴税额。但其前提是交易“可比”，需要找到善意商业环境下本应发生的交易。[74]但是交易结构中的细微差异就可以导致两个交易从过程到结果截然不同，交易双方的经济地位也可能十分悬殊，真正“可比”的交易实际上

---

[68] See Bail Bonds by Marvin Nelson, Inc. v. Commissioner, 820 F.2d 1549; Winn-Dixie Stores v. Comm'r, 113 T.C. at 285.

[69] See Johnson v. United States, 32 Fed. C1. 709, 716-717 (1995).

[70] See Christopher M. Pietruszkiewicz, *Economic Substance and the Standard of Review*, Alabama Law Review, Vol.60, p.347.

[71] 参见汤洁茵：《〈企业所得税法〉一般反避税条款适用要件的审思与确立》，载《现代法学》2012 年第 5 期。

[72] See Daniel J. Glassman, *It's Not a Lie If You Believe It: Tax Shelters and the Economic Substance Doctrine*, *Florida Law Review*, Vol.58, p.668.

[73] 参见李颖：《商业逻辑与法律逻辑的关系厘正与冲突消解》，载《人民司法·应用》2018 年第 16 期。

[74] Andantech L.L.C. v. Comm'r, 2002 Tax Ct. Memo LEXIS 99, T.C. Memo 2002-97, 83 T.C.M. (CCH) 1476, T.C.M. (RIA) 54714.

很难取得，也很难界定。既然完全相同的交易不存在，那在诸多性质不同的类似交易中选择可比交易就需要更强的主观性判断。经济实质原则原本意图利用客观判断来修正“合理商业目的”的主观性，[75]但可比交易法反而使得整个判断的主观性更强，其不过是把主观性来源从纳税人转移到了法院或税务机关。综合而言，经济实质原则存在难以解决的矛盾：

第一，经济实质的标准不明。当前运用较多的判断方法包括商业利益（法定最低回报率）、可比交易、经济地位实质变化等。经济实质原则从根本上说不是一种操作方法，而仅仅是一种理念和目标——探寻应税行为的经济实质。而究竟采用何种方法则莫衷一是。

第二，阶段测试还是整体判断方法各异。针对系列行为究竟是对每一个行为进行单独判断还是将各种行为合成一个整体进行判断，无论明确采用哪种方式，纳税人都有应对措施。采用阶段性分步测试，会导致避税者分拆避税行为，将每一个行为都纳入合规，如果不从总体考量则无法理解其避税的操作意图，Ramsay就是非常典型的案例，其一系列操作使得当时的税收征管规则被架空；同时，即便对于正常交易的主体来说，也不可能每一项交易都盈利，有时甚至需要借助一项亏损的交易来赚取市场份额或者长期交易的机会，单纯分拆理解每个行为，容易打乱市场交易秩序，徒增交易成本。但是如果将整体判断作为原则，则问题在于市场行为下，各项交易都可能存在千丝万缕的联动关系，何为整体、何为独立则难立标准，不仅增加司法成本，效果可能也不尽如人意。因此，反避税的现实决定了具体的判断方法无法用明文单一规定，需要在实际案件中加以取舍考量。

随着经济发展，大量结合了新技术的新型商业模式开始涌现，税法日趋庞杂。经济实质原则面临的种种问题，依旧是法律逻辑与商业逻辑的冲突，是法律规制需求与法院专业性缺乏之间的矛盾。这种深层的矛盾是“司法生产力”和“生产关系”之间的矛盾，没有办法从一两个条款中得到根本解决。经

---

[75] 参见汤洁茵：《〈企业所得税法〉一般反避税条款适用要件的审思与确立》，载《现代法学》2012年第5期。

济法的立法、司法、行政，不得不转向整体协同，三者的政策性、应变能力都亟待加强。宏观问题并非一般反避税条款的立法研究能够解决，但该问题的存在却又制约着一般反避税条款的立法模式。

2. 两个原则的适用模式

在避税认定环节中，目前国内外实践和研究对于“合理商业目的”和“经济实质原则”两者之间的关系和适用模式主要有四种不同的观点：

第一，商业合理目的一元判断模式。这种模式以早期英国法院认定方式、加拿大之前的《所得税法》第245条第2款为典型。这种判断标准聚焦单一的商业合理目的，主观性重，因而必须依靠客观标准加以辅助判断。而近年来，合理目的逐渐被经济实质原则吸收，作为经济实质原则判断时的一项重要标准。

第二，经济实质原则一元标准与商业合理目的的例外抗辩。2010年美国国会通过了《医疗保健与教育协调法案》确认了1935年Gregory v. Helvering确立的经济实质原则，进而在IRC中将经济实质原则作为一般反避税的立法标准。[76]但实际上可以发现，美国的经济实质原则并不排斥商业

[76] Internal Revenue Code-IRC 7701 (o) Clarification of economic substance doctrine.

(1) Application of doctrine. In the case of any transaction to which the economic substance doctrine is relevant, such transaction shall be treated as having economic substance only if—

(A) the transaction changes in a meaningful way (apart from Federal income tax effects) the taxpayer's economic position, and

(B) the taxpayer has a substantial purpose (apart from Federal income tax effects) for entering into such transaction.

(2) Special rule where taxpayer relies on profit potential.

(A) In general. The potential for profit of a transaction shall be taken into account in determining whether the requirements of subparagraphs (A) and (B) of paragraph (1) are met with respect to the transaction only if the present value of the reasonably expected pre-tax profit from the transaction is substantial in relation to the present value of the expected net tax benefits that would be allowed if the transaction were respected.

(B) Treatment of fees and foreign taxes. Fees and other transaction expenses shall be taken into account as expenses in determining pre-tax profit under subparagraph (A). The Secretary shall issue regulations requiring foreign taxes to be treated as expenses in determining pre-tax profit in appropriate cases. (转下页)

合理目的的判断，就其发生来说具有关联性。相似的是，加拿大在司法判例中也仅适用经济实质标准。1984年，加拿大国家税务局援引Ramsay案中商业目的规则的请求遭到了最高法院的拒绝，法院认为应着重探寻交易行为的客观方面。[77]但是，在税务机关主张经济实质成立后，纳税人可以主张交易具有合理商业目的从而避免反避税调整，合理商业目的实际成为一种例外的抗辩理由。

第三，并列的二元判断。美国第二（2010年前）、六、八、九、十巡回上诉法院、华盛顿特区巡回上诉法院倾向于并列要件，[78]认为合理商业目的的交易和善意的经济实质两者缺一不可，否则构成避税安排。实际上两者的举证责任都落在纳税人身上，学者认为纳税人负担过重，不利于保护纳税人利益。[79]

（接上页）(3) State and local tax benefits. For purposes of paragraph (1), any State or local income tax effect which is related to a Federal income tax effect shall be treated in the same manner as a Federal income tax effect.

(4) Financial accounting benefits. For purposes of paragraph (1) (B), achieving a financial accounting benefit shall not be taken into account as a purpose for entering into a transaction if the origin of such financial accounting benefit is a reduction of Federal income tax.

(5) Definitions and special rules. For purposes of this subsection—

(A) Economic substance doctrine. The term "economic substance doctrine" means the common law doctrine under which tax benefits under subtitle A with respect to a transaction are not allowable if the transaction does not have economic substance or lacks a business purpose.

(B) Exception for personal transactions of individuals. In the case of an individual, paragraph (1) shall apply only to transactions entered into in connection with a trade or business or an activity engaged in for the production of income.

(C) Determination of application of doctrine not affected. The determination of whether the economic substance doctrine is relevant to a transaction shall be made in the same manner as if this subsection had never been enacted.

(D) Transaction. The term "transaction" includes a series of transactions.

[77] See Stubart Investments Ltd v. The Queen, [1984CTC294] .

[78] See ASA Investerings Pshp. v. Commissioner, 201 F.3d 505.

[79] 参见汤洁茵：《〈企业所得税法〉一般反避税条款适用要件的审思与确立》，载《现代法学》2012年第5期。

第四，择一的二元判断。美国第二（2010 年后）、三、四巡回上诉法院倾向于此种观点，[80] 经济实质与合理商业目的，纳税人只需择一举证即可，而税务机关则需同时举证才能认定该交易为避税。有学者认为此种模式有利于纳税人保护。[81] 这实际上还是举证责任落在纳税人身上的情况，但让纳税人只要“举证其一”就可以实现反避税豁免，理论上似能减轻举证负担，但是就现实情况来看，与经济实质原则的一元标准差别不太大，原因在于现实中举证“有经济实质”的最常用方法就是举证具有合理商业目的。[82]

尽管从理想实验来看，商业目的与经济实质作为认定避税抗辩的二元要件，纳税人会在反避税调查中负担更高的举证责任，因而处于更为不利的地位。[83] 而将两者作为避税抗辩的择一要件，更有利于一般反避税条款价值追求的实现。但笔者认为，我国现有法律情况下，单纯一个原则的判断就已经带来了相当大的麻烦，税务机关的执法资源有限，如果为保护纳税人利益而采用两个原则的择一判断，实际上反过来让税务机关承担两重举证责任、司法机关进行两重审查，不仅法律体系更难简明，各机关可能也更不堪其重。因此笔者认为，我国当前以合理目的的一元判断即可。

3. 我国的避税认定原则体系

我国现行的法律中，合理商业目的、经济实质原则两者并存，这也导致体系矛盾较多。《企业所得税法》第 47 条确立了合理商业目的原则，但对于何为合理商业目的，立法与行政法规又自有冲突，主要表现在推迟税款缴纳是否

[80] See Rice's Toyota World v. Comm'r, 752 F. 2d 89, 92-95 (4th Cir. 1985); ACM P'ship v. Comm'r, 157 F.3d 231 (3d Cir. 1998).

[81] 参见汤洁茵：《〈企业所得税法〉一般反避税条款适用要件的审思与确立》，载《现代法学》2012 年第 5 期。

[82] 参见欧阳天健：《比较法视阈下的一般反避税规则再造》，载《法律科学（西北政法大学学报）》2018 年第 1 期。

[83] 参见汤洁茵：《〈企业所得税法〉一般反避税条款适用要件的审思与确立》，载《现代法学》2012 年第 5 期。

属于避税。[84]

2018年修正的《个人所得税法》首次规定了一般反避税条款，可以看出此次修改希望与同为所得税法的《企业所得税法》反避税体系相统一，把避税的认定原则规定为合理商业目的。而《特别纳税调整实施办法（试行）》确立了经济实质原则，[85]明确规定税务机关审核的标准为"实质重于形式"[86]这与《企业所得税法》的商业合理目的规定相冲突，这两者究竟关系如何将在本文第三部分具体讨论。

此外,2017年12月，最高人民法院在德发税案中确认了《税收征收管理法》第35条的税收核定条款，可以对形式合法，也未违反纳税人协力义务，但是纳税依据偏低的情形进行纳税调整，实际上承认核定条款可以作为一般反避税条款使用。反观条文的具体内容，其形式上包含了"正当理由"的判断标准，似乎更为贴近合理商业目的的认定，但实际上仔细阅读《税收征收管理法实施细则》的相关规定，税收核定的实施并没有要求符合合理商业目的标准，既不需要税务机关举证"无合理目的"，也没有给纳税人举证"有合理目的"的抗辩空间，而"何为正当"的决定权亦在行政机关，且不需给出明确的理由、无强制证明要求。这意味着，我国一般反避税体系引入了不受反避税程序规制的特别条款，税务机关权力巨大。我国一般反避税条款的成文化和体系化迫在眉睫。

一般反避税发展至今，事实上从未能脱离合理商业目的和经济实质的判

[84]《企业所得税法》第47条规定："企业实施其他不具有合理商业目的的安排而减少其应纳税收入或者所得额的，税务机关有权按照合理方法调整。"《企业所得税法实施条例》第120条却规定："企业所得税法第四十七条所称不具有合理商业目的，是指以减少、免除或者推迟缴纳税款为主要目的。"

[85]《特别纳税调整实施办法（试行）》第93条规定："税务机关应按照实质重于形式的原则审核企业是否存在避税安排，并综合考虑安排的以下内容：（一）安排的形式和实质；（二）安排订立的时间和执行期间；（三）安排实现的方式；（四）安排各个步骤或组成部分之间的联系；（五）安排涉及各方财务状况的变化；（六）安排的税收结果。"

[86] 参见汤洁茵：《〈企业所得税法〉一般反避税条款适用要件的审思与确立》，载《现代法学》2012年第5期。

断标准，这固然有司法制定规则的溯及效力限制，但笔者认为更为重要的原因在于：避税本身的特点决定了一般反避税的“有效规制”和“精确定义”，两者不可兼得，避税规制和纳税人保护之间也只能寻求薄弱平衡，难以两全。合理商业目的和经济实质纵然模糊且又问题重重，一时却又很难有取而代之的法律认定原则，这可能也是国内研究主要集中于原则探讨的原因。在当前情况下，我国一般反避税条款的制定也只能在两者的使用模式中选择适合我国国情者，然后对整个体系加以细化和修补。合理商业目的以及经济实质原则仅能给定框架和方向，真正落实尚需精细化的操作标准和程序辅助。因此，最终能否实现反避税的需求，能否最终贴合目标，还需在实际立法和体系设计中仔细考虑立法、行政、司法之间的权力平衡。

（二）一般反避税规则中的权力平衡

一般反避税规则逐渐呈现成文法化的趋势，但是法律体系的形成并不局限于立法权问题，而应该在整个体系中考虑立法、行政、司法的权力平衡。我国当前尚处于税收征管的法治化进程中，法律规制和程序执行还不理想，许多学者担心一旦放开一般反避税会让税务机关权力再度趋向失控，多年来争取税收法定的努力会受到损害。然而税收法定原则本身亦存在局限性，其地位不宜过分夸大，更不宜作僵化理解。目前的税收法定原则，多从域外的学理和实践中寻找依据，如从英国《大宪章》的“无代表即无税”中寻求起源，[87] 而并非完全从我国国情阐发而来，若将其绝对化反而不利于我国的税收法治建设。[88] 而一般反避税却面临不得不发的急迫情形，在实践中税收法定原则与实质课税原则相辅相成，缺一不可，[89] 税收法定的法治化努力和一般反避税的裁量权完

[87] 参见姚海放：《财税法学需要“走出宏观调控误区”吗？》，载史际春主编：《经济法学评论》2017年第2期。

[88] 参见滕祥志：《实质课税的中立性及其与税收法定原则的关系》，载《国际税收》2015年第10期。

[89] 同上注。

善也只能两边共进，共同发展。具体的问题在于授权立法的必要性和限度，以及行政裁量权的界限。

一般反避税的另一个研究重点是，针对行政机关的裁量，法院是仅需进行程序审查，还是要进行实质判断。这在根本上是一般反避税司法权对行政权的监督程度问题，矛盾在于两种权力的平衡。如何平衡并无绝对公式，而应该根据可行性和追求目标加以衡量。

1. 立法权与行政权的平衡

一般反避税难以固守绝对的税收法定主义。税法存在的法律不完备性尤为突出，这是因为税法相较于其他法律更容易受到行为人的规避，[90]纳税人具有高度自利的倾向，这也使得税法面临更多的压力，特别是在所得税法领域。[91]法律的不完备性与避税行为的无限复杂性之间存在矛盾，要求充分利用税务机关的专业性和政府的税收征收、宏观调控职能。倘如根据北野弘久所坚持的看法，将避税问题全部归结于立法问题，[92]可能不仅无法实现反避税目的，而且会将现行税法拖入无限复杂又不断变动的困境，有损税法的稳定性，反而不利于税收法定原则实现。实际上，反避税领域要破除的并不是税收法定主义本身，而是税收形式主义，包括对法律文本的拘泥和对经济形式的拘泥。[93]但是，反避税规则本质上是对形式合税法行为的否定，是利用税法对私法行为进行的二次调整，直接干预纳税人的财产权利，间接干预纳税人对于特定交易形式的选择，乃至影响到纳税人的宪法基本权利。[94]因此，反避税措施和理由需要在合法性、合理性上都有充分的论证，而且需要对行政权力限

[90] See Rebecca Prebble, John Prebble: *Does the Use of General Anti-Avoidance Rules to Combat Tax Avoidance Breach Principles of the Rule of Law? A Comparative Study*, Saint Louis University Law Journal, Vol.55, p.21.

[91] 参见赵国庆、张学斌:《“一般反避税规则”制度构建中应关注的主要问题》，载熊伟主编:《税法解释与判例评注》(第4卷)，法律出版社2013年版，第120页。

[92] 参见〔日〕北野弘久:《税法学原论》(第四版)，陈刚、杨建广等译，中国检察出版社2000年版，第151～152页。

[93] 参见吕铖钢、张景华:《实质课税原则的路径重塑》，载《税务与经济》2018年第1期。

[94] 参见王宗涛:《税法一般反避税条款的合宪性审查及改进》，载《中外法学》2018年第3期。

度作出严格的规定。

笔者认为，两权平衡首先应当把握的原则是：避税的实质认定要件必须由法律规定，而其具体解释、特别适用条件、程序性条款可以授权立法或由部颁税法规则规定。我国《立法法》对税收征管的基本制度设立了法律保留，[95]根本性的避税认定原则应当由法律明确规定，我国当由法律明确"合理商业目的"与"经济实质原则"其中之一作为我国避税认定原则。对此原则，无论是国务院的行政法规还是国税总局的规范性文件都不应该进行实质改变，不应与法律冲突。另外，全国人大及其常委会颁布的法律也不可能囊括所有内容，具体认定方法应恰当使用部颁税法规则，充分利用税务机关的税法专业性。在税收法定的语境下应承认部颁税法规则的地位和有效性，承认国税总局可以通过规范性文件规定税收征管双方的实体权利和义务，对不同的税种适用不同的计算和裁量方法，如整体观察法、阶段测试法等。

2. 司法权与行政权的平衡

纳税人和税务机关之间矛盾不可避免，尤其对于反避税调整，规则的概括性、裁量空间的扩张必然引起征管双方的冲突。寻找行政和司法权力的平衡，在保障纳税人权利的同时，也能更高效地规制避税行为。

（1）纳税人司法救济的必要性

反避税规则对纳税人财产权利的影响巨大，根本上涉及对宪法基本权利的限制。有权利必有救济，因而在权利理论上司法的最终救济是必要的。国际上，司法案例也是构建和完善一般反避税规则的重要途径。[96]此外，一般反避税规则的天生概括性带来了法律的不确定概念，人大通过授权立法将规则解释和细化权限授予行政机关，使得具体规则制定和执行皆由税务机关进行，如果依旧由税务机关终局裁定将会产生不受限制的税收权，并自发扩张。因此，

[95]《立法法》第8条第6项规定税种的设立、税率的确定和税收征收管理等税收基本制度。

[96] 参见杨春梅：《构建我国一般反避税法规的国际借鉴研究》，载《税收经济研究》2015年第2期。

必须存在纳税人的司法救济以对行政权力形成约束，限制行政权的随意性。但这要求法院能够对避税案件进行实质性审查，问题在于法院的税务审查能力常常是弱项。

（2）避税审查和司法审判的矛盾

首先，法院税务专业性的缺乏带来了判断难度。法院当前的税务专业人员配备不足，而且税务诉讼在我国发生的频率很低，数量鲜少，[97]审判人员难有税务专业性训练，甚至对一般的增值税等知识也较为缺乏。即便是进入法院的税务纠纷案件，也常难获得实质审查，[98]连纳税人一方的律师也会重点抓住税收征管法的程序问题而非实质问题。这种情况的出现，一方面是因为税务机关具有税收调整的裁量权，实质问题难以打赢，另一方面是因为常年处理行政案件的审判人员，最熟悉的还是行政程序本身而非税收知识。因此，在我国当前情况下，直接让法院介入一般反避税案件的审查几乎不可能。

其次，法学逻辑和商业逻辑存在更深层次的矛盾，即便是专业性极高的税务法院也难以克服商业逻辑和法律逻辑之间的矛盾。商业社会中，法律条文不得不对商业行为进行越来越深入的规范，而传统的法律要素如“责任”“侵权”“目的”也都不断地受到商业的塑造。商业逻辑成为不得不考虑的要素，导致法院必须将商业逻辑作为考虑的重点。反避税案件中，合理商业目的原则、经济实质原则，也都在追究私法交易的商业本质和惯常交易模式。但是，一方面，商业逻辑本就没有唯一正确的答案，法院就其专业性上并无可能对商业逻辑进行唯一准确的判断；另一方面，从法院自身的性质而言，其不应该成为商业判断的主体，以至于帮助纳税人作出何为“合理”的商业判断。此外，法院的判决可以直接导致某种商业模式的消亡，进而影响特定领域的竞争环境

[97] 参见崔威：《中国税务行政诉讼实证研究》，载《清华法学》2015 年第 3 期。

[98] 参见董学智：《论不确定法律概念与反避税规制——以“合理”一词为例》，载《烟台大学学报（哲学社会科学版）》2017 年第 3 期。

和特定市场主体的经济地位。[99]法院既然不能制定经济政策，也就不应该通过税务纠纷的解决来实际影响经济政策。

最后，司法途径的难点在于，立法规则抽象性和授权立法可能实质架空司法审查。一般反避税的授权立法的概括性越强，司法可审查的空间越少，如果固守现有的“法院原则尊重税务机关的专业判断”[100]，会导致强行政、弱司法的情况越发严重，最终导致本应该居中裁判的法院也常常将税务机关的行政解释奉为圭臬，[101]而仅仅在税收程序上进行审查，使司法审查流于形式。

（3）司法救济问题的解决思路

解决司法救济困境可以从避税要件的设计和司法专业性改造两个方面入手。

第一，力图使避税的法律判断要件化。

首先，为兼顾反避税的效果和纳税人权利，实现法律的确定性，一般反避税条款可以将避税的认定要件化和成文化，让法院可以通过当事人举证来判断法律事实。而更专业的认定如具体数额问题，则交由税务机关认定，法院仅对其程序进行监督。要件化需要解决的问题在于：一般反避税的高位阶法律规定宜粗不宜细，难以限制扩张的行政权力。因此，要件型的避税认定体系不仅包含人大及常委会制定的法律，还应包含具体的部颁税法规则，最根本的避税认定的方式、顺序、举证责任、证明标准、抗辩事由都必须由部颁规则明确规定。

其次，判断标准要件化是对法律目的和避税需要的简化。无论如何精细的要件设计都会出现“放过避税者”的“假阴性”和“错罚无辜者”的“假阳性”。问题在于，究竟是宁可错罚，还是宁可错放，甚至两种情况无法避免时如何取舍两者比例。笔者认为，一方面还需进一步的实证调研，因为现今反避

[99] See J. Bankman, *An Academic's View of the Tax Shelter Battle*, in H. Aaronand J. Slemrod (eds), Crisis in Tax Administration, Washington DC: Brookings Institution Press 2004, p.31.

[100] 参见中华人民共和国最高人民法院行政判决书（2015）行提字第13号。

[101] 参见吕铖钢、张景华：《实质课税原则的路径重塑》，载《税务与经济》2018年第1期。

税上的“假阳性”观点往往来自自我推论，实际上没有被严格论证过。[102]另一方面应当对直接税和间接税进行区别对待：针对所得税等直接税，纳税人收入简单而明确，但避税手段多而繁杂，直接税又主要以财政收入和收入调整为目的，因此在要件制定时应当倾向于容忍“假阳性”来严格规制。而在增值税、消费税等间接税领域，税款具有转嫁性，纳税人的避税动机不如直接税强烈，以票控税的征收方式简单直接，没有留下过多的避税空间，还给需要抵扣的纳税人设立了沉重的义务。因此，制定一般反避税规则时，对间接税的避税认定标准可以更倾向于容忍“假阴性”。

第二，进行司法救济的专业化改进。

要让法院具有专业性一般有两条路径，一是构建专业性的税务法院，二是在现有法院基础上进行人才引进和培训，提高法院审判人员的专业水平。构建税务法院是最理想的情况，其专业性强，可对税务案件进行独立实质判断。但同时，税务法院的构建难度大、时间长，无论是税务人才的专门培养还是经费拨付都还需要一个较长的周期。但如今各国都已经面临较为紧迫的反避税任务，远水难救近火。税务法院的独立运行依旧受到诸多制约，就中国目前的税务案件量而言，尚难支撑两级以上的税务法院独立运行，司法成本过于高昂。此外，即便税务法院构建完成，税务专业化程度进一步提高，初步解决了税务知识短缺问题，但是一般反避税问题中法律逻辑和商业逻辑的根本矛盾依旧无法彻底解决。综合以上情况，我国法院的专业化改进更适合采用培训和人才引进的方式。例如，在培训现有审判人员的基础上，完善反避税专家会审制度，使税务专家参与案件过程；[103]再如，我国现有的人民陪审员制度可以进一步加以发展，通过引入税收专业人才担任陪审员，直接参与到一般反避税案件的审判中。

[102] 参见赵国庆、张学斌：《“一般反避税规则”制度构建中应关注的主要问题》，载熊伟主编：《税法解释与判例评注》（第4卷），法律出版社2013年版，第122页。

[103] 参见熊伟、王宗涛：《反避税的权力限度：以一般反避税条款为例》，载熊伟主编：《税法解释与判例评注》（第4卷），法律出版社2013年版，第111页。

三、我国现有一般反避税规则体系的问题

我国现有的一般反避税规则主要是以《企业所得税法》《税收征收管理法》《个人所得税法》构建的条文形成的法律框架，然后通过《企业所得税法实施条例》《特别纳税调整实施办法（试行）》《一般反避税管理办法（试行）》等行政法规组成实施细则。总体上，我国的一般反避税规则集中于所得税领域，而且内容简化，概念较为模糊，各规定之间存在矛盾，具体的避税认定标准也有诸多有待完善之处。出现这种问题，一定程度上是因为：我国税法的结构体系、价值判断、理论实践皆深受大陆法系影响，但在建立反避税规则时却主要借鉴了英美法系由司法实践发展而来的规则。英美法系的反避税裁判规则是在司法机关的司法中立地位下发展而来的，而现在却主要是由具有执法偏向性的行政机关在适用，则必然会面对我国国情的实际问题。[104] 以下主要从《企业所得税法》《税收征收管理法》《个人所得税法》三项主要法律规则来简要分析我国的一般反避税规则体系。

（一）企业所得税法一般反避税规则体系的问题

《企业所得税法》第47条被公认为一般反避税条款，授权税务机关对不具有合理商业目的的安排进行调整。配套规则主要为三项：《企业所得税法实施条例》[105]；《特别纳税调整实施办法（试行）》[106]；《一般反避税管理办法（试行）》。就我国企业所得税领域的现有条文来看，问题仍然存在。

1. 内容简化且概念模糊

概括性立法是一般反避税条款自身性质导致的必然结果，但在我国高度简化的立法模式下更容易出现问题。“主要目的”究竟需要占据多大的比例并

[104] 参见吕铖钢、张景华：《实质课税原则的路径重塑》，载《税务与经济》2018年第1期。

[105] 其解释了“不具有合理商业目的”是以减少、免除或者推迟缴纳税款为主要目的。

[106] 其确定了税务机关实质重于形式的避税认定原则，以及具体的六项标准。

不明确，是要求仅有减少、免除、推迟缴纳税款的目的才能认定避税，只要有其他任何目的即可抗辩避税认定；还是必须量化税收利益和其他可能获得的利益并进行比较，从而认定避税。[107] 当前《企业所得税法》及其实施条例对于“不具有”某种目的的定义是通过规定“具有另一种主要目的”来进行的，即概要与原则性的反证方式，[108] 这实际上是通过反面定义逃避了“合理”和“商业目的”的定义，也让税务机关的反面举证转变为正面举证。在具体适用中，合理商业目的的举证责任实际上从征管机关转移到了纳税人，而且变成了一项效力不确定的抗辩事由。

此外“经济实质”原则也并不清晰，《特别纳税调整实施办法（试行）》对经济实质的考量因素有六项，分别是安排的形式和实质、订立与执行时间、实现方式、各步骤或各部分之间的联系、各方财务状况变化以及税收结果。但是并未给出具体考量方法。例如，订立的时间和执行期间具备怎样的特殊性才能够认定为避税条件之一，执行期间和安排方式之间关系应当如何等，都不明确。仅仅凭借现有的规范内容还不能促成一项有效的反避税措施。对于具有反避税权力的税务机关而言，《企业所得税法》没有设置一般反避税权力的实质约束，而两个配套的行政法规也仅有程序性限制。从这一点来说，我国《企业所得税法》形成的一般反避税体系仅仅给出了模糊框架，实体认定原则缺位，并试图通过国税总局的批准权进行限制，这很容易使一般反避税规则逐渐淡出。[109] 如此看来，一般反避税的规则实际并不成熟。

2. 规范间矛盾冲突

第一，“不具有合理商业目的”的规定矛盾。《企业所得税法》将“合理商业目的”定义为“减少其应纳税收入或者所得额”，而《企业所得税法实施条

[107] 参见熊伟、王宗涛：《反避税的权力限度：以一般反避税条款为例》，载熊伟主编：《税法解释与判例评注》（第 4 卷），法律出版社 2013 年版，第 111 页。

[108] 参见田志刚、王建伟：《对“合理商业目的”税收立法条款的再解读》，载《当代经济》2015 年第 18 期。

[109] 参见李倩：《浅议一般反避税规则的税法解释》，载《现代营销》2016 年第 6 期。

例》则规定其是指“以减少、免除或者推迟缴纳税款为主要目的”，后者涵盖的类型明显更多。如此规定的原因可能是早期立法机关只考虑到了明显避税部分，包括收入不确认和成本多扣除。而真的进入税收征管实践，才发现时间也是非常重要的因素，现今大量的税收筹划方案都是追求递延纳税，如提前确认成本费用扣除、延迟确认收入都可以让纳税人实际获得税收利益。[110]因而条例制定时希望弥补此项疏漏，但从条文上看，究竟是只有“导致税款减少”才能认定为避税，还是导致不恰当的“延期纳税”也能成为避税，前后两个条文不一。可以确定的是，无论是从语言表述上还是从具体内容上，《企业所得税法实施条例》都实质上改变了《企业所得税法》的实体内容，形成了扩张性的法律解释，明显突破了法律的可能解释空间。而从法律效力上来看，《企业所得税法》是《企业所得税法实施条例》的上位法，实施条例不应当突破上位法进行扩张解释。

第二，“合理商业目的”还是“经济实质”的认定选择在《企业所得税法》与《特别纳税调整实施办法（试行）》中互相矛盾。后者的制定目的明确写明：“根据《中华人民共和国企业所得税法》……制定本法”，但是《企业所得税法》中的合理商业目的在其中消失不见，取而代之的是“实质重于形式”和六项具体判断内容，那么该“实质重于形式”的表述究竟是遵循了《企业所得税法》的规定，本身是用来判断“合理商业目的”的一种手段，还是自身就是独立于合理商业目的的单独判断标准，并不明确。参考比较法上的规定，实质重于形式原则探究商业交易的经济实质内容，不同于合理商业目的。从《特别纳税调整实施办法（试行）》的表述上来看，税务机关也确实应当通过实质重于形式来判断避税，且没有留下“合理商业目的”认定的空间。《企业所得税法》为人大制定的上位法，而实施办法是国税总局发布的规范性文件，后者按理不应该违反前者的实质性表述内容。然而，现实中的反避税调整已

[110] 参见赵国庆、张学斌：《“一般反避税规则”制度构建中应关注的主要问题》，载熊伟主编：《税法解释与判例评注》（第4卷），法律出版社2013年版，第125页。

经按照《特别纳税调整实施办法（试行）》开展，[111]这着实引人深思。

3. 规范性文件层级较低

可以发现法律、行政法规中对避税行为的实质判断标准十分模糊，而国税总局的部门规章则主要承担起规定反避税实施要件的重任。反避税相关制度不仅属于税收征管基本制度，还实际涉及税收实体，如果部颁税法规则直接与作为上位法的《企业所得税法》相冲突，将有违《立法法》第8条对于税收征收管理基本制度的法律保留。因此反避税体系最为核心的避税认定原则应当由法律规定。而作为实施细则的部颁税法规则，可以在税收法定特殊环境下设立具体的权利义务，但应与上位法的规定相统一，否则有违反立法法之嫌。

4. 局限于所得税领域

现有一般反避税条款仅存在于企业所得税领域（包括刚刚通过的个人所得税法），对于之前的营业税避税行为，以及今后的增值税避税行为都没有约束力。比较法中对于一般反避税条款的研究也主要集中于所得税这种直接税，一方面，作为一般反避税规则发源地的英美国家，所得税为主要税种，而对应增值税的"货劳税"在规模上不及所得税。[112]另一方面，所得税的可避税形式多样，而增值税作为间接税，管控较为有效，少有漏洞可钻；而且所得税为最终税负，痛感较强，相反增值税存在抵扣情形，并没有足够的避税驱动力。一系列情况导致增值税避税在欧美国家中发生较少，研究也少。[113]但对于我国而言，增值税是我国的主要税种，征税规模远远大于所得税，因此具有特别的重要性。此外，所得税的避税和增值税的避税情况不同。所得税主要利用税基侵蚀进行避税，无论是转让定价实现利润转移、资本弱化以债务利息稀释股东分红，还是通过公司组织形式等其他方式，主要都是围绕税基进行避税操作。

[111] 参见王平、周优：《博观约取，厚积薄发——北京市国家税务局第二直属税务分局反避税工作纪实》，载《国际税收》2014年第7期。

[112] 参见杨默如：《反避税规则融入增值税立法：国家经验与中国前景》，载《东南学术》2016年第6期。

[113] 同上注。

而增值税则难以在税基上出现漏洞，特别是我国以票控税的情形下，增值税税基的确定往往监管严格，只有逃税与否的差别，而不存在避税空间。因此，增值税的避税往往利用税收优惠进行，如通过兼营与混合销售的选择，"营改增"进程中存在的多档税率、地区间执行尺度差异；免税可由纳税人选择放弃免税资格但选择后36个月内不得变更；征退税率在出口退税中不相等而导致无法实现"出口零税率"等，[114]都可能成为增值税避税的方式。相关规则的缺乏，一方面导致某些增值税避税行为无法得到合理规制，另一方面也会导致税务机关和法院在面对增值税案件时，更倾向于在实务中挖掘《税收征收管理法》第35条作为一般反避税条款，该种行为无异于饮鸩止渴。因此，我国的增值税领域同样需要一般反避税规则加以规制。

（二）个人所得税法一般反避税规则体系的问题

2018年《个人所得税法》修正案首次规定了一般反避税条款，其避税定义的要素为：个人实施安排、不具有合理商业目的、获取不当税收利益。反避税条款刚刚修改，尚未出现影响较大的争议和典型案件，具体的配套规定和操作细则也还没有出台，一般反避税体系尚未完整，实际效果还有待观察。但是仅从现有的表述中来看，其一般反避税规则具有一定的问题。

1."合理商业目的"标准不明

在个人所得税法中，"合理商业目的"必然存在的"主观性"判断标准等问题，是与企业所得税法共同面对的，还需部颁税法规则加以明确。但是更为深层的问题在于，如果企业用"合理商业目的"尚且合理，为何个人的交易也需要满足"商业"目的。"合理商业目的"的判断标准的前提在于纳税人基于商业考虑进行交易活动，并且纳税人应该满足"一般理性人"条件。企业原本就是计较投入产出的经营性组织，[115]因此无论是商业性还是一般理性人假设都

[114] 参见杨默如：《反避税规则融入增值税立法：国家经验与中国前景》，载《东南学术》2016年第6期。

[115] 参见史际春：《企业和公司法》，中国人民大学出版社2015年版，第2页。

较为贴合。但个人行为却并非都是商业行为，也并非都能以利益衡量。笔者认为，个人所得税法中规定“合理商业目的”的考量之一可能是兼顾个人独资企业和合伙企业自然人投资者的避税问题。[116]在之前的法律体系中，因为这两者适用个人所得税而无法被企业所得税的一般反避税体系覆盖。但是问题在于，个人所得税并非简单面向个体工商户，只要有所得的个人都有可能进入一般反避税范围。即便个税法希望重点规制个体工商户，但是法律的普遍适用性意味着，一旦出现符合法律条款的避税行为并且接到举报，如果不进行一般反避税调查，也属于行政不作为，有违法律面前人人平等原则。这样容易误伤普通的个人。此外，个人的举证能力十分有限，以商业目的来约束个人行为问题重重。因此笔者认为，在个人所得税中加入合理商业目的不够合理，可以将商业二字去除，仅要求“合理目的”即可，以平衡纳税人利益。

2.“不当税收利益”无实际意义

与企业所得税法不同的是，我国个人所得税法的一般反避税规则加入了“不当税收利益”一词，看似更为合理地强调了避税所取得利益的非正当性。但是仔细分析,“不当”一词并无实质意义。首先从法律体系上来看，何为“不当”并无立法的具体规定。此处实际引入了一个道德判断，希望借此强调避税的非道德性。但是税收利益本质上仅仅是一种利益，不存在“正当”与否或者“道德”与否的问题，而仅有取得行为有正当与否的分别。而且，即便是取得税收利益的行为也仅在法律上有正当性的判断，在道德上并没有明显分别。如果暂时抛开“法律必须遵守”的道德义务来观察避税和逃税行为，这两者的动机并没有明确的道德界分。[117]简言之，在“法律必须遵守”的道德之下，无法区分避税与合法的税收筹划；而抛开此种道德，则逃税、避税和税收筹划三者皆无法区分，因此所谓“不当”无论是法律上的还是道德上的，都没办法形成有效的判断标准。个税法此处的“不当”仅有宣示性，没有实际意义，真正

[116] 参见余鹏峰:《反避税视角下的〈个人所得税法〉》，载《税务研究》2018 年第 2 期。

[117] 参见〔美〕Zoe M. Prebble, John Prebble:《避税的道德性》，宋彪编译，法律出版社 2015 年版，第 98 页。转引自史际春主编:《经济法学评论》2015 年第 2 期。

进入避税判断仍旧要依靠其他要件。

3. 与体系结合不当扩大税收行政权

《个人所得税法》虽然在2018年经过了修正，但是其一般反避税规则缺少配套认定措施，给日常的反避税工作带来了更大的不确定性。个税法领域为行政权留出了扩张空间，现阶段税务机关进行个税的反避税，完全可以结合《税收征收管理法》第35条，直接通过税收核定条款调整。因此，仅就个税法表述来看，该体系与企业所得税法情况类似，对权利存在较大的侵害风险。[118]我国现阶段的个人所得税征税对象占人口的比例尚为有限，规模相对不大，这可能是暂未出现大规模避税争议的一个原因。但是，随着个税法修改一起出现了六项专项扣除，如今为了缓和租客与房东间的矛盾，租金的专项扣除不再需要上报房东信息，[119]包括现实中自然人的房屋、土地、车辆等信息登记并不完善，大额现金监测制度也有缺失，[120]实际上给个税的避税留下了空间。实际上此次专项扣除的推出也有汇总统计相关信息的意图。税收优惠种类越繁复，征税过程越复杂，避税空间也就越大，个人所得税的一般反避税争议终究会爆发。对此，学者甚至强调需要减少纳税人的选择范围，应当制定更简单的税法。[121]现阶段简化税制尚在探索，但个税避税问题已提上日程，重视个税的一般反避税问题，及时出台部颁税法规则，明确一般反避税程序及针对个税的特殊措施，至关重要。

（三）税收征管法一般反避税规则体系的问题

尽管饱受争议，但是以德发税案为例，最高人民法院的判决将《税收征

[118] 参见熊伟、王宗涛：《反避税的权力限度：以一般反避税条款为例》，载熊伟主编：《税法解释与判例评注》（第4卷），法律出版社2013年版，第105页。

[119] 参见《改了！个税APP租金扣除房东信息由必填改为选填》，载搜狐网，http://m.sohu.com/a/290348293_119778，2020年11月11日访问。

[120] 参见唐绍胜、江龙、张英明：《个人所得税避税风险的成因及规制》，载《税务研究》2017年第11期。

[121] 参见贾慧、王隽航：《实质重于形式原则在反避税工作中的应用与思考》，载《经济参考研究》2018年第11期。

收管理法》第35条[122]实际作为一般反避税条款来使用已成事实，然而这种情况带来了以下几个问题。

1. 有违税收核定本质

（1）有违征管法税收核定的立法原意

从体系解释来看，案件中税务机关采用了《税收征收管理法》第35条第1款第6项规定的“计税依据明显偏低，又无正当理由”。但对于计税依据明显偏低有两种理解方式：一是申报的计税依据与经济活动的真实金额相比明显偏低，即申报金额与实际发生额差别明显；二是申报的计税依据就是真实的发生额，但与相似交易常规下的发生金额相比明显偏低。[123]第一种情况实质上是申报额与真实税基有差异，因此是纳税人协力义务的不完全履行。第二种情况则是纳税人已经尽到协力义务，但真实的交易本身和相类似交易价格有差异。从判决来看，法院是同意第二种理解的，即法院认为税务机关采取税收核定措施不以纳税人“未尽协力义务”为必要条件。然而，此种认定与税收核定的制度设计原意有所冲突。

从《税收征收管理法》第35条第1款来看，除第6项外的其他五项都在强调“无法实际查证纳税人账簿并因此无法查证纳税人真实税基”的情况。在2015年《税收征收管理法修订草案》（征求意见稿）中，针对第35条还增加了两项。[124]仔细分析，这两项也是在强调：税务机关是在无法实际查明纳税人税基的情况下，才会采用税收核定手段。尽管这两项的修改未能落实，但佐证了第35条的立法本意在于对未尽协力义务的纳税人进行税收核定。因此，应当是纳税人因为本身没有账簿或者未尽协力义务，导致税基无法查明的情况下，税务机关才能适用这一条款。而德发税案中的法院判决与此立法本意相悖。

[122]《税收征管法》第35条第1款规定：“纳税人有下列情形之一的，税务机关有权核定其应纳税额：……（六）纳税人申报的计税依据明显偏低，又无正当理由的。”

[123] 参见汤洁茵：《不可承受之重：税收核定的反避税功能之反思》，载《中外法学》2017年第6期。

[124] 两个条款分别为“（七）未按照规定办理税务登记从事生产、经营的”“（八）使用的财务会计软件不能准确核算或者无法按照税务机关要求提供相关数据的”。

（2）与税收核定的起源和一般功能相矛盾

从税收核定的源起上来看，核定征收权也是针对纳税人违反协力义务而开展的。如果对照我国台湾地区的相关规定，核定征收可能与两个相近的概念对应，一是推计课税，二是查定课征。所谓推计课税是指不依照直接证据，而是依间接证据证明待证课税客体的数额。因为纳税人未尽协力义务，而税务机关穷尽各种可能的调查方式以后，证据仍然存在空白，则税务机关可以对此项交易依据经验法则来判定与其具有相同特征的交易在“统计学上多数”的事实状态，从而进一步推论出其税基的量化事实。[125]正是因为所依据的不是直接证据，因此最终证明的税基数额可能与实际情形不相符合。也因此，原则上必须是依直接证据能证明的事实存在明显不经济，或者是因为纳税义务人违反了会计账簿等协力义务，不依法保存相关账册凭证时，才能进行推计课税。[126]而所谓的查定课征则是强调税务机关查证行为本身，逻辑上查定征收一定会涉及推计课税，但是推计课税却并不一定为查定征收。[127]从我国《税收征收管理法实施细则》第 47 条第 1 款的规定来看，我国的“税收核定”方法都明显通过间接证据推知纳税人的真实税基，[128]因而我国的税收核定应该更倾向于推计课税。也因此，核定征收必须有严格的启动条件限制并为纳税人提供反证抗辩的机会，原则上也应以纳税人违反协力义务在先。归结起来，税收核定的本

[125] 参见葛克昌：《行政程序与纳税人基本权——税捐稽征法之新思维》，台湾地区翰芦图书出版有限公司 2012 年版，第 756 页。

[126] 参见黄茂荣：《税法总论——法学方法与现代税法》（第一册），台湾地区植根法学丛书编辑室 2012 年增订三版，第 551 页。

[127] 同上注，第 28 页。

[128]《税收征收管理法实施细则》第 47 条规定：“纳税人有税收征管法第三十五条或者第三十七条所列情形之一的，税务机关有权采用下列任何一种方法核定其应纳税额：（一）参照当地同类行业或者类似行业中经营规模和收入水平相近的纳税人的税负水平核定；（二）按照营业收入或者成本加合理的费用和利润的方法核定；（三）按照耗用的原材料、燃料、动力等推算或者测算核定；（四）按照其他合理方法核定。采用前款所列一种方法不足以正确核定应纳税额时，可以同时采用两种以上的方法核定。纳税人对税务机关采取本条规定的方法核定的应纳税额有异议的，应当提供相关证据，经税务机关认定后，调整应纳税额。”

源意义是，其启动要以纳税人未尽税收协力义务为前提，并且税收核定要以真实的私法交易为边界，“私法交易的真实有效”加上“申报数额符合私法交易金额”应当可以成为税收核定启动的抗辩理由。

回归德发税案，德发公司进行了申报，税务机关没能证明德发公司存在申报造假，也无法证明私法交易上的拍卖行为违法，也无法进一步证明德发公司有不完全履行税收协力义务的情况，此时只能认为德发公司已申报的纳税依据为真实税基，此时进行税收核定并不合理。本案判决一方面强调拍卖方式形成的计税依据，是市场自发形成的，不宜进行核定，否则容易使行政决定取代市场决定。[129]但另一方面又说一人竞拍不充分，即便当事人对拍卖效力无异议，但在价格明显偏低时可能损害国家税收利益，此时也可以质疑拍卖价格所对应的计税依据，[130]也就可以进一步对合法的交易价和税基进行核定。实际上打开了税收核定权的缺口，使其可以不受真实税基的限制。比较引人注目的是，在“营改增”前，我国《营业税暂行条例》（已失效）第7条其实是有相关反避税规定的，其在纳税人申报的价格明显偏低并无正当理由时，授权主管税务机关核定营业额。仅仅从文意解释，税务机关可以根据这一条就直接否定形式合法的税基，这一条款实际上就是营业税上的一般反避税条款。但法院用到了《营业税暂行条例》却未提及这一条款，而是转而适用在表述上尚有争议的《税收征收管理法》，并实质上认定《税收征收管理法》第35条能够突破合法的私法交易，对真实的税基再重新核定，并使其符合税务机关的判断。法院这一做法耐人寻味，个中缘由可能是《营业税暂行条例》是行政法规，而《税收征收管理法》则是全国人大制定的基础性法律，法院的做法是为了符合《立法法》第8条法律保留的规定。因此最高人民法院退而求其次就只能在《税收征收管理法》这部法律中来打开空间，用税收核定条款来突破私法交易的行为。

[129] 参见中华人民共和国最高人民法院行政判决书（2015）行提字第13号。

[130] 同上注。

2. 纳税人权利保护不足

（1）缺乏对税收核定启动程序的救济

《税收征收管理法》是税收征管的程序性法律，第 35 条也只规定“计税依据明显偏低”这一条件，而对于核定的启动并无实质约束。一般反避税条款实质赋予税务机关进行“推计课税”的权力，也会直接带来纳税人权利状态的不稳定。反避税措施根本上是对税法行为的二次调整，是对形式合法行为合法性的例外判定。同为对私法交易进行二次调整是典型的反垄断法，[131]需要提出足够充分的理由，需要对二次调整手段作出严格的限定，还需要对结果的得出给予较为明确的判断标准，以防纳税人长期处于法的不安定之中。但是《税收征收管理法》第 35 条第 1 款第 6 项，既没有给出税收核定的启动标准，也没有给出所谓“计税依据明显偏低”的判断标准，这就给税收核定的启动赋予了很大的随意性。即便《税收征收管理法实施细则》第 47 条第 3 款赋予纳税人异议权，但纳税人只能对经核定后的“应纳税额”提出异议，对于税收核定的启动却没有能力干涉。[132]税务机关通过适用这一条，无须遵循《一般反避税管理办法（试行）》中反避税的程序要求。税收核定原本是用来降低证明困难的事实认定机制，是一种对税基量化事实进行经验性推断。[133]通过法院确认，直接授权税务机关以纳税人“避税嫌疑”为由进行税收核定不甚合理。

（2）纳税人没有最终司法救济权

德发税案的结果是示范性的，很可能过度放开税务机关的反避税审查权，

---

[131] 当然，反垄断法的二次调整针对的是私法交易本身，可以直接否定垄断行为效力；而一般反避税的二次调整是针对纳税行为而不是私法行为。在税收关系中，私法行为是计税基础，私法行为无效或者变更会直接带来计税依据的消失或者变化，因此，作为一般反避税的税收核定，不会也无须干预私法交易效力本身，仅是对纳税行为进行的再调整。但是，调整前的纳税行为也是合法行为，对其再次调整也需要足够充分且正当的理由，因而可以类比反垄断法上的相关原则。

[132] 参见汤洁茵：《不可承受之重：税收核定的反避税功能之反思》，载《中外法学》2017 年第 6 期。

[133] 同上注。

最终导致国家组织收入和公民财产权之间平衡被打破，原因在于“正当理由”的判断没有要件化、条文化；而且避税的实质审查权归于行政机关，司法机关仅能进行程序审查。

按照《税收征收管理法》第35条，“正当理由”的提出是纳税人避免税收核定的途径。但是，法院没能说明何为正当理由，转而承认人民法院一般尊重税务机关的专业认定，只有在明显不合理或者滥用职权时才有例外。这一观点尽管为法院留下实质审查空间，却没有实际说明何为“明显不合理”和“滥用职权”。在税务机关单单依据《税收征收管理法》就有权税收核定的情况下，税款确定过程彻底落于税务机关的裁量权中，税务机关只要通过合适的“市场价”来核定，就几乎没有可能“滥用职权”。同样，“认定明显不合理”这一表述亦无判断标准，判决没能说明何为税务机关的“明显不合理”，也没能说明什么是纳税人的“正当理由”。总体来看，法院是规避了正当理由的实质判断，其决定权实际上完全在于税务机关。

3. 未遵循反避税基本逻辑

从德发税案的实体案情来看，税务机关也不应作出避税认定进行纳税调整。比较法上对于避税的认定绝非发现税款较少就进行调整，而应该首先认定税收利益的取得，只有在经济实质或者交易前后经济地位相近的情况下，才可能赚取税收利益。澳大利亚定义避税时说明：如果一项计划被实施，会导致当年一项本不应在计算应税所得中扣除的费用被全部或部分扣除，本应被征税的收入没有被征税；[134]“本应被征税”隐含的前提是计划前后除税收差异外，其余经济结果相近，否则就会出现税务机关可以对一切与市场交易价有差异的涉税行为进行调整。反观德发税案，交易中通过拍卖取得数额明显低于市场价，与少缴税款相对应的是，拍卖所得本身也减少了，如果把营业收入的减少认作赚取税收利益，则是一种本末倒置的奇怪观点。要进行一般反避税，税务机关至少应当证明纳税人通过何种手段赚取了税款，如通过其他交易或者关联交

[134] 参见赵国庆：《借鉴国际经验建设我国“一般反避税”制度》，载《国际税收》2013年第4期。

易，使得减少的营业收入又通过其他方式以更低税率回到纳税人自身。税务机关在没有做出任何有效证明的情况下，只能认为纳税人确实未赚取税收利益。而此时径行行使税收核定权，对未实际赚取税收利益的纳税人进行反避税，没有可遵守的实体认定标准，实际体现了国库主义立场。

综合上述问题来看，将税收征管法中的税收核定条款作为一般反避税条款是问题的根源，直接导致了税务机关获得无限强大的反避税权力，既无须遵守一般反避税的程序，也无须承担实体证明责任，有违一般反避税逻辑。反避税重任不应落于《税收征收管理法》第35条之上。[135]

综合以上分析，总体来看我国现有的三大反避税体系，一方面主要局限在所得税领域（企业所得税和个人所得税），并且相关规则或缺失或多有冲突，而增值税领域则基本缺少一般反避税体系构建。另一方面不该成为一般反避税条款的《税收征收管理法》第35条却越俎代庖成为反避税的重要工具，不仅催生了过于强大的行政权力，而且有违一般反避税的基本逻辑。故此，体系的问题较为突出，有必要对我国的一般反避税规则及相关问题进行重新梳理：其一，正确认识避税概念、避税违法性和反避税措施正当性；其二，厘清避税认定原则的内涵及两大原则的相互关系，明确导致规则冲突的深层原因；其三，根据我国国情，探究反避税立法中的立法权与行政权的平衡，反避税执行中的司法权与行政权平衡，并将纳税人权利保护纳入考量。

四、我国一般反避税规则的建构思路

（一）明确避税概念

1. 明确我国避税违法性边界

避税与一般反避税有其自身的逻辑，不应将一切计税依据偏低的涉税行

[135] 参见汤洁茵：《不可承受之重：税收核定的反避税功能之反思》，载《中外法学》2017年第6期。

为都纳入反避税调整，以防止避税概念泛化。《新企业所得税法精神宣传提纲》提出的“主观行动、行动获益与目标确实”三项要求与现有“合理商业目的”相契合。但是并非相较正常状态的一切税款减少都可以被认作“行动获益”，只有当纳税人通过一系列操作实现的结果与惯常交易相比，几乎仅有税款的减少才能认定为获得税收利益。因此，反观德发税案，税务机关没有能够证明德发公司通过何种途径取得了在当次交易中损失的营业额，以在营业额总量上保持相同。实际情况是德发公司的拍卖价格本身确实较低，不能因提出的有效计税依据本身低就不加证明地进行反避税调整。我国当前应该以“一项税收筹划行为取得税收利益＋不具有合理目的”为主要判断标准和认定边界。

2. 明确我国反避税措施的目标

通过以上分析可知，我国对于避税的定义并不应该从传统法律框架中导出，而是应该尽量贴合我国的反避税需求，在确定避税认定要件时应该综合考虑以下三个方面。

第一，保障公共收入目标，但应当以纳税人权利为制约，实现两者平衡。税基侵蚀和公共收入损害是各国反避税的最初动因，没有必要谈之色变。在脱法避税概念的产生过程中，无论是量能课税原则的运用，还是税收公平原则的论证，都是希望为实质课税原则的适用寻求一个正当化、合法化的语境，以服务于财政收集的目的，[136]因此保障公共收入本身是需要实现的目标。尽管对我国而言逃税可能还是主要的收入损失原因，这与我国征收率较低有关。可以展望，我国所得税等直接税的重要性日渐提高，国际交往日益密切，租税国危机日显，反避税需求日盛，避税的认定标准可以随着我国需求而变化。在当前我国市场经济发展，金融和商业创新日趋重要，而且法院也暂无能力进行商业判断的情况下，笔者认为应更趋向于适用合理商业目的原则，提供较宽的抗辩空间，以保障市场经济的发展。而在我国的直接税成为主要税种，资本有向外流动趋势时，则应更转向经济实质原则，将前置举证责任分配给税务机关，而重

[136] 参见吕铖钢、张景华：《实质课税原则的路径重塑》，载《税务与经济》2018 年第 1 期。

点的经济实质内容的举证责任分配给纳税人。

第二，追求纳税人之间的实质公平，运用量能课税原则。量能课税从纳税人视角来看是保障纳税人的实质公平，而从政府角度来说还有保障公平竞争环境的考量。高新科技企业的加计扣除、增值税小规模纳税人模式选择、与地方税务机关串通改查账征收为核定征收从而享受20%的总额税率，还包括大公司利用关联企业转移利润降低税基等，实际上都在高科技制造业、娱乐业等相关产业中形成了不合理的竞争优势，并产生劣币驱逐良币效果，使某种避税方案逐渐成为行业潜规则。在当前情况下，税务机关直接根据量能课税原则进行反避税裁量难度较大，但是可以以行业竞争公平作为参考标准之一。目前看来，为兼顾市场经济发展和行业竞争公平，我国可以将合理商业目的作为主要的认定标准，并且将合理目的的初步举证责任置于纳税人，完整证据链的举证责任置于税务机关。但是针对特定种类的避税行为，如通过滥用公司形式等方式减少直接税税基的情形，因为课税资料多为纳税人掌握，税务机关工作较为繁重，可以适当调整税务机关的举证责任和证明程度。[137]

第三，贯彻宏观调控政策。我国税收目的不仅是组织收入和实现公平竞争环境，还包括宏观调控。印花税、环境保护税等虽都具有调控性质，但是其简单的征收方式并不容易带来避税风险。实践中的避税风险则在“两免三减半”等税收优惠中，税收优惠可能要求企业具有中小企业资质，可能针对资本性质也可能针对特定环节，但基本都具有某种初始调控目的。避税行为往往利用税收优惠的享受资格做文章，使原本不受鼓励的行业或者资本性质可以享受税收优惠，或者利用企业组织形式不当延长税收优惠的享受期限。针对调控性税收优惠的避税行为会使原本的调控目的落空。但就我国目前的情况来看，税收优惠种类繁多而税务机关较为强势，如果将税收优惠的针对性反避税措施设定过严，会导致一般纳税人宁可放弃税收优惠也不愿触碰避税雷区，反而导致

[137] 参见黄士洲：《税务诉讼的举证责任》，北京大学出版社2004年版，第131页。

产业税收调控落空，甚至导致我国引入外资的目的难以实现。[138]因此，我国的避税概念界定不宜太过宽泛，否则经济政策失去实际意义。另外，有必要区别单纯存在的法律选择和用以激励纳税人的税收优惠这两者的不同结果，可以借鉴加拿大和印度的问卷式工作表格，细分嫌疑要素、否定要素和认可要素并分步综合测试。[139]我国现阶段应当综合考虑组织收入、竞争环境和宏观调控这三项税收目标，如用其中之一凌驾于其他都会带来税收法律的扭曲，最后导致该目标本身也无法实现。一般反避税规则应当在其中找到恰当的平衡。

（二）我国一般反避税中立法权与行政权的平衡

1. 遵守《立法法》的法律保留

反避税制度属于基本税收征管制度，原则上需由法律规定。对于避税的基本概念和避税的实质认定要件应该在法律层面加以规定，这无论是对于法律保留的遵守还是司法救济的要件考量都有至关重要的作用。如上所述，笔者认为我国应采用“基本法 + 各税种部颁规则”的一般反避税规则模式，鉴于我国《税收基本法》短时间内难以落地，因此可以暂时由《税收征收管理法》统一规定“合理目的”的避税认定原则，然后由部颁税法规则细化解释不同税种中的具体判断标准。在企业所得税领域，避税认定标准应沿袭现行的“合理商业目的”原则，而《企业所得税法实施条例》应与其保持一致。《特别纳税调整实施办法（试行）》应与前两者一致，保留“合理商业目的”原则作为认定要件。而在我国个人所得税领域，应改变现有的个税法规定，删去“商业”，仅以“合理目的”作为避税认定原则，及时由国务院和国税总局出台对应的实施办法。笔者认为，一般反避税条款无须在每个税种法中分别规定以致体系矛盾又难以协调，而仅需在有原则性规定的基础上通过部颁税法规则进行分税种细

[138] 参见赵国庆、张学斌：《“一般反避税规则”制度构建中应关注的主要问题》，载熊伟主编：《税法解释与判例评注》（第 4 卷），法律出版社 2013 年版，第 128 页。

[139] 参见杨春梅：《构建我国一般反避税法规的国际借鉴研究》，载《税收经济研究》2015 年第 2 期。

化即可。

2. 恰当采用授权立法和部颁税法规则

首先，全国人大对于税收的专业性相对不足，导致许多条款可操作性不强，以至于下位税法规则往往与其冲突较多，各部门税法条文都较简略，实践中漏洞较多。避税究其性质具有无限复杂性，难以由不完备的立法加以解决。因此，在我国，国家税务总局颁布的详细规定应该具有税收法定意义上的法律规范地位。[140]

根据内容具体区分避税概念、避税的基本认定要件，如“合理目的”，应当由法律原则性规定。而各税种的避税要件内涵和详细判断标准由法律授权行政法规、部颁税法规则规定。在企业所得税中，可由《企业所得税法实施条例》或部颁税法规则限缩合理目的为“合理商业目的”，并规定税收利益的构成要件等具体内容，且可以随着经济情况而有所改变。其他的程序性规范、进一步细化的实施规范、数量标准，如合理商业目的中合理的范围、税收利益的认定方法是采用经济地位法还是阶段分拆测试等都可由部颁税法规则加以具体规定。

（三）我国一般反避税中司法权与行政权的平衡

目前我国税务机关普遍强势，行政裁量权不能放得过宽。司法权应该能够对行政权形成监督和制约，保护纳税人的利益，重点针对我国现有的问题。

1. 在反避税领域取消双前置

税收争议处理的双前置争议颇多，该制度的存在使得司法审查的可能性和可操作性大大降低。而反避税案件往往金额巨大，并且可能间接干涉纳税人的基础交易权利。与一般的税务纠纷不同的是，在避税案件中税务机关往往可以裁量后调增相关税款，导致数额具有不确定性。因此这种情况下复议前置、清税前置加上长时间诉讼，往往导致当事人生产经营受到严重影响，大大提高

[140] 参见滕祥志：《部颁税法规则正义：从形式到实质》，载《公法研究》2011年第2期。

了纳税人的博弈成本。[141]此外，清税前置导致税款已经被税务机关占有，使得强势的税务机关处于更有利的谈判地位，也极不利于纳税人的权利救济。双前置的做法在反避税中危害尤其大。

当然，双前置的长期存在与税务机关的征收难度和征收成本息息相关。《税收征收管理法》修改的征求意见稿曾经主张取消复议前置，而仅保留清税前置，但是最后未能成功。正是税务案件耗时长、争议多、取证困难、纳税企业结构繁杂等原因，导致了双前置的过早取消将必然使得我国税务机关不堪重负。与之相似的是，在发展历史中，一般反避税规则曾有一个阶段难以为继，其原因竟是税收的征收机关反对，理由是英国税务局担心一般反避税规则会增加自己的税收征管压力，[142]后来随着征管技术的提升，税务机关也逐渐能够认同一般反避税规则。对我国而言，交易繁杂化的同时，互联网技术也已经有了长足进步，税源信息、互联网交易结构查证等问题都已经能够得到解决，在降低人员成本的基础上也实质降低了反避税的时间成本，[143]我国的征管效率正在提高。以北京为例，反避税的信息采集、分析、选案、工作流程管理、可比性分析、关联交易监控及同期资料审核六平台互联网协作已经较为成熟，反避税工作也出现成效，[144]因此在小部分领域取消双前置作为试点已经可行。反观反避税领域双前置的较大危害，笔者认为我国应至少在反避税案件中取消双前置，税收争议解决之前，纳税人既可以中止缴税，也可以越过行政复议直接提起行政诉讼，[145]为纳税人的司法救济铺平道路。

---

[141] 参见闫晴：《纳税人税收筹划与税务机关反避税的冲突与平衡——基于231份判决书的实证研究实证研究》，载《科学决策》2018年第11期。

[142] 参见赵国庆、张学斌：《“一般反避税规则”制度构建中应关注的主要问题》，载熊伟主编：《税法解释与判例评注》（第4卷），法律出版社2013年版，第121页。

[143] 参见颜洪立：《“互联网+”背景下的反避税管理》，载《税收征纳》2017年第2期。

[144] 参见王平、周优：《博观约取，厚积薄发——北京市国家税务局第二直属税务分局反避税工作纪实》，载《国际税收》2014年第7期。

[145] 参见闫晴：《纳税人税收筹划与税务机关反避税的冲突与平衡——基于231份判决书的实证研究实证研究》，载《科学决策》2018年第11期。

而降低执法成本不仅可以从征管技术和效率着手，也可以面向纳税人，提高其避税成本，降低其避税可能性从而降低案件发生率。近年来，美国税务机关探索信息披露要求的严格化，增加纳税人避税成本以遏制避税行为，已然取得一定成效。[146]

2. 加强我国司法的税务专业性

进一步构建税务法院可以成为一般反避税的长期追求目标，但就我国目前的税务纠纷量、专业人才培养体系以及司法财政等情况来看，近期内构建两级或者三级税务法院将会导致司法成本过高而案件任务量不足的困境。更主要的问题在于税务法院构建需要循序渐进，耗时较长，与当前的反避税需求不甚匹配。因此笔者认为，在现有基础上加强法院的专业人员编制，建立税务庭较为可行。此外，当前法院员额制与工资薪酬，对目前工作于税务机关、税务师事务所、税务律所的税务人才没有足够的吸引力，因此在整体上还需加以改进。而对现有三级法院的法官进行税务知识培训，不仅成本较高，而且少有实际案件进行巩固和训练，培训效果可能并不理想。因此笔者认为，在法院的整体制度上有所改进以增强吸引力、培训现有审判人员的基础上，可以着重完善非司法职业性的专家制度。一是反避税专家会审制度，可以从税务师事务所等聘请税务专家，使其参与案件过程，独立发表意见，[147] 作为言词证据使用。二是进一步发挥我国人民陪审员制度的作用，引入税收专业人才担任陪审员，直接参与到一般反避税案件的审判中，就案件事实的判断享有与法官相同的权力。

（四）我国一般反避税立法建议

1. 基本法与各税种部颁规定结合

我国当前反避税规则多样且体系有冲突，各税种反避税规定有差异而税

[146] 参见赵国庆：《借鉴国际经验建设我国“一般反避税”制度》，载《国际税收》2013 年第 4 期。

[147] 参见熊伟、王宗涛：《反避税的权力限度：以一般反避税条款为例》，载熊伟主编：《税法解释与判例评注》（第 4 卷），法律出版社 2013 年版，第 111 页。

收征管主体集中。因此，笔者认为，当前适宜采用先统一规定立法原则，再分税种进行解释的立法体例。具体而言，首先可以在《税收征收管理法》中重新进行原则性规定，将缺乏“合理目的”作为避税认定的基本要件。其次通过部颁税法规则进一步细化“合理目的”的内容。在企业所得税领域通过部颁税法规则将“合理目的”限定为“合理商业目的”；而在个人所得税领域，应仅以“合理目的”作为主要避税认定标准，使一般纳税人不用满足一般理性人的经济标准，而对个体工商户则特别限定为“合理商业目的”以弥补漏洞。该种立法体例在兼顾原则性与灵活性的同时，可以为未来可能加入的遗产与赠与税、房产税等直接税的一般反避税条款解释留下空间。未来新税种仅需在遵循《税收征收管理法》基本规定的基础上，进一步出台部颁税法规则进行细化规定。但需注意的是，在《税收征收管理法》中加入一般反避税条款应当与现有《税收征收管理法》第 35 条的核定条款进行区分，单独设立。而将现有的该法第 35 条第 1 款第 6 项修改为“纳税人有其他未尽协力义务的情形且计税依据明显偏低又无正当理由的”，以使其与一般反避税条款相区别。

此外，税收征管法可以原则性地规定举证责任分配，具体而言，对纳税人进行“一项税收筹划取得税收利益”的事实由税务机关进行举证，包括“筹划行为”“税收利益”“经济地位变化”等事实构成，证明程度为高度盖然性。将交易行为“合理商业目的”（企业所得税）或者“合理目的”（个人所得税）作为避税认定的抗辩事由，举证责任在纳税企业或个人，证明程度为盖然性。

2. 避税性质的类型化区分

可以按避税案件的性质进行类型化区分，从而确定反避税工作的不同侧重。对于所得税等直接税中通过改变税基方式进行的避税行为，应当加以严格约束，这些方式包括改变企业组织形式、涉及证券的新形式资本弱化、转移利润等方式直接降低所得税税基的方式。对于此种类型的避税形式，在《税收征收管理法》的原则规定之外，可以由部颁税法规则进行细化规定，使得避税要件的认定权力倾向于税务机关，而举证责任倾向于分配给纳税人。即对此类型倾向于认定避税。原因在于，所得税征收的主要目的即财政收入，而且针对的是已经发生的真实收入，无论该收入是否符合税法形式上的应纳税收入要求，纳税人的经济能力终究得到了提高，因此实质认定并不会破坏量能课税原则，反而有利于税收实质公平。税法以评价经济负担能力为基础，那么税务机关最终需要实现的是促进纳税人根据其“经济负担能力”承担税收。[148]而针对以税收优惠为核心的涉嫌避税行为，其主要的避税方法在于取得本不该取得的税收优惠资格，笔者认为应当提高税务机关的举证责任标准，放宽纳税人抗辩范围，以倾向于保护纳税人。对其放宽规制的原因在于，税收优惠的主要功能是利用税收进行经济或产业调控，如果严格管控，容易竖起纳税人不敢触碰的高压线，而放宽规制则有利于税收优惠真正落地。

此外，在具体的规则设计上，可以不用局限于纯粹的法律条文，而是可以进一步发挥最高人民法院的指导性案例的作用。避税行为个案差别大，商业考量和法律考量的界限易变，具体案件形式的指导性作用在此时更容易体现。此外，我国当前一般反避税规则主要参考英美法设计，而后者一般反避税规则多来源于法院判决，因而以案释法的形式可能也更有利于相关规则的本土化。

五、我国一般反避税规则的配套措施

（一）推动国内一般反避税规则的有效执行

一般在反避税实践中，站于台前的主要是税务机关，而其实施效果的好坏也与行政机关的依法行政息息相关。在一般反避税过程中，税务机关容易产生两种较为对立的情况，或者过于积极，甚至越过比例原则严管避税行为；也可能受阻于行政成本，或是怀有地方保护主义而对特定避税行为不闻不问。例

[148] 参见汤洁茵：《〈企业所得税法〉一般反避税条款适用要件的审思与确立》，载《现代法学》2012年第5期。

如，澳大利亚所谓的“安全港底线”（bottom of the harbor）的税收欺诈手段能得以实施，很大程度上是由于税务机关的行政不作为。[149]“普遍违法和选择性执法”的情况曾经长时间出现在我国的税收征管中，因此一般反避税应更进一步为税务机关的执行制定配套措施。

1. 促进税务机关依法行政

（1）借助利益平衡破除地方保护主义

地方税务机关既是税收征收的专门机关，也是地方政府的部门之一，因此地方保护主义考量可能形成不同的政策执行尺度，这曾在我国国内各地方造就不同的税收环境。在面对特殊目的的调控性税收如环保税时，环境和地方经济发展会出现两难抉择，影响行政机关执法的态度；而在面对不同的税收优惠措施、明星工作室利用核定征收漏洞时，如果税务机关合谋不予查处，便可以在当地实际形成税收洼地，为地方带来经济和产业的集聚。在我国明星避税案件中，正是利用了核定征收税率取代最高级次的个税税率的方式，使得税收减免得以实现。大规模高收入、低税率的情况存在，很难说地方税务机关完全不知情。在利益衡量之后，地方税务机关的反避税执法情况可能不佳。

对于环境和经济两难的问题，可以尝试利益激励，将环保收入归属地方，但此时地方政府则将关注环保税收和地方经济发展的数量比，倘若税收增加与经济损失相比较少，可能此方法效果不佳。而对于希望借助税收洼地实现资本集聚的地方政府而言，利益激励可能也并无实质效果。但是仔细分析，税收洼地却比较容易在宏观上发现，无论是霍尔果斯的注册公司数量，还是某地的明星工作室汇集，都会有明显表现。因此可以建立对应问责机制，不仅对于反避税的不作为进行问责，而且针对如霍尔果斯等地出现明显资本集聚的地点由国务院授权国税总局进行专项问题调查。专项问题调查制度，可以由税收征管法设立专条予以规定。

---

[149] 参见赵国庆、张学斌：《“一般反避税规则”制度构建中应关注的主要问题》，载熊伟主编：《税法解释与判例评注》（第 4 卷），法律出版社 2013 年版，第 120 页。

（2）结合财政收入结构确立对应监督机制

尽管目前的一般反避税调查尚需国税总局批准立项，但是是否进入一般反避税调查程序的权力或者说反避税案源依旧掌控在地方税务机关手中。因此，在省级以下税务机关合并以后，因为精力资源的有限性，依旧有可能进行选择性执法，如何选择则与我国地方财政收入结构有一定的关系。当前国税地税合并，一同征收，分别上缴，那么专属于中央税种的反避税效果可能不理想，而属于地方享有税种则税务机关的反避税主动性会更好。对我国而言，一旦房产税正式出台，其如果作为地方税税种将会比作为共享税的两种所得税、增值税获得更高的反避税关注度。

因此，不妨在各税种部颁规则中为一般反避税的执行留下监督空间，当前作为共享税的所得税和增值税可以用部颁规则确立对应的重点监督机制：可由国家税务总局授权省级地方税务局，对于市级及以下税务机关的反避税工作进行监督审查。以北京为例的税务系统电子平台，既可以是税务机关掌握纳税人关联交易等情况的有力工具，也可以进一步成为国家税务总局、省级税务机关监督下级机关的有效平台。相关机制同样可以通过税收征管法予以规定，通过综合性的部颁规则予以细化。

2. 系统建立反避税的问责机制

反避税问责的目的是要加强行政机关依法行政的动力，同时限制其恣意性。一般而言，税务机关相对强势和积极，因此对于限制税务机关权力，形成硬性约束以防范其恣意性的讨论较多。[150]但是，我国税务机关合并后，中央税种对税务机关来说可能没有反避税动力；或者基于地方保护主义，税务机关可能倾向于不作为，不利于保护市场竞争和宏观调控，此时就应该追究“反避税不作为”的责任。在实践中，反避税不作为很可能是税务机关和纳税人之间形成了隐形合意，隐蔽性高，尚无专门部门有能力和专业性来查处。我国反避

[150] 参见董学智：《论不确定法律概念与反避税规制——以“合理”一词为例》，载《烟台大学学报（哲学社会科学版）》2017年第3期。

税裁量程度高，一旦出现监管俘获，就可以对不同经营主体进行不同的反避税审查，仅税务机关自己就有能力动摇整个市场竞争秩序。因此从我国目前的国情来看，一般反避税权力不宜放得过宽，还是应该多些限制，少些裁量，以防税收权力难以控制。

总体来看，笔者建议在《税收征收管理法》中于“税务检查”章节之后专章设立税务监督制度，或者单独订立颁布《税收征管监督管理条例》，针对税务机关的行为，借助税务征收管理信息平台，形成税务机关的征管行为数据，对税务异常地区设立专项税收调查制度，专章规定行政不作为的追责管理制度，并与地方预算管理适度挂钩，形成较为有效的税务征收监督机制。

（二）加强国内一般反避税规则与国际协定的衔接

近来，BEPS 全球行动如火如荼，实践中跨国公司滥用税收协定以规避国内税法的情况时有发生，而国内的反避税调查和纳税人信息统计，也离不开与境外税务当局的有效情报交换与合作，这使得国内法与国际协定的协调程度影响到一般反避税规则的实施效果。此外，“条约必须遵守”作为国际法基本原则之一，[151]意味着我国近来签订的多项双边、多边协定会在一定程度上影响国内法的立法方向。针对以上问题，我国一般反避税规则的设计还需综合考量现有国际发展趋势和我国坚持的立场，明确国内法与国际条约的适用边界，进一步推进情报交换与合作，以有利于一般反避税规则的实践。

1. 顺应 BEPS 全球行动的发展趋势与我国立场

当前，BEPS 的 15 项行动计划已经成型，作为标志性成果的《实施税收协定相关措施以防止税基侵蚀和利润转移的多边公约》（以下简称 MLI）[152]也已为 OECD 多方成员国签署。MLI 在 BEPS 项目成果的基础上规定了防止协定滥用的最低标准（minimum standard），为实现该标准，MLI 提供

---

[151] 参见《维也纳条约法公约》（Vienna Convention on the Law of Treaty）第 26 条、第 27 条。

[152] MULTILATERAL CONVENTION TO IMPLEMENT TAX TREATY RELATED MEASURES TO PREVENT BASE EROSION AND PROFIT SHIFTING（简称 MLI）。

的工具包含了3种方案，签署国可择一适用：(1) 主要目的测试规则（以下简称PPT）[153]；(2) 简化版利益限制条款（SLOB：Limitation on Benefits, Simplified Version）+针对导管融资的主要目的测试；(3) 利益限制条款（LOB：Limitation on Benefits）+其他针对导管融资架构的规则。我国在签署时选择了单纯的PPT规则以防止协定滥用，该条款实际源于BEPS Action6，[154]与我国对外签署的税收协定立场基本一致。[155]我国作出该项选择的原因有多方面，一是三种方案中的另外两种与我国的国情不一定相符，LOB发源于美国，对实践中的"择协避税"[156]有较强的针对性，[157]而规制其他滥用协定的避税行为则相对困难，因此要达到OECD的防止协定滥用的最低标准，无论是单独适用LOB还是单独适用其简化版的SLOB都不足够，仍需附加特定范围的主要目的测试条款或其他条款。相较而言，PPT规则的单独适用即可达到OECD标准，条文相对简明；此外LOB更适合像美国这样税收体系完整发达的国家使用，而税收体系相对薄弱的国家使用起来则相对艰难。二是MLI版本的PPT规则，实际由两部分组成，第一部分是主观测试："合理认定任何直接或间接带来被涵盖税收协定待遇的安排或交易的主要目的之一是获得该待遇"，用来认定避税；第二部分是客观测试："符合被涵盖税收协定相关规定的宗旨和目的"，

[153] 主要目的测试规则（Pinciple Purpose Test，PPT），这一规则来自BEPS的第6项行动计划，根据国家税务总局发布的MLI中文译本，PPT规则主要是指：虽有被涵盖税收协定的任何规定，如果在考虑所有相关事实和情况的基础上，可以合理认定任何直接或间接带来被涵盖税收协定待遇的安排或交易的主要目的之一是获得该待遇，则不应将该待遇给予相关所得或财产，除非可以确认，在这些情形下给予该待遇符合被涵盖税收协定相关规定的宗旨和目的。

[154] 参见OECD官方网站：http://www.oecd.org/tax/beps/beps-actions.htm，2019年5月3日访问。

[155] 参见喻如慧、黄紫韵：《BEPS第6项行动计划主要目的测试规则研究》，载《国际法研究》2018年第6期。

[156] 择协避税，是指纳税人在多个税收协定中选择对其更为有利的税收协定从而实施避税的行为，目的是要使自己通过更少缴纳税款而实现利润最大化。OECD的《BEPS项目2015年最终报告》指出："不是缔约国一方居民的人有可能通过多种安排，试图获取相关税收协定给予该缔约国居民的优惠，这些安排通常被称为择协避税。"

[157] 参见朱大旗、张牧君：《论税收协定中的利益限制条款及其在中国的应用》，载《中国人民大学学报》2017年第1期。

用来抗辩。后者为国家利益考量留下了更充足的解释空间，这可能也是PPT规则为绝大多数国家所选择的原因。三是PPT规则围绕行为目的展开，与我国现有一般反避税规则的“合理商业目的”以及“经济实质”实际上具有相似的内核，与“满足国家需要”的避税本质也最为契合，因而我国选择这一工具有一定的必然性。

如果仔细分析PPT规则和LOB/SLOB，可以发现两者实际上就是在探究滥用国际协议进行避税的法律定义，并形成全球共通的范本。本文前面部分对避税的描述：“形式合法但应受禁止”仍可适用，不过形式的合法相应修正为形式符合国际协定，而应受禁止的理由则是各国税款侵蚀和国家间税收管辖失衡。此外PPT规则正是以行为目的为内核进行定义，实际对应于国内的一般反避税条款，而LOB/SLOB则实际对应于特别反避税条款。综合以上现状与分析，笔者认为，当前的BEPS行动成果和MLI的签订情况为我国一般反避税规则的制定带来了以下三点启发：

第一，当前为了达到防止协定滥用的最低标准，OECD要求各国必须全部或者部分承认PPT规则（即便选择LOB/SLOB方案，也必须有主要目的测试的存在空间），这实际重点阐明了一般性规则和兜底性条款已经成为现代国际反避税行动中举足轻重的部分。实践中，形式符合协定的避税形式与国内形式符合税法的避税形式有相类似的特征，OECD的这一做法实际在为一般反避税规则的建立进行背书。

第二，PPT规则的客观测试部分表达为“符合被涵盖税收协定相关规定的宗旨和目的”，也就是未通过主观目的测试的纳税人可能借助客观测试重新取得协定中的税收优惠。此处的税收协定往往表现为双边协定，其宗旨和目的总体上代表的是国家利益，因而这一规定实际为国家自身利益留下了解释空间。国家利益复杂而多样，国家需求也随着经济发展而变化，对某国而言危害深重的择协避税甚至可能为另一国所包容甚至鼓励。最为典型的是印度，1982年印度与毛里求斯签订双边税收协定，规定了毛里求斯居民转让印度证券的资本利得可以免税，从而留下了巨大的择协避税空间，其间印度损失巨大。尽管如此，2003 年印度最高法院判决“阿萨迪 · 巴乔 · 安道兰案”时，认为纳税人的意图不是重要考虑因素，在毛里求斯注册空壳公司的择协避税行为合法。[158] 尽管看起来匪夷所思，但背后逻辑在于，印度认为择协避税漏洞吸引了外国投资者，其带来的经济收益要多于税收损失，[159] 因而愿意包容地认为“择协避税”是一种合法的存在，并不是需要规制的真正“避税”行为。直到近年来，随着这一行为危害越发深重，难再带来正向作用，印度才在 2016 年公布修订该双边税收协定议定书，并终于开始将这一行为认定为需要规制的“避税”。[160] 这一过程进一步说明，即便在国际协定中，避税概念的认定也还是实际导源于国家需求，并随着国家经济情况的发展而有所变化。

第三，我国尽管未在法律条文中明确出现“避税”定义，却通过“不具有合理商业目的”及其反向描述行避税定义之实。PPT 规则实际以行为目的为核心进行避税定义，这与我国《企业所得税法实施条例》反向定义“不具有合理商业目的”时使用的措辞有十分相近的内核。再结合当前签署 MLI 的绝大多数国家，都选择单独适用 PPT 规则，可见，以行为目的为核心的避税定义，是现代较为成熟的避税认定方案。该种方案在国家利益保护和可裁量空间、条文简明性、法律确定性以及实际执行难度等各方面，取得了相对较好的平衡。这启发我国，一般反避税规则的制定无论是从我国国情出发还是站在顺应国际潮流、尊重我国立场的角度，以行为目的为核心的避税定义理应成为下阶段一般反避税制度改革的方向，围绕“合理目的”的避税法律定义较优。

2. 明确国内一般反避税条款与国际税收协定的关系

实践中，大多数国家都将一般反避税条款或司法反避税原则用于跨国交

---

[158] See Union of India and another V. Azadi Bachao Andolan and another, *Decision of the Supreme Court*, 2003-（263）-ITR-0706- SC, 2003.

[159] See Debadatta Bose, *From Lax to Tax: India' s Changing Policy on Overseas Taxation*, Intertax, No.5, 2017, p.347.

[160] 参见喻如慧、黄紫韵：《BEPS 第 6 项行动计划主要目的测试规则研究》，载《国际法研究》2018 年第 6 期。

易的征税问题，[161]这将产生其与税收协定结果不一致的冲突问题。[162]2011 年 7 月，贵州省国家税务局启动了一般反避税调查，[163]其实际涉及国内法的一般反避税条款和《内地和香港特别行政区关于对所得避免双重征税和防止偷漏税的安排》的协调适用。

在理论上，主流观点认为：国内反避税规则重在定性税务相关事实，而税收协定则重在税收管辖权的划定和税收利益的合理分配，一项税收行为首先在国内法层面确定事实，其次适用税收协定，[164]因此两者原则上并不冲突，而是相对独立、相互补充。[165]但是 MLI 的签订以及 PPT 规则的广泛使用使得双边税收协定实际具备了实体认定避税的功能，国内法和双边协定在此意义上不再泾渭分明。更深一层，国内法基于一国利益的考量，而国际协定除了国家利益还有国家间的利益妥协，对一项疑似避税行为是否应该规制，往往体现单纯国内利益和国家利益妥协的更深层冲突，因此，两者不再是事实认定和权益划分的简单区别，矛盾的暗流已然涌动。

---

[161] See David G. Duff, *Responses to Tax Treaty Shopping: A Comparative Evaluation*, *SSRN Electronic Journal*, 2010, p.18.

[162] 参见王宗涛:《一般反避税条款研究》，法律出版社 2016 年版，第 123 页。

[163] 参见陈华为、陈宇:《运用一般反避税条款 贵州跨境追缴税款 3150 万》，载和讯网：http://tax.hexun.com/2011-07-18/131526749.html，2020 年 11 月 11 日访问。案件主要事实为：贵州省国税局调查发现，2000 年，一家香港集团公司通过其在香港的子公司，以 1 美元投资在英属维尔京群岛注册了一个全资子公司，该子公司控股贵州省一家居民企业。同年，英属维尔京群岛子公司又在香港进行商业注册，登记为居民企业。2009 年，上述居民企业进行利润分配时，香港集团公司以对国内公司进行管理的实际管理机构在香港为由，申请享受了《内地和香港特别行政区关于对所得避免双重征税和防止偷漏税的安排》的优惠。2010 年 4 月，香港集团公司转让了英属维尔京群岛的子公司。该集团公司通过一系列复杂的注册投资策划运作，在非居民股息分配上享受了税收优惠。在间接转让英属维尔京群岛"壳"公司时，又可以避免缴纳来源于中国的收入应缴纳的非居民企业所得税。

[164] See Brian Arnold, Tax Treaties and Tax Avoidance: The 2003 Revision to The Commentary to The OECD Model, *Bulletin for international fiscal documentation: official journal of the International Fiscal Documentation*, Vol. 58, NO.6, 2004, p.250.

[165] 参见王宗涛:《一般反避税条款研究》，法律出版社 2016 年版，第 123 ～ 124 页。

在传统反避税实践中，我国的一般反避税调查必须经由国家税务总局个案审批方可进行，而表述各异的双边协定也有国税总局进行个案裁量。这意味着，国税总局实际上在个案中都扮演对国内法和协定协调适用的角色，并不存在两者冲突的明显问题。然而，一方面 MLI 大面积修正了双边协定，表述各异的双边协定开始具有统一的表述和解释，为一般反避税的全面推开打下基础。另一方面有效规制数量渐长的避税行为，本身就是一般反避税规则的出现背景和实际价值所在，坚持绝对的个案裁量无异于买椟还珠；因此，从长远来看，一般反避税的制度化、地方税务机关承担反避税职能是必然趋势。然而这种趋势也意味着，各地行政机关在实践中将面临国内法和双边协定的冲突问题，必须存在国内税法和国际双边协定的明确关系，形成成熟稳定的配套制度。

对于二者关系，素来有多种观点，一是以澳大利亚、加拿大、美国和法国为典型代表的“一般反避税条款优先于双边税收协定”观点；二是以荷兰、日本、葡萄牙为典型代表的“双边协定优先于国内法”观点；三是绝大多数国家和地区坚持的综合方法，即“一般反避税条款与双边税收协定通常情况下协调一致并不冲突，但在特定情况下两者冲突时优先适用双边协定”。[166]综合方法观点与“双边协定优先论”的区别在于，综合方法首先寻求国内法与双边协定的适用范围边界，以“国内法定事实、双边协定分权益”为原则，在其分工的极限之外，再以双边协定优先，从而与双边协定绝对优先论相区别。笔者更为赞同综合方法论，原因在于：第一，国内法与双边协定的冲突，实际指向的是国家利益与双边利益妥协的分野，无论是从国际政治考量还是从“条约必须遵守，不得援引国内法规定为理由而不履行条约”的国际法原则来看，国内法绝对优先论都不利于国际经济、政治环境的优化。第二，双边协定绝对优先论不利于实际操作。一方面，双边协定多而庞杂、内容各异，且不同时期签订的

[166] See Brian Arnold，*Tax Treaties and Tax Avoidance*：The 2003 Revision to The Commentary to The OECD Model，*Bulletin for international fiscal documentation*：*official journal of the International Fiscal Documentation*，Vol. 58，NO.6，2004，p.251.

双边协定在术语表达上可能具有一定的随机性，没有明显规律；[167]另一方面，国内的税务机关更熟练运用国内法及其原则，如果实务操作中时时以双边协定为首要考量，无疑会给各地方税务机关带来很大压力。此外，国内法和双边协定的实体冲突现象并不频繁出现，更多的情况还是各司其职，相互配合。综合来看，绝对的双边协定优先在我国既无可能，也无必要。因此，笔者认为采用综合方法是更优的选择，在法律解释极限范围内，使国内法和双边协定合理分工，而在解释范围之外且存在冲突的情况下，依照特别法优于一般法的原则适用双边税收协定的规定。[168]而在实际操作中，国内税务机关可以更多地面向国内法一般反避税规则，双边协定的发现和举证则交由纳税人抗辩时进行。

3. 推进国际税务情报交换

尽管本文所研究的一般反避税规则重点关注国内法上的制度构建，但是当前国际经济一体化明显，跨国公司和国际背景的个体纳税人的绝对数量可观，应税收入来源多样，因此在一般反避税规则实践中需要进一步推进国际税务情报交换。

第一，对于跨国公司而言，除了形式符合协定的“择协避税”形式以外，还有大量利用税务信息不对称的避税港避税，相较而言，后者简单粗暴，但效果卓著。择协避税的核心在于，非缔约国的居民通过在某一方缔约国设立实体，从而享受缔约国双方在双边协定项下的优惠，实际是以优惠享有资格为目标的避税方式。相反，原始的避税港避税则直接利用避税港国家与本国之间的“避免双重征税协定”，制造了“应在避税港纳税”的表观以在本国免税，而实际上其在避税港缴纳的税率极低甚至根本未纳税。当本国要求避税港国家提供纳税人缴税情况时，又往往遭遇较大阻碍，导致证据不足，以致最终无法要求纳税人缴纳税款。这种情况的出现，往往是避税港国家有意为之，其为了自身的经济发展，愿意包容避税行为以吸引外资，从而在避税港国家和纳税人之间

[167] 参见喻如慧、黄紫韵：《BEPS 第 6 项行动计划主要目的测试规则研究》载《国际法研究》2018 年第 6 期。

[168] 参见王宗涛：《一般反避税条款研究》，法律出版社 2016 年版，第 132 页。

形成税务信息保密的隐形合意。因此在这种意义上，避税港判断标准往往不是其税收体系过于简单，而是其不同程度地拒绝与其他国家或地区的税收执法或司法系统之间的合作。[169]然而，该种做法虽然短期来看对避税港国家有利，却造成了税收负担在国家间的不公平分配，使得税收成为投资的决定性因素，导致了本国资产外流，有损各国自身的财政主权，因而为OECD明确反对。[170]在当前我国一般反避税规则实践中，避税港问题尤为明显，我国一般反避税调查第一案是巴巴多斯避税港问题。而要根本上解决避税港问题，有效推进一般反避税规则实践，就必须从国际税务情报交换上取得突破，建立一般反避税的情报配套制度。

第二，我国《个人所得税法》修正完成，个体纳税人的一般反避税问题离不开对个人的离岸信息掌握。在当前个人境内外收入结构日趋复杂，现金交易、电子支付等工具尚难以查证的情况下，无论是个人本身的缴税还是利用个人账户的洗钱逃税都是重要问题，构建个人税务信息数据库势在必行。我国国内通过六项专项附加扣除和详细信息填报，希望在一定程度上实现个人情况的大致掌握。这一措施的推行，固然一方面完善了信息统计，但是另一方面也很明显地戳到了个体纳税人的痛处，使得原先深藏的资产冰山被迫上浮，引发了如租赁市场中房东等资产所有者的明确反对行动，以致信息统计暂时搁浅。往后，随着个人信息数据全面统计的推进，民间避税需求很可能在国际上寻求突破口，再加上当前房产税等财产税制计划已经摆上台面，伴随着法律出台的，很可能是资产外流的较大风险。因此，国际层面的个人资产及税务信息的掌握显得越发重要，这也进一步说明建立国际税务情报的有效交换常制应是一般反避税规则的应有配套措施。

具体而言，一方面应从双边协定的正式制度入手，使情报交换成为国家间的义务；另一方面也可以进一步重视巴巴多斯案件中发挥重大作用的国际联

[169] 参见叶姗：《一般反避税条款适用之关键问题分析》，载《法学》2013年第9期。

[170] 参见经济合作与发展组织：《有害税收竞争——经济合作与发展组织的两个研究报告》，国家税务总局国际税务司译，中国税务出版社2003年版，第61页。

合反避税信息中心，通过驻中心代表取得相关信息。当前，税务情报交换制度主要存在于双边协定。笔者认为，进一步推进税收情报交换可以在国内法上总括规定、总体授权国家税务总局，以成明文常制。可以在《税收征收管理法》专章设立国际衔接部分，从以行为目的为核心的避税认定标准、国内一般反避税条款和国际双边协定的协调到专门的国际税务情报交换，都可以总括规定于其中。当然，最后真正制度的落实还需考虑各国本身的国情和利益平衡，也还需国际法及国际经济的更深一步研究。

六、结 语

本文希望通过对避税本质的重新认识，以明确制定一般反避税规则的必要性，并在此基础上探究一般反避税规则的设计理念，最后为我国相关规则的构建提出建议。笔者认为，避税概念的内涵无法从权利滥用、法律漏洞等传统私法工具中导出，避税的价值判断在私法框架之外，面对的是经济发展、财政收入取得、实质公平等的现实需求。因而，应当尊重反避税原初的目的导向，跟随现实需求以确定避税的本质。同时，借助一般反避税规则将特定时期的经济需求稳定体现在税法中。遵照本文的逻辑顺序，笔者认为：

第一，避税认定要件的制定应尊重我国当前强行政、弱司法、弱纳税人的基本情况，要件内容总体延续“合理目的”，并将其原则性规定于《税收征收管理法》中，进一步通过行政法规和部颁税法规则，对不同税种进行类型化区分：在企业所得税领域，《企业所得税法》一般反避税条款可以不再保留，而通过部颁规则明确解释“合理目的”为“合理商业目的”，将“延期纳税”加入避税的法律定义，实现法规统一。修正《特别纳税调整实施办法（试行）》，统一认定方法为“合理目的”，并增加纳税人抗辩的权利条款。在个人所得税领域，同样不必保留现有法律的避税规定，而利用行政法规和部颁规则进行解释，内容上去除“商业”，仅以“合理目的”作为公民纳税人抗辩事由。删去“不当”两字仅保留“税收利益”并尽快修订相应实施办法，明确合理目的的内容，并加入“经济地位无实质性改变”作为税收利益判断的必要条件。

第二，应当尊重立法保留，进一步用好部颁规则。合理目的及税收利益的内涵、基本举证责任、抗辩事由应由行政法规或部颁规则规定；具体经济方法、认定模式、其他程序应由部颁税法规则规定。当前，一是应当明确举证责任的基本原则是纳税人负担盖然性标准，税务机关承担高度盖然性标准；二是应进行税收性质的类型化区分，实施不同的举证责任。针对以税基侵蚀为主要避税方式的直接税，合理目的作为抗辩事由应该由纳税人来举证；针对税制简单，票控严格，调控性明显的增值税等举证责任应主要由税务机关承担。

尽快确立部颁税法规则，明确《税收征收管理法》第35条的税收核定权，应以纳税人未尽协力义务为启动前提，以提供真实计税依据为程序启动的对抗事由，如需继续调查需要进入反避税严格程序，以区分于单独设立的一般反避税条款。

第三，应当提升我国法院的税务专业性。加强内部税务知识培训的同时，重点推进专业人员的引进。一是着力发展反避税专家会审制度，聘请第三方中介机构形成随机专家库，专家意见可以作为言词证据；二是着力发展具有专业知识的人民陪审员模式，使具有专业知识的税务专家直接参与庭审，对事实问题独立发表意见。

第四，从国内法的视角来看，应当加强权力制约，同时提升行政机关依法行政的动力。首先在反避税领域去除税务争议的双前置规定。可以以北京的电子六平台协作为模板，借助互联网建构全国性的反避税信息平台，对高风险领域研究推进人工智能筛选警告，还可进一步研究利用信息技术对纳税人批量进行税收的事先裁定。此外，应当更多关注特定领域的地方保护主义与行政不作为，对总体税率异常的行业或地域由国税总局进行重点防控和专项调查。从国内法与国际协定衔接的角度看，我国一般反避税规则的制定和执行应当积极顺应国际反避税趋势，站定中国立场，适用以目的测试为核心的避税认定标准；明确国内一般反避税条款与双边税收协定关系的综合观点；进一步推动国际税收情报交换，建立纳税人税务信息库，实现反避税信息的全面掌握。

一般反避税规则的设计并不仅仅在于国家财产与私有财产、形式与实质某两者间的平衡，还需面对现实操作的第三维度。规则争论多年发展艰难，实则困难并不在寻找公私或是利益界限，而是如何能够基于织网者与收网者的能力织好法网，让其实际操作能够符合理想，真正赏善惩恶。一方面，本文希望面对既有现实，在现有立法、执法、司法技术之下寻求更好的法律设计；另一方面，笔者也展望互联网与信息技术的发展必将提高国家反避税的各项能力，为未来更精密的一般反避税规则设计提供更多可能。

资管产品增值税纳税人的选择与制度设计

徐嘉艺

内容摘要 资管产品已经成为金融市场的一种重要新型投资方式，资金规模巨大，如何对其课税亟待明确。在营业税改征增值税全面完成后，国家税务总局确立资管产品运营过程中的增值税应税行为以管理人为纳税人并采用简易计税方法等规则，但现有规定不仅有违资管行业实质法律属性，也无法实现增值税对各环节增值额中性征税的目标。加之从横向来看，会导致资管业和其他金融行业采用不同纳税模式，影响资管业长远良性发展。无论是基于经济利益的实质归属以投资者为纳税人，还是基于所有权归属认定管理人为纳税人，都存在诸多问题。唯有确立资管产品本身为增值税纳税人，才能解决金融创新领域对经济实质性原则的不确定性问题，实现增值税作为间接税的中性特征，使资管业处于公平的市场竞争环境，引导其“受人之托，代人理财”基础理念下的实践，丰富我国金融领域增值税课税理论。

关键词 资管产品 信托 增值税 纳税人

作者单位：中国银行总行。

基金项目：上海哲学社会科学专项课题“习近平总书记关于上海自贸区建设重要论述与上海自贸区税收营商环境优化法律问题研究”（项目号：2020ZXA006）。

引 言

2016年，伴随着《关于规范金融机构资产管理业务的指导意见》[1]等政策落地，整个资管行业迎来了新的发展阶段，规模超百万亿的资管产品在课征增值税的过程上产生的诸多问题不容轻视。在“营改增”之前，资管产品适用的营业税规则就不甚明晰，而本次改革依然未能充分结合资管行业特性设计先进的增值税课税制度，涉及的概念和术语在理论上依旧不够明晰，资管产品增值税制实质上并未得到改进。导致在政策执行落实上，相继暴露出政策法规与上位法冲突、资管计划结构认定不清、新的监管套利等诸多问题。尤其是当前采用的简易课税方法，实际上并不能实现增值税作为间接税，发挥其中性特征，对资管产品在运营、投资、管理等各个环节所产生的新增价值进行不遗漏、不重复的征税。加之税收政策和法律本身在很大程度上就很难得出一套详细的标准答案，构建起一套行而有效的理论逻辑指导实践，亟须进行深入的探索。

一、资管产品增值税制的梳理与反思

（一）资管产品内涵的厘清

1. 资管产品的基本含义与特征

法律目前尚无对资产管理业务的明确定义，但许多部委规章与行业规范均有涉及相关内容。起初，由于存在监管差异，信托公司借助灵活的经营范围成为我国资管业先驱。随后原保监会、证监会分别拓宽了保险资管公司的设立标准、资金接受范围和业务范围，以及证券期货经营机构相关业务范围。随着

[1] 中国人民银行、中国银行保险监督管理委员会、中国证券监督管理委员会、国家外汇管理局：《关于规范金融机构资产管理业务的指导意见》（银发〔2018〕106号）。

金融混业程度加深，银行理财、保险等通过不同方式进入资管领域，各主体间法律关系更加复杂，增加了触发风险的可能性。[2] 在 2018 年,《关于规范金融机构资产管理业务的指导意见》(以下简称“资管新规”) 颁布，资管业迎来重大转折点。

根据“资管新规”，资产管理业务是指银行、信托、证券、基金、期货、保险资管、金融资产投资公司等金融机构接受投资者委托，对受托的投资者财产进行投资和管理的金融服务。其中，基于委托人信任，金融机构为其利益履行管理义务，并收取管理费用，委托人自担投资风险并获得收益，管理费或绩效报酬与产品单独对应结算。同时，新规采用列举形式列明，人民币或外币形式的银行非保本理财产品、基金公司的基金产品、信托公司的信托计划等都属于资产管理类产品。并概括出资产管理的实质是“受人之托，代人理财”。而其中受投资人委托管理资管产品的基金公司、信托公司、银行等金融机构就是资管产品的管理人。“资管新规”[3]等文件对资管产品的阐述大多相似，保持了一致性与连贯性。

从学理上看，资管产品是资产管理类产品的简称，并非一个严格的法律概念。就“代客理财”这个抽象含义而言，金融业务的本质都可以说是“受人之托，代人理财”的信托关系。从法律上解读信托，则包含一般信托、商事信托等不同类型。不同于一般信托单纯为受益人管理财产，商业信托更多是作为一种盈利业务的工具，实现商业目的。[4]而由于销售环节的特点，这种买卖交易性质使得资管产品归属于商业信托。由于我国信托法是在立足于中国国情的基础上借鉴其他国家尤其是日本的信托法律制度制定的，为使其与现有的法律

[2] 参见缪因知:《资产管理内部法律关系之定性：回顾与前瞻》，载《法学家》2018 年第 3 期。

[3] “资管新规”将资管业务认定为银行、信托、证券、基金、期货、保险资产管理机构、金融资产投资公司等金融机构接受机构投资者委托，对受托的投资者财产进行投资和管理的金融服务。

[4] 参见席月民:《我国〈信托业法〉的制定》，载《广东社会科学》2012 年第 5 期。

保持一致性,《信托法》[5]对“委托”一词的使用回避了信托财产权的归属问题，没能揭示信托的本质属性。信托最核心的要义恰恰在于信托财产的转移，主要是所有权的转移以及受托人对信托财产的管理、处分，也可能是其他处分。这一条款，导致学界就“委托”与“信托”久辩不绝。笔者赞同大部分学者的观点，即区分信托与行纪、代理等法律关系，要求进行财产权的转移，并且在此基础上，受托人可以获得名义上处分财产的权利，从而建构起合乎逻辑的信托具体制度，契合信托之本质。在信托财产的独立性之外，真正的“受人之托，代人理财”还需要强调受托人在管理期间的相对独立性，不应过分听从于受益人或委托人；同时，也应明确管理费用或风险报酬与财产管理后果承担的分离性。[6]但在银行理财业务中，常见的操作是银行可以取得“超额留成”，而委托人或受益人仅仅简单地获得固定收益。因为至少可以稳健地享有收益，这为大众所接受，但应当看到，这种模式实质上背离了信托关系中受益人自负盈亏的风险分配模式，从而演变为存贷关系。[7]

在我国金融领域，由于实践中资管产品交易结构灵活多样，产品层面的法律特征比较混杂，伴随着金融业务和产品的创新，相比对移植域外法在抽象概念上的辨析，从功能主义立场去分析大类资管产品的法律属性更具价值。因为作为投融资方法，许多产品都具有“受人之托，代人理财”的共同内涵。重新回归“信托 vs. 委托”之争，进行高度抽象的民法性质概括，并无助于确定资管计划的法律属性。[8]因而应将目光放回资管业务运营交易的流程之上，依

---

[5]《信托法》第2条规定：“本法所称信托，是指委托人基于对受托人的信任，将其财产权委托给受托人，由受托人按照委托人的意愿以自己的名义，为受益人的利益或特定目的，进行管理或者处分的行为。”

[6] 参见刘燕：《企业并购中的资管计划——以 SPV 为中心的法律分析框架》，载《清华法学》2016年第6期。

[7] 参见邱冠华、王剑、赵欣茹、张宇：《监管的逻辑是什么？深度解析银行理财的是非功过》，载 https://www.sohu.com/a/107908353_114984，2021年2月23日访问。

[8] 参见刘燕：《企业并购中的资管计划——以 SPV 为中心的法律分析框架》，载《清华法学》2016年第6期。

据每一项流程的特征寻求合理的定性定位。"资管新规"正是基于实务中一般采用比较常见的资管产品而对其划定范围。在笼统的产品大类下，各行业的产品独具特色，"受人之托，代人理财"是对受信人状态的描述而非对信托法律关系的专业界定，在既有法律约束条件下，所谓"大资管""大信托"都是一种着眼于信义义务的指引方向，对于资管产品的研究应当聚焦于实际的种类与问题。

正如"资管新规"所列明的，资产管理产品包括诸多金融机构发行的理财型产品等。虽然它们发行的主体、经营的名称、面对的群体有所差异，但从法律实质上看是高度同质化的。[9] 尤其是随着监管的相对放松，各类资管产品不断谋求策略创新，各个机构之间业务交叉、融合，体现出跨市场的发展态势。

2. 资管产品当事人的法律地位

巴曙松博士将资管产业分解为基础资产、资产管理机构、金融产品、销售渠道、投资者五个维度。[10] 管理人设计资管产品销售给投资者募集资金，然后用这些产品去投资，从而完成金融中的资金输送。在资产管理内部法律关系中，基本主体包括资管人和提供资产委托人，这两者之间的关系就是资管产品中的核心法律关系，按照信托关系，本应由于委托人基于对特定主体的信任而将资产交给资管人管理，但实际上由于很多资管机构的主动管理能力欠缺，委托人还是会主导投资决策，造成业务通道化的可能。[11] 所以其实实践中很多委托人只是想借助金融机构实现融资或规避监管。在结构更复杂的资管产品中，这样的安排就更加难以被识别，各个主体之间复杂的权利义务，导致资管产品的法律性质和效力难以界定。如果界定为信托，可能缺乏法律和现实条件的运作支持；而如果界定为委托，则可能失去资产管理行业区别于其他业务的

[9] 参见季奎明：《论金融理财产品法律规范的统一适用》，载《环球法律评论》2016 年第 6 期。

[10] 参见巴曙松：《中国资产管理行业的新趋势》，载 http://www.sohu.com/a/113516536_381465，2019 年 10 月 28 日访问。

[11] 参见缪因知：《资产管理内部法律关系之定性：回顾与前瞻》，载《法学家》2018 年第 3 期。

存在基础。因而有学者主张，应当尊重现实市场和法律框架下的资管关系中间形态，由于利益诉求和商业目的的存在，市场会反复博弈，形成权利义务均衡的架构。基于双边合同，这是一种中间型法律关系。[12]

笔者认为，从应然层面上看，信托无疑是最优选择。基于信托财产的隔离性，资管产品中的管理人、受益人都可减轻后顾之忧。[13]这也最符合资管通过强化财产独立性和受托人受信义务回归本源的希望。所以综合地审视资管产品当事人的法律地位，委托人是资产的提供者，资产交由管理人管理运作，受益人（很多情况下即为投资人本人）有权享有收益，受托资产具有第三方独立性，管理人具有名义独立性。管理人虽可以约定让渡部分管理权，但仍需承担最低限度义务，避免通道化。

（二）资管产品增值税现行规定的审视

1. 我国资管产品增值税制的现有规定

随着推进建立现代财政制度，近年来我国财税改革开展得如火如荼。本次“营改增”初步明确了整个金融服务范围，增值税的纳税体系。在“应税行为”的四类金融服务的贷款服务中，对资管行业来说，主要涉及持有债券获得固定票息等；直接收费金融服务中，主要涉及管理人收取的管理费；金融商品转让中，资管行业大部分运用受托资产进行的投资和交易都属于这一类。本次“营改增”明确了资管产品要对其利息收入、资本利得和管理费收入涉及增值税的缴纳，但未规定谁来缴纳、如何缴纳等细节。2016 年 4 月，《关于进一步明确全面推开营改增试点金融业有关政策的通知》（财税〔2016〕46 号）新增了对质押式回购、政策性金融债免征的规定；2016 年 6 月，《关于金融机构同业往来等增值税政策的补充通知》（财税〔2016〕70 号）进一步扩大了对同业往来的免征范围，却一直未对资管行业的增值税纳税人和代扣代缴等内容设计

[12] 参见缪因知：《资产管理内部法律关系之定性：回顾与前瞻》，载《法学家》2018 年第 3 期。
[13] 参见王艳梅：《信托的功能——资本运营视角下的探析》，载《当代法学》2004 年第 5 期。

进行说明。

直到2016年12月发布的《关于明确金融 房地产开发 教育辅助服务等增值税政策的通知》(财税〔2016〕140号)(以下简称140号文)直接阐明了资管运营中应税行为以管理人为纳税人，同时，对保本收益界定进行阐述。即一项资管产品如果合同承诺保本则按照《关于全面推开营业税改征增值税试点的通知》(财税〔2016〕36号)(以下简称36号文)利息性收入缴纳增值税，非保本则不属于利息性收入，按照140号文不缴纳增值税，如果中途转让，则属于金融商品转让，按36号文缴纳增值税。同时，要求从2016年5月回溯，整个资管业颇受震动。“140号文解读”出台，解释增值税作为间接税与营业税相同，改革实际上没有改变资管产品的征税办法。[14]随后，资管产品增值税政策宽限为延迟到2017年7月，已缴的后期也可抵减。让资管行业有相对充足的时间准备，同时也给征管部门时间进一步细化征收办法。2017年6月,《关于资管产品增值税有关问题的通知》(财税〔2017〕56号)(以下简称56号文)再度推迟至2018年1月1日起开始征收，较为明确地规定了诸多具体规范。一是列举确认资管产品管理人和资管产品的范围；二是资管产品暂时适用简易计税方法，征收率为3%；三是给予由管理人自行决定分别或汇总计算销售额和应纳税额；四是将管理费和非“运营资管产品”产生的收入，明确适用一般计税方法，以6%税率缴纳增值税。

在基础框架确定后，正式执行前，财政部、国税总局在2017年7月颁布的《关于建筑服务等营改增试点政策的通知》(财税〔2017〕58号)将(转)贴现均以持有期利息缴纳增值税，进行微调。随后在国家税务总局《关于跨境应税行为免税备案等增值税问题的公告》中，明确(转)贴现机构按贴现利息

[14] 具体到资管产品管理人，其在以自己名义运营资管产品资产的过程中，可能发生多种增值税应税行为。例如，因管理资管产品而固定收取的管理费(服务费)，应按照“直接收费金融服务”缴纳增值税；运用资管产品资产发放贷款取得利息收入，应按照“贷款服务”缴纳增值税；运用资管产品资产进行投资等，则应根据取得收益的性质，判断其是否发生增值税应税行为，并应按现行规定缴纳增值税。

全额开具普票。

2. 资管产品增值税规定中的问题反思

从国家税务总局140号文出台的背景来看，此前资管的税收真空十分巨大，规模逾百亿元的资管几乎相当于一年的国民生产总值，在政策出台之前几乎全部游离在税收监管之外。从整个金融业流转税制的完善上看，从这次“营改增”可以看到，虽然国家层面要做到只减不增，但是从行业来看，“营改增”后税负还是有所增加的，金融业反应尤为强烈。因为金融业是充分竞争的行业，所有的税收成本都反映在资金架构、资金层面上，不像制造业能够人为地去调整，所以确实很难将本身税负增加的情形扭转为减负。可以从之前36号文出台时来看，对于同业免税政策，原本整个行业全部免税，但是36号文只明确了同业拆解免税，结果立刻就反映在银行间债券市场、同业债券市场的拆借利率上，税务成本即体现在资金成本上，结果后续政策紧急改为不增收税，体现了金融业对征税尤其是流转税的成本的敏感程度。由于我国资管行业有很强的政策前提存在，很多监管套利、通道设计在阴影中逐渐成长。所以这次政策有很大的平衡与妥协特色，既要科学完善金融业流转税制，又要保证政策对各行各业影响的中性。

现有资管增值税制依然存在诸多不明确之处，规定的表述在实践中也存在模糊之处。例如，金融商品持有期间（含到期）非保本收益不缴增值税，即股票等商品的分红不用缴纳，但是债券派息需要。而实践中股和债其实很难界定，而且规定中对于保本非保本仅通过合同约定来判断失之偏颇。究竟如何确认金融商品是否保本？根据财税140号文第1条，对于资管产品投资人而言，底层资产保不保本并不重要，主要还是看资管合同中是否载有保本条款。目前来看，现在仅存的保本的资管产品，主要就是银行发行的保本理财。应从实质大于形式来判断，就比如增信措施确实字面上看仅仅是信用增级，但如果这个“增信”是一个实实在在的书面承诺，且这个承诺兑现后的最终效果是“保本”，那么就应当认定“增信”实质上成了这个合同的保本承诺。如含有到期回购承诺的那些“名股实债”等，也就应当被认为是保本产品。

再如，140号文对金融商品转让的界定。[15]对于没有到期日的产品（如永续债券），以及开放式产品（如开放式基金），其运营周期事先并不固定，可能长达数十年或更长，何谓“持有至到期”仍然存疑。又或者计税法方法上，按照36号文，增值税的计税方法包括一般与简易。[16]如果延续简易计税，无法进行抵扣，则将失去增值税作为流转税适用于资管产品的核心意义。

引起最广泛讨论的其实要数140号文第4条规定的，对于资管产品增值税应税行为以管理人为纳税人。一部分学者和实务界人士指出，这一规定与既存的《证券投资基金法》第8条[17]将证券投资基金作为税收透明主体[18]的规定相背离，并且是以税务总局的规范性文件的形式。随后，税务总局在解读中指出，这一规定的原因在于，增值税作为间接税应当承继原有的营业税征税机制，笔者不赞同这一观点，认为这反而是改革不彻底的表现。私募基金有三大类组织形式：契约型、有限合伙型和公司型。问题在于，有限合伙型和公司型私募基金是否适用这一规定？虽然56号文中是包含资管产品的，但在法律实质上，私募基金还不能一概而论，而适用56号文的可能应当只有契约型私募基金。因为有限合伙型和公司型这两类私募基金产品本身具有纳税人身份。

（三）核心问题：资管产品增值税纳税人的选择

很多争论的矛头都指向了140号文和56号文规定的资产管理人缴纳增值税与既存类似产品增值税纳税人规定的冲突，即与《证券投资基金法》的规定不一致，认为从法律位阶上看其违背了上位法律。但有观点认为，140号文和56号文虽然规定由管理人缴纳增值税，但是没有明确最终的税负由管理人

[15] 即指纳税人购入基金、信托、理财产品等各类资产管理产品持有至到期。

[16] 一般计税方法的应纳税额，是指当期销项税额抵扣当期进项税额后的余额。而简易计税方法的应纳税额，是指按照销售额和增值税征收率计算的增值税额，不得抵扣进项税额。

[17] 基金财产投资的相关税收，由基金份额持有人承担，基金管理人或者其他扣缴义务人按照国家有关税收征收的规定代扣代缴。

[18] 参见汤洁茵：《资管产品增值税的纳税人之辩——兼论增值税的形式主义》，载《法学》2018年第4期。

承担还是投资人承担，仍留有一定空间。虽然私募基金不完全属于证券投资基金，但是征税的原理应当是相同的，即由受益人承担税收。所以无论契约型基金还是公司型基金、有限合伙型基金，都应当由最终的投资者承担增值税。公司型基金和有限合伙型基金在基金层面缴纳增值税，所以也相当于投资者承担该税务。但是契约型基金由管理人缴纳增值税，那么这个税款是否可以转嫁到投资人身上就存在疑问。虽然目前财政部和国家税务总局没有明确该问题，但是在 2018 年 1 月 1 日正式对资管产品征收增值税后，有些管理人陆续发布了私募投资基金产品缴纳增值税事项的公告，都表明增值税是由产品资产中提取缴纳，提醒投资者会使相关产品净值或实际收益降低。在实践中的这种做法是符合税收征收原则的，根据税法的公平原则，受益者进行缴税，没有受益则不用缴税。对于基金来说，基金管理人从中获得的只是管理费，而投资收益由基金投资者享有。财政部和国家税务总局应当就相关表述予以纠正。

不过，这也体现出了基金业协会与国家税务总局意见的分歧。根据 36 号文，公司型基金和有限合伙基金在基金层面缴纳增值税，但是依据 140 号文和 56 号文的规定，资管的管理人才是增值税的纳税义务人（56 号文在解释资管产品时将私募投资基金包含在内）。这里就存在一个问题，公司型基金和有限合伙基金是否适用于 140 号文和 56 号文让基金管理人成为纳税义务人的规定？很明显，增值税的一般规定是“应税行为是谁做的，谁就是应税人”，基金的投资虽然都是由管理人执行和实施的，但实际上管理人只是接受投资人委托而行事，相当于一个公司的事务由董事会负责执行，真正的纳税人是该公司本身，对非受益者征税有违税收公平原则。所以应该以基金为增值税纳税义务人为基本原则，基金管理人为纳税义务人为例外。公司型基金和有限合伙型基金具有独立的法律地位，是当然的增值税缴税义务人；而契约型基金不是独立的法律实体，依照 140 号文和 56 号文的规定，由基金管理人作为增值税缴税义务人。但目前税务总局和财政部没有出台资管产品的增值税征收规定如何具体适用到私募基金的文件，需要给予明确，否则还将在不同行业之间造成套利空间。

诚然，通过《证券投资基金法》等作为法律依据去批判税收文件无可厚非，但在学术研究中，应该抛开高阶低阶的矛盾，从资管产品的实质法律关系探讨。而且深究下去会发现，种种计税抵扣、开票的问题要想得到解决首先要厘清资管产品增值税纳税人的选择这一核心问题。

根据增值税税收征收的原则性规定，管理人作为提供金融服务的主体，是当然的纳税义务主体。[19]但类似于《私募投资基金监督管理暂行办法》，私募基金可以分为有限合伙型、契约型和公司型。资管计划也可以做此分类，契约型资管不是一个纳税的法律实体，无法在其层面征税。因此，对契约型资管计划如何征收流转税成了问题，导致其在税收上有很大优势。可以说“营改增”乃至56号文的下发，把“逍遥法外”的契约型资管抓了回来。

正如上文分析的，公司型在传统法律构架下，投资人作为一个公司型基金的股东，法人对外投资并作为主体发生交易关系，这一套结构很清晰，在公司法层面就完全可以解决。公司是独立的纳税人是十分明确的，但实践中在界定纳税主体的时候还需要考虑流转税的纳税主体和所得税的纳税主体可能不一致的问题。比如说公司型基金，按照中国的公司法，公司就是所得税纳税人，但是在美国，不同类型的公司规定不一致，部分公司可以选择公司或投资人作为纳税实体。在流转税中，因为大多数行为都以公司来运作、发生商事行为，所以认可商事主体后再穿透到股东，这样会产生很大影响，所以流转税不能研究穿透。流转过程中，商事主体要和公司打交道，如果公司不交税股东交税，那么从商业角度，作为合同相对方，公司就具有开票的义务，一旦股东去交流转税，那开票主体就无法合理化。合伙型亦是如此，合伙所得税可以不合伙，穿透到合伙人自己交，流转税不可能如此，既然按照合伙企业法成立了独立承担民事责任的主体，发生了商业行为并签署了合同，即作为独立主体做出的，流转税不可能仅仅作为代扣代缴义务人，在实际情况中，几乎不会要求所有合

[19]《增值税暂行条例》第1条规定：“在中华人民共和国境内销售货物或者加工、修理修配劳务(以下简称劳务)，销售服务、无形资产、不动产以及进口货物的单位和个人，为增值税的纳税人，应当依照本条例缴纳增值税。”

伙人来开票。

此外，在资管计划方面，其问题就在于没有成立一个相应独立的商事主体。其实所有的信托都没有脱离契约，对于资管计划，其实正是多个投资人基于信任与管理人达成契约，管理人以投资人利益最大化去管理投资，而后管理人为方便管理专门成立一个资管计划。那么在对外做出行为的时候，它并不是以投资人的身份去发生交易行为，而是以管理人代表这一帮投资人和公司发生商事，这一点在资管产品中毫无疑义。如果依然把管理人作为扣缴义务人，也许是基于征管效率，具有一定的可行性，但这首先将违背本身的商事法律关系，按照严格的信托概念，委托人把财产委托给管理人的时候，所有权应当转移。如果把一个不动产过户给信托计划，信托计划要进行房屋租赁则就要开发票，开票者的身份无法确定。故笔者以为，每个信托计划就是一个独立纳税人身份，即在流转税上，每个信托都是一个独立纳税人身份。抑或不如此分析，在实际构成委托而非信托的的资管计划中，因为管理人严格意义上是代理人，真正纳税人依然应该是资管计划，只不过碍于现实中资管计划没有权办理工商登记，但税法上的独立主体并不一定要求是工商登记主体，可以认定每个资管计划都是一个独立纳税人。在现行规定下，由于没有给每一个资管计划独立的增值税账号，管理人还是只能一个计划一个计划地核算。

当然，现在确实存在金税三期没有办法给管理人若干个资管计划纳税人识别号，但从技术上这一点应该可以实现，即把每一个资管计划落实到一个独立增值种税账号，算完清掉，和现在的算法的发展是相同的。只不过目前这一动作由管理人来完成，然后去代缴，实际支付主体还是投资人。笔者认为，现在以管理人为纳税人是现实条件制约下的权宜之计，但交易实质确不可违背，如管理人不能把所有资管计划合一交税的原因是违背了行业底线。因为资管本身不管是信托法、证券投资基金法还是证监会规则，都要做到自营和资管的区别，不同产品之间的隔离代表不同人的利益，所以最后是管理人可以选择合在一起或分开算。考虑到行业不同，银行往往会合着算，因为银行资管存在资金池的概念。银行业、证券业、信托业的资管名字背后的法律关系不一样，这也是政策出台前的实际考虑因素。但是现在政策已经要求银行成立专门资管子公司,[20] 可以看到，随着监管的规范化，正逐步向资管计划作为独立纳税人的方向过渡。

二、资管产品增值税纳税人选择的困境

（一）资管产品管理人作为增值税纳税人的审视

1. 管理人作为增值税纳税人对税收征管效率的影响

虽同为间接税，但增值税沿用营业税的原有征税方法不禁让人质问改革的意义在何处，增值税的独特意义何以实现。在资产管理行业，管理人在运营过程中，面对诸多应税行为，需要根据行为性质，如“贷款服务”“直接收费金融服务”分别判断、缴纳增值税。

面对这一规定，从税收征管效率方面考量，的确可以减少税收征管的调整成本，也似乎可以继续保持良好的税收征管效率。毕竟在当前课税系统下，从操作层面上看，将资管产品管理人作为增值税纳税人，的确可以将赋予独立税号、产品税额计算等工作转由税务人承担，缓解征税机关的压力。但管理人面临的工作量是巨大的，因为各个产品都是单独记账的，即使管理人选择合并征税也不能使产品减税互抵盈亏。所以管理人不可能简化计算数据，并且保持计算汇总后与管理人自营的增值税分开申报。交易的频繁性和复杂性会严重拖住资产管理的进程。就管理费而言，作为接受者的管理人，却实际面临管理并给自己开票的尴尬处境。管理人似乎成了税款征收难题的挡箭牌。另外，税收征管效率在未来的提高也缺乏上升空间，随着电子信息技术的发展，算法技术

[20]《关于规范金融机构资产管理业务的指导意见》第13条规定，“主营业务不包括资产管理业务的金融机构应当设立具有独立法人地位的资产管理子公司开展资产管理业务，强化法人风险隔离”“金融机构开展资产管理业务，应当确保资产管理业务与其他业务相分离”。第14条规定，“过渡期后，具有证券投资基金托管业务资质的商业银行应当设立具有独立法人地位的子公司开展资产管理业务”。

和分布式记账技术可谓如日中天，也为未来金税工程带来启发。与其让管理人核算每一个资管产品的税额，倒不如通过分布独立的账户，既可以让税收过程更显透明，也可以减少不必要的人工成本，在涉及税务稽查或者责任追究时，也让当时各方应负之责更为明晰。

2. 管理人作为增值税纳税人有违资管资产的独立性

资管计划赖以生存或者有别于其他金融商品的特点正是资产的独立性。这种财产的双重所有权特性本身会引发运行及收益的归属问题，问题在税法中变为对哪一特定主体课税。[21] 从本质上看，管理人不可能负担投资收益的增值税。且在实务中，资管机构因为仅仅是投融资两段的中间连接者，这对仅收取较低管理费的管理人来说是不可承受之重，带来隐性的税负不公。一旦项目资金不足以缴纳增值税，管理人将有义务用名下财产进行清偿。这将给管理人造成额外的经济负担，增加其参与资管产品项目的成本。一旦混淆了收益及风险归属，让管理人为产品增值税缴纳资金，便会打破资产的独立性，违背信托财产的双重所有权属性。

3. 管理人作为纳税人会导致增值税抵扣链条的断裂

实现对金融服务中的增值额的不重复征税，从而减轻金融服务者的税负压力是改革的重要目的所在。审视现行规范，除了直接收费类型的金额可以进行进销项抵扣之外，很多服务的提供者和接收者将面临大量无法抵扣的情形。增值税税收的中性因而无从谈起。[22] 科学抵扣之前环节的增值税，有利于实现资管服务提供的市场化与专业化，避免因重复课税所造成的经济扭曲。

然而，对于以管理人作为纳税人的资管产品，由于管理的资金并非由管理人获得所有权，而是汇入资管产品或计划之中，所以管理人无法抵扣进项税额。在作为代表运营得到收益后，除约定好的管理费，资管产品的收益计算出

[21] 参见吴金柱：《所得税法之理论与实用》（上），五南图书出版股份有限公司2008年版，第390页。

[22] 参见汤洁茵：《金融保险业的“营改增”：实施争议与制度检讨》，载《人大法律评论》2017年第2期。

的增值税则需要足额缴纳，无法构建出抵扣完整的链条。而且，其收益中必然还包含上一阶段的融资成本或交易相对方的交易，会导致本应在上一环节缴纳的增值税的税款，或本应在之后服务接收者的交易中予以抵扣的税款脱离链条，只能作为这一环节的贷款服务的经营成本计入销售额中，与原来课征营业税并无实质性的区别。而且正如前文叙述的，从开票层面，管理人也难以形成合理的操作流程。管理人只是作为管理方将资管计划以投资人利益最大化去管理投资，并非负担税款的交易后手，也未取得资产前手开具的发票，无法抵扣，因而将被迫成为最终负担人。例如，到年末清算时，会发现值税税收大于所得税税收，因为所得税由投资人而非管理人去交，增值税全部都以管理人为纳税人上交。

（二）资管产品持有人作为增值税纳税人的考量

1. 经济实质收益原则与增值税间接税属性之间的协调

一项交易的课税以经济实质还是法律形式为基础，一直是税法领域争论不休的问题，随着复杂多变的经济交易形式，尤其是创新金融交易的不断涌现，经济实质主义受到越来越多的强调。因为担心利用金融工具避税，所以出现一种税收问题的解决路径，即金融产品都穿透到投资人去征收增值税。但易于改变、分割、重组甚至创新的特性是否决定金融工具当然满足经济的实质课税条件呢？应当看到，尽管金融恒等性为利用金融工具创造避税机会提供了更大可能性，但从当前公开交易的金融工具来看，获取税收利益并不必然是其唯一或主要的目的，更多的是有独立与税收的商业考量。因此，否认大多数合理善意的金融交易的法律形式，是值得商榷的。

并且，增值税作为流转税具有间接性，更多对应金融领域中的商事合同、商事行为。在分析资管产品的增值税纳税主体时，如果一味按照经济实质收益原则穿透到每一个基层投资人，那么在纳税时会导致一笔交易由数十个人前往纳税、开票的情形，征税成本可谓非常巨大。例如，公司主体在交易中，不会是股东去交增值税，相似的，合伙型、公司型资管产品也不可能要求每一个投资人去缴纳增值税。在契约型资管中，法律形式有一定的改变，本身不是一个独立民事主体，只是以一个产品形式进行了备案，但是在对外效力上确实存在事实上的独立性。契约基金、信托计划、基金子公司专项计划等资管计划，虽然仅仅以产品形式存在，但又要对外以自己的名义从事相应行为。如果在证券市场做投资，证监会层面已经变相认为信托计划、券商资管计划、契约型基金是独立主体，在中证登以自己的名义开户，有独立开展活动的身份，以此化解经济实质与法律形式不一致的冲突。但在其他层面，如工商层面，系统里没有办法实现将股东登记为基金，只能登记为管理人。

由于增值税的间接属性，商品或劳务的销售者或提供者不过是作为将最终消费者实际负担的税款转付的技术上的名义纳税人。即资管产品中，流转事实远比所实现经济利益实质归属更具决定意义，因此以发生商品形式移转这一事实认定应税事实的发生与归属，并不关注该交易事实的实际受益者。穿透还会徒增调查成本，同样也会导致无法抵扣。

2. 资管产品持有人作为增值税纳税人的税收征管效率

将委托人确立为增值税纳税人后，则委托人需要时刻掌握所持份额和产品的每一个交易明细，按月结、季结或年结，不仅管理人需要准备大量材料，委托人还要承担起不必要的核算。而且资管计划一般投资者众多且流动性高，将大大增加纳税申报单位的数量，征管成本不言而喻。

如果由管理人代为进行申报扣缴，不同于所得税到期交由受益人，每笔交易都需要划分到委托人，管理人的工作量并未大幅增加或减少。而且对于税务机关来说，需要核查的是每一个交易中的实际收益人，不仅操作困难，还会让征管成本徒增数倍。

（三）资管产品增值税纳税人选择的域外实践

1. 欧盟

金融服务业的增值税征收对于各国来说都是一个难题，为对金融机构提供服务中的增值部分进行增税，各国都会根据金融业的性质进行特殊处理。增值税在税基认定上并非以财产之取得或持有作为课税基础，其课征强调特定的基础事实，即以交易对象的存在为基础，并直接相关。即消费行为缴纳增值税这一间接税，要保证税负实际转嫁到消费者。[23] 金融服务根据欧盟《增值税指令》的规定属于免税项目，因此在欧盟各国并未引发太大的争议。

但值得关注的是，2004 年，欧盟法院曾在判决中认定投资基金是否具有法人资格不会直接影响其成为流转税纳税人，而是以能够相对独立、持续地获得经济利益为标准。管理人作为代表委托人具体经营管理，因此可以认定基金本身构成纳税人的身份。[24] 此后，在 2010 年的一个判决中，欧洲法院申明，该案中德意志银行开展的投资组合管理活动基本上包括（i）分析和监控客户投资者的资产，以及（ii）实际购买和出售证券。考虑到投资组合管理服务发生的所有情况，欧洲法院认为这些要素不仅是不可分割的，而且必须放在同一个基础上。因此，必须认为这些因素密切相关，以至于它们客观地构成了单一的经济供应，而这种供应本身就是分裂的。[25] 此外，欧盟为减少税收流失，在 2015 年实施了"迷你一站式登记机制"（mini one stop shop scheme），即一站式的增值税登记网站，可以供申请人注册获得增值税识别号，不仅简化了申报流程和成本，也强化了监管。这一做法可以为金税工程后期在增值税系统上的设计提供参考。

2. 英国

英国增值税制中有一个合并纳税的规则，即 VAT Grouping，允许形成增值税纳税集团（VAT Group），纳税人可以是公司所属的一些部门，登记是英国增值税制度管理的基础，一定情况下可以由纳税人自行决定是否进行

[23] 参见黄源浩：《欧洲加值税之形成及发展——以欧洲法院裁判为中心》，载《月旦法学杂志》2005 年第 3 期。

[24] See Banque Bruxelles Lambert SA（BBL）v. Etat Belge，Case C-8/03. 21 October 2004.

[25] See VAT Treatment of Portfolio Management Services：Revenue's position following the decision of the Court of Justice of the European Union in Deutsche Bank AG（Case C-44/11）.

登记。[26] 这种合并纳税的办法其实是一种注重纳税人在法律形式后的实质，并根据实质性质确定纳税主体的思想。

根据英国《1994 年增值税法》，大部分金融服务免征增值税，从而无须计征销项进项。其实金融业要想构建流转税制的确十分琐碎复杂，在面对金融业中较复杂的征税对象时，简易计税确实是一种较为稳妥的方案，可以先将金融业纳入增值税征收体系，从而寻求循序渐进。

3. 日本

日本的消费税就是国际上通常意义上的增值税，没有单独设立信托的税收制度。在信托财产归属权的问题上，实质性法体学说认为受托人取得财产的名义及管理权，受益人对财产享有物权性权利并对受托人享有债权（给付请求权）。设立信托不能给受托人财产权的完整权，并且和受托人自己固有财产相区别，[27] 具有非常强的独立性，也就是说它本身具有实质的法律主体性。且受托人在对受益人负有义务之前，首先是对信托财产负有义务。受托人像公司的理事、经理一样，作为信托财产的“机构”乃至“代表”，有权以自己的名义管理处分信托财产。可以说受托人的管理权有直接的排他性质，是一种“物权性质的管理权”。实际把重点放在围绕信托财产的超个人的“物的联动关系”上来看待信托，赋予信托财产法律主体的地位。[28]

4. 美国

虽然美国并未开征增值税，但在所得税领域，美国法将信托财产视为独立的应税主体也十分值得关注。亚利桑那州的《税法修正案》就明确规定：“信托应税所得的纳税义务属于信托，且应由受托人负责缴纳……如因任何原因应税信托所得到期时未缴纳税款，且当该所得在可分配给受益人时仍未纳税，或该所得在应税期限前已可分配给受益人，在到期时仍未纳税，则在该所得可分

[26] 参见熊鹭：《英国金融业增值税的特点及对我国的借鉴》，载《国际税收》2014 年第 6 期；熊鹭：《对英国增值税制度的考察与思考》，载《南方金融》2014 年第 5 期。

[27] 参见〔日〕中野正俊、张军建：《信托法》，中国方正出版社 2004 年版，第 280 页。

[28] 参见〔日〕中野正俊、张军建：《信托法》，中国方正出版社 2004 年版，第 22 ～ 23 页。

配给受益人时，可向受益人课征所得税……”[29]由此可知，受托人和受益人仅在不同的应税期间里，基于对资产的处分权，代为缴纳所得税税款，而最终负担者是信托，也避免了因为管理人的更换而调整，几乎将信托视为具有的独立法律人格。

我国完全可以借鉴美国的先进税收制度，通过配套制度，如通过税务登记使信托财产真正成为纳税主体，将各方税收法律关系理顺，如何开具发票的老大难问题也能迎刃而解。

5. 小结与启示

整体来看，各国在法律和判例中对于法律形式是尊重的。除非滥用，纳税人对形式的选择应获得尊重。如德国，如果交易具有可接受的法律形式和商业目的，则纳税人选择税负的法律形式在税法上也应被尊重。[30]

由于很多国家对资管业实施免税政策，因而未见有直接认可契约型基金或资管计划的规定。但在具体案件的分析中抑或对信托所得税之中，可以看到对于纳税人的分析并不纠结于是否有工商执照等身份，而是放在交易中去理解。事实上，管理人也是一个个产品来计算的。在监管系统中，证监会关于资管的监管也要求计划之间要完全独立。目前资管计划都有独立的账户，管理人对每个资管计划都有独立账号（每家公司），由于监管规则和信托法的制约，资管计划和管理人不能混在一起计税缴税，管理人作为纳税人也不能把不同产品混在一起。自营的分离是底线，税收规则不应违反整个行业特质。当下管理人为纳税人的问题，从制度运行上看似乎问题不大，但无形中已加大管理人法律风险。域外在处理不具备法人资格的实体作为销售者的纳税义务人问题时，以商业活动中的实质角色进行定位的做法具有合理性。

---

[29] *Arizona Annotated Revised Statutes*, Title 43 Taxation of Income (Chs. 1-16), Chapter 13 Estates and Trusts (Arts. 1-6).

[30] 参见汤洁茵：《金融交易课税的理论探索与制度建构——以金融市场的稳健发展为核心》，法律出版社 2014 年版，第 77 页。

三、资管产品成为增值税纳税人的合法性与合理性

（一）资管产品增值税法律关系主体

任何法律关系都是由主体、内容、客体三个要素构成，增值税的税收法律关系也不例外。征税主体和纳税主体作为承担税收权利、义务的双方当事人是税收法律关系的参加者。广义的纳税主体，包含纳税人、扣缴义务人、纳税担保人等。根据《增值税暂行条例》，增值税的纳税人是我国境内销售货物或提供加工、修理修配劳务以及进口货物的单位和个人。具体缴纳方式分为代缴和自缴，代缴又分为法定与意定。负有代扣代缴、代收代缴税款义务的单位和个人为扣缴义务人。一般而言，为了减少流失、简化程序，会采用代扣代缴方式。在法律规定下，代扣代缴义务人也将承担相应的法律责任。当然，意定代理多是基于实务操作中，运营者与委托人之间的相对自由的约定。当资管产品作为增值税的纳税人，管理人的法律主体身份依然需要明确。

以企业为例，各员工的所得，企业以代扣代缴义务人的身份代为扣缴，但实际操作者为财务管理人员。会计法上对于财务人员的过失也有专门的追责规定，对于企业存在的问题则会追究企业主要负责人的责任。资管产品的管理人相对而言更像一个企业的管理层、财团法人中的理事会。笔者认为，赋予资管产品税法实体地位，可类比于企业，资管产品作为独立税法实体，在实际运营中需要有专门人员或委托专门机构处理税款缴纳事宜，管理人绝不仅仅承担结算交付工作，而是运营的决策层、管理层。作为产品运营的管理人，在源泉直接扣收税款代为缴纳，应扣收未扣收，那么在追责的时候，将对纳税人追缴税款，按照过错对扣缴义务人进行罚款等处罚。另一种思路认为，资管产品类似于财团法人，管理人类似于财团法人的理事会，理事会并不能成为财团法人的代扣代缴义务人，笔者认为，这一推断的问题在于，资管产品的信托本质和企业—经理、财团法人—理事会之间的区别。企业股东选任管理层进行运营，但董事会、股东大会依然是决策机构，总经理等管理层在其授权之下运营。

财团法人中的理事会也由捐助人决定法人的目的，仅设有执行机构处理具体事务。资管产品一旦成立，委托人则与前述模式不同，直接影响、决定产品运行。

所以，具体资管产品增值税的税收法律主体关系为，将资管产品本身作为纳税人，管理人作为代扣代缴义务人。

（二）资管产品具备成为增值税纳税人的法律资格

1. 我国增值税纳税人主体资格要求

将资管产品赋予增值税纳税人主体资格，最大的障碍在于它自身的民法属性。作为一个复杂的法律权利与义务的组合，似乎很难与“自然人、法人或非法人组织”这样的民事主体相等同。因而在法理上存在阻碍。如前所述，资管产品项下的资产具有独立性，我国《信托法》第16条[31]与《证券投资基金法》第5条第2款[32]都进行了规定。虽然在契约型资管计划中，产品本身并不具有独立的民事主体资格，但这并非阻碍其作为增值税纳税人的关键因素。税法中，税法主体更多的是以经济上的给付能力或在技术上把握给付能力为标准。前文在论证管理人、持有人作为纳税人的不合理之处，探讨经济实质主义原则适用时也提到，我国增值税的纳税人并不完全与民事主体等同，而是更多注重形式与给付能力，这一点在现有条文中也已经有了例证，《营业税改征增值税试点实施办法》就并未以纳税人是否具有民事主体资格为前提。[33]具体如何判断经济上的给付能力，将在下文展开。

---

[31]《信托法》第16条第1款规定：“信托财产与属于受托人所有的财产（以下简称固有财产）相区别，不得归入受托人的固有财产或者成为固有财产的一部分。”

[32]《证券投资基金法》第5条第2款规定：“基金财产独立于基金管理人、基金托管人的固有财产。基金管理人、基金托管人不得将其基金财产归入其固有财产。”

[33]《营业税改征增值税试点实施办法》第1条第1款规定：“在中华人民共和国境内（以下称境内）销售服务、无形资产或者不动产（以下称应税行为）的单位和个人，为增值税纳税人，应当按照本办法缴纳增值税，不缴纳营业税。”

2. 资管产品经营的连续性与营利性

增值税本是以国民购买与消费商品或劳务的事实作为征税对象，从来源上看，既然并非最终消费者，那么其实就中间方而言，也许就不需要单独去看其财务负担能力，只要能作为主体参与交易，取得价款和应由消费者负担的增值税款，即可认定其具备技术上可以把握经济上的给付能力。[34]因此以营利为目的独立、持续地从事经济活动，就能够成为自己的利益而独立地计算并自负盈亏的主体。

在资管产品被购买时，资产得以集合，管理人通过专业运转实现获利。过程中很多产品享有名称，并以此开立资金账户，这也是许多交易得以进行的基础条件。[35]管理人负责运营，所取得的财产和收益归入资管资产中，所发生的费用也由资管资产进行支付。管理人基于资管产品的成立契约，接受投资人的信任而代为管理，与资产形成一个以获利为目标的整体。在科学运行中，资管产品至少具有长期性和稳定性，已成立的项目不因管理人或产品持有人的更迭而影响其存续。[36]因而在连续性与营利性层面，资管产品已具备增值税的纳税人资格。

3. 资管产品缴纳和转嫁税款的能力

增值税克服了传统流转税与商品经济发展不相适应的矛盾，在生产经营单位不因生产组织形式、商品生产结构的不同和流转环节的多少而发生税负的变化，展现出较强的经济适应性。可以看到在当前的税收文件中，计税方法采用的是“暂时”适用简易征收，暂缓了一般计税方式和抵扣环节的设计。但这也会导致增值税的最终负担者并未能完成最终的转换。事实上，信托财产的增值税缴纳必将来源于产品的资金本身，而当产品成为增值税纳税人后，可以通过开具专门发票避免割断税款转嫁的链条。

---

[34] 参见汤洁茵：《资管产品增值税的纳税人之辩——兼论增值税的形式主义》，载《法学》2018年第4期。

[35] 参见陈夏：《论证券投资基金的法律地位》，载《西南政法大学学报》2003年第5期。

[36] 参见《证券投资基金法》第23条、第34条。

在全世界采用的发票增值税体系中，增值税发票几乎都是核心。仅有增值税注册纳税人可以开具增值税发票，也仅有增值税注册纳税人可以就用于提供应税给付的采购所支付的进项税申请抵扣。因此，资管产品成为独立的增值税纳税人之后，才会保证抵扣链条的完整性，真正实现仅对“新增价值”征税的中性目标，充分体现增值税的意义所在。

（三）构建以产品为纳税人的增值税制的理论基础

实质课税原则是“税法内在的最原始、最本质、最典型的法律原则”[37]。近年来以课税公平和量能课税为价值追求的实质课税原则广受推崇，税法形式主义渐失其声，让人产生税法中形式不受尊重的错觉。这种做法其实大多是为弥补税法对法律形式涵盖的不足，可将创新金融工具纳入现行税法规范范围，从而在现行税法下课税，演变为一种类推适用。但实质重于形式的绝对化甚至一般化是值得商榷的。探求实质在一定程度上能实现个案正义，但脱离形式束缚的实质正义是随机偶然的，不符合税收法定主义要求。

税法与民法对同一经济活动的调整，各有独特视角。税法庞大、复杂的内容正是因为对各种不同形式的交易进行区分，基于经济活动的法律形式确立不同的税收构成要件。就抽象税收构成要件的确立而言，以法律形式为事实基础是常态，对交易实质的考察仅为例外。[38]立法者确立抽象税收构成要件，通过描述“事实要件”最大限度地承接私法形式，维护法的统一秩序。

因而，基于对形式与实质的正当考量，为实现增值税税收中性的立场，将产品作为独立纳税人是最佳选择。应税行为的把握应注重过程中的实施，注重交易合同、抵扣凭证的相关当事人。对于产品征税，很好地衔接了作为公司、合伙企业形式的资管产品具有的民事法律身份。对于契约型资管计划，则轻视了在商事领域的经济角色形式。作为商事交易的一种可能结构，税收中性

[37]〔日〕北野弘久：《日本税法学原论》，郭美松、陈刚译，中国检察出版社2008年版，第92页。
[38] 参见汤洁茵：《形式与实质之争：税法视域的检讨》，载《中国法学》2018年第2期。

要求税收负担不应当扭曲投资决策，如果不能公平地对待不同形式的资管产品，抑或在不同行业间造成非中性影响，则会影响税收制度的一脉相承和相互协调，同时可能导致新的税的套利空间，带来税收不当流失，造成税负不公。

（四）资管产品成为增值税纳税人的合理性

1. 以资管产品作为增值税纳税人符合资产管理行业的本质

资管产品作为增值税纳税人避免了承担最终纳税负担，契合资管业务“受人之托，代人理财”的基础含义。从政策文件的导向上看，资管行业越来越强调管理人的主动管理能力，标准的信托运营受到追捧。资管产品的独立性、委托人希望由管理人专业化运作管理的意思、多项资金共同汇聚对外运营的实际操作模式，都指向资管产品本身的相对独立性。由投资人或管理人任何一方作为增值税的纳税人都会失之偏颇。

资管产品成为增值纳税人，良性引导了资管产品当事人之间的责任、义务划分。由于资管行业的发展阶段、税收政策的模糊性，在实务中，纳税问题很早就会在委托方和管理人之间进行约定。一般都约定由管理人进行缴纳，不会设想投资人将资产交由管理人运营还需要承担运营中增值税务问题。一旦确立了资管产品的纳税人地位，管理人则可以明确自身的责任范围，至少可以限制在产品内部进行解决，不会导致项目之间、项目与自身财产之间的混同。委托人也真正可以做到将资产交由专人打理。

2. 以资管产品为增值税纳税人有利于相关税种课税的协调

正如前文在分析管理人作为纳税人可能导致企业所得税远超增值税数额的现象。所得税和增值税的属性不同，所得税穿透至受益人往往无可厚非，但增值税这种偏重交易过程中形式化的税种并不适宜采用与所得税一样的征税思路。税种之间的协调离不开交易的定性。

作为直接税的所得税，税收负担者和纳税人是一致的，因而经济给付能力是重要的课税基础。增值税作为通过交易行为间接推定负担能力的流转税，由于金融交易中消费者众多、行为复杂、流动性高，利用表征，增值税征税客体的确定是高度形式化的。基于这两大税种的差别，将产品作为纳税人，一不会影响企业所得税和增值税的平衡；二能够减少管理人在运营中处理增值税问题的难度，保证抵扣机制运作；三能够良好地区分于委托人缴纳个人所得税的思路，尊重增值税形式主义的出发点。

3. 以资管产品作为纳税人可以节约税收征管成本

一项法律规范的落实，必然包括制定和执行的成本，因而收益与成本的分析模式一直是不可忽视的分析模式。能够最大限度减少实施中的消耗，是评价和设计程序法应考虑的价值目标，行为的形式化差异与可抽象化程度在很大程度上决定了法律的实施成本。在税收制度中，则体现为税收效率价值的考虑，追求用最小的征管成本保证税收收入。

尤其是在资管产品本身成为增值税纳税人后，消费者不再需要以个体为单位申报和缴税，自然而然地减少了税收征纳的成本。一旦遇到已经公开上市交易的资管产品，人数与流动性对征管难度的影响也可以相对减轻，可以避免在平台上追溯到每一位投资者带来的在操作上的烦琐。即便是将管理人作为代扣代缴人，征管的成本依然会极其高昂。

当然，也有学者质疑，如果将每一个产品视为实体，数量也会极其巨大，注册、申报、注销依然会带来巨大的征管成本。[39] 其实就算在当前制度下，每个资管计划还是需要一个一个算，一个一个清，只不过这个动作强制交由管理人来做。政策出台要求银行成立专门资管子公司，可以预见监管规范化以后，资管会逐步向独立纳税人过渡。如果不将产品作为纳税人，商事交易的一方开不了票则会带来更多交易阻碍，况且现在算法的发展也可以期待金税三期在分布式记账上有所作为。同样的，整体课税、分离课税方式的选择也是将核算的步骤放置于交税前后的问题，即实现了发票、法律合同等问题顺利解决的思路。

[39] 参见古成林、王贝贝：《资管产品增值税纳税和开票相关问题的探讨》，载《财务与会计》2017 年第 22 期。

4. 增值税纳税人选择对资产管理行业发展的影响

金融业是充分竞争，所有的税收成本都反映在资金架构、资金层面上，不像制造业能够由人调整。在多业监管下，对于同样放贷业务，不同部门对于风险计提是不一样的，对于各种放贷的口径、流向监管差异不同，所以中国信托业变相蓬勃发展，不是主动在做主动信托、信托管理，而是在做通道、监管套利。所以在税法层面，税法的中性和谦抑性对各行各业的发展都十分重要。

现在的税收政策没有反映资管行业特性，应该更多考虑行业特性。让公司型、合伙型、契约型资管获得相对公平的竞争环境，让管理人有管理的积极性和基本的保障，让资管各方主体的责任义务更加明晰，可以引导资管业的良性发展方向，可以使资管业站在更加公平的平台上与其他行业竞争。营业税制度下契约型资管产品一直处于纳税人缺位，从而影响后续的抵扣，资管产品可以顺利解决开票问题，也有助于政府监管部门面对嵌套、复杂的资管业务，实施有效的统计与监管，为政府金融决策提供有力的数据支持。

四、资管产品确立为增值税纳税人的制度安排与立法建议

（一）资管产品作为增值税纳税人的制度实施路径

1. 资管产品增值税纳税人登记制度

纳税人的登记与确立是资管项目缴纳增值税的起点，并一直持续到项目“终点”。构建以资管产品作为增值税纳税人的制度，需要从征税的起点建立增值税纳税人注册登记系统，对于应税行为的法人、自然人等不同的组织进行相应的注册设计。由于中国采用了一种独一无二的信息技术系统管理增值税——金税工程，[40]目前，法人（包括个体户）和自然人增值税核算账户是系统中已有的部分，法人、自然人按其纳税人识别号码、身份证号码分别建立核算账户。

---

[40] 参见J. 温、A. 张（J.Winn & A.Zhang）:《中国金税工程：减少增值税欺诈的技术策略》，载《北京大学法学研究》2013年第4卷。

核算账户中的借、贷两个部分与会计准则相衔接，对增值税的进销项税额进行登记。同时，自然人的核算可以与自然人税收征管信息系统对接、共享信息。

对具备独立纳税人资格的资管计划这种金融产品完成登记，首先需要明确登记、审核的条件，如监管系统里关于金融产品的登记备案制度，对于可以办理工商登记的资管项目，可以继续沿用传统的登记模式，对于契约型资管计划在注册时应当出具项目合同，管理人身份证明、资金证明、运营计划等文件以供审核。通过后同样给予纳税识别号和账户，必要的时候可以引进税务意见书作为辅助材料。在登记后，以该项目为主体的交易即可登记在账户名下，方便开票、抵扣、结算。在项目结束后，则进行注销。而对于时间点，可以保证在日常交易中，及时开票，避免交易阻力影响所得税等税务的后续处理。

2. 资管产品增值税计税方法的选择

我国当前增值税制中存在小规模纳税人和简易计税方法，不使用税额抵扣法。上文提到的56号文中，计税方法采用的是“暂时”适用简易征收，打断了抵扣衔接，非常类似于改革前的产品税和营业税，失去了增值税改革的意义，笔者认为这纯粹是过渡性政策。

放置于资产管理行业，产品成为纳税人后，在计税方法的选择上应当采用一般计税方法，才可以有效避免企业融资成本的升高。面对多层嵌套、存在保本情况的各层资管产品，简易计税方法无益于避免对资产的重复征税。而建立调整一般计税方法，可以寻求在各行业税率、计税方法的相对统一，从而消除资管产品与其他相似服务之间可能产生的税收套利空间。一般计税方法的单独核算，是与产品作为纳税人相匹配的，同时对于直接服务收费，抵扣主体也实现对接。解决资管产品管理人与资管产品收益的纳税人为同一纳税主体，管理人不能为自己开票，从产品中收取管理费的重复征税问题。多层嵌套的产品之间也能形成完整的抵扣链条，避免因“保本”安排而重复征税。因此，应当选择一般计税方法，深入完善抵扣制度。

3. 资管产品增值税抵扣环节的设计

抵扣机制是增值税制的核心，是指纳税人可将其在外购商品或有偿接受劳务过程中（不包括雇用的人工）所缴纳的增值税在自身应纳增值税税额中扣除的制度。在对金融服务改征增值税时，保持抵扣链条的连续性是关键环节。也是基于金融服务的特点，交易本身就是增值税额的计算基础。在确立产品为纳税人后，理顺了交易主体，为了进一步建立中性的抵扣制度，按照交易进销项转嫁税负给最终消费者，这其中有一个重要的部分，即发票问题。

在全世界采用的发票型增值税体系中，仅有增值税注册纳税人可以开具增值税发票，也仅有增值税注册纳税人可以就用于提供应税给付的采购所支付的进项税申请抵扣。因此，资管产品成为独立的增值税纳税人之后，才会保证抵扣链条的完整性，真正实现仅对“新增价值”征税的中性目标，充分体现增值税的意义所在。我国增值税发票管理非常严格，但违法犯罪行为也非常多。[41]可能存在大量实质合法交易行为因无法取得发票而增加合法经营成本，或大量实质不合法的交易因取得发票而得以抵扣，引发群体性发票违法行为。因此，有学者指出为解决抵扣中的发票问题，应降低形式性要求，转而从交易实质合法性上来加强征管，减少上述两种情形。其实，这一问题的解决需要在根本上首先完善纳税人认定规则，重视对交易形式的考察，从而理顺在后续发票管理环节放开空间的思路，发票作为重要的辅助环节，应当与纳税人认定规则一脉相承，全面注重对交易中主体形式的考察也是从根本上实现抵扣链条的前提条件。

（二）立法对以资管产品为增值税纳税人规则的确立

1. 增值税实体法对将资管产品作为纳税人的规定

新金融市场主体并不属于传统税法所确立的纳税主体范围，但作为金融市场的重要参与主体其经济行为对金融市场的发展产生了十分重要的影响。纳税主体资格的确立关系、纳税义务的成立及最终的承担者，是税法构建的基础性因素。将资管产品纳入增值税纳税人的范畴必然需要在实体法层面加以规

---

[41] 参见翟继光：《财税法基础理论研究》，中国政法大学出版社 2017 年版，第 271 页。

定。增值税立法伴随着“营改增”的深入，其理念原则、基本制度、条文和架构都已出现雏形，目前较多数量、分散呈现的行政法规上升为法律是必然趋势，毕竟这种初期的形式缺乏一定的法律效力（对法院不具有严格的约束力）。制定增值税法早就已经列入全国人大的立法规划，全国人大及其常委会应尽快启动增值税立法程序，来确立增值税的基本制度，提高增值税立法层级，践行税收法定主义。税收法定主义作为税收领域的最高法律原则，要求课税要件法定、课税要件明确和征税程序合法。[42]

税法的制定权应为立法机关保留，在实体法上成立纳税义务的构成要件事实均应由法律予以规定，而且仅当经济活动被涵摄于法律的抽象构成要件之下时才发生纳税义务。[43]契约自由化为市场主体进行经济活动的安排提供了无限的可能性，与一般具有物理属性的可以消费的商品不同的是，金融商品本身的意义并不在于对其自身的消灭，进行价值的转移，而在于将其作为交易对象频繁交易并获利。在大量商品化的金融工具迅速涌现的情况下，原来以特定金融工具为基础的传统司法也略显捉襟见肘。税法虽具有谦抑性，但也可以为完善的金融私法体系做出推动。当下改革中，国务院将包括资管服务在内的劳务纳入增值税的征收范围，已对《增值税暂行条例》规定的税收要素进行了实质的变更，有违背税收法定主义之嫌。因此，在现行《增值税暂行条例》及其配套规则、营改增制度的基础上，制定《增值税法》已成为当务之急。

具体而言，笔者认为，要想确立资管产品作为增值税纳税人，可以修订《增值税暂行条例》或颁布类似于 56 号文的通知，但更应在当前增值税深化改革的背景下，制定《增值税法》，认定资管产品为其增值税纳税人，理顺抵扣权、求偿权、退税权等纳税人权利在不同领域的关系，实现增值税中性课征和对消费课征的目标。

---

[42] 参见刘剑文、熊伟：《税法基础理论》，北京大学出版社 2004 年版，第 104 页。

[43] 参见陈清秀：《税法总论》，台北元照出版公司 2012 年版，第 45 页。

2. 税收征管法中以资管产品为纳税人的制度设计

为确保资管产品作为纳税人顺利适用增值税规则，其必须承担相应的义务，从而保证权利的行使。具体而言包含登记、核算和凭证保存、发票开具、申报、缴纳等义务。正如上文提到的，金税工程需要在登记账户、税号上完成基础建设，对于发票开具时间继续秉持尊重交易发生需要的现行规定，对于申报的时间点和缴纳则可以与现有合并、分开计算的管理人自由选择模式一起做出修改，即要以每一个产品为对象独立进行计算、申报和缴纳。

程序上的明确规定也便于在纳税人违反相关义务规定对其进行处罚时，使其承担相关的法律责任，更加彰显增值税法应有的法律特性。资管产品由于委托与信托之争、各种组织形式的区别以及契约内容和交易结构的灵活性，在征管制度中，除了强调纳税人与扣缴义务人基本义务之外，可另设“法律责任”部分，规定违反义务应当承担的法律责任，如虚开增值税发票的行为，作为特殊规则而优先适用。对于资管产品与管理人之间的责任划分，是在现有征管法条文内容之下的，但笔者认为可以采用列举的形式，区分实务中不同的本质关系，如委托代理、信托等，避免基层税务部门在认定上出现混淆。

3. 信托法等相关配套法律法规的完善

其实，寻求资管产品的增值税问题的解决，不仅仅要依托税法，更要从资管本业的规范发展上下功夫，一旦确立了增值税法上相对独立的纳税人身份，资管业、信托行业都将受到激励。

完善信托法、制定高层次的信托业法，将有效应对当下在金融理财产品共同信托本质的显现。由于现代融资方式的千变万化，原有机构类别的界限逐渐模糊，混业经营趋势明显。鉴于信托制度的反叛天性，在信托法领域，形式永远让步于实质。[44] 随着“资管新规”等监管文件不断出台，《信托法》《证

[44] 参见高凌云：《收益权信托之合法性分析——兼析我国首例信托诉讼判决之得失》，载《法学》2015 年第 7 期。

券法》的陆续修改，出台一部统领金融领域所有信托类业务的《信托业法》的呼声越来越高。尤其是信托业已经取得了较为良好的转型机会。一部相对权威、普遍适用的高层法律可以解决目前金融活动存在的诸多困境，缓解投资者面临繁杂产品时的迷茫，营造各理财产品间同质公平的生态环境。

我国《信托法》采取信托法和信托业法两分法。[45]但国务院至今并未就信托机构的组织管理出台行政法规。实践中，原银监会颁布的《信托公司管理办法》替代了国务院的立法职能。本应作为通用的资产管理工具的信托及信托关系，在我国却成为银监会管辖下信托公司的专属业务和工具。同时，不同机构以较高频率发布的监管政策文件对于企业自身和整个行业来说，加剧了发展的不稳定性，时紧时松的监管方针更与法治监管的基本要求不符。因此，法律至少需要明确营业信托的准确界定并设立信托业务的准入制度，防止乱用理财名义，统一监管。鉴于理财市场的巨大规模和发展前景，从事营业信托的金融机构明确公示财产、及时披露经营内容，可以构建起竞争的共同起跑线。为提高基本法律对市场的实际适用度，要利用当下修改《信托法》《证券法》的契机进行有针对性的完善。

在修改中，一是要注意对以往监管经验的总结，在法条规制上充分考虑实际操作的空间，保证在规制的同时，有疏通压力的具体进路；二是在向综合监管、功能监管转变的过程中，坚持循序渐进；三是充分考虑市场的活力需求，除了信托本业，适当放宽一些其他业务范围也是有必要的。而具体在何种领域可以放开，放开到何种程度就需要从整体调控角度综合评判，既要维护政策方针的落实效果，又要赋予信托公司合理的发展空间。比如所谓“通道”，如何辩证地认识它的价值？在何种程度上进行规制？这都与具体领域的宏观调控政策和行业风险防控标准紧密相关。所以即使是在金融信托框架下，也应对具体行业的不同标准做出“原则”与“例外”。比如，在对金融信托业务范围

[45]《信托法》第4条规定：“受托人采取信托机构形式从事信托活动，其组织和管理由国务院制定具体办法。”

确定了基本标准后，将较为特殊的行业或领域单列出来，嵌入备案或审批程序。

总之，为促进资管行业的良性发展，提升其管理能力，使其更好地“受人之托，代人理财”，笔者建议完善《信托法》与《证券法》的规制条文，并制定《信托业法》，以促进资产管理大市场有序竞争。

五、结　语

在市场经济条件下，为了有效实现国家职能，国家只能合理、合法地向纳税人征税，这已经成为当今社会的基本共识。随着社会专业化分工日益细化，如何对纳税人纷繁复杂、形式各异的经济活动实现平等有效的课税，是各国税法设计的重点。在日新月异的金融界，资管产品已经成为金融市场的一种重要新型投资方式，面临发展的关键时期。伴随着新一轮财税改革，增值税对金融产品的课征亟须完善。一个良好税收制度的建立，不仅需要平衡好经济实质课税原则和间接税的形式主义，也需要尊重和明确课税对象的法律属性。从本质上看，“受人之托，代人理财”的资管产品应当归属于信托法律关系，信托财产具有第三方独立性，受托人负有最低限度的信义义务。具有谦抑性和政策导向作用的税法内容应当建立在此基础上。而现行国家税务总局确立的方法，即资管产品运营过程中的增值税应税行为以管理人为纳税人并采用简易计税方法等规则，不仅有违资管行业实质法律属性，管理人将负担“无限责任”，也无法从根本上实现增值税对各环节增值额中性征税的目标，为资管业及相关领域带来了税负差异，有违税收公平。应当确立资管产品本身为增值税纳税人，即使资管产品项目本身并非独立民事主体，但基于税法，根据其财产的独立性、经营的连续性和营利性，足以赋予其增值税纳税人身份。唯有如此，才能顺利解决增值税抵扣链条的完整性等问题，真正实现“营改增”的目标。

资管产品增值税制的完善，对于目前现实中问题的解决、避免理论上的迷茫、促进增值税制的发展和中国未来金融创新和金融稳定都有重大意义。增值税纳税人传统形式的突破，将金融创新的税法制度构建打开突破口。金融活，经济活；金融稳，经济稳。一个良性成熟的金融市场，是国之所依，是民之所盼，也是金融核心竞争力之所在。以资管产品的增值税制为契机和经验，可以为金融业“营改增”的未来走出一条正确的道路。

论文争鸣

企业 NPE 危机成因解析及合规应对

陈礼永

内容摘要 专利内在价值的异化是 NPE 兴起的内在动因，而专利权利边界模糊导致侵权难以避免是 NPE 兴起的现实前提。NPE 运营模式是企业 NPE 危机的直接来源，而专利制度的缺陷又助长了 NPE 的投机性。企业应以合规为前提，采取诉前的主动应对和诉后的被动应对来化解 NPE 危机。

关键词 NPE 专利 合规

一、NPE 及企业 NPE 危机概述

NPE（Non Practicing Entity）即非专利实施主体，其内涵和外延在变化的知识产权大环境中一直在不断演化。迄今，NPE 仍然不是一个严格界定的法律主体。学界对 NPE 的认识在早期常常与 PT（Patent Troll）、PAE（Patent Assertion Entities）相混同，实际上他们在运营目的、行为模式上存在较大差别。综合考量 NPE 的行为模式和运营目的，本文将 NPE 定义为一类综合拥有专利（智力成果）所有权的市场运营主体，常以诉讼或诉讼威胁为运营手段以获取经济利益，自身不从事专利（智力成果）的商业化或产品化。

作者单位：泰山学院。

企业NPE危机来自NPE运营模式。首先，通过各种途径批量获取、储备、培育认为有诉讼价值的专利（智力成果）；其次，以行业为界划分，评估所持有的专利（智力成果）价值，同时锁定相关企业；最后，对目标企业发起专利（智力成果）侵权诉讼威胁或直接提起侵权诉讼以获利。以美国为例，NPE对中小企业施以诉讼威胁以获取高额赔偿或和解费，致使众多小企业被迫停业。近年来，美国创新企业为应对NPE不得不付出巨大代价。仅2011年，美国NPE就给创新企业造成了超过290亿美元的直接损失。[1] 2015年，NPE在美国提起的专利侵权诉讼上升到3604件，同比增加了25%，占全部专利诉讼案件的69%。[2] NPE在西方国家（以美国为例）经历了兴起、非理性发展、回归理性的发展过程。[3] 在2011年达到发展的顶峰。此后，随着专利诉讼制度包括实体和程序两个方面的调整，特别是2013年《创新法案》生效以后，美国NPE市场逐渐式微，而中国市场则表现出巨大的增长预期。中国已成为NPE的目标市场，并且已有NPE试水。[4] 可以预计，未来进入中国的NPE将是包装后的、中国化的NPE，但只要其运营模式不变，对企业的威胁就始终存在。

二、对NPE危机成因的解析

（一）NPE的缘起

NPE的出现是专利价值全面实现的需要。17世纪的英国，新技术的出现带来了生产力的巨大提高，使之成为击败对手的有效竞争手段。资本家出于

---

[1] See James Bessen&Michael J.Meurer，*The Direct Costs from NPE Disputes*，99 Cornell L Rev.387，397（2014）.

[2] See RPX，2015 NPE Activity：Highlights［EB/OL］.

[3] 根据2018年1月知识产权交易公司RPX发布的美国（NPE）专利诉讼统计报告，从2011年开始，NPE专利诉讼量持续下降、和解金额持续降低。

[4] 2016年10月，加拿大NPE机构Wi-LAN旗下子公司——无线未来科技以专利侵权为由将索尼移动诉至南京市中院。这是国内首起由外国NPE发起的标准必要专利诉讼。

竞争和垄断的双重需要，促使立法机关通过立法的形式以确认发明的私有性。由此诞生了构建现代专利制度的第一部法律《垄断法》。继英国之后，大部分资本主义国家相继通过立法的形式构建了自己的专利制度。随着全球化浪潮的不断扩展，到目前为止，已有170多个国家和地区建立了专利制度或者知识产权制度。

专利制度建立的初衷，是在指定时间内通过专利（智力成果）的排他使用来促进技术的创新。排他性使用对创新者来说既是一种成本的弥补，也是一种激励。专利制度建立的早期，创新者因排他性使用而获利意义不大，更大的获利可能来自有意实施该专利技术的个人和实体，创新者以类似于收取"许可费"的形式获利。因此，作为对专利成本的补偿和适度激励，指定垄断（排他使用）权应以相应的潜在交易市场的存在为逻辑前提。[5]以NPE的诞生地美国为例，新发明、新技术在专利制度的激励和保护下大量涌现。为推动专利价值的全面实现，专门从事专利转让、交易的主体开始出现。1990年美国出现了世界上第一家专利运营公司——德州仪器（Texas Instruments）。由此，专利交易市场开始逐渐形成。但需注意的是，早期的NPE在投机性上区别于今天的NPE。投机性是今天NPE的根本特性，以专利为工具，通过投机获利是其根本目的。

（二）NPE兴起的内在动因——专利内在价值的异化

NPE的兴起离不开专利设立之初即被赋予的财产属性。专利作为一种财产形态，自诞生之日起即具有两重属性，外在表现为使用价值和交换价值。但专利区别于实体物，其使用价值的实现必须经由实施主体在付出实际劳动后才能将专利（智力成果）"变现"。且变现并不意味着必然的成本回收和利润取得，变现过程中的投资风险、技术风险、市场风险等使得专利使用价值的实现充满了不确定性。而在交换价值实现机制中，经由作价投资、标准联

[5] 参见封凯栋、赵亭亭：《专利制度的两面性：历史与现状》，载《企业管理》2012年第S1期。

盟、授权转让、买卖让与、侵权诉讼等均不失为一种实现方式。[6] 由于专利（智力成果）已现实存在且不必客观实施，交换价值的实现实为虚拟价值的变现，方便、快捷、风险小是其根本特征。现实中，在制度、政策、市场混同的作用下，专利（智力成果）的使用价值和交换价值的实现代价与获益超过利益平衡点时，以单纯追求专利（智力成果）交换价值的市场主体的出现成为必然。

（三）NPE 兴起的现实原因

1. 现实前提，专利（智力成果）权利边界模糊使侵权难以避免。专利制度的缺陷导致了专利（智力成果）侵权的不可避免性。产权的设立是通过划定行为边界及预设行为模式以达到消除为控制经济资源而展开的破坏性竞争，界定清晰、保护周到的产权以和平竞争方式替代了暴力竞争。[7]产权具有天然的排他性。随着一定范围内产权的不断设立，人们的行为空间逐渐变小但界线清晰。但专利权的设立区别于传统产权。现有专利制度规制下，专利权由行政机关依据一定的标准赋予申请者，专利权的获得要借助政府管制能力。这种产权获得方式与传统产权获得方式（如占有）相比，专利产权的边界具有模糊性。技术或产品的创新者在创新之前即使善意穷尽现有手段（比如专利检索），仍然难以自我确认新技术、新产品（即使已取得专利权）是否碰触已有产权边界而形成侵权。现实中，比如一部手机的零部件供应商遍布全球，涉及的专利有上万件，专利与专利之间的边界重合的可能性极大，完全防范侵权风险几乎不可能。另外，专利侵权诉讼中，侵权与否由人为判定以及专利诉讼制度带来的不确定性都为 NPE 操作获利提供了空间和可能。

2. 制度便利，专利诉讼制度的缺陷助长了 NPE 的投机本性。NPE 的诞生、

[6] 参见周延鹏：《智慧财产作价投资与新创事业》，载《政大智慧财产评论》2006 年第 2 期。

[7] See Armen A. Alchian，Property Rights.

兴盛、成熟都发生在美国，至今在运营的 NPE 都是非常成熟的市场主体。他们的快速兴起和理性回归与美国的专利（知识产权）制度以及诉讼制度的变迁密不可分。

NPE 的运营方式有两种。其一，通过实施许可收取许可费。其二，通过诉讼威胁或诉讼获利。而让目标企业缴纳许可费是以诉讼威胁或诉讼为潜在手段。所以对 NPE 来说，诉讼方式的方便与否、费用承担、获利大小等因素成为是否能抑制其投机性的主要考量点。

首先，20 世纪中叶，新技术的出现和人们权利意识的提高使得包含新技术因素的专利申请大量涌现，但专利审查员的数量及素质却跟不上技术的发展。此外，1980 年开始实施的《拜杜法案》又扩展了可授予专利权的客体范围[8]，导致出现了大量的"缺陷专利"。这些"缺陷专利"在经济低迷、市场动荡期被 NPE 有意识地大量收购、集中，成为 NPE 日后投机的资本。

其次，美国早期（特别是《创新法案》生效之前）的专利诉讼制度非常有利于 NPE 的生存和野蛮发展。其一，立案成本。《创新法案》生效之前，专利诉讼的原告所承担的举证责任低、信息披露义务少，简略的案件描述就足以立案，意味着 NPE 诉前成本低，可轻易提起一桩专利侵权诉讼，而涉诉企业只能被动应付。其二，时间成本。由于 NPE 自身不实施专利，无后顾之忧，诉讼期间的长短对其影响不大。但对其选定的目标企业来说，动辄一两年的诉讼周期对企业运营影响巨大。其三，经济成本。在《创新法案》生效之前，诉讼费用由原、被告各自承担，NPE 不必担心因败诉而承担对方高额的诉讼费用，涉诉企业即使胜诉也得不偿失。其四，高额回报。既有案例表明，一旦 NPE 投机成功，赔偿额或和解费用将是非常可观的。FTC（Federal Trade Commission）曾指出，某些损害赔偿的计算方式没有以经济分析为依据，导致

[8] 1980 年颁布的《拜杜法案》和后来的相关立法都明确规定大学和政府实验室对政府资助的研究成果有申请专利的权利，而早期的规范是让这种创新成果进入公有领域。

NPE 获得了过高的补偿。[9]

总之,《创新法案》生效之前，获利过程呈现出的成本小、风险小、回报大等特点激发了 NPE 的投机本能。虽然获利方式备受争议，但发展势头一直不减，直至《创新法案》的实施才予以遏制。

三、NPE 引发企业危机的行为表现

(一) NPE 诉讼准备期行为

NPE 诉讼准备工作主要表现为两条线。一条线是对涉诉专利的准备，另一条线是目标企业的选择与确定。早期诉讼准备工作并不指向明确的目标企业，但有大体的行业方向区分。如 IT 行业、医药行业、化工行业等。在行业内选定目标企业群后，再综合考量自身涉诉专利准备情况和企业应对能力选定目标企业。两条线有机结合，并行不悖。

具体来说分以下几个步骤：

第一步，专利集中。研发（独立、委托、合作)、收购、承继、信托等都是常见的 NPE 获取专利的方式。对获取的专利进行有意识的区分、重组、包装以形成专利组合。构建合理的专利组合一方面可以消除相邻专利权之间的模糊边界，另一方面其形成的规模效应也有助于技术的最大化，从而产生整体优于部分之和的效果。

第二步，选定目标企业。目标企业的选定是从大范围到小范围逐步缩小的一个过程。该过程也是对行业内多个潜在目标企业尽职调查的过程。调查的内容涉及企业的方方面面，包括企业性质是国企还是民营，以及是外资、中资还是合资；行业背景是行业内主导企业还是边缘企业、上游企业还是中下游企业；企业运营情况是否正常、规范；专利（知识产权）管理情况；财务能力强

[9] U.S. Federal Trade Commission. The Evolving IP Marketplace: Aligning Patent Notice and Remedies with Competition (Washington, D.CM: March 2011) [EB/OL].

弱；以往诉讼应对方式是和解还是应诉等。

第三步，针对目标企业的专利筛选和培育。NPE 对定型、授权专利不感兴趣，因为这些专利几乎没有什么威胁性。NPE 的目标主要是被驳回的专利申请，对其进行层层筛选，选定与目标企业群相关的，从申请程序及权利要求实体上可进一步完善的“半成品”专利进行“培育”。即利用继续申请制度将已知的所有缺陷进行修补[10]，使最终授权专利的权利要求虽然没有很多，但是很稳定，在未来诉讼中被无效的可能性很小。这种近乎完美并具有针对性的专利将是未来针对目标企业进行诉讼的“撒手锏”。据悉，在 2015 年美国专利诉讼中，有近 2% 的诉讼专利使用了 Logic Patents 培育的专利武器，被诉的对象则包括华为、HTC、索尼等知名手机厂商。[11]

第四步，证据收集。通常 NPE 会穷尽证据形式来获取有利证据，其中书证、物证、视听资料、电子数据、鉴定结论最为常见。对证据内容的收集是全方位、多渠道的。其收集方式包括调查市售产品分布、份额，购买产品进行逆向工程研究，对有关目标企业的新闻报道检索、分析、固定，检索相类似专利，对重要证据常选择公证方式固定。

（二）NPE 诉讼威胁或诉讼

在前期充分准备的基础上，NPE 综合评估所持有专利权的强度及目标企业的现实状态，最终锁定首轮诉讼目标。NPE 会根据目标企业的具体情况（如财务状况、以往涉诉应对方式等）来判断是否以提起诉讼相威胁就能达到获利目的，如不能，则会选择直接提起诉讼。如通过研判认为自身所持有的专利强度足够大，诉讼成功率高，NPE 会挑选市值较大的目标企业通过启动诉讼程序以获得巨额赔偿或和解费用。如认为自身专利强度较弱，NPE 会选择中小

---

[10] 继续申请制度是指如果申请人在原始申请处于未决状态时，又提交了一份新申请，那么这份新的请求书将会被认为构成原始申请后的一份继续申请，该继续申请与原始申请在法律意义上属于同一份申请。

[11] 参见鲁周煌：《未来已来——当 NPE 进入中国》，载《中国知识产权》第 128 期。

企业为诉讼目标。如能在首轮成功击败大企业，NPE 会挟此有利诉讼结果发起针对相关中小企业的第二轮诉讼。

四、企业对 NPE 危机的合规应对

（一）诉前的主动应对

1. 以 FTO（Freedom to Operate）检索为手段消除侵权风险

对企业来说，在技术立项、研发及商业化应用前都应进行 FTO 检索，以达到发现专利壁垒、识别侵权风险的目的。为保证 FTO 检索的全面性，首先要求检索工具多样。不同的检索工具在数据库、检索功能方面优缺点不一，多个检索工具重复检索可最大可能地查缺补漏。其次要求检索人员不同。由于不可避免的主观性及不同的知识背景，不同检索员对技术的理解和检索策略均存在差别，多人背靠背就同一检索案进行检索可尽量降低人为影响。对通过检索确定存在侵权风险的，企业可通过后续的规避设计、专利许可或提起专利无效来规避或消除。对尚未发现侵权风险的要尽早启动申请专利程序，确定申请范围及申请策略以形成合理专利屏障以覆盖和保护自身的技术和产品，尽量不给 NPE 造成可乘之机。

2. 对本行业 NPE 实行备案预警

与企业所在行业相关的 NPE 数量屈指可数。企业的知识产权管理部门可对这些 NPE 实行备案制预警管理。对其发展背景、股东组成、专利侧重点、历史涉诉行为进行梳理，对其近三年内通过不同途径释放的专利（知识产权）信息进行研判，特别注意对其近三年内获取专利（知识产权）的途径、方向、内容做详细分析。同时，同行业企业之间组建预警平台，及时披露、共享本行业 NPE 的相关信息，抱团取暖避免单兵作战，将有效提高单个企业抵御 NPE 诉讼的能力。

对海外企业或涉外企业来说，专利（知识产权）工作更应走在实体经营前面。首先，在深入了解目标国家、地区的专利（知识产权）制度、政策、规则

基础上进行专利布局，建立好首道防御屏障。其次，对所在地知识产权制度、政策、规则的修订做出实时反映，以在市场竞争中争取主动权。最后，关注所在地 NPE 诉讼以及其他的专利（知识产权）诉讼案例，研判 NPE 的诉讼策略、手段以未雨绸缪。

3. 合规化管理、规范企业经营行为

第一，合同管理。凡是经济往来皆应有案可查，书面制、合同化管理。涉及产品、技术内输的行为，合同中的知识产权条款应单列并明确对方的知识产权担保义务。这样一方面可在未来 NPE 诉讼中失利后转嫁部分赔偿责任，另一方面可在发生 NPE 危机时促使技术、产品输入方作为第一道屏障来应对 NPE。

第二，信息披露。企业信息披露（有意或无意）的方式很多，其中正式渠道包括企业官网、企业开发的 APP、在国家知识产权局或其他行政及事业单位备案可查的信息、发布会、推介会等，信息附着物表现形式为实体物或虚拟物。不合规范、未经审核的信息披露可能成为 NPE 的诉讼弹药。因此，企业对信息披露应秉持必要最小化原则，避免披露产品、技术的详细信息。

4. 加强专利储备构建技术优势

原、被告在专利诉讼或 NPE 诉讼中比拼的是专利的有无、多少以及质量。必要的专利储备是应对诉讼的弹药库，这是当下绝大多数国内企业的短板。这主要表现为四“少”。第一，原创性专利少，多是一些外观设计等的非实质专利。第二，主动对外申请专利少。第三，对外的相互授权少。第四，核心专利少。补齐企业的短板主要从两个方面入手。第一，对内挖掘。企业要注重研发、突破核心技术并通过申请专利使之能被确立和保护。第二，外部输入。外部输入专利的方式很多，主要表现为专利购买和企业并购。这两种方式都能迅速提高企业自身专利储备。在外部输入之前要做好专利风险的评估，包括对专利权的归属（是否职工所有）、专利权的稳定性（是否易被无效）、是否为标准必要专利（权利要求能否覆盖标准规范）等都要做详尽、专业的评估后才能决定是否输入，否则会得不偿失。

（二）诉中的积极应对

NPE诉讼一旦启动，涉诉企业都应积极应对，不应诉或消极应诉将损失巨大。

应对手段首先应考虑程序应对。第一，尽早对涉诉专利提出专利复审和无效。NPE诉讼中的专利被无效的可能性较高，无效成功就会使NPE失去诉讼基础。即使不被无效也很可能使涉诉专利的权利要求范围缩小，迫使NPE减少赔偿数额或降低和解条件。同时，提起复审或无效及引发的后续可能行政诉讼程序还能增加NPE的成本压力。但是选择复审和无效之前要评估涉诉专利的有效性和稳定性，防止弄巧成拙。第二，合理利用中止程序。主要指涉及实用新型和外观设计专利，目的延缓诉讼进程，以拖待变，增大NPE的诉讼成本。[12]第三，规避有利于NPE的法院。NPE会精心选择实体上倾向专利权人、程序上结案速度快的管辖法院，目的是尽快获得侵权赔偿。涉诉企业应在有选择管辖可能并且程序允许的情况下，在研判以往该法院专利诉讼或NPE诉讼裁判倾向的基础上，决定是否提起管辖权异议。第四，主动提起确认不侵权之诉。企业收到NPE发出的侵权警告后应综合研判涉诉专利，如判断为NPE的讹诈行为或对自身专利有充足信心，可遵循《最高人民法院关于审理侵犯专利权纠纷案件应用法律若干问题的解释》第18条规定，主动提起请求确认不侵犯专利之诉，以化被动为主动，阻却NPE的进一步纠缠。

应对手段其次是实体上的抗辩。实体上的抗辩理由多样。其一，以权利要求书为基础的不侵权抗辩。目前的司法政策是严格以权利要求书记载为准，严格使用等同标准。所以要从专业角度详尽比对被控侵权技术特征与专利技术方案的异同。其二，已有技术抗辩。NPE诉讼的涉诉专利与现有技术或现有设计相同或极其相近，被诉企业可以直接在诉讼中主张已有技术抗辩，避免另

---

[12] 由于发明和实用新型、外观设计的授权模式不同，《最高人民法院关于审理专利纠纷案件适用法律问题的若干规定》第8条、第9条、第10条、第11条，以及《民事诉讼法》第150条第1款第5项为仅涉及实用新型或外观设计的中止诉讼规定。

提无效产生额外成本。其三，合法来源抗辩。通过提供法律文件（不限于合同）证明使用专利技术有合法授权，或能够提供相应证据证明被控产品系外部合法输入。

目前，NPE 在中国还未大量出现，试水也未成功。但中国巨大的市场以及对专利（知识产权）的重视导致的“专利丛林”滋长、损害赔偿额提高、闲置专利累积增加、促进专利运营政策导向都会使 NPE 长期觊觎该市场。可以肯定的是，NPE 将以包装后的形式出现，并成为国内专利（知识产权）行业发展的一部分。所以，企业未雨绸缪十分必要。

网络借贷民事审判现状研究

——基于10058份裁判文书的实证分析

张 翀 刘进一

内容摘要 当前，研究网络借贷司法实践的文献较少，以实证方法研究民事审判状况的文献则付之阙如。通过选取我国837家法院自2013年至2019年作出的10058份网络借贷民事裁判文书，构建69个变量，利用SPSS软件进行统计分析，梳理网络借贷民事案件的审理程序、诉讼参加人、交易概况和裁判结果，可得出如下研究结论与启示：网络借贷案件不断增加，法院受案压力较大，平台回购成为解决诉讼困境的常见做法；网络借贷在整体上并非高利贷，但隐蔽利率现象值得关注；原告胜诉概率高，法官普遍信赖电子证据；"类案不类判"现象广泛存在，司法说理有待提高。

关键词 网络借贷 民事审判 裁判文书

作者单位：中国政法大学人权研究院；北京大成律师事务所。

一、研究现状与不足

网络借贷，又称 P2P（Peer-to-Peer），诞生于英国。它通过互联网为资金富余方（出借人）和资金稀缺方（借款人）搭建桥梁，是“金融民主化”的先驱。然而，这一互联网金融新模式在中国出现很多问题，给民众带来经济和精神上的痛苦。学界始终关注该领域动向，十余年来研究成果丰硕。然而，相对于监管等理论问题，研究司法实践问题的文献相对较少。目前该领域约一半的研究成果出自法官和律师之手，《人民司法》和《互联网金融法律评论》成为研究重点。相关文献大致可分为两类：第一类以一个或若干个诉讼案例作为切入点，通过介绍案件的来龙去脉，引申出需要关注的问题；第二类基于实践经验或商业模式，直接揭示司法审判中法院面临的新问题并提出应对建议。

作为第一类文献的代表，余涛、高振翔和邵志龙均以“点融网”催收案作为切入点，揭示该案在确认多对一借贷模式、债权转让合同效力等方面的重要影响。[1]律师商建刚等通过介绍三起 P2P 平台催收诉讼案件，探讨当前网贷诉讼催收困境及突破路径。[2]平台诉讼主体资格、居间费性质认定、电子合同效力等问题也是此类文献关注的焦点。[3]

[1] 参见余涛：《点融网催收第一案之评析》，载《互联网金融法律评论》2015 年第 1 辑；高振翔：《P2P 网贷纠纷的司法困境及其改进路径——以点融网案为例》，载《互联网金融法律评论》2015 年第 1 辑；邵志龙：《“P2P 网络借贷行业诉讼催收第一案”为何案——有关三个 P2P 网络借贷行业相关判决的研究》，载《互联网金融法律评论》2015 年第 2 辑。

[2] 参见商建刚、王涛、张倩文：《P2P 平台诉讼催收困境探讨》，载《互联网金融法律评论》2015 年第 2 辑。

[3] 参见王鑫、孔燕萍：《当前互联网金融商事案件司法实务相关问题——以上海市浦东新区人民法院互联网金融商事案件为视角》，载《互联网金融法律评论》2016 年第 4 辑；施浩、黄頔：《P2P 借贷纠纷案件中的法律问题》，载《人民司法》2016 年第 5 期；余韬、刘明：《P2P 网络借贷平台服务费的标准》，载《人民司法》2017 年第 14 期；石贤平：《全面落实司法责任彰显司法公平正义——基于 P2P 网络平台借贷纠纷司法案例举证责任问题研究》，载《商业研究》2018 年第 4 期；宋毅、熊静：《P2P 网络借贷纠纷的审理难点与裁判思路》，载《人民司法》2019 年第 1 期。

作为第二类文献的代表，法官汤峥鸣、王连国调查发现我国P2P诉讼具有送达率低、缺席判决多、执行成本高等特点，指出电子证据认定、刑民交叉处理等是审判实践中普遍遇到的难题。[4]法官吴景丽指出在网络借贷纠纷审理中，法院面临债权转让、风险备用金、平台担保、反担保登记、本金认定等九大诉讼问题。[5]其他研究者还对追索型回购、诉讼管辖、合同效力、隐名担保等问题进行分析并提出应对建议。[6]

上述研究拓展了学界有关网络借贷司法实践的视野，使人们看到"行动中的法"。然而，当前研究有一种"只见树木、不见森林"的缺憾。很多文献缺乏大数据支撑，个别文献看起来建立在大量裁判文书的基础上，但作者既未对数据进行必要的梳理，也没有在数据与研究对象之间建立统计学上的联系，无法定量说明问题的现状，由此提出的建议缺乏说服力。[7]

定量化是当代社会科学研究的重要趋势之一，也是我们客观认识事物的前提。[8]当前，我国正面临网贷平台频频"暴雷"，市场失灵与监管失灵并存的困境。[9]网贷立案难、多方利益平衡难、"类案不类判"等现象在一定程度上加剧了监管失灵的程度。定量化地研究网络借贷裁判文书，对于把握审判现状、认识网贷性质、发现司法问题、创新法律统一适用机制不无裨益。为此，本文力求从裁判文书的信息统计入手，研究网络借贷民事审判现状，通过大数

---

[4] 参见汤峥鸣、王连国：《P2P网络借贷："跑马圈地"后的诉讼样本》，载《人民法院报》2015年1月12日，第006版。

[5] 参见吴景丽：《P2P网络贷款的九大司法诉讼问题》，载《人民法院报》2015年1月28日，第007版。

[6] 参见刘东：《P2P网络借贷诉讼的程序选择与适用》，载《时代法学》2014年第4期；陈冲：《P2P网络借贷法律纠纷的司法裁判进路》，载《上海政法学院学报（法治论丛）》2016年第6期；秦立鑫：《个体网络借贷纠纷诉讼解决机制论》，山东大学2017年硕士学位论文；张翀、刘进一：《P2P平台投资者诉讼困境之化解——兼论P2P平台债权回购的法律定性》，载卞建林主编：《诉讼法学研究》，中国检察出版社2019年版，第69～82页；侯国跃、汤敏、陈圣利：《P2P借贷民事纠纷中的疑难法律问题》，载《人民司法》2019年第19期。

[7] 例如，参见侯国跃、汤敏、陈圣利，同上注[6]引文。

[8] 参见白建军：《少一点"我认为"，多一点"我发现"》，载《北京大学学报（哲学社会科学版）》2008年第1期。

[9] 参见彭冰：《反思互联网金融监管的三种模式》，载《探索与争鸣》2018年10月。

据分析发现问题，为学界进一步研究奠定基础。本文以下部分的结构是：第二部分介绍实证分析的样本来源、变量设置及含义；第三部分建立在数据分析的基础上，全面梳理网络借贷民事案件的审理程序（管辖法院、裁判日期、审判组织、原告举证、法官取证），诉讼参加人（原告、被告、第三人、代理人），交易概况（本金、利率、还本付息方式、担保、借款期限）和裁判结果（文书类型、审理期限、诉讼费用分担、居间费性质认定、隐名担保有效性、平台责任）；第四部分综合运用数据，得出研究结论与启示。

二、实证研究的实施

（一）样本的获取

由于中国裁判文书网无法稳定地批量下载法律文书，笔者选择“聚法案例”作为样本来源。[10] 为明确统计时点，笔者将 2019 年 6 月 21 日确定为统计基准日。为全面收集与 P2P 网络借贷相关的法律文书，笔者设置“P2P”和“网络借贷”两个关键词。在统计基准日，“聚法案例”含“P2P”关键词的裁判文书为 7083 个，含“网络借贷”关键词的裁判文书为 9668 个，将两类案件相加得裁判文书 16751 个。

去除重复的裁判文书 1597 件，剩余 15154 件法律文书。再根据审判类型，去除刑事、行政、国家赔偿和执行类案件，仅选择民事类案件 11931 件。然后在民事类案件中去除案由为劳动合同、离婚、继承、买卖合同、租赁合同、侵权责任以及基于“点对点”传输技术所引发的著作权侵权或网络侵权纠纷等与借贷纠纷无关的案件，剩余 11275 件与债权或担保权追偿相关的法律文书。经进一步分析，上述案件中有 372 个与网络借贷没有实质联系，原因在于这些案件是原告将通过平台借得的资金出借给被告而发生的普通民间借贷纠纷，或者原告委托被告通过平台进行投资而发生的委托理财纠纷，上述纠纷并非平台

[10] “聚法案例”以中国裁判文书网作为数据来源，曾被中国互联网协会评为优秀“互联网 + 法律”创新项目。

撮合背景下的借贷、担保或服务纠纷，故也被排除在样本之外。最后只剩余10903个与网络借贷主债权或担保权追偿相关的法律文书，包括一审10058个、二审811个、再审32个和实现担保物权案件的特别程序2个。鉴于一审上诉率和二审再审率分别约为8.1%和3.9%，且二审驳回率和再审驳回率分别约为79.9%和87.5%，故一审裁判绝大部分是生效裁判。为统一变量、方便研究，笔者仅以10058个一审裁判文书作为研究样本。

（二）样本的处理

本文构建了69个变量用于对裁判文书样本进行研读与记录。这些变量涵盖了裁判文书上记载和反映出的相关信息。变量大致可分为四类："案件审理""诉讼参加人""交易概况"和"裁判结果"。

"案件审理"统计与审判程序相关的信息，包括"管辖法院""法院是否位于东部"[11]"法院是否位于中部""法院是否位于西部""法院是否位于东北部"[12]"审判人员总数""人民陪审员人数""原告是否提交借款合同""借款合同是否属于电子证据""原告是否办理公证""原告公证内容""法官依申请取证内容""法官依职权取证内容"13项变量。

"诉讼参加人"统计与诉讼主体相关的信息，包括"原告人数""原告性质"[13]"原告住所""原告性别""原告年龄"[14]"原告身份""如原告是债权受让人

[11] 本文关乎是否判断的变量均为哑变量（Dummy Variables），又称虚拟变量，取值规则为：如是，则取值为1；如不是，则取值为0。下同。

[12] 东部包括北京、天津、河北、上海、江苏、浙江、福建、山东、广东和海南10个省（市）；西部包括内蒙古、广西、重庆、四川、贵州、云南、西藏、陕西、甘肃、青海、宁夏、新疆12个省（市自治区）；中部包括山西、安徽、江西、河南、湖北和湖南6个省；东北部包括辽宁、吉林和黑龙江3个省。有关地域的分类标准，详见国家统计局：《统计制度及分类标准》，载http://www.stats.gov.cn/tjzs/cjwtjd/201308/t20130829_74318.html，2019年5月24日访问。

[13] "原告性质"是从自然人、法人或非法人组织等主体性质角度对原告进行分类，而后文的"原告身份"是从出借人、借款人、债权受让人和担保人等法律关系角度对原告进行分类。被告和第三人的相关变量亦具有同样含义。

[14] 原告年龄＝该案自然人原告的年龄之和／自然人原告人数。同理，后文的被告年龄＝该案自然人被告的年龄之和／自然人被告人数。

是否支付转让对价”“债权转让环节”“被告人数”“被告性质”“被告住所”“被告性别”“被告年龄”“被告身份”“被告缺席判决人数”“第三人人数”“第三人性质”“第三人身份”“原告代理人人数”“原告代理人身份”“被告代理人人数”“被告代理人身份”“第三人代理人人数”“第三人代理人身份”24项变量。

“交易概况”统计与网贷交易相关的信息，包括“原告诉请的本金”“利率”[15]“居间费率”[16]“利息之外的费率”[17]“综合借贷成本”[18]“是否等额本息”“是否先息后本”“是否到期一次性还本付息”“是否有担保”“保证人人数”“抵押人人数”“出质人人数”“抵押物”“质押物”“借款期限”[19]15项变量。

“裁判结果”统计与审理结果相关的信息，包括“裁判文书种类”“法院是否判决驳回原告诉讼请求”“法院是否以借贷为常业否定借款协议效力”“裁判日期”“受理日期”“案件受理费”“保全费”“公告费”“邮寄费”“原告承担的诉讼费”“被告承担的诉讼费”“法院是否在本金中扣除居间费”“法院扣除或不扣除的理由”“法院是否认可隐名担保”“法院认可或否定的理由”“出借人诉平台法院是否支持”“法院支持或不支持的理由”17项变量。

笔者将裁判文书按照上述变量进行研读，先通过WPS表格进行记录，最后借助于SPSS软件生成数据库并进行统计分析。

三、调查数据及其分析

（一）案件审理

对程序信息的统计与梳理，是了解民事审判现状的有效途径。以下将根

---

[15] 利率，指借款合同约定的年化利率或通过内部收益率推算得出的年化利率。

[16] 居间费率，是网贷平台收取的费用占合同约定的借款本金的比例，根据借款期限折算为年化形式。

[17] 利息之外的费率，是居间费担保费等利息之外的全部费用占合同约定的借款本金的比例，根据借款期限折算为年化形式，其数值大于等于居间费率。

[18] 综合借贷成本，用于衡量借款人的全部融资成本，在数值上等于利率与利息之外的费率之和。

[19] 借款期限，是借款合同约定的借款时间，统计时以月为单位。

据裁判文书披露的程序性信息，介绍管辖法院、裁判日期、审判组织、原告举证和法官取证情况。

1. 管辖法院

首先，从级别管辖来看，10058 份裁判文书由 837 家法院作出，其中，99.8% 的案件由 832 家基层人民法院裁判，仅 0.2% 的案件由 5 家中级人民法院裁判（含 17 份判决和 3 份裁定），可见基层法院承担了网贷案件审理的主要工作。从中级人民法院作出的 17 份判决来看，这些案件的诉讼标的额均未达到中级人民法院的受案门槛，法院可能是基于原告系美国国籍属于重大涉外案件，[20] 或者涉及主体较多在本辖区有重大影响而受理。[21]

其次，从地域管辖来看，审理法院在空间上呈现出东部最多（5555 份）、西部其次（2378 份）、中部较少（1864 份）、东北部最少（261 份）的特点。除港澳台外的 31 个省份中，北京市最多，达 2565 件；青海省最少，仅 7 件。上述分布可能与经济发达程度和人口密集程度相关（见图 1）。

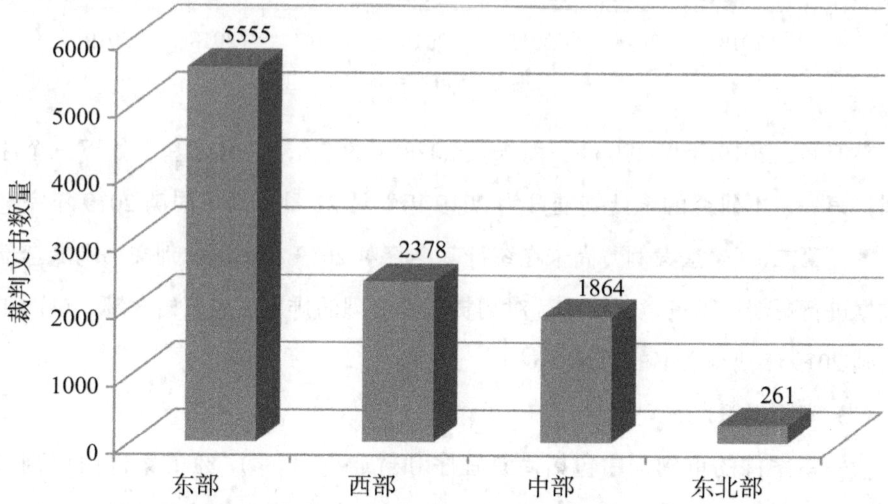

图 1　审理地域

[20] 例如，武汉市中级人民法院（2016）鄂 01 民初 1702 号民事判决书。

[21] 例如，重庆市第一中级人民法院（2017）渝 01 民初 92 号民事判决书。

2. 裁判日期

自 2013 年至 2018 年，法院作出的裁判数量呈逐年递增趋势，分别为 2013 年 1 件，2014 年 11 件，2015 年 250 件，2016 年 760 件，2017 年 2414 件，2018 年 6342 件（见图 2）。

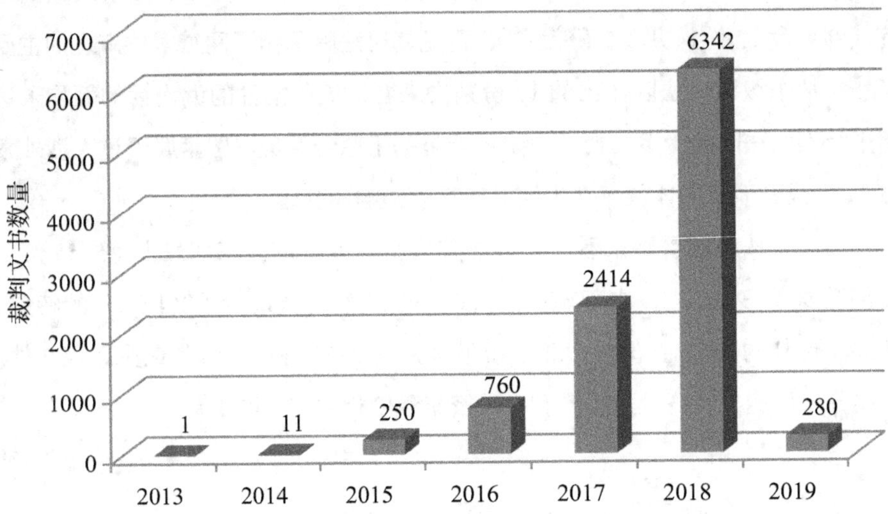

图 2　审理年份

但是，2019 年仅 280 件，尚未及 2018 年的 5%，这可能基于如下三个原因：第一，本研究的统计基准日为 2019 年 6 月 21 日，尚未届满 2019 年完整年度；第二，"聚法案例" 尚未在统计基准日对 2019 年中国裁判文书网的全部数据进行更新；第三，近年法院对网贷案件受理的排斥效应开始发酵，进而影响到 2019 年裁判文书的数量。

3. 审判组织

一审案件的审判程序包括简易程序和普通程序。41.7% 的案件由审判员独任审理（4194 件），适用简易程序；另外 58.3% 的案件由合议庭审理（5864 件），适用普通程序。合议庭的组成人员皆为 3 人。在合议制审理的 5864 个案件中，4411 个案件由一个审判员和两个陪审员组成，1194 个的案件由两个审判员和一个陪审员组成，仅 259 个案件由三个审判员组成（见表 1）。

表 1

<table>
<tr><th colspan="3"></th><th>案件数</th><th>百分比</th></tr>
<tr><td rowspan="4">审判程序</td><td rowspan="3">普通程序</td><td>一个审判员与两个陪审员</td><td>4411</td><td>43.9%</td></tr>
<tr><td>两个审判员与一个陪审员</td><td>1194</td><td>11.9%</td></tr>
<tr><td>三个审判员</td><td>259</td><td>2.6%</td></tr>
<tr><td colspan="2">简易程序（一个审判员）</td><td>4194</td><td>41.7%</td></tr>
<tr><td colspan="3">总计</td><td>10058</td><td>100.0%</td></tr>
</table>

自 2013 年至 2019 年，审判人员人数均值呈递减趋势，这从另一个侧面反映出司法资源在不断增加的网贷案件面前显得越发紧张。

4. 原告举证

证据是诉讼的灵魂，它决定案件事实的认定。在全样本中，原告提交借款合同的案件有 9797 个，占 97.4%；原告未提交的案件有 261 个，占 2.6%。原告未提交借款合同的原因一部分是因裁判文书中没有叙明，另一部分是因平台停止服务，原告在客观上无法提供。[22]

在原告提交借款合同的案例中，62.3% 的案件属于电子合同，18.5% 的案件属于纸质合同，另外 19.2% 的案件无法判断。可见，网络借贷确实秉持了线上缔约的特点。经交互分析，电子合同占比有一个逐渐升高的过程。2016 年电子证据和纸质证据占比均约为 41%，之后 3 年电子证据占比均超过 54.6%，而纸质证据占比则下降为 18.5% 以下（见表 2）。

[22] 例如，合肥市蜀山区人民法院（2016）皖 0104 民初 8505 号民事判决书。

表 2

			审判年份							总计
			2013	2014	2015	2016	2017	2018	2019	
借款合同形式	电子证据	计数	1	2	46	290	1550	4068	149	6106
		百分比	100.00%	22.20%	20.90%	41.00%	66.00%	65.20%	54.60%	62.30%
	无法判断	计数	0	5	54	128	487	1132	76	1882
		百分比	0.00%	55.60%	24.50%	18.10%	20.70%	18.10%	27.80%	19.20%
	纸质证据	计数	0	2	120	289	310	1040	48	1809
		百分比	0.00%	22.20%	54.50%	40.90%	13.20%	16.70%	17.60%	18.50%
总计		计数	1	9	220	707	2347	6240	273	9797
		百分比	100.00%	100.00%	100.00%	100.00%	100.00%	100.00%	100.00%	100.00%

原告进行公证的案件有 392 个，占全样本的 3.9%。其中，188 个案件无法确定具体公证内容；146 个案件公证的内容包含借款协议；58 个案件原告仅对支付凭证等其他内容进行公证。在 6106 个借款合同电子化的案件中，仅有 322 个案件进行了公证，占比仅为 5.3%。换言之，网络借贷线上缔约的特点并没有带来更多的公证。经双变量相关性检验，原告的上述做法是对法官裁判的理性回应："借款合同是否属于电子证据"和"原告是否办理公证"两个变量均与"法院是否判决驳回原告诉讼请求"呈现负相关，这说明二者均可以减少被法院判决驳回诉讼请求的风险，而且前者的相关系数更大、显著性更强（见表 3）。

表3

		法院是否判决驳回原告全部诉讼请求（是为1，否为0）	借款协议是否为电子证据（是为1，否为0）	原告是否办理公证（是为1，否为0）
法院是否判决驳回原告全部诉讼请求（是为1，否为0）	皮尔森（Pearson）相关	1	-0.154**	-0.024*
	显著性（双尾）		0	0.014
	计数	10058	7996	10058
借款协议是否为电子证据（是为1，否为0）	皮尔森（Pearson）相关	-0.154**	1	0.063**
	显著性（双尾）	0		0
	计数	7996	7996	7996
原告是否办理公证（是为1，否为0）	皮尔森（Pearson）相关	-0.024*	0.063**	1
	显著性（双尾）	0.014	0	
	计数	10058	7996	10058

这说明对于原告而言，与其花费成本进行公证，还不如直接通过线上缔约。

5. 法官取证

法官取证包括依申请取证和依职权取证两类。在全样本中，法官仅在5个案件中根据原告申请向平台调取借款协议等信息，在1个案件中根据被告申请查询转出款项账户名称。法官依职权主动调取证据的有363个案件，占全样本的3.6%，排名前三的取证内容分别为：出借人与平台等主体是否存在关联关系（213件）、业务流程和账户往来（107件）、当事人是否存在违法犯罪事实（46件）。总体来看，法官调取证据极少发生。

（二）诉讼参加人

诉讼参加人是直接推动民事诉讼进行的主体。鉴于诉讼参加人包括当事人（原告、被告和第三人）及其代理人，以下将依次分析原告、被告、无独立请求权第三人和委托诉讼代理人。

1. 原告与被告

原告与被告是网络借贷民事诉讼中最重要的主体，二者共性少、差异多。

共性体现为性别构成。就原告而言，男性有 3041 人次，女性有 1119 人次，另有 209 人次无法识别性别；就被告而言，男性有 9858 人次，女性有 4681 人次，另有 741 人次无法识别性别。可见，无论是原告还是被告，男性都是主体，约为女性的 2 倍多，这意味着男性比女性更多地参与网络借贷活动。除上述共性外，原告与被告在组合、性质、出庭、住所、年龄结构和身份集中度六个方面均存在差异：

第一，组合差异。原告具有单一化的特点，99.5% 的案件只有一个原告，仅 0.2% 的案件有两个以上原告。被告的组成则更加丰富，64.0% 的案件为单一被告，15.5% 的案件有两个被告，10.1% 的案件有三个被告，6.7% 的案件有四个被告，3.7% 的案件有五个以上被告，最多的一个案件有 21 个被告。[23]

第二，性质差异。原告大多是法人，原告是法人的案例占 53.1%，原告是自然人的案例占 42.6%，原告是法人分支机构的案例占 4.1%，剩余 0.2% 是个体工商户等其他主体。相反，被告通常是自然人，83.7% 的案件是自然人作被告，12% 的案件是自然人和法人作共同被告，3.2% 是法人作被告，剩余 1.1% 的案件是法人分支机构等其他主体作被告。

第三，出庭差异。原告作为诉讼发起方，几乎都积极参加诉讼，原告主动撤诉的案件只有 1 例。被告作为诉讼被动方，则普遍逃避责任。在全部 9394 个以判决结案的案件中，被告存在缺席情形的有 8588 个，占比 91.4%，被告全部缺席的有 7824 个，占比 83.3%。

第四，住所差异。原告住所地与审理法院位于同一地区的程度在区、市、

[23] 详见深圳市福田区人民法院（2016）粤 0304 民初 24812-24819、25026 号民事判决书。

省三个维度均显著高于被告。经配对样本T检验，原、被告本地区级系数分别为0.62和0.22，原、被告本地市级系数分别为0.72和0.39，原、被告本地省级系数分别为0.76和0.49（见表4）[24]

表4

	本地区级系数比较		本地市级系数比较		本地省级系数比较	
	原告	被告	原告	被告	原告	被告
有效样本	8760	8117	9517	8606	9517	8606
遗漏样本	1298	1941	541	1452	541	1452
平均数	0.62	0.22	0.72	0.39	0.76	0.49
中位数	1	0	1	0	1	0.33
众数	1	0	1	0	0	0

上述每个维度下原、被告本地系数的平均值均在0.1%水平下显著。可见，在同一案件中，原告的住所地普遍比被告更靠近审理法院，这可能是因为协议管辖条款约定了有利于原告的管辖法院，也可能是因为诉讼成本的存在使靠近法院的原告更容易提起诉讼，还可能是因为法院辖区内的平台合作机构受让了出借人债权进而起诉。

第五，年龄结构差异。自然人原告与被告在裁判作出时的年龄平均值分别为38.7岁和38.5岁，二者在统计上不具有显著差异，但二者在年龄结构上存在明显差异。被告的年龄结构呈正态分布，而原告年龄分布不规整，在30岁至40岁之间有异常凸起（见图3）。

[24] 某个案件的原告本地区级系数 = 与法院位于同一区县的原告 / 原告总数，原告本地市级系数 = 与法院位于同一市的原告 / 原告总数，原告本地省级系数 = 与法院位于同一省的原告 / 原告总数，被告以此类推。

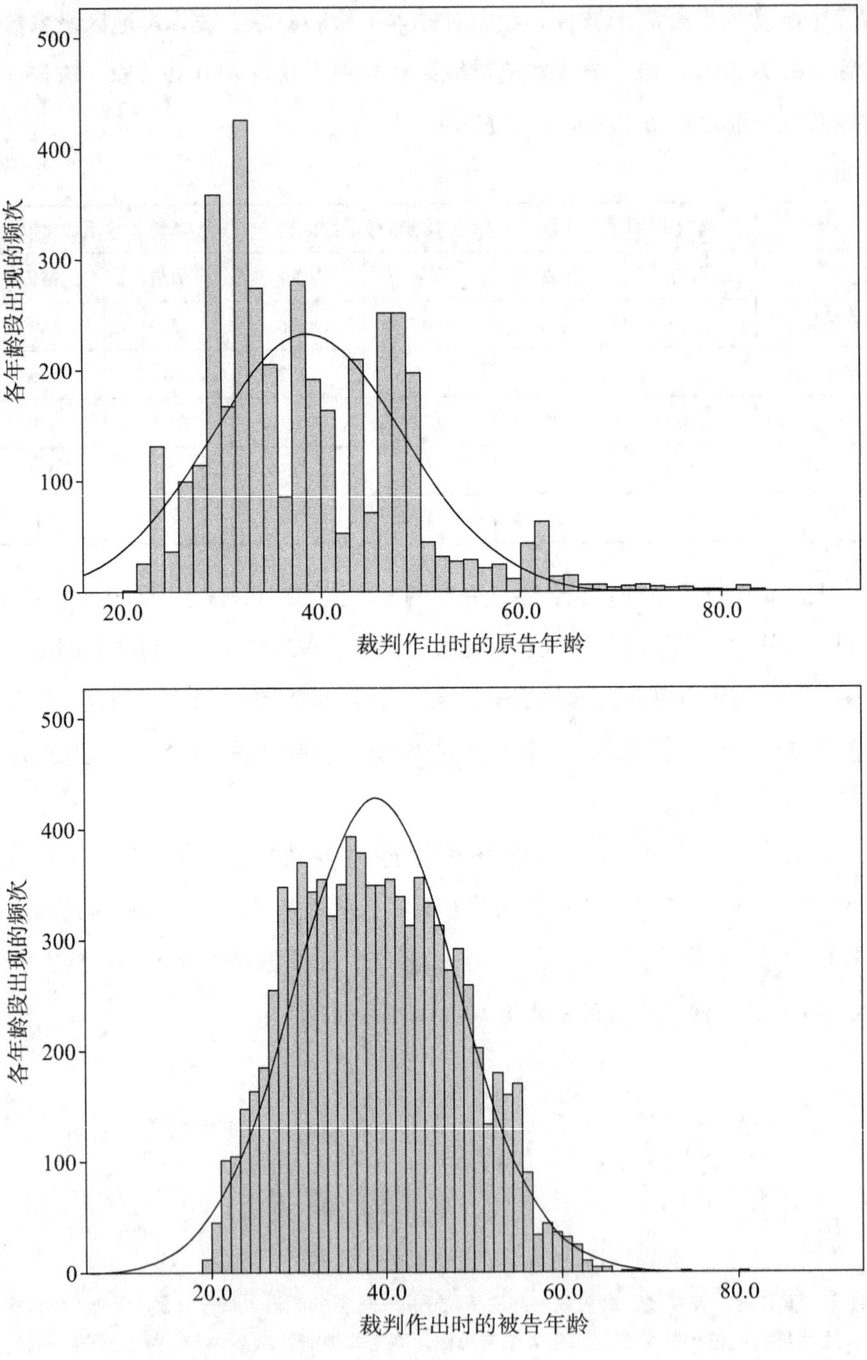
各年龄段出现的频次
500
400
300
200
100
0
20.0
40.0
60.0
80.0
裁判作出时的原告年龄
各年龄段出现的频次
500
400
300
200
100
0
20.0
40.0
60.0
80.0
裁判作出时的被告年龄

图 3

之所以出现上述现象，主要是因为核心出借人的存在。部分平台基于债权转让模式，一旦借款人有逾期，即由核心出借人起诉。这些核心出借人频繁提起诉讼，进而导致部分年龄段频次偏高的现象。[25]

第六，身份集中度差异。大部分原告的身份首先是债权受让人，占51.4%；其次是出借人，占39.1%；再次是担保人，占7.4%；最后是平台法定代表人或员工等其他身份，占2.1%。大部分被告的身份首先是借款人，占70.2%；其次是借款人和担保人，占21.3%；最后是平台、平台实际控制人或支付公司等其他身份，占8.5%。可见，被告身份集中于借款人，原告身份集中于债权受让人，前者占比较后者占比高出18.8个百分点。

值得注意的是，网贷纠纷中原告的主要身份并非出借人，而是债权受让人。[26]在债权受让人起诉的5170个案件中，有36.5%的案件原告并未向转让人支付转让对价，29.2%的案件支付了对价，另外34.3%无法判断。换言之，原告未支付转让对价是较为普遍的方式，且并未影响诉讼的推进。从转让次数来看，转让一次的案件占29.0%，转让两次的占70.9%，转让三次的仅占0.1%。两次转让成为主流，两次转让的主要情形是出借人转让给平台，平台再转让给合作公司。

2. 无独立请求权第三人

无独立请求权第三人参加的案件有535件，占比5.3%，这些第三人均以支持被告的身份参加诉讼。在这535个案件中，从个数来看，76.3%的案件仅1个第三人，其他案件有两个以上的第三人；从性质来看，在70.0%的案件中，第三人属于法人，其他案件则表现为公民、法人分支机构等其他性质；从身份来看，60.0%的案件缘起于出借人（或债权受让人）起诉借款人（或担保人）

---

[25] 如果参照《关于办理非法放贷刑事案件若干问题的意见》的有关规定，将2年内向不特定多人出借资金10次以上被视为核心出借人，则有36个核心出借人，其中30个都是自然人。核心出借人共发起2568个案件，其中，创金天地投资有限公司发起413件，夏某发起243件，蒋某发起166件，位列前三名。

[26] 由于核心出借人往往在投资到期时从出借人处回购债权，如果将核心出借人也视为一种特殊的债权受让人，则债权受让人这一身份在原告中的占比高达76.9%。

而将平台作为第三人，此外，平台合作公司及其法定代表人、支付机构等也可能成为第三人。可见，网贷纠纷中出现第三人通常是因出借人在起诉借款人的同时，将平台追加为第三人。

3. 委托诉讼代理人

根据《民事诉讼法》的规定，可以担任诉讼代理人的主体包括以下七类：律师、基层法律服务工作者、近亲属、工作人员、社区推荐的公民、单位推荐的公民和社会团体推荐的公民。[27] 全样本中，除社会团体推荐的公民缺位外，其他六类代理人均有涉及。全样本中，有 88.8% 的案件原告委托了代理人，9.8% 的案件被告委托了代理人，对于原、被告而言，律师都是代理人中的首选。在涉及第三人的 535 个案件中，有 51.6% 的案件第三人委托了代理人，对于第三人而言，工作人员是代理人中的首选。不难看出，被告的委托代理率显著低于原告与第三人，这是被告大量缺席审判的结果。

值得注意的是，《民事诉讼法》规定同一个当事人最多只能委托两个诉讼代理人。然而，在 2 个案件中，一个原告委托了三个诉讼代理人，[28] 另有 1 个案件，一个被告委托了三个诉讼代理人，[29] 它们都在程序上违反了法律规定，应予更正。

（三）交易概况

裁判文书中的认定事实部分介绍了网贷交易的背景，这些安排构成法院裁判的事实基础，主要包括借款本金、利率等融资成本、还本付息方式、担保情况和借款期限五个方面。

1. 借款本金

通过原告在诉讼请求中主张的本金，可以大致衡量借款本金。统计表明，

[27]《民事诉讼法》第 58 条规定："当事人、法定代理人可以委托一至二人作为诉讼代理人。下列人员可以被委托为诉讼代理人：（一）律师、基层法律服务工作者；（二）当事人的近亲属或者工作人员；（三）当事人所在社区、单位以及有关社会团体推荐的公民。"

[28] 详见巴林左旗人民法院（2017）内 0422 民初 4610 号民事判决书；慈溪市人民法院（2017）浙 0282 民初 10880 号民事判决书。

[29] 详见宜昌市伍家岗区人民法院（2016）鄂 0503 民初 770 号民事判决书。

原告向法院起诉主张的本金金额差异很大，最小为57.17元，最大为6275.5万元，平均数为14.6万元，众数为6万元（占比7.1%）。自2014年至2018年，诉讼本金的平均值呈逐年递减趋势，分别为57.1万元、31.6万元、22.4万元、16.8万元和11.1万元，这可能是监管规定倡导出借人小额分散投资以缓释投资风险所带来的结果。[30]

2. 利率等融资成本

经全样本分析，合同约定的年化利率最低为无息（以借贷宝平台的熟人借贷为代表），最高为207.0%，平均数为18.7%，众数为18.0%（占总数14%）。居间费率最低为0.1%，最高为144.0%，平均数为11.4%，众数为13.4%（占总数12.4%）。利息之外的费率最低为0.2%，最高为144.0%，平均数为12.2%，众数为13.4%（占总数12.5%）。综合借贷成本最低为9.0%，最高为162.0%，平均数为30.0%，众数为29.0%（占总数12.4%）（见表5）。

表5

	利率	居间费率	利息之外的费率	综合借贷成本
有效样本	9189	4877	4853	4772
遗漏样本	869	5181	5205	5286
平均数	18.7%	11.4%	12.2%	30.0%
中位数	17.0%	11.5%	11.5%	28.5%
众数	18.0%	13.4%	13.4%	29.0%
最小值	0.0%	0.1%	0.2%	9.0%
最大值	207.0%	144.0%	144.0%	162.0%
标准差	0.1	0.07	0.08	0.11

需要说明的是，有至少11%的借款合同存在隐蔽利率的现象，即仅在借款合同中载明借款本金、借款人每月应当偿还的金额和还款期数，并未明确借款利

[30] 2016年颁布的《网络借贷信息中介机构业务活动管理暂行办法》第17条第2款规定："同一自然人在同一网络借贷信息中介机构平台的借款余额上限不超过人民币20万元；同一法人或其他组织在同一网络借贷信息中介机构平台的借款余额上限不超过人民币100万元；同一自然人在不同网络借贷信息中介机构平台借款总余额不超过人民币100万元；同一法人或其他组织在不同网络借贷信息中介机构平台借款总余额不超过人民币500万元。"

率。鉴于此类合同全部约定为等额本息还款法，故笔者通过内部收益率（IRR）公式，推算得出隐藏在合同背后的真实利率，共 1105 例。[31] 经独立样本 T 检验，显明利率与隐蔽利率在 1% 水平下存在显著差异，前者的平均值为 17.4%，而后者则高达 27.5%，相差了 10.1 个百分点。这可能是因为部分平台想通过隐蔽利率，让借款人在不知情的情况下承担较高息费，并通过关联人放贷等方式从中渔利。

3. 还本付息方式

还款方式包括等额本息、先息后本、到期一次性还本付息和其他方式四类。四者占比依次减少，分别为 59.2%、23.9%、16.5% 和 0.4%。对于出借人而言，等额本息是每期收回部分本金和利息，风险较小；先息后本是每期收息，借款期限届至时收回本金，风险次之；到期一次性还本付息，则意味着出借人只有当借款期限届至时才能收回本金和利息，风险最大。可见，风险较小的等额本息还款为法是网络借贷合同的首选。

4. 担保情况

借款人提供担保的案例有 3087 件，占比为 30.7%，其他 6971 件皆为信用贷款。这从一个侧面反映出网贷产品普遍无担保、方便快捷的特点。

担保包括保证、抵押和质押三类：只有保证的，2678 件；只有抵押的，284 件；只有质押的，8 件；保证加抵押无质押的，72 件；保证加质押无抵押的，43 件；抵押加质押无保证的，1 件；三类皆有的，1 件。可见，保证是网络借贷担保的主要形式。

在人数方面，保证人只有 1 人的居多，占保证类案件的 48.60%，最多的一个案例竟有 20 个保证人。[32] 抵押人 1 人的居多，占抵押类案件的 84.36%，最多的一个案例有 4 个抵押人。出质人 1 人的居多，占质押类案件的 84.91%，但最多不过 2 人（见表 6）。

[31] 内部收益率（Internal Rate of Return，IRR）是投资收益现值与其初始投资额相等时的收益率，即净现值为零时的贴现率。有关内部收益率的计算公式，详见刘力编著：《公司财务》，北京大学出版社 2007 年版，第 162 页。

[32] 详见深圳市福田区人民法院（2016）粤 0304 民初 24812-24819、25026 号民事判决书。

表 6

保证人人数	1	2	3	4	5	6	7	8	9	10	13	20	总计
案例数	1358	968	221	98	41	31	13	24	36	1	2	1	2794
占比	48.60%	34.65%	7.91%	3.51%	1.47%	1.11%	0.47%	0.86%	1.29%	0.04%	0.07%	0.04%	100%
抵押人人数	1	2	3	4	总计								
案例数	302	52	3	1	358								
占比	84.36%	14.53%	0.84%	0.28%	100%								
出质人人数	1	2	总计										
案例数	45	8	53										
占比	84.91%	15.09%	100%										

在担保品方面，358 个有抵押的案例中，60.9% 的案件用房产抵押，34.1% 的案件用车辆抵押，其余 5% 的案件用土地使用权或机器设备等其他物品抵押。可见，房产是最受欢迎的抵押品。在 53 个有质押的案例中，41.5% 的案件用应收账款质押，24.5% 的案件用股权质押，15.1% 的案件用珍珠质押，11.3% 的案件用车辆质押，7.5% 的案件无法判断。由此可见，应收账款是主要的质押品。

5. 借款期限

借款期限最短为 3 天，最长为 60 个月，平均借款期限为 15.7 个月，12 个月为借款期限的中位数和众数（占比 33.2%），可见 1 年期借款是最常见的形式。

笔者假设借款期限会受到其他交易要素的影响，故将“借款期限”作为因变量，将“原告诉请的本金”“利率”“是否等额本息”“是否先息后本”“是否到期一次性还本付息”“是否有担保人”作为自变量，进行多元线性回归分析。最终有 5766 个案例进入回归模型（见表 7）。

表 7

	非标准化系数		标准化系数	T	显著性
	B	标准错误	Beta		
是否等额本息	13.102	0.309	0.54	42.36	0.000
是否到期一次性还本付息	-7.892	0.393	-0.215	-20.081	0.000
利率	-10.732	1.412	-0.075	-7.598	0.000
是否有担保人	-1.719	0.294	-0.067	-5.85	0.000
（常数）	13.653	0.34		40.197	0.000

回归结果表明："是否等额本息""是否到期一次性还本付息""利率""是否有担保人"四个变量与"借款期限"均在 0.1% 水平下显著相关。由于它们的标准化回归系数（Beta）的绝对值依次减少，故对借款期限的影响力逐渐减小。模型的 R^2 为 0.49，说明解释力达到 49%。其中，"是否等额本息"的回归系数大于 0，说明等额本息的还款方式有利于促进较长的借款期限；而其他变量的回归系数小于 0，说明采取到期一次性还本付息方式、高利率或有担保人，都可能导致更短的借款期限。

（四）裁判结果

裁判结果是裁判文书的结论，直接影响当事人的权利义务分配。以下从文书种类、审理期限、诉讼费用分担、居间费性质认定、隐名担保有效性及平台责任六个方面一览法院的裁判结果。

1. 文书种类

在全样本中，有 9394 个判决，663 个裁定和 1 个调解书。[33] 调解书仅有 1 例的原因可能是因为根据规定，调解书原则上无须公开。[34]

---

[33] 详见柳林县人民法院（2018）晋 1125 民初 862 号民事调解书。

[34]《最高人民法院关于人民法院在互联网公布裁判文书的规定》第 4 条规定："人民法院作出的裁判文书有下列情形之一的，不在互联网公布：……（三）以调解方式结案或者确认人民调解协议效力的，但为保护国家利益、社会公共利益、他人合法权益确有必要公开的除外；……"

在判决中，有276个案件，法院判决驳回原告全部诉讼请求，占比2.7%。被驳回的原因分别为：第一，作为原告的出借人不能证明存在借贷关系（175件）；第二，作为被告的平台未自担或自融（33件）；第三，原告不能证明已受让债权（29件）；第四，作为原告的担保人不能证明已经承担担保责任（15件）；第五，作为原告的借款人不能撤销借款合同（8件）；第六，作为原告的出借人未提供担保合同或超过保证期间（8件）；第七，其他（8件）。可见，出借人不能证明基础借贷关系是原告被驳回诉讼请求的主要原因。

裁定一共有五类，分别是驳回起诉（543件）、移送管辖（91件）、不予受理（26件）、驳回实现担保物权的申请（2件）和准予撤诉（1件）。占比81.9%的驳回起诉是裁定的主要种类，其原因又可分为七类：第一，被告涉嫌经济犯罪（160件）；第二，被告不明确（110件）；第三，原告不适格（101件）；第四，原告涉嫌经济犯罪（81件）；第五，平台涉嫌经济犯罪（71件）；第六，法院无管辖权（11件）；第七，其他（9件）。可见，被告涉嫌经济犯罪是法院裁定驳回起诉的主要原因。

另外，在20个案例中，法院认为出借人以借贷为常业，进而否定借款协议的效力，这些案件分别发生于2014年（1件）、2016年（1件）、2017年（2件）、2018年（12件）和2019年（4件），有逐年增多的趋势。目前法院援引的依据主要是《银行业监督管理法》《非法金融机构和非法金融业务活动取缔办法》等法律法规，随着国家管控的加强和对“专业放贷人”标准的明晰，可以预见未来此类裁判的数量还将增多。[35]

2. 审理期限

笔者将“裁判日期”减去“受理日期”得到“审理期限”，由于某些案件并没有在裁判文书中载明“受理日期”，故实际算得“审理期限”的判决有

[35]《关于规范整顿“现金贷”业务的通知》第1条第1款规定：“设立金融机构、从事金融活动，必须依法接受准入管理。未依法取得经营放贷业务资质，任何组织和个人不得经营放贷业务。”根据《关于办理非法放贷刑事案件若干问题的意见》第1条，“经常性地向社会不特定对象发放贷款”，是指2年内向不特定多人（包括单位和个人）以借款或其他名义出借资金10次以上。

6223 个、裁定有 535 个、调解书有 1 个。法院作出判决的平均天数是 125 天，裁定的平均天数是 96 天，唯一的调解书用时 22 天（见表 8）。

表 8

	文书类型	计数	平均数	中位数	最小值	最大值	标准差	百分比
审理期限	判决	6223	125	105	1	940	99.3	92.1%
	裁定	535	96	70	0	644	86.3	7.9%
	调解	1	22	22	22	22		0.0%
总计		6759	122	98	0	940	98.6	100.0%

对于判决书，80% 的案件都在正常审限内作出，20% 的案件超过正常审限，最长为 940 天。[36] 这些看起来超出审限的判决中有 52% 发生了公告费，由于公告期间不计入审限，故这些案件并不一定超期。裁定平均用时较长的原因是因为部分案件在审理过程中发现涉及刑事责任而裁定驳回起诉，此类裁定的平均期限达 106 日。相比之下，裁定不予受理则较快，平均期限仅 3 日。可见，虽然案件不断增多，但法院普遍不会突破审限的约束。

3. 诉讼费用及分担

网贷民事纠纷的诉讼费用包括案件受理费、保全费、公告费和邮寄费四类（见表 9）。

表 9 [37]

	案件受理费	保全费	公告费	邮寄费
有效样本	10055	10055	10001	10055
遗漏样本	3	3	57	3
平均数	1877.1175	127.9775	91.369	3.0071

[36] 根据《民事诉讼法》第 149 条，一审审限原则为 6 个月。为方便计算和对比，笔者将一审正常审限设定为 180 日。

[37] 需要说明的是，四类费用的最小值皆为 0 元，原因是裁定不予受理、驳回起诉等案件依法不收取案件受理费，同时，保全、公告和邮寄事项并非每个案件皆涉及。另外，保全费的最大值为 10000 元，超过法定最高限 5000 元，原因在于法院在一起诉讼中合并审理了三个案件，其中两个案件的保全费各 5000 元，故加总为 10000 元。详见深圳前海合作区人民法院（2015）深前法商初字第 144、145、146 号民事判决书。

续表

	案件受理费	保全费	公告费	邮寄费
中位数	653	0	0	0
众数	25	0	0	0
标准差	5931.8112	690.26072	214.48928	16.7456
最小值	0	0	0	0
最大值	292000	10000	5000	300

笔者发现，只有552个案件涉及保全费，保全率仅5.5%，这可能是因为被告的财产线索难以掌握，以至于诉前或诉中保全很少发生。同时，只有1790个判决案件涉及公告费，但缺席判决的案件却有8858个，这意味着在缺席判决案件中至少有79.2%的被告有明确的送达地址，他们收到了应诉通知书而故意不出庭。

由于诉讼费用原则上由败诉方承担，故通过诉讼费用的分担情况，可以大致判断原告诉讼请求被法院支持的程度。[38]为此，可以用"原告诉讼费用承担比"来衡量原告胜诉的程度。原告诉讼费用承担比是指原告承担的诉讼费用占该案全部诉讼费用的比例，比值越小，代表原告被支持得越多；反之，则被支持得越少。经统计，原告诉讼费用承担比为0的（原告未承担任何诉讼费用）有6330个，占比高达67.4%；为1的（原告全额承担诉讼费用）有277个，占比仅2.9%。原告诉讼费用承担比的平均值很低，为0.0674。这说明原告的诉讼请求在绝大多数案件中被法院支持，而且支持比例很高。

令人颇感意外的是，在网贷纠纷中，律师并不一定对当事人有帮助。经双变量相关性分析，原告聘请律师与更高的原告诉讼费用承担比相关，相关系数为0.216，在1%水平下显著。也就是说，原告聘请律师反而不利于获得有利的裁判结果。但是被告聘请律师却在微小程度上对自己有利。被告聘请律师也与更高的原告诉讼费用承担比相关，相关系数为0.048，在1%水平下显著。

[38]《诉讼费用交纳办法》第29条规定："诉讼费用由败诉方负担，胜诉方自愿承担的除外。部分胜诉、部分败诉的，人民法院根据案件的具体情况决定当事人各自负担的诉讼费用数额。共同诉讼当事人败诉的，人民法院根据其对诉讼标的的利害关系，决定当事人各自负担的诉讼费用数额。"

之所以出现上述现象，可能是因为网贷纠纷一般事实清楚，被告又普遍缺席，原告聘请律师会让力量对比更加悬殊，反而促使法官更多地考虑被告的融资负担以及判决的执行可能性问题，从而在支持原告诉讼请求上留有余地。[39]而本身处于被动地位的被告聘请律师，则有利于形成诉讼“均势”，使律师的维权功能在一定程度上发挥出来。

4. 居间费性质认定

出借人在向借款人提供本金时，通常代借款人支付其应向平台给付的居间费，导致借款人实际得到的本金少于借款合同约定的本金。当借款逾期，出借人将借款人起诉至法院时，如何确定本金，存在两种不同的裁判结果：一则为“扣除论”，即法院在借款合同约定的本金中扣除居间费，以借款人实际收到的金额作为本金；二则为“不扣论”，即法院未将居间费在借款本金中扣除，以借款合同约定的金额作为本金。在涉及居间费认定的4531个案件中，“扣除论”与“不扣论”的数量对比约为3∶2。

经归纳，“扣除论”的判决理由包括如下四类：第一，基于民间借贷合同是实践合同，本金应以借款人实际收到的款项为准，此类理由占比最高，达86.4%；[40]第二，居间费违反了利率上限规定，属于变相收取的高额利息，此类理由排名第二，占比为7.7%；[41]第三，其他理由，占比为3.1%；第四，未说理，占比为2.7%。

“不扣论”的判决理由包括如下三类：第一，借款合同系当事人真实意思表示，本金应以合同约定为准，此类理由位列首位，占比达95.7%；[42]第二，借贷与居间系不同法律关系，平台扣除居间费涉及的是平台与借款人的法律关系，并不能影响出借人的权益，此类理由占比为3.0%，位列次席；[43]第三，未

[39] 参见江必新：《论司法自由裁量权》，载《法律适用》2006年第11期。

[40] 例如，北京市朝阳区人民法院（2018）京0105民初49387号民事判决书。

[41] 例如，登封市人民法院（2018）豫0185民初5149号民事判决书。

[42] 例如，重庆市江北区人民法院（2017）渝0105民初3735号民事判决书。

[43] 例如，凌海市人民法院（2018）辽0781民初99号民事判决书。

说理，占比为1.3%。

总之，在居间费性质的认定上，法官之间分歧较大。“扣除论”占有微弱优势，其主要理由是既然出借资金到达借款人账户时合同才生效，本金自然应以借款人实际收到的款项为准。“不扣论”的主要理由是借款合同系当事人真实意思表示，本金应以合同约定为准。

5. 隐名担保有效性

隐名担保系指担保物权由债权人以外的第三人代为持有的担保方式，由于债权人并未出现在登记簿上，故称“隐名”。在网络借贷法律关系中，当借款人或者第三人以其财产为出借人设定担保物权时，由于出借人数量多且分散，有时担保物权会登记在平台或平台员工等其他主体名下，而非债权人名下，从而造成担保权人与债权人分离的现象。对于隐名担保的效力，有的法院秉持“支持论”，有的法院秉持“否定论”。在全样本中，涉及隐名担保的案例共46件：有30件，法院认可其效力；有14件，法院否定其效力；另有2件，因原告未主张担保权，故法院未述及。

经归纳，“支持论”的裁判理由包括如下两类：第一，原告主张担保物权符合约定，占比66.7%；第二，未说理，占比33.3%。虽然第一类理由的具体表述各异，有的称“（安排）符合双方约定，亦不违反法律规定，且有利于债权人更便捷地实现债权”[44]，有的称“借款协议与抵押合同的时间一致、数额一致，债权人、抵押权人和抵押人三方已形成一致意见，并已办理抵押登记”[45]，它们都围绕合同约定展开说理，故归为一类。

另外，“否定论”的裁判理由包括如下三类：第一，原告不是抵押权人，无权就抵押物优先受偿，占比42.9%；第二，抵押权已经消灭或未办理登记而未生效，占比42.9%；第三，因原告违反不得从事经营性放贷的强制性规定，主从合同均无效，占比14.3%。由于第二类和第三类理由也可适用于普通担保

[44] 详见深圳市福田区人民法院（2015）深福法民二初字第5452号民事判决书。

[45] 详见南京市秦淮区人民法院（2016）苏0104民初3579号民事判决书。

无效的认定，故针对隐名担保特征的否定理由实际上只有第一类。

由上可知，法院对于隐名担保的效力也存在分歧。“支持论”占据优势，其主要理由是隐名担保安排符合各方真实意思表示。而“否定论”的主要理由是物权法和担保法规定债权人与担保权人应当统一，由于二者发生分离，故不能支持原告行权的诉讼请求。

6. 平台责任

理论上，基于网贷平台信息中介的定位，当出借人债权不能实现时，平台不应承担法律责任。样本数据反映，出借人（或债权受让人）起诉平台（或连带起诉借款人等其他主体）的案件共532件，占全样本的3.5%。对于出借人的诉讼请求，法院呈现出全部不支持、全部支持和部分支持三种裁判结果，三者占比分别为56.6%、26.1%和17.3%。

全部不支持原告，首先是因为法院基于“先刑后民”，裁定驳回原告起诉，其次是因平台未自融、自担或违约而在实体上驳回原告诉讼请求。全部支持原告，主要是因为平台存在自担、自融或未履行信息披露等合同约定义务。仅在2个案件中，法院支持原告的理由是平台涉嫌犯罪，借贷合同无效，平台应向借款人返还本息。部分支持原告，主要是因为法院在确认平台自担、自融或未履行合同约定义务的同时，调减了原告主张的部分本金、利息或费用。调减的原因主要是原告计算错误、平台在诉讼中返还了部分款项等。

总之，只要平台没有对出借人保本保息或者自融，且依约履行了信息披露等合同义务，法院通常判决平台不承担法律责任。[46]

四、研究结论与启示

丰富的实证数据为我们全面了解网贷民事审判现状，把握其内在规律并

[46] 即使平台作为无独立请求权第三人，也仅在一个案件中因未向借款人返还保证金而被法院判令承担责任。详见扬州经济技术开发区人民法院（2016）苏1091民初66号民事判决书。

发现问题提供了可能。综合各类数据，我们可以得出如下主要结论及启示。

（一）法院受案压力大，回购安排比较常见

网贷纠纷案件在过去7年快速增长，其中，2013年至2018年的年均增长率高达476%。与之相呼应，每个案件的审判人员数从平均3人逐年下降。多个出借人与多个借款人缔约的网状法律关系让基层法院不堪重负，部分法院开始通过“窗口指导”控制网贷受案量。[47] 2019年上半年案件数量的下降，在一定程度上反映了这一情况。网状法律关系也让分散的出借人面临起诉成本大于收益的问题。[48]为解决诉讼困境，实现有效追偿，平台自发地创造了回购机制，即通过收购分散出借人债权，以单一债权人身份起诉借款人，由此形成原告主要是债权受让人（占51.4%）而非出借人（占39.1%）的格局。与此同时，为避免自担嫌疑，[49]不少平台一方面不向出借人支付对价，另一方面从出借人回购债权后再转让给合作公司，以合作公司名义起诉。应当看到，为追索债务而回购出借人债权与刚性对付无关，监管规定宜确认“追索型回购”的正当性，从而减少不必要的债权转让环节，并保护当事人诉权。[50]为缓解法院审判压力，还可以考虑将互联网法院的受案范围扩展至网络借贷纠纷，使其回归“网上案件网上审理”的定位。[51]

（二）网贷并非高利贷，隐蔽利率值得关注

在经历校园贷、现金贷、套路贷的专项整治以及“714高炮”的媒体报道

[47] 根据笔者于2019年6月24日对杭州市某法院法官的访谈，该院要求一家平台一个月只能立10个网贷案件。

[48] 参见〔美〕罗伯特·D. 考特、托马斯·S. 尤伦：《法和经济学》，施少华、姜建强译，上海财经大学出版社2003年版，第327页。

[49]《网络借贷信息中介机构业务活动管理暂行办法》第10条规定：“网络借贷信息中介机构不得从事或者接受委托从事下列活动：……（三）直接或变相向出借人提供担保或者承诺保本保息；……”

[50] 有关追索型回购，详见张翀、刘进一，同注［6］引文，第69～82页。

[51] 参见杨秀清：《互联网法院定位之回归》，载《政法论丛》2019年第5期。

之后，[52]不少人形成网贷就是高利贷的“刻板印象”。[53]数据显示，网贷借款人的综合借贷成本均值为 30%，低于中国传统意义上“月利三分”的高利贷红线。[54]从历史的纵向比较来看，综合借贷成本均值 30% 与年化利率均值 29% 的中国近代利率均值相当。[55]从国别的横向比较来看，综合借贷成本均值 30.0% 也远低于年利率通常高达 391% 的美国发薪日贷。[56]因此，目前尚无证据证明网贷行业属于高利贷。尽管如此，隐蔽利率的现象值得关注。至少 11% 的借款合同未明确告知借款人利率，这类合同的实际利率均值和综合借贷成本均值分别为 27.5% 和 41.5%，超出显明利率合同 10.1 和 14.4 个百分点。隐蔽利率在性质上属于隐瞒真相的欺诈行为，损害了金融消费者权益。目前，监管规定已要求平台将借款人综合资金成本统一折算为年化形式并事前公开披露，接下来应加强执法与监督。[57]

（三）原告胜诉概率高，法官信赖电子证据

从裁判结果来看，原告的诉讼请求大部分得到法院支持。法院判决驳回

---

[52] 2019 年 3 月 15 日，中央电视台“3·15”晚会报道了贷款周期 7 天或 14 天，含高额砍头息和逾期费用的网络借贷产品侵害借款人合法权益的事件，将声讨“714 高炮”的舆论推向高潮。

[53] 参见〔美〕沃尔特·李普曼著：《公众舆论》，闫克文、江红译，上海世纪出版集团 2017 年版，第 61 ～ 71 页。

[54]《大明律·户律·钱债》第 1 条规定：“凡私放钱债及典当财物，每月取利，并不得过三分。……”参见怀效锋点校：《大明律》，法律出版社 1999 年版，第 82 页。《大清律例·户律·钱债》第 149 条规定：“凡私放钱债及典当财物，每月取利并不得过三分。……”参见张荣铮、刘勇强、金懋初点校：《大清律例》，天津古籍出版社 1993 年版，第 269 页。

[55] 参见陈志武、彭凯翔、袁为鹏：《清初至二十世纪前期中国利率史初探——基于中国利率史数据库（1660—2000）的考察》，载《清史研究》2016 年第 4 期。

[56] See Michael S. Barr, Howell E. Jackson and Margaret E. Tahyar, *Financial Regulation: Law and Policy*, USA Foundation Press, 2016, pp.621-623.

[57]《关于规范整顿“现金贷”业务的通知》第 1 条第 2 款规定：“各类机构以利率和各种费用形式对借款人收取的综合资金成本应符合最高人民法院关于民间借贷利率的规定，禁止发放或撮合违反法律有关利率规定的贷款。各类机构向借款人收取的综合资金成本应统一折算为年化形式，各项贷款条件以及逾期处理等信息应在事前全面、公开披露，向借款人提示相关风险。”

原告全部诉讼请求的案件仅占全部文书的 2.7%，而原告完全没有承担诉讼费用的案件则占全部文书的 67.4%。因此，可以大致认为原告完败的概率仅为 2.7%，而全胜的概率则为 67.4%。原告高胜诉率的背后有两个重要原因：一则被告缺席率高；二则法官普遍信赖电子证据。就前者而言，在判决结案的案件中，被告全部缺席率为 83.3%，如果加上部分缺席的情形，则该比率高达 91.4%。就后者而言，法官奉行辩论主义的诉讼模式，[58]往往直接采信原告提交的电子借款合同而未说明理由，原告的公证率仅为 3.9%。应当看到，对电子证据持包容态度在提高诉讼效率的同时也暗藏风险。实践中，平台出于自身利益擅自篡改电子合同部分条款的情况已经出现，故通过司法解释明确电子证据的认证标准，对于确保法官在网贷案件中准确认定案件事实是必要的。[59]

（四）“类案不类判”问题存在，司法说理有待提高

“类案类判”是公平司法原则的基本要求，[60]但法院在居间费性质认定、隐名担保有效性、刑民交叉等领域均存在“类案不类判”的现象。如果说刑民交叉的分歧源于个别法官法律适用错误，那么居间费和隐名担保则源于法官职业群体对论证方法的不同选择。居间费的“扣除论”秉持法定生效主义，而“不扣论”则高举合同自由原则。隐名担保的“支持论”强调意思自治优先，而“反对论”则坚守物权法定理念。司法分歧的背后还充满各种理论的交锋。[61]

---

[58] 参见张卫平：《诉讼构架与程式——民事诉讼的法理分析》，清华大学出版社 2000 年版，第 15 页。

[59] 2019 年 12 月 25 日，最高人民法院颁布了新修正的《关于民事诉讼证据的若干规定》，其中第 15 条、第 23 条、第 90 条、第 93 条和第 94 条明确了电子数据的认证规则，这将有助于规范法院对于网络借贷电子借款合同的认证程序。

[60] 参见张骐：《论类似案件应当类似审判》，载《环球法律评论》2014 年第 3 期。

[61] 例如，对于居间费性质的认定，有的秉持“不扣论”，参见施浩、黄頔，同注 [3] 引文；侯国跃、汤敏、陈圣利，同注 [6] 引文。有的秉持有限度的“扣除论”，参见竺常赟、朱颖琦：《互联网融资类业务中的民商事诉讼法律问题研究——以“P2P 网络贷款机构”为例的思考》，载《互联网金融法律评论》2017 年第 1 辑；余韬、刘明，同注 [3] 引文；李有星、侯凌霄、潘政：《互联网金融纠纷案件法律适用与司法裁判规则的反思与完善——“互联网金融纠纷案件的法律适用与司法裁判规则”研讨会综述》，载《法律适用》2018 年第 13 期；宋毅、熊静，同注 [3] 引文。

此种情形下，不能希冀法官运用自由裁量权探求所谓“唯一正解”，[62]而宜通过科学制定司法解释确保法律的统一适用。争议案件也凸显法官司法说理的不足。实践中广泛存在法律不说理或法律说理不充分的现象。面对日新月异的金融科技，强化法官释法说理的义务与责任，提高裁判结论的可接受性，实现依法裁判与个案正义的统一，应是未来前进的方向。[63]

---

[62] See Ronald Dworkin, *Taking Rights Seriously*, Harvard University Press, 1978, p.104.

[63] 参见雷磊:《从“看得见的正义”到“说得出的正义”——基于最高人民法院〈关于加强和规范裁判文书释法〉》，载《法学》2019 年第 1 期。

比较视角下中美知识产权的法律话语与路径

王子予

内容摘要　当代全球知识产权思想体系的发展是动态的过程，以美国为主导的知识产权话语已经完全不同于西方知识产权的发端。美国通过知识产权法律制度的运作，维持其全球治理的竞争优势，由于其法律体系的国际接纳度受到质疑，不得不借助法律东方主义的概念，使得中国知识产权形象出现误读和失语。本文通过梳理涉华相关的美国“301 调查”与“337 调查”的法律案例，分析西方知识产权话语的发展逻辑，并回溯中国传统知识产权文化注重共享、打击盗版、多元回报的特征，对西方当代知识产权话语的合理性提出反思与回应。进而在新一轮全球治理的竞争挑战中，结合中国知识产权外事职能体系与环境现状，分析中国知识产权法律话语的突破路径。

关键词　知识产权　全球治理　话语规则　国际竞争

随着全球化进程的不断深入，国际知识产权的治理规则也发展至新的水平。以 WTO-TRIPS 为基础的当代全球知识产权体系成为包括中国在内的国际社会成员普遍遵守的治理范式。由于内在投资道德逻辑的特性，知识产权不能

作者单位：中国人民大学法学院。

仅以民事私权的视角分析看待，其本身也是全球市场中涉及国家利益的竞争工具。[1]鉴于单边主义和贸易保护主义思想的抬头，当下的知识产权在全球治理中成为各方关切的议题。以法律东方主义为思想基础的当代知识产权话语，是西方发达国家与中国互动博弈中隐蔽而有利的工具，因此需要对当下知识产权思想的脉络发展进行深层次的理解。同时着重回顾我国知识产权传统特征，谋求新时代下全球治理布局的突破，匡正知识产权传统形象的偏差，是中国应对国际竞争的路径起点。

一、西方知识产权思想的发展演变

（一）劳动共有与人格财产：西方知识产权理论的发端

17世纪伊始，西方社会的发展就遇到如何处理无体财产与稀缺性二者联系的问题。对于现如今的知识产权初学者而言，知识产权是一种无形财产，已经是被广为接受的概念。但这种罗马法划分衍生出的有形物和无形物标准，也受到过来自不同角度的质疑。[2]而将其与如今的知识产权概念紧密结合的起始，是以英国法制度为代表，融合了罗马法的“无形物”标准与“权利动产”的理论法学概念。[3]因此，要理解知识产权体系发端的话语表达，就需要回溯以英国法制度为代表的思想基础。中世纪所构建的财产权体系是依据“土地”这一生产要素构建的。而知识这类的无体财产则面临着无法纳入体系的局面，在此背景下，洛克提出智力劳动与土地财产的联系，即土地虽是人类与动物共有，但由于每个人对他自己本人享有所有权，所以当他在土地中掺入了劳动，并为此增加个人价值，则土地变为他的所有物。[4]在这样的模

[1] 参见王先林：《竞争法学》，中国人民大学出版社2018年版，第39页。

[2] 参见马俊驹、梅夏英：《无形财产的理论和立法问题》，载《中国法学》2001年第2期。

[3] 参见吴汉东：《科技、经济、法律协调机制中的知识产权法》，载《法学研究》2001年第6期。

[4] 参见〔英〕约翰·洛克：《政府论下篇》，叶企芳等译，商务印书馆1964年版，第19页。

式中，只要在公域内给他人或自己增益，则享有所有权。依照此种学说，知识财产是一种由法律所保护的，对于劳动所创造的知识价值的支配权。因此智力知识被冠上“创造性劳动”的概念，突破了财产对象为实体的要求。另外，按照共有理论，劳动只是表层的理论架构，基于劳动的性质会产生不确定性问题，洛克的知识财产理论是基于形而上学和自然法传统。德霍斯对此指出，之所以有对劳动方面侧重的解读，是因为学者们为了思想体系上的正统性，将洛克的混合比喻加以利用，这表明该种财产权的基础并非实体法。[5]但无论是创造性劳动理论还是对于共有的关注，都体现洛克思想对西方知识财产哲学的影响。

古典知识产权另一重要思想基础是财产人格理论。黑格尔认为自由的思想可以囊括所有东西，财产是意志的产物，可以放弃或让渡。[6]也就是说，黑格尔主张财产是一种人格的表现，将人格精神注入于对象客体后，便形成私有财产。人格也恰是通过财产要素完成在世界上的自我实现。因此作为个体创作者，会在17—18世纪的欧洲被视为卓越的天才或英雄，也是理所应当的所有者。保护创作者免受剽窃，成为促进科学文化发展的重要思想，但黑格尔同时指出，知识的根本意义就在于被他人认可、被他人学习。如果缺少他人的认可，它的传播也将会受阻。在知识或思想的传播过程中，会有不同的个体对其进行继承修改，产生新的思想形态，避免剽窃的实用主义思想也会产生阻碍传播的危机。对于黑格尔而言，虽然他的思想被鼓吹作者权合法性的德国学者继承并发展成为西方知识产权思想基础，[7]但不得不关注的是，黑格尔也考虑到由于“市民社会”的普遍自利特征，一旦他们意识到许可和控制所意味的财富，那么在其对财产的思想体系中，知识财产这种新的财产形式并不会对改善贫困有太多正面意义，反而是社会潜在的问题，产生分裂

[5] 参见〔澳〕彼得·德霍斯:《知识财产法哲学》，周林译，商务印书馆2017年版，第77页。
[6] 同上注，第118页。
[7] 同上注，第120页。

社会的危机。

（二）特权与信息：知识产权制度化的现代转变

以专利为例，自 18 世纪起，新的专利说明制度逐渐取代原先技术垄断的特权。[8]专利申请者需要具体阐述发明创造的技术方法。专利说明制度的发展有双重意义，对申请人来说，获取专利的对价不再是个人技术，而是一种公开披露的行为。对社会而言，它褪去了创造者光环的个人主义色彩，建立透明知情并有机会利用的社会规范。

这种从技术垄断的特权逐步转为法律系统内部确认的规范，不再视为对行会技术的特权性垄断，也不会被轻易认为是对发明的激励。智力成果不再关注发明创造本身的价值，而是通过行政和法律体系的官僚化审核登记，将“智力成果”转变成公众可以获得的“信息”。诸如通过规范专利方法说明的文书，登记文件的流程等制度，形成流通于资本交易市场的信息交流。奖赏智力成果和人格性不再是关键，一个可查询、可交易、可拆分、可合并、可转让的信息流制度更有利于社会对知识财产的运作。这也符合资本对信息化的内在逻辑需求。也正是这样一个“跌落神坛”的无体性财产权利，自此被现代法律体系纳入一个真空区间独立运作。

（三）数字科技与跨国贸易：以美国为主导的当代全球知识产权体系

1. 构建信息财产的认知

从某种意义上而言，现代工业资本时代的知识产权法律仍然是以物交换为逻辑核心。而随着技术的发展，20 世纪进一步基于“信息”的基础，演变出对“信息财产”的追求。[9]互联网数字内容使得当代知识产权不再注重“物”

---

[8] 参见杨红军：《知识产权制度变迁中契约观念的演进及其启示》，载《法商研究》2007 年第 2 期。

[9] 参见郑成思：《知识产权与信息产权》，载《工业产权》1988 年第 3 期。（郑成思教授也在国内 20 世纪 80、90 年代提出信息产权的概念。）

这一形式，而是使信息成为正在被私有化和商业化的财产。[10]

借助互联网的迅捷扩张，跨国资本存在更为激烈的利益维护需求与内在动因。这一背景下也形成诸多“专利流氓”的公司或利益集体。利益诉求迫使资本进一步要求政府在他们的商业出海中保驾护航，当代全球化的知识产权体系也逐渐由发达国家政府推而广之，而新型的全球规则又可以作用于维持或扩大国家竞争差距，是资本与政府的共同意志。

2. 确立 WTO-TRIPS 的思想话语

自 20 世纪 70 年代，美国对关贸总协定（GATT）的制度进行了战略博弈，试图结合投资与贸易机制。许多跨国利益集团，如美国的医药、信息科技行业通过说客影响着 WTO 乌拉圭回合的谈判。一个佐证是，GATT 和 WIPO 从 20 世纪 80 年代开始，同时对盗版等版权问题开展筹备工作，但受美国青睐的 TRIPS 协定谈判已经在 1991 年进入关键性阶段，[11] 使得乌拉圭回合谈判与伯尔尼议定书委员会的注意力转移到 TRIPS 议题上，之前会议的议题仅仅进行了“一读”。[12] 通过串联多个国际组织和会议的议题，以美国为首的国家集团充分合理运用规则框架，谋求当代全球知识产权体系的建立。TRIPS 协议思想基础中最为关键的一处就是：在世界范围内确认“知识”不再是此前西方传统所认为的公共财产属性，而是一种私有财产，这也成为当代全球知识产权体系起始阶段的投资道德。[13] 自此全球化知识产权体系以及背后所承载的“私有财产与自由贸易”话语，成

[10] 参见高富平：《信息财产：数字内容产业的法律基础》，法律出版社 2009 年版，第 155 ～ 158 页。

[11] 由美国提交的《与贸易有关的知识产权协定的草案》在 20 世纪 90 年代经谈判加速形成了“主席草案”“布鲁塞尔草案”“邓克尔文本”“马拉喀什签署”等重要节点。

[12] 参见〔匈〕米哈依·菲彻尔：《版权法与因特网》（上），郭寿康、万勇、相靖译，中国大百科全书出版社 2009 年版，第 19 ～ 29 页。

[13] 参见〔澳〕彼得·达沃豪斯、约翰·布雷斯韦特：《信息封建主义》，刘雪涛译，知识产权出版社 2005 年版，第 10 页。

为美国资本出入世界各地市场的最佳利器。当然，在TRIPS协定签署后，也涌现出诸如印度等民众反对浪潮，抗议美国体系对本国农业发展和非专利药行业的威胁。这些抗议也在随后演变成发展中国家与发达国家之间关于“传统知识”“遗传资源”“人权健康”等国际知识产权议题的拉锯战。

二、美国知识产权法律方案的世界布局

（一）“特别301条款调查”：美国国内法的意志延伸

除了在多边机制中建立思想话语，美国也运用单、双边主义进行制度创设。最重要的就是“301条款”[14]。由最初美国《1974年贸易法》所诞生的“301条款”，伴随美国经济贸易与知识产权的不断发展更新，“301条款”被《1988年综合贸易与竞争法》再一次推向新的法律高度，成为完善的“一般301条款”“特别301条款”“超级301条款”的条款体系。与侧重给予贸易竞争对手调查与报复措施的“一般301条款”所不同的是，“特别301条款”更聚焦于美国知识产权利益的保护，法律授权美国贸易代表办公室（USTR）可以对未能充分保护美国知识产权的贸易国家或地区采取针对性的调查与报复性措施。而“超级301条款”则针对“重点国家”，提出三年内修正的要求。

中国作为其中十分重要的贸易对象，有着巨大的市场体量，但由于不同于美国知识产权话语，中国一直是美国知识产权针对的重点目标。从时间维度分析，美国贸易代表办公室前后六次发起对华“301调查”，其中四次涉及知识产权议题。

---

[14] 参见美国《1974年贸易法》第301条。

表 1　美国六次对华发起“301 调查”情况一览表

时　间	美方 301 调查	中方回应	调查进展或结果
1991.4—1992.1	发布《特别 301 条款年度报告》，将中国列入“重点观察国家”。美方认为中方在 1980—1990 年知识产权立法效率缓慢，尤其是专利立法没有涵盖中国主要的有关部门。[15] 无法给予美方商业利益保护。 提出惩罚性关税并加征中国出口的 15 亿美元产品关税	通过协商，签订中美知识产权第一个协议，即关于知识产权保护的谅解备忘录（MOU）。本着双边贸易关系协定的合作精神，并根据有关国际协定的原则，中方与美方达成相互谅解，在此期间采取行政措施保护美国农业化工品与药物发明专利。中国将加入《伯尔尼公约》《日内瓦公约》[16]	美方终止调查，取消对中国“重点观察国家”的定性
1991.10—1992.10	提出关于市场准入的“301 调查”	双方签订谅解备忘录[17]	双方协商解决关于市场准入问题

[15] See Office of USTR，1989&1990 Special 301 Report，https://ustr.gov/sites/default/files/1989%20Special%20301%20Report.pdf，2020.

[16] 参见《中华人民共和国政府与美利坚合众国政府关于保护知识产权的谅解备忘录》（1992 年 1 月 17 日）第 2 条第 2 款：“中国政府同意采取行政措施保护具备下列条件的美国药品、农业化学物质产品的发明”；第 3 条第 4 款：“就中国著作权法及其实施条例与伯尔尼公约、日内瓦公约和本备忘录的不同之处，中国政府将于 1992 年 10 月 1 的时间内尽最大努力使这一议案通过和实施。”

[17] 参见《中华人民共和国政府与美利坚合众国政府关于保护知识产权的谅解备忘录》（1992 年 1 月 17 日）第 7 条：“美国政府承认中国政府在改进知识产权保护方面取得的进展和中国政府已同意采取的步骤将会进一步改善对知识产权的保护，预期这些承诺将得到充分履行，因此将于本谅解备忘录签字之日终止根据美国贸易法特殊 301 条款发起的调查并取消把中国指定为重点国家。”

续表

时　间	美方 301 调查	中方回应	调查进展或结果
1994.6—1995.2	中方部分履行谅解备忘录，但在著作权等知识产权侵权方面仍然存在巨大问题，未能按照承诺在执法方面保护本国及外国版权人的利益。[18] 再次将中国升级列入“重点观察国家”。 要求限期关闭多家盗版工厂，否则提出惩罚性关税，发布涵盖 28 亿美元中国出口产品的报复产品名册	中方提出“反报复措施”的可能性。 1995 年中美磋商，中方有序推进建立知识产权执法队伍[19]	美方放弃发动关税战
1996.4—1996.6	不满中方知识产权的保护现状，直接限期采取制裁措施，再度将中国列为“重点观察国家”	中方加征惩罚性关税 第三份中美知识产权协议签署。但本次美方并未获得中方的重要承诺[20]	美方取消贸易制裁措施
2010.10—2010.12	美方对中国扶持清洁能源技术产业的政策发起调查。对中方贸易补贴事项提交 WTO 争端解决机制之磋商环节	中方经过 WTO 的平等磋商环节，作出取消风电等项目中部分条款的承诺，成功将美国政治意图转为多边解决机制下的国际经贸商事议题[21]	美方结束“301 调查”。本次调查主要侧重反补贴等行为

[18] See United States General Accounting Office, *US-China Trade Implementation of Agreements on Market Access and Intellectual Property*, Report to the Honorable Hank Brown, U.S. Senate, 1995.

[19] 中华人民共和国对外贸易经济合作部吴仪部长与美国贸易代表迈克尔·坎特代表各自政府就知识产权问题于 1995 年 2 月 26 日在京换函。参见《关于呈请 1995 年中美知识产权换函及附件备案的报告》及附件《有效保护及实施知识产权的行动计划》(签订日期 1997 年 1 月 29 日):“国务院知识产权办公会议将通过建立地方知识产权办公会议，执法小组及临时小组完成三至五年长期、持续的执法。上述这些组织将相互协调，共同合作，有效执法及处罚本省、自治区、直辖市及其他城市范围内对知识产权的侵权活动。”

[20] 1996 年 6 月 17 日，美国和中国就知识产权保护达成《信件交流与中国执法行动报告》。后经多轮谈判，双方于 1999 年 3 月正式签署《中美知识产权协议》。See Ka Zeng, *Complementary Trade Structure and US-China Negotiations over Intellectual Property Rights*, 20East Asia (2002), pp.54-80.

[21] See WTO DS419: China—Measures concerning wind power equipment，载 https://www.wto.org/english/tratop_e/dispu_e/cases_e/ds419_e.htm，2019 年 9 月 24 日访问。

续表

时　间	美方 301 调查	中方回应	调查进展或结果
2017.8—2018.4	美方再次发起调查涵盖知识产权与技术转让的中方行为。美国贸易代表办公室根据调查结果，史无前例地针对大量产品进行征税，2018 年的征税行为使得 HS6 位数全部征税产品种类占据 301 征税清单的七成以上[22]	中方先后多次采取相应的关税回应措施，本着维护自由贸易原则和多边贸易体制的态度，与美国达成联合声明，表示双方高度重视知识产权保护，同意加强合作。中方将推进包括《专利法》在内的相关法律法规修订工作[23]	中美双方于 2018 年达成贸易磋商联合声明，但美方出尔反尔，不讲诚信。[24] 2019 年 2 月，美国国际知识产权联盟（IIPA）向 USTR 提交《2019 年关于版权保护与执法的特别 301 报告》建议继续将中国列入优先观察名单，以《美国贸易法》第 306 条调整其与中国的版权贸易事项[25]

从表 1 中可以发现，美国通过“特别 301 条款”的运用，试图形成部分外部影响。中国在建构自身知识产权的立法、司法审判、执法队伍的过程中面对

[22] 参见裴昱：《美国征税清单共计 464 亿美元机电产品占比 74.33%》，载 http://www.cb.com.cn/zjssb/2018_0404/1231127.html，2020 年 11 月 04 日访问。

[23] 参见新华社：《中美就经贸磋商发表联合声明》，载中国政府网，http://www.gov.cn/xinwen/2018-05/20/content_5292160.htm，2019 年 9 月 24 日访问。

[24] “二、美国在中美经贸磋商中出尔反尔、不讲诚信 美国挑起经贸摩擦后，中国不得不采取应对措施，两国贸易、投资关系受到影响。双方从两国人民福祉需要、从各自经济发展需要出发，都认为有必要坐下来进行谈判，通过磋商解决问题。自 2018 年 2 月经贸磋商启动以来，已取得很大进展，两国就大部分内容达成共识，但磋商也经历了几次波折，每次波折都源于美国的违背共识、出尔反尔、不讲诚信。”具体参见中华人民共和国国务院新闻办公室：《关于中美经贸磋商的中方立场》。

[25] See International Intellectual Property alliance，*IIPA Press Release on 2019 Special 301 Submission to USTR*，http://www.iipa.org/files/uploads/2019/02/2019SPEC301PRESSRELEASE.pdf，2020.

了外部挑战，20世纪90年代，中国正逢国家经济体制的结构性转变，对于市场经济与西方知识产权的认知还处于萌芽阶段，已相对成熟的美国知识产权话语则遇上了正在谋求与世界接轨的中国法制体系。但是，中国在世纪之交的历史节点中，仍然秉持开放合作的精神，根据相关国际协定原则展开灵活应对，积极参与双边、多边合作对话，加入或签署《保护工业产权的巴黎公约》《建立世界知识产权组织公约》等国际条约。

另外，中国知识产权法律体系建构之迅速，也与其经济建设的进展一样令世界为之震惊。根据国家知识产权局的统计研究，中国创造水平稳步提高，知识产权创造无论是在数量、质量还是在创造效率上均显著提升。在专利方面，2018年我国发明专利申请量为154.2万件，著作权登记量345万件，有效商标注册量达1804.9万件。[26]"中国专利、商标、著作权登记申请量飞速地增长，其中，专利申请量连续7年居世界首位。"[27]与此同时，知识产权保护制度不断完善，以2018年为例，全国法院新收一审知识产权案件30.1万件。[28]最高人民法院全年审理的知识产权和竞争新收案件数量达到1562件，同比增长74.1%，其中专利和商标案件增长幅度较大，同比分别增长103.6%和80%，司法对行政执法行为的审查和监督职能也在不断强化。[29]对于知识产权的审判等法律工作，中国也总结了自身的宝贵经验，形成诸多典型案例。即使受到美国的多次调查，在客观上中国知识产权的发展与法律保护正走向快车道发展，在这样的情形下，越来越多的中国知识产权权利人以及中国企业也学会利用这套美国知识产权话语走向海外市场，甚至走入美国本土市场。因此，美国

---

[26] 参见国家知识产权总局知识产权局发展研究中心：《2018年中国知识产权发展状况》，载 http://www.199it.com/archives/903478.html，2020年11月4日访问。

[27] 艾媒产业升级研究中心：《2019中国知识产权产业运行数据监测与创新案例研究报告》，载 https：//www.iimedia.cn/c400/64958.html，2020年11月4日访问。

[28] 参见国家知识产权总局知识产权局发展研究中心：《2018年中国知识产权发展状况》，载 http://www.199it.com/archives/903478.html，2020年11月4日访问。

[29] 参见《最高人民法院知识产权案件年度报告（2018）摘要》，载 https：//www.chinacourt.org/article/detail/2019/04/id/3852027.shtml，2020年11月5日访问。

的“特别301条款调查”虽然先后发起六次，但正逐渐出现一个新的局面，也即中国知识产权体系在不断成功地、智慧地应对美国挑战与影响后，也同样助力中国走向世界，并形成可以挑战美国知识产权的潜力。这并不是美国知识产权话语的初衷，因此近年来美国靠“特别301条款调查”以谋求美国优势的企图没有实现。美国为维护其知识产权话语的实质——美国利益的全球核心地位，这套话语也同样需要依靠防守策略来迎接中国的公平竞争。

（二）“337条款调查”：话语优势减弱的法律壁垒保护

所谓的“337条款”是指美国贸易法律的条款之一，其由于美国《1930年关税法》的第337条而被称作为“337条款”。美国国际贸易委员会（ITC）依据“337条款”拥有就美国进口贸易范围内的不公平进口的调查权力。不公平进口调查（UNFAIR IMPORT INVESTIGATIONS）则是以对在美国企业的知识产权侵犯为主的行为。若相关当事方被裁定违反“337条款”，则美国国际贸易委员对侵权产品拥有发布排除令和禁止令的权力。与“301条款”的外向性不同，“337条款”所针对的恰恰是美国国内的贸易领域保护，主要是通过法律途径对进入美国的产品及企业进行规制。如果侵权行为能够被加以证明，则美国只要国内存在相关产业即可施以制裁，对美国该产业是否造成实质损害并不是其行为的构成要件。通过保护美国本土的知识产权人的利益从而限制和阻止外国产品进入本国市场是“337条款”构建的美国知识产权防御性法律壁垒。由于美国科技等方面的领先地位，知识产权一直是美国强有力的竞争工具，但随着全球经济一体化的加深，全球产业链分工合作形态业已形成，中国作为知识产权发展迅速的国家，其越来越多涉及知识产权的产品货物登陆美国市场，给予美国本土企业以及美国跨国公司一定的竞争压力。因此谋求维护大公司竞争优势利益的知识产权话语也具体反映在“337条款”之上。另外，中国企业在加入WTO以前，由于经济体量和出口美国市场涉及知识产权产品数量较少，“337调查”对中国来说影响有限。但近年来，随着中国企业走出去的经济背景，美国对华“337调查”频率与数量迅速上升，中国企业受到大规模的调查，被调查案件数量为 297 起，我国大陆已经取代日本（145 起）和中国台湾地区（165 起）成为美国“337 调查”案例最多的海外国家或地区，更是远超加拿大（77 起）、德国（61 起）、英国（39 起）、瑞典（34 起）的总和。[30] 在近十年内，约有三分之一的案件都牵涉到中国企业。美国运用“337 条款”构建对华知识产权的法律防守壁垒，已经呈明显趋势。

表 2　2015—2019 年部分涉华终止调查案情况一览表

案件号	涉案产品	涉案行业	立案时间	结　果
337-TA-947	LED 产品及其同类组件	电气工业	2015-02-18	和解
337-TA-959	电子皮肤护理设备、刷子、充电器及其同类组件	电子工业	2015-06-19	发布普遍排除令、有限排除令和禁止令
337-TA-975	计算机电缆、充电器、适配器、外围设备及其同类产品	电子工业	2015-12-17	有限排除令
337-TA-977	带刀片的箭头及其同类产品	文体、工美和娱乐用品	2015-12-22	发布禁止令
337-TA-986	尿布清理系统产品及组件，包括尿布回收盒	其他	2016-02-29	申请方提出的撤销该案
337-TA-988	吸奶器文胸	纺织工业	2016-03-14	发布普遍排除令
337-TA-1002	碳合金钢	钢铁工业	2016-06-02	因原告无法证明，所以不具诉讼资格。至此，中国在本案反垄断、窃取商业秘密、虚构原产地三个诉点全部完胜
337-TA-1003	气凝胶隔热复合材料及其制造工艺	塑料制品业	2016-06-08	裁定存在侵犯知识产权的行为

[30] 参见商务部中国贸易救济信息网，载 http://www.cacs.mofcom.gov.cn/cacscms/view/notice/ssqdc，2019 年 9 月 24 日访问。

续表

案件号	涉案产品	涉案行业	立案时间	结　果
337-TA-1008	碳脊柱板、颈托、急救面罩和医学训练假人设备	医药工业	2016-06-24	向 11 家缺席被告发布有限排除令
337-TA-1009	充气产品及其制造工艺	文体、工美和娱乐用品	2016-06-20	作出的批准申请方提出的撤销；发布同意令
337-TA-1014	中型集装箱	其他	2016-07-27	申请方的撤诉
337-TA-1015	干手器及其外罩	电气工业	2016-08-01	发布一项普遍排除令、禁止令、保证金将按应诉方涉案产品进口价值的 100% 计收
337-TA-1016	门禁系统及其相关组件	电子工业	2016-08-03	发布禁止令
337-TA-1021	单人平衡车	其他运输设备	2016-09-21	确定存在违反 337 条款的行为，发布救济令
337-TA-1028	移动设备支架及其组件	电子工业	2016-11-14	发布一项普遍排除令和十六项禁止令
337-TA-1033	弓形刀片箭头产品及其部件	文体、工美和娱乐用品	2017-01-03	裁定存在侵犯知识产权，发布一项普遍排除令
337-TA-1043	电气连接器及其元件和产品	电气工业	2017-03-09	经过复审，认定不存在侵犯知识产权的行为
337-TA-1057	扫地机器人及其组件	电气工业	2017-05-17	和解
337-TA-1059	数码相机及其软件和配件	电子工业	2017-05-26	和解
337-TA-1072	具备无线网络功能的电子设备及组件	电子工业	2017-09-27	申请方撤回申诉
337-TA-1074	工业自动化系统及组件	仪器仪表工业	2017-10-10	发布一项普遍排除令，一项禁止令
337-TA-1081	LED 照明及电源	电气工业	2017-11-03	有限排除令和禁止令

续表

案件号	涉案产品	涉案行业	立案时间	结　果
337-TA-1084	隔热饮料容器	其他	2017-11-17	对缺席被告中国公司发布有限排除令，禁止这两家企业生产或出口的隔热饮料容器的标示和包装材料进入美国市场
337-TA-1087	锂电池及其组件	电气工业	2017-11-21	和解
337-TA-1092	不倒杯	其他	2018-01-03	发布一项普遍排除令
337-TA-1097	固态硬盘	电子工业	2018-01-19	和解
337-TA-1101	带有蒸汽分离器的燃油泵总成及组件	通用设备	2018-02-26	对缺席被告发布一项有限排除令
337-TA-1106	打印机墨盒及其组件	通用设备	2018-03-26	不存在侵犯知识产权的行为
337-TA-1107	LED 照明设备及组件	电气工业	2018-04-04	发布一项普遍排除令
337-TA-1108	跳绳系列产品	文体、工美和娱乐用品	2018-04-12	对缺席被告发布一项有限排除令
337-TA-1114	模块化 LED 显示面板及其组件	电子工业	2018-05-24	申请方提出的撤回申请
337-TA-1117	全收纳箭盒及其组件	文体、工美和娱乐用品	2018-06-06	发布一项普遍排除令
337-TA-1125	高度可调节桌面及其组件	家具工业	2018-07-24	和解
337-TA-1135	力量训练系统及其组件	其他	2018-10-01	发布一项同意令
337-TA-1146	牛磺酸（2- 氨基乙酸磺酸）及其生产方法、制备方法以及含有该化合物的产品	医药工业	2019-02-28	申请方撤回

续表

案件号	涉案产品	涉案行业	立案时间	结　果
337-TA-1156	含有 PFS 荧光粉的 LED 封装产品	光伏产品	2019-05-10	和解和同意令
337-TA-1143	皮卡车折叠盖板	汽车工业	2019-02-12	基于同意令终止调查，针对发布的同意令和缺席被告，利益相关方可提交书面材料

经过对商务部中国贸易救济信息网所发布的部分美国终止调查的案件梳理（见表 2）可以分析得出，在近五年终止调查案中，相比和解案件数量及胜诉（含申请人撤诉）的数量，中国企业在面对“337 调查”的败诉率与缺席审判率仍然占有较大比重。大部分中国企业在面对美国“337 调查”时存在畏难逃避心理，尤其是中小企业并不具备充分的应对经验，从而采取消极应诉的行为。对于美国本土企业在申请“337 调查”立案时，仅需向美国国际贸易委员会递交相关材料与 150 美元的诉讼费即可。而相较于不需支付律师费用的美国本土企业而言，被诉的海外企业在应诉环节需要支付高达三百万美元的律师费用[31]，或者消极应诉从而承担大量赔偿费用并被禁止向美国出口相关产品。例如，在鞋类产品调查案（337-TA-936）中，部分中国企业本欲通过积极应诉的方式去面对调查，但也同样遇到高额的诉讼成本和复杂的美国司法环境的挑战，两家中国外贸企业通过聘用中国律师代理的方式参与该案审理。然而该方案受到申请人及美国行政法官的一致反对，其主要理由之一是如果不具有美国律师资质的律师出庭，则美国国际贸易委员会没有合适的应对机制来防止案件商业信息泄密的可能性。[32]

在美国知识产权话语背景下所产生的知识产权法律壁垒也给予所有非美国本土企业的海外公司高昂的诉讼成本与应对障碍，所以此类美国本土知识产权

[31] 参见袁红林、王诗烨:《中国企业应对美国 337 调查的对策研究》，载《国际贸易》2018 年第 8 期。

[32] 参见国家知识产权局专利审查协作北京中心:《美国 337 调查：中国企业应对之路（2010—2016 年）》，知识产权出版社 2018 年版，第 315 ～ 316 页。

诉讼及调查在一定程度上引起国际社会的质疑，国际社会对于美国国内“337调查”是否与 TRIPS 协议一致产生关注。欧盟曾就美国“337 条款”程序提交至 WTO 磋商框架下进行质疑。在欧美磋商回合中（WT/DS86/1，Jan.18，2000），欧盟主张“337 条款”违反了 TRIPS 第 2 条、第 3 条、第 9 条、第 27 条等多项条款，尤其是国民待遇、知识产权一般义务等方面。加拿大则也曾向 GATT 主张美国“337 调查”与国民待遇原则相悖，但专家组也只给出模棱两可的意见。[33] 即使时至今日，学界也对于美国“337 调查”的国际合法性莫衷一是，换言之，美国的此套知识产权法律保护壁垒在国际社会接纳度上仍然存在疑问。

三、中国知识产权的历史回溯与分析

（一）基于法律东方主义的形象误读

如果将目光回到中国，就会发现以美国为主导的全球知识产权体系形成后，中国的全球贸易地位处于困境。基于法律东方主义和西方中心论的思想基础，美国知识产权模式对参与全球经济竞争的中国一直是“棍棒相加”。无论是 20 世纪 90 年代中美知识产权谈判中 301 调查磋商环节的事例，还是如今中美贸易战背景下频繁提及的“中国知识产权问题”，都成为污名化中国经济角色与形象的手段。如前文所述，当代全球话语体系，已经与最早鼓励创造性天才、保护人格等思想大相径庭。其背后的信息财产逻辑也与最初的发端相去甚远，实质上只是当代国际资本规则制定的全新包装。中国知识产权的角色定位，也包含着美国资本规则的企图，用看似更为高尚的“财产性私权”的道德话语来打击不同文化的市场传统，追求竞争优势，而非真正涉及西方传统理论有待讨论的公共利益范畴。

---

[33] 参见冯寿波：《美国 337 调查与 TRIPS 协议实体规定冲突问题研究》，载《河北法学》2013 年第 7 期。

（二）回顾中国传统知识产权的特征

一味追求财产投资利益回报的知识产权法律体系究竟妥当与否，国内学者也就现今知识产权制度中精神权利和表达自由的缺失提出质疑。[34]然而在质疑西方当代知识产权话语和精神内涵的同时，也需要仔细回顾中国知识产权传统，回应西方中心观的挑战。结合传统细节，笔者认为中国对于知识产权的认知，是不同于以美国为首的当代西方思维。由于篇幅的限制，将从传统历史实践的角度适当分析。

1. 中国传统知识产权的道德追求

中国古代传统出版行业一直有“盗版必究、不许覆版”的声明，诸如郑成思教授支持宋代创作者也享有版权，[35]诸多汉学家发现我国古代有相当成熟的印刷技术和出版市场，对于盗版的憎恶也有明确的道德表态。在版权注册层面，眉山程舍人作为出版者通过“已申上司”（南宋《东都事略》）的版权声明，也就是通过向相关政府履行法律登记流程，反映出版权意识。在社会监督层面，宋朝大儒朱熹就对盗版提出“鄙见”的态度，“时书肆有窃刊行者，亟请于县官，追索其版”（朱熹《晦庵集》卷二十六），也就是说，对于盗版机构，社会公众有向政府举报检举的权利。在政府层面，北宋国子监针对《九经》监本，拥有刻印的行政许可权利，明令禁止随意私刻。但起源于宋代的版权制度之所以没有发展成为对财产利益的片面追求，背后有与西方话语缔造者不同的思想意识。中国士大夫（通常是著作权人）是具有“耻于言利”的文化追求。诸如影响中国士林阶层的司马迁所提出的“藏之名山，以待后世”的著作价值观，就反映出当世的财产利益并不是创作者们的终极目标。他们更注重士林清誉的维护，对于自己创作的文学作品或智力成果，有打击盗版，乐于共享的道德情趣。也就是说，一方面，士大夫自己绝不会阻挠反对与其他士林学界的

[34] 参见吴汉东：《知识产权国际保护制度的变革与发展》，载《法学研究》2005 年第 3 期。

[35] 参见郑成思：《知识产权论》，法律出版社 2007 年版，第 6 ～ 9 页。

正当共享，其中包含诗文结社、宴集唱和、藏书鉴赏等各类分享形式；另一方面，在中国古代传统社会的“书肆”等商业性机构如果存在盗版牟利，也会受到鄙夷和责任追究。

2. 中国传统知识回报机制的多元性

回报中国古代知识产权者的体系是十分多元的。如前所述，文人创作者与士林分享，所追求的不是财产利益，而是“清誉”。这种乐于分享佳作并受人赏识的荣誉是士大夫们更注重的精神回报机制。此外，在发明创作的传统中，人们也会对技术发明者采取宗教祠堂化的报答机制。对于社会而言，在技术知识方面做出重大贡献的人物会得到荣典推崇。《尚书·武成》中“崇德报功”的儒家治理态度，也在诸多朝代对智慧贡献者的表彰宣传中得以体现。例如，宋末元初著名的纺织专家黄道婆，因为公开传播自己发明的纺织技术，推广更具生产力的纺织工具，而受到百姓的敬仰。发展到清朝时期，被世人尊为布业的始祖，各地出现“黄道婆祠”以宗教化的形式纪念其发明推广的贡献。《上海县新建黄婆专祠碑》中撰有高度赞扬黄道婆智慧贡献的碑文，背后折射的是对“圣人创物”的尊重态度。此外，以发明创作者命名或冠以名号的形式也是荣典化表现形式之一。在传统中医知识领域，中国人会报以极高的荣典赞誉。如做出卓越贡献的孙思邈、张仲景分别被冠以“药王”“药圣”的名号。又如蔡伦的造纸术产物，被直接以“蔡侯纸”命名，而“侯爵”是中国封建贵族才享有的称号，尊重优秀的发明创作者，也是社会普遍接受的意识。可以说，此类祠堂化、荣典化的精神回报机制特征是中国知识产权传统的特色。

无论是创作者或发明者的荣典化，还是以传播分享、共享为荣乐的传统社会氛围，其实都是在传统科举体系下，人们对利益淡泊的雅致追求。儒家治理的核心，本质上而言，是知识治理。借助科举制度这一实现阶层流动的社会工具，知识产权者并不谋一时之金钱利益，而是通过学界共同认可的口碑等收益，获取在整个儒家治理模式下的更多精神收获与发展可能性。以创作和分享为乐趣的知识产权回报机制生态，反映出中国传统社会具备创作动力与良好导向的环境氛围。如果要对比西方知识产权思想，那么中国传统知识产权的机制更趋向于“天才英雄”时期对创作发明者的认可。同样地，经过历史发展，西方逐渐从谋人类福祉的“神圣知识产权”走向如今“资本知识产权”的道路，而中国传统知识产权回报模式则在路径上选择坚守，与西方的发展产生了历史分流。

（三）对当代西方知识产权话语的再反思

在对中国产权传统特征进行回顾后，我们有必要更深入地思考当下全球产权话语的意图。以美国为代表的话语逻辑，努力试图将中国产权体制归因于文化传统。但正如前文所引的各类历史细节，这样的做法很难成功论证这一点。当代全球知识产权体系本质上是仅诞生于西方的现代资本主义社会，基于文化的平等性，并不能期待世界各地的其他传统社会能够轻易接受这样的法律移植体系。因此正如冯象所言，西方话语对中国的指责是混乱的道德判断，在互联网时代下的破坏性革新，当代体系与其初衷产生矛盾并可能终结，“目前的国际知识产权制度与那套其鼓吹者竭力捍卫和证明的社会经济体制——全球资本主义——发生了冲突”[36]。具体而言，当代资本主义企图通过知识产权制度，使其利益维持在法律严格限制的高位水平。但诸如复制技术的不断突破，国际社会成员的竞争优势迫使西方资本通过外包等形式加入宽松的市场竞争环境中。在高成本的产权垄断地位维护与较为开放的竞争环境的对照下，当代资本逻辑与精心包装的话术产生冲突。

由于专利等权利要素渗入市场竞争的环境中，众多跨国资本和大型企业都通过知识产权构建自身的“护城河”，利用全球体系规则，不仅谋求智慧成果的直接财富，更追求排除竞争对手的市场优势。例如，持续六年的美国霍尼韦尔公司诉日本美能达公司相机自动对焦专利案、长达十四年的宝丽莱诉柯达专利侵权案，都是运用知识产权诉讼方式打击对手，并且“技术壁垒

---

[36] 冯象、李一达：《知识产权的终结——“中国模式”之外的挑战》，载《文化纵横》2012 年第 3 期。

的力量则日益凸显”[37]。大型企业运用产权制度开展竞争有其合理性，但其垄断作用也与当代知识产权话语初衷有所出入。从宏观层面分析，关税壁垒通过 WTO 机制在一等程度上有所缓和，但发达工业国家越发青睐采用产权体制的法律壁垒来应对新兴市场的竞争挑战。一方面美国等国家在发展初期未受到知识产权的深度影响，利用他人成果或他国的传统知识、生物信息，走向发展的快车道；另一方面又不惜以国内法的拓张手段施压发展中国家。此类做法并不是完全以科技文化进步为目标，而是谋求全球治理下的竞争优势。

西方学界对知识产权的理解与反思也在进一步深入。布拉德·谢尔曼与莱昂内尔·本特利则认为之前的专利法并不是保护产品而是保护生产产品的技术，这与当代专利法以产品专利为原则而以方法专利为例外形成鲜明反差。[38]此外，从现行的 WTO-TRIPS 全球化体系只是对一小部分强大难以撼动的跨国企业利益的关注与维护而言，体现十几个美国大型公司的高层意愿，是私人利益在国际规则体系制定中产生影响。[39]而如今，西方学界在回溯知识产权的回报机制时，也提出不应当仅依靠金钱的单一方式，更应该是为了“美好生活”而存在，应当内含正义目的。这种主张相比现行的 WTO-TRIPS 体系更具有合理性。否则以美国为首的体系扩张只不过是詹姆斯·博伊尔所称的“第二次圈地运动”。[40]所以说，知识产权并不应该一味地追求严格保护及金钱回报，全球市场不能在当下的话语中完全迷失，如何适度地平衡知识产权竞争与共享发展的关系，是需要国际社会共同努力的方向。

---

[37] 王先林：《从个体权利、竞争工具到国家战略——关于知识产权的三维视角》，载《上海交通大学学报（哲学社会科学版）》2008 年第 4 期。

[38] 参见〔澳〕布拉德·谢尔曼、〔英〕莱昂内尔·本特利：《现代知识产权法的演进：1760—1911 英国的历程》，金海军译，北京大学出版社 2006 年版，第 57 页。

[39] 参见〔美〕苏珊·K. 塞尔：《私权、公法：知识产权的全球化》，董刚、周超译，中国人民大学出版社 2008 年版，第 170 页。

[40] See J.Boyle, *The Second Enclosure Movement and the Construction of the Public Domain*, 66Law and Contemporary Problems, 2003, pp.33-74.

四、当代中国知识产权的路径选择

（一）整合知识产权外交的中央职能体系

中国当下负责全球知识产权治理的部门主要以商务部、外交部和国家知识产权局为主。由于知识产权问题的专业性较强，因此国务院知识产权局根据自2018年8月1日起施行的《国家知识产权局职能配置、内设机构和人员编制规定》，对内进一步与"机构改革"新设立的国家市场监督管理总局以及国家版权局进行分工配合，落实具体的知识产权执行工作。对外则根据规定，与商务部进行配合，由商务部主导涉及经济贸易议题的双边、多边知识产权的对外谈判工作，同时也由商务部构建产权合作磋商机制及国内立场协调等具体行动，而国家知识产权局则更多承担统筹、协调的职责。由于我国的整体外交模式仍然由外交部牵头负责，因此在实践层面上，在相关知识产权涉外活动中，外交部也有所参与。除此之外的商标、海关、版权等各方面也由专门部门进行管理。

这样的治理模式有其合理的科学性，但在知识产权话语表达的层面，此模式也会给予一定的挑战与困难，对于中国知识产权制度建设的统一性与外交能力会由此受到负面影响。[41] 具体而言，中国知识产权文化一直蒙受形象误读和表达受阻的原因之一就是没有系统地对外宣传。中国传统"尊重知识、乐于分享"的合理性证明在一定程度上受到对外工作实践模式的影响，由于各部门对于我国知识产权传统的理解程度不一，所以本应一以贯之的对外表达会在实际细碎工作中有所弱化和消解。因此推动提升中国知识产权国际化形象的工作刻不容缓。习近平总书记曾经强调要讲好中国故事，而具体反映在我国参与知识产权的全球治理工作中，就应当是宣传中国知识产权态度，尽快实现对中国传统知识产权文化的去污名化工作。回应部分国家对中国传统儒家文化拖累

---

[41] 参见董涛：《全球知识产权治理结构演进与变迁——后TRIPs时代国际知识产权格局的发展》，载《中国软科学》2017年第12期。

产权制度的质疑。这不仅是学界的理论争鸣，更是应当重视的中央外交工作。通过对中国传统知识产权和西方知识产权思想流变的逻辑解读，实现中国话语表达的突围。筹划新一轮中国知识产权形象外交建设，是我国“总体外交”战略下的重要一环。

（二）加强地方与民间的对外产权交流

国际外部环境决定了当下是我国知识产权外交的重要节点，不能忽视系统性的交流作用，这需要完善中央—地方—民间的对外宣传体系。例如，知识产权交流虽然在中央政府层面的统筹协调下有序开展，但在地方政府与民间组织的对外交往中，知识产权合作意识仍有待加强。除了中央负责知识产权的外交职能，在经贸文化往来的活动中，也可以发挥地方政府的能力与民间组织的活性。在地方政府的产权交流方面，诸多地方政府与世界其他兄弟城市已经或正在构建友好合作的交流体系，如今应当在知识产权方面加以侧重。地方政府之间的产权交流比起更为宏观的国家间交流存在诸多优势。一是拥有更为灵活的合作空间，国际城市交往的经验表明，良好且高效的城市合作制度使得许多项目得以尽快落地与实现，而在知识产权交流工作中，更能直接通过点对点的城市互动产生有利于中国的正面产权形象的影响。二是具有针对性和鲜明特色，诸如“长三角一体化战略”“粤港澳大湾区建设”都是针对地区特征展开的区域性发展，因此在产权对外交流上可以更好地结合本地区的产业特色，在制造业或信息服务业等各类产业中，更容易有针对性地与国外相关产业进行良好的产权形象互动。

注重民间组织的作用，发挥非政府组织的活力。在如今的知识产权工作中，民间非政府组织（NGO）已经成为一股不可忽视的力量，是官方对外交流工作的拓展补充。例如，中国知识产权研究会，成功构建中日韩交流平台，与美国知产法律协会建立交流制度，发挥独有特色，与政府活动相呼应。[42]

---

[42] 参见张健佳:《我国知识产权非政府组织发展探析》，载《知识产权》2013年第10期。

因此，鼓励民间智库或相关组织参与到国际产权交流工作中，给予一定的政策扶持与鼓励，会取得中国知识产权对外工作的新突破。

（三）积极利用 WTO、WIPO 等多边机制参与全球治理

在重塑中国知识产权国家形象的同时，不能忽视现行的全球知识产权治理体系。尤其是在双多边机制中，WTO 与 WIPO 仍然是发挥重要作用的两大国际组织。正如前文提及，美国对于多边框架和机制是非常注重并且灵活运用的，以至于当下全球知识产权体系很大程度上反映了美国国家战略利益。但随着全球化贸易体系的深入发展，各国都在多边机制中进行深入的合作。因此，充分利用多边机制仍然是发展中国家参与知识产权全球治理的重要手段。

以巴西和印度为例，巴西一直专注于国内药物的研发。在加入 WTO-TRIPS 体系后，虽然美国对于巴西的专利法案存在不满，但巴西方面仍通过利用 TRIPS 强制许可使用制度，借助多哈谈判及《多哈宣言》的多次博弈，实现一定程度的国家战略利益目标。而印度通过与 WIPO 的频繁接触与合作，建设传统知识数字图书馆（TKDL）以防止印度的传统知识遭受其他国家或私主体的盗用。这种模式受到 WIPO 的欢迎与肯定，并成为诸多国家的经验借鉴对象。同样，印度也通过对 TRIPS 协定的灵活运用，构建自身的防范条款，在诸如印度诺华公司诉印欧联盟等案件中维护自身仿制药产业的发展。[43]

总体而言，中国需要不畏惧以美国为主导的 TRIPS 体系，通过积极参与 WIPO 的国际重要议题（诸如遗传资源、传统知识等），利用 WTO 争端解决机制等各类方式，综合参与知识产权全球治理的各项环节，如 WIPO 办事处落户北京就是加强合作的良好开端。即使在新一轮中美贸易争端中，中国仍被美国的投资道德牵制诟病，在可预见的未来，美国主导的保护主义话语依旧会利用其国内法律方案不断故技重施。中国应当结合其他发展中国家的正当利益诉

[43] 参见游文亭：《发展中国家药品专利权与公民健康权的博弈与平衡——以巴西和印度为例》，载《电子知识产权》2018 年第 7 期。

求，在医疗专利的垄断，对于传统知识和遗传资源的“知识产权掠夺”等议题上进一步引起国际共识。指出当代全球知识产权体系的逻辑弊端与实践缺陷，多管齐下应对全球治理的竞争挑战。

五、结　语

面对美国长期的知识产权法律影响，以及其背后长期占据话语权的知识产权西方中心观与法律东方主义，我们忽视了中国知识产权传统。原因在于未能回顾并把握中国知识产权传统及其历史细节，也不能认清当代国际知识产权规则作为法律移植的舶来品，其本身逻辑也出现多次改变，必然束缚中国知识产权及经济的发展。因此，通过对古典知识产权思想逐渐发展成为当下资本全球化规则话语的路径梳理，重新审视美国知识产权法律细节，回顾中国知识产权传统的失语，需要提出对当代知识产权体系的批评反思，还原中国传统知识产权本应具有的思想和特征，以当下时代节点做出合理的理论回应与路径选择。

股权让与担保的效力认定

夏俊黎

内容摘要 本文从司法实践角度分析、探索股权让与担保之效力认定问题。首先，对转让股东、受让人、债权人以及公司在股权让与担保过程中的身份地位予以认定，阐述股权让与担保对内及对外之效力认定问题；其次，辨析股权让与担保在实践过程中存在的问题，分析学术界的不同观点并得出结论；最后，针对立法及司法中的股权让与担保给予规则重塑建议，以期对司法实践有所裨益。

关键词 股权让与担保 流质条款 抽逃出资 股权回购

一、引 言

近年来，涉及股权让与担保的案件数量繁多，对此我国相关法律法规并未予以明确的规定，与此同时，在司法裁判实践中也缺乏统一的裁判模式，可能发生相互抵触的裁判结果，严重冲击了司法公信力。在学术界，对让与担保的研究虽在逐年递增，但关于股权让与担保的期刊、文献却屈指可数，有鉴于此，无论是在立法、司法还是在实务界，对于股权让与担保的效力认定问题均

作者单位：青岛大学法学院。

存在诸多有待解决的疑问。通过总结实务界的观点及各个法院的裁判规律，可以发现我国现行法规的不足之处：缺乏可适用的明确法律法规造成了“法律违反计划的不圆满性”之后果[1]。由此，可以从实务中总结一些修正建议用以完善我国的相关法律制度。笔者将从司法实践角度对股权让与担保提出几点问题，并对我国相关法律制度给予规则重塑意见。

二、股权让与担保效力认定之实践探索

（一）对内效力之认定

对内效力指让与担保在担保人与股权受让人之间的法律关系的效力，其内涵包括：权利义务之范围、标的、股权让与的实现形式以及债务的清偿。本文着重探讨股权让与的实现与债务清偿的效力认定。面对新形式商业组织的出现，欧洲国家如葡萄牙、西班牙、意大利、法国、英国和美国已经创建了产权制度以平衡公司结构，而促进这种均衡的方法是建立限制私人有限责任公司股份转让的违约规则（PLLCs）或给予公司成员在公司章程中引入此类限制的回转余地。[2]为尽可能保障公司利益，欧洲国家对于股权转让增加了对转让股东及受让人之间的违约规则，并赋予其他股东在公司章程中保障其合法权益的权利。

在股权受让人与担保人之间，往往通过合同的方式限定股权转让的实现。此种情形下，受让人与担保人间合同的效力如何认定？如若受让人违约，在合同约定不明或者没有约定的情况下，受让人是否有权行使股东权利？此问题在学术界和司法实践中均存疑，有待探讨。司法实践中主流观点认为，股权受让人并非实际股东，因而并未获得完整的股权，因此仅能于担保人所担保的范围之内依照双方合同约定的内容享有股权。

[1] 参见杨仁寿：《法学方法论》，中国政法大学出版社2013年版，第896页。

[2] Lecia Vicente.The tale of the silver fox：The co-evolution of property rights and contractual arrangements in limited liability companies.Forham Corporate Law Center，Fordham University School of Law，2016.

股权让与担保负担着实现债务人通过股权融资以获取利益以及股权受让人确保债权债务实现之目的，当事人借由此种法律结构形成了稳定的商事交易秩序。司法实践中关于股权让与实现形式，尤其是流质条款效力之认定尚处于意见分歧阶段。如何评价担保人与受让人约定的清偿方式，以达到双方利益均衡之目的，乃当前亟须解决的现实问题。股权让与担保之清偿方式同其类型密不可分，在双方对清偿方式没有约定或约定不明时，法官做何种判定，亦与双方利益休戚相关。

笔者认为，认定股权让与担保有效的理由如下：

第一，股权让与担保并不违反物权法定之内涵。本着契约自由之精神，根据《民法典》规定，当事人意思表示一致且真实，未有第一编第六章规定关于民事法律行为无效的情形，当事人双方签订的合同当然有效。股权让与担保并未设立新的物权模式，也未创设物权之内容，因而并未违反物权法定之原则。[3]

第二，股权让与担保并非股东转移财产之手段。公司担保股东转让股权，在其未清偿到期债务时，对受让人承担连带责任，但与此同时，公司享有追偿权，此种行为并不会导致公司资本减少。因而，公司股权让与担保并不是转让股东抽逃出资的表现形式。

第三，股权让与担保并非因当事人串通而签订的阴阳合同。如“吴某诉王某股权让与纠纷案”[4]中，股权让与合同乃当事人虚假意思表示，当然无效，但股权让与担保合同实为双方真实意思表示，且无《合同法》第 52 条之无效情形，因而该合同当然有效。另外，“股权让与担保的当事人期望其所做的意思表示成立且生效，才可借此以转移标的物——股权的所有权来担保债权之实现，这同双方虚假行为存在本质差别”[5]。

---

[3] 参见庄加园：《“买卖型担保”与流押条款的效力——〈民间借贷规定〉第 24 条的解读》，载《清华法学》2016 年第 3 期。

[4] 参见（2018）赣 1128 民初 1843 号。

[5] 姚辉、李付雷：《“理性他者”的依归——让与担保实践争议探源与启示》，载《中国人民大学学报》2018 年第 5 期。

第四，流质条款虽是法定禁止性条款，但依据《民法典》第155条[6]之规定，其并不影响整体合同之效力。只要双方当事人未明确于合同订立过程中将“股权质押”载于合同文本中，则可以参考让与担保或后让与担保的相关规定，认定股权转让合同无效，但担保合同有效，仅仅是受让人对转让的股权有无优先受偿权的问题而已。

第五，如认定股权让与担保合同为无效合同，不利于交易安全之维护，有悖于当事人意思自治原则，且不符合诚实信用原则之内涵要求。为保障公司商誉和相对人信赖利益以及社会秩序之稳定，理应认定股权让与担保合同乃有效合同。

（二）对外效力之认定

股权受让人与担保人之间签订的合同满足了股权转让的形式要求，然而基于合同的相对性和保密性，合同双方以外的第三人并不能了解合同的具体内容，因而该合同是否对外有效，有待探讨。因此厘清法院在协调第三人与合同双方当事人之间法律关系的裁判依据及相关规律，于理论界和实务界均具有极其重要的价值。

1. 受让人之于第三人

法院采纳的观点是，股权转让担保旨在实现当事人之间债权债务关系之目的。因而，作为形式意义上的股东——股权受让人，第三人若无法合理信赖其具备权利外观（工商登记）的受让人的股东身份，就无权基于《公司法》第31条[7]之规定请求获得信赖利益保护，进而有理由拒绝第三人请求受让人作为名义股东补足未缴出资额之诉求。

---

[6]《民法典》第155条规定：“无效的或者被撤销的民事法律行为自始没有法律约束力。”

[7]《公司法》第31条规定：“有限责任公司成立后，应当向股东签发出资证明书。出资证明书应当载明下列事项：(一) 公司名称；(二) 公司成立日期；(三) 公司注册资本；(四) 股东的姓名或者名称、缴纳的出资额和出资日期；(五) 出资证明书的编号和核发日期。出资证明书由公司盖章。”

2. 受让人之于公司

高圣平教授认为，担保物权人仅是名义股东，因而不具备股东资格，且不享有股东权利；又由于受让人往往无法进行工商登记，因而不能取得股东身份。[8] 谢在全教授则认为："担保物权人虽然取得了标的物之所有权并负担相应债务，但是担保物权人仅能在该目的范围之内享有其所有权。……针对担保物权人同债务人之内部关系，应当限于为债务清偿而设立担保的经济追求范围之内享有受让标的物之所有权。"[9]而受让人对于支配受让权利则需要采用目的性限缩的解释方式，即仅仅于所担保的范围之内享有完整的优先受偿权，而非直接基于协议之内容享有所有权并以此获得完整的支配权。[10]

刘洪华认为，对股东身份的认定首先需确认所涉及法律关系的所属种类。[11] 对于涉及商事法律关系的案件，则应遵循外观主义，采纳商法予以调整，达到维护交易之安全以及提高交易效率之目的；而对于涉及民事法律关系的案件，则应谨遵意思主义为原则，以实质为准，采纳民法规范予以调整，切实保障真实投资人之利益。股东名册乃股东身份证明之文件，工商登记仅具备对外的对抗效力，两者并不冲突，前者于公司内部发挥作用，而在对外同第三人订立合同时，以后者的效力为准。因而在与第三人签订合同时，应当以工商登记机关登记的股东为实际股东，如若受让人尚未办理工商登记，则其本质上是名义股东，不具备权利外观，因此无须对第三人担责，应当由债务人承担相应的股东责任。

股东名册及工商注册登记虽是确认股东身份最有效的方式，但于实践中往往无法解决诸多种类的股东身份纠纷案件。除以上两种确认方式外，还可以通过出资或者认购股权的事实、章程签署、公司认可、受让股权等方式确认股

---

[8] 参见高圣平、曹明哲：《股权让与担保效力的解释论——基于裁判的分析与展开》，载《人民司法》2018 年第 28 期。

[9] 谢在全：《民法物权论》（下册），中国政法大学出版社 2011 年版，第 192 页。

[10] 参见杨立新、李怡雯：《让与担保的权利受让人对受让权利支配的限制》，载《中国应用法学》2018 年第 4 期。

[11] 参见刘洪华：《论有限责任公司股东资格的认定》，载《暨南学报（哲学社会科学版）》2012 年第 34 期。

东身份。出资事实是实质意义上的股东身份确认模式，章程可用以确认股东身份，但并非签署章程后才取得的股东身份，公司认可模式常见于实际出资人与名义出资人关于股东身份的纠纷之中，而受让股权模式却是以有效的股权转让协议证明股东身份。

笔者认为，股权变动模式通说为意思主义，根据《公司法》第 32 条第 3 款[12]之规定，受让人完成了股东名册及工商变更登记之后即应当具备了股东身份。但依据股权让与担保合同的实质属性，担保的受让人未实现债权清偿时不能直接享有所担保的股权之所有权，可以取得股权折价款之优先受偿权。因此，办理完毕股权变更登记后的受让股东为名义上的股东，实际股东仍为转让股东。[13]

三、股权转让担保效力认定之突出问题

当前法院对于股权让与担保纠纷案件审理的裁判模式具有以下突出问题，具体体现为如下几点：

第一，没有统一的裁判模式。从上文介绍的案件中可以看出，法院虽统一将股权让与担保认定为一种非典型的担保模式，对其有效性予以了认定，但我国并未将其纳入法律规范之中，这大大增加了法律的不稳定性，使得法律的可预测性降低，不符合我国法治国家、法治社会之现状，违背了我国依法治国之核心要求。且依据字面以及立法者目的对相关条文所做的解释，不能完全阐释受让人与担保人之间的股权让与担保合同之效力，也无法解释该合同对内及对外效力差异之缘由，反而会冲击现行法律规范，于司法裁判中造成同案不同判之后果。

第二，股权让与担保是否是股东名为“转让股权”实为“抽逃出资”之

[12]《公司法》第 32 条第 3 款规定：“公司应当将股东的姓名或者名称向公司登记机关登记；登记事项发生变更的，应当办理变更登记。未经登记或者变更登记的，不得对抗第三人。”

[13] 参见（2018）鲁 0923 民初 1605 号。

行为?《最高人民法院关于适用〈中华人民共和国公司法〉若干问题的规定(三)》(以下简称《公司法解释(三)》)第12条[14]规定了“抽逃出资”的类型。有的学者认为抽逃出资即指于公司设立之后，股东未经法定程序(如私下)，从公司撤回同已经缴纳之数额相当的财产并持续享有该公司股权所有权的行为。[15]而在司法实务界，某些法官则认为，抽逃出资是公司验资并完成注册之后，股东暗中(或称私下)将所缴纳的出资抽回，而其载于章程中的股东身份和出资数额维持不变的行为。该行为必然产生公司财产锐减之后果，然而，股权让与担保合同订立之后，原股东并未再持有股份，涉案股份所有权被移转给了受让人，由此可见，这并非抽逃出资行为。

第三，公司是否兼具担保权限，股权让与担保是否构成公司“股权回购”? 2005年《公司法》修订后删除了此前的第60条[16]并随之增添了第16条[17]，明文规定公司具备担保权能。第16条第1款将担保权限赋予了公司章程，第2款、第3款又对该项权利予以了限定，由此可见，第16条乃赋权性规定同强制性规定相结合的法律条文。[18]但不乏持反对意见的学者。在此，笔者给出如下意见：其一，根据“法无禁止即自由”之私法原则，既然《公司法》并未明确禁止公司的担保权能，由此可推导出公司应当具备该项能力。其

[14]《公司法解释(三)》第12条规定：“公司成立后，公司、股东或者公司债权人以相关股东的行为符合下列情形之一且损害公司权益为由，请求认定该股东抽逃出资的，人民法院应予支持：(一)制作虚假财务会计报表虚增利润进行分配；(二)通过虚构债权债务关系将其出资转出；(三)利用关联交易将出资转出；(四)其他未经法定程序将出资抽回的行为。”

[15] 参见最高人民法院民事审判第二庭编著：《最高人民法院关于公司法解释(三)、清算纪要理解与适用》(注释版)，人民法院出版社2016年版，第382页。

[16] 1993年《公司法》第60条第3款规定：“董事、经理不得以公司资产为本公司的股东或者其他个人债务提供担保。”

[17]《公司法》第16条规定：“公司向其他企业投资或者为他人提供担保，依照公司章程的规定，由董事会或者股东会、股东大会决议；公司章程对投资或者担保的总额及单项投资或者担保的数额有限额规定的，不得超过规定的限额。公司为公司股东或者实际控制人提供担保的，必须经股东会或者股东大会决议。前款规定的股东或者受前款规定的实际控制人支配的股东，不得参加前款规定事项的表决。该项表决由出席会议的其他股东所持表决权的过半数通过。”

[18] 参见罗培新：《公司担保法律规则的价值冲突与司法考量》，载《中外法学》2012年第6期。

二，根据意思自治原则，只要公司章程未明文放弃该项能力，则其当然具备。其三，根据立法者本意，既然在《公司法》修订过程中添加了第 16 条的同时删除了第 60 条，因而我们可以作出推论，立法者在之前存疑状态下采纳的观点是公司具备担保权能。股权回购，即《公司法》第 74 条[19]所规定的公司有偿买回并持有该股权的行为，此举一经法定程序即产生减资效果。然而在股权让与担保中，公司虽有担保债权实现之义务但并未实际持有该股权，显而易见，公司担保股权转让较之公司股权回购有本质上的区别。此外第 74 条实乃穷尽式列举的条款，涵盖所有情形下的股权回购，而《公司法》第 141 条[20]又对股权回购予以限制性规定。除此之外，公司在承担担保责任之后仍保留追偿权，因而其资产并未因此减少，这不合乎股权回购之结果要求。综上所述，股权让与担保并非公司"股权回购"之表象。

第四，当债权人与受让人重合时，即转让股东基于民间借贷合同将其股权转让给债权人以担保债权人的债权实现，当债务人无法清偿到期债务时，债权人能否直接取得股权以实现债权？根据让与担保的相关规定，债务人将其股权转让给债权人并非其真实意思表示，因而股权转让合同无效，债权人不能因为已经办理了相关的手续取得股权，但股权让与担保合同是基于双方真实意思

[19]《公司法》第 74 条规定："有下列情形之一的，对股东会该项决议投反对票的股东可以请求公司按照合理的价格收购其股权：（一）公司连续五年不向股东分配利润，而公司该五年连续盈利，并且符合本法规定的分配利润条件的；（二）公司合并、分立、转让主要财产的；（三）公司章程规定的营业期限届满或者章程规定的其他解散事由出现，股东会会议通过决议修改章程使公司存续的。自股东会会议决议通过之日起六十日内，股东与公司不能达成股权收购协议的，股东可以自股东会会议决议通过之日起九十日内向人民法院提起诉讼。"

[20]《公司法》第 141 条规定："发起人持有的本公司股份，自公司成立之日起一年内不得转让。公司公开发行股份前已发行的股份，自公司股票在证券交易所上市交易之日起一年内不得转让。公司董事、监事、高级管理人员应当向公司申报所持有的本公司的股份及其变动情况，在任职期间每年转让的股份不得超过其所持有本公司股份总数的百分之二十五；所持本公司股份自公司股票上市交易之日起一年内不得转让。上述人员离职后半年内，不得转让其所持有的本公司股份。公司章程可以对公司董事、监事、高级管理人员转让其所持有的本公司股份作出其他限制性规定。"

表示订立的，应当认定其有效。股权作为普通动产转让甚至登记于债权人名下，以此担保债权实现，当转让股东不能清偿到期债务时，债权人可以基于股权让与担保合同折价或拍卖受让的股权，并针对所得价款享有优先受偿权，此种债权实现方式类似于动产质权的实现。如若拍卖所得价款无法完全清偿到期债务，对于超过部分债权人仍可向转让股东追偿，但仅能作为普通债权予以追偿；如若拍卖价款清偿到期债务后仍有剩余，债权人应当将剩余价款退还债务人即转让股东。总而言之，债权人不能直接取得涉案股权之所有权。

四、股权让与担保效力认定之规则重塑

股权让与担保纠纷案件的裁判模式之完善应遵循以下原则：

一是确立宽容股权让与担保的立场。高圣平教授指出，应当在立法中增设股权让与担保制度，使之成文化[21]；王利明教授则认为，应当通过立法将新型的担保物权囊括其中[22]；谢在全教授同样支持该观点，他认为在当代法治社会下，应当以立法的形式明确新兴的物权担保类型，[23]这于法治社会的建立有益，有助于当事人的行为于法有据，避免司法裁判中出现相互背离甚至矛盾的判决结果，以期达到实现司法实质公平正义之目的。此外，美国也支持将让与担保纳入成文法规制的范围之内。德国法则认为无须再行规定让与担保制度，但其承认股权让与担保之地位，并在司法活动中予以适用。对于此，杨立新教授坚守德国法之立场。[24]在“滕某诉滕某荣股权让与纠纷案”中，辽宁省阜新市中级人民法院认为：原告、被告之间虽订立了股权让与协议，并于工商登记

[21] 参见高圣平：《动产让与担保的立法论》，载《中外法学》2017 年第 5 期。

[22] 参见王利明：《我国民法典物权编中担保物权制度的发展与完善》，载《法学评论》2017 年第 3 期。

[23] 参见谢在全：《担保物权发展的新动向》，载《沪鑫论坛主题报告》2018 年 5 月，载 http://www.civillaw.com.cn/zt/t/?id=34231，2019 年 4 月 27 日访问。

[24] 参见杨立新：《〈民法总则〉规定的隐藏行为的法律适用规则》，载《比较法研究》2017 年第 7 期。

机构完成股权变更登记，然而该行为本质上构成以转让股权的方式作为担保，以担保其债务的履行，被告为实现其债权设定了一种非典型担保方式，构成让与担保。[25] 这并非一般性的股权让与行为，而是市场经济发展中的特殊担保类型，并未违反法律、行政法规之强制性规定，因此该担保方式合法且有效。

二是创设股权让与担保之效力认定模式的统一标准。我国最高人民法院的裁判案例具备指导性意义，因而其他法院的法官应当采纳最高院指导案例模式，选择最具有代表性的案例，并且以标准作为裁判依据。此外，还可以通过法院相关文件（如最高院的会议纪要）认可其效力。而在蔡立东教授统计的 71 个相关性案件中，有 95% 以上的法院均认定股权让与担保合同并不违法且当然有效，[26] 因此可以在后续的裁判中采用此标准，并将其作为统一的效力认定模式予以设立。[27] 最高人民法院第二巡回法庭 2019 年第一次法官会议纪要中指出，股权让与担保合同并不单单因为让与担保为非典型性担保形式而存在效力上的瑕疵；当债务人破产时，涉案股权应归纳入其破产财产，但依据《企业破产法》第 109 条[28]，受让人对所争议股权享有优先受偿权，以达到平衡债务人、受让人以及普通债权人等相关涉案人员间权益之目的。

三是确立附条件的流质条款规范，以协调担保制度之间的矛盾。流质条款具有方便快捷的特征，于增加融资效率等方面发挥着重要作用。然而我国典当制度与流质条款间存在相悖的规定，导致了司法裁判中常常出现同案不同判甚至相互矛盾的结果，因而关于流质条款仍待进一步探讨。在“江苏某集团有限公司诉王某股权让与纠纷案”[29] 中，江苏省盐城市中级人民法院认为：原、

---

[25] 让与担保是指债务人或第三人为担保债务人的债务，将担保标的物的权利移转于债权人，在债务清偿后，标的物应返还债务人或第三人，于债务不履行时，担保权人可就该标的物优先受偿的非典型担保物权。

[26] 参见蔡立东：《股权让与担保纠纷裁判逻辑的实证研究》，载《中国法学》2018 年第 6 期。

[27] 参见李星：《我国有限责任公司股权让与担保效力认定问题研究》，载《社会科学》第 1 辑。

[28]《企业破产法》第 109 条：“对破产人的特定财产享有担保权的权利人，对该特定财产享有优先受偿的权利。”

[29] 参见（2014）盐商初字第 0303 号。

被告之间签订的《股权代持（融资）协议书》第 1 条第 4 项[30]实乃流质条款，违反我国《担保法》《物权法》所要求的禁止流质之原则，理应认定为无效。罗马、德国均禁止流质，而法国和意大利关于流质之规定从禁止走向许可，流质条款趋于解禁之势，此外英美法系采用附条件的许可模式。因而，为解决当前让与担保过程中的诸多问题，同时顺应经济发展之潮流并满足当事人意思自治之要求，我国可在流质条款的规制上适当放宽限制，可以借鉴英美法系的做法。我国私法活动中普遍遵循意思自治的原则，如若杜绝流质条款的适用，有悖于诚实信用原则及当事人信赖利益保护之要求。因而适当拓宽流质条款的适用，建立附条件的流质条款适用规则，对调和我国相关法律制度之间的矛盾具有不可或缺的参考价值。

四是在受让人与债权人重合时，根据让与担保及后让与担保的相关规则，即便转让合同无效，但债权人仍可基于让与担保合同就转让股权享有折价、拍卖予以受偿的权利。在上文提到的“吴某诉王某股权让与纠纷案”中，法院认为：虽然当事人双方股权让与行为乃虚假行为，股权转让本身无效，但是该案借款担保乃隐匿行为，根据当时的《民法总则》第 146 条[31]之规定，其并不违反法律及行政法规之强制性规定，因而该担保方式应属有效。兼之股权作为普通动产的一种，符合动产质押的相关规定，与强制性条款规定并不抵触。股权让与担保合同的订立中存在两个过程，即股权转让合同和股权让与担保合同。司法实践中的裁判理由表明，股权转让并非当事人的最终目的，当转让股东无法清偿债务时，债权人可以参照动产质权的相关规定，就未清偿的到期债务享有优先受偿权。例如，在“付某诉刘某股权让与纠纷

[30]《股权代持（融资）协议书》第 1 条第 4 项：“乙方同意如甲方在三个月内不能偿还本息，乙方认同以叁仟贰佰万元价值受让 60% 的管廊公司股权即不再作为股权代持融资而成为管廊公司真正的股东。”

[31]《民法总则》第 146 条规定：“行为人与相对人以虚假的意思表示实施的民事法律行为无效。以虚假的意思表示隐藏的民事法律行为的效力，依照有关法律规定处理。”（现《民法典》第 146 条）

案”[32]中，法院认为，原告虽为该案标的股权之实际股东，但因在该股权之上设定了担保物权，在其违约或者到期不能清偿债务之时，受让人可依法对该股权予以折价、拍卖或变卖，且受让人针对该股权之折价款享有优先受偿权。因此受让人虽不能基于股权让与合同取得控股权但可以基于担保合同享有相应的优先受偿权。

五是确立股权受让人对瑕疵出资不承担连带责任的裁判规则。由于受让人在办理完相关股权转让手续后，虽然名义上取得了股东地位，但实质是其并不能最终取得股权所有权，而仅对股权之折价款享有优先受偿权，因而排除了受让人连带责任承担问题。在上文提到的“滕某诉滕某荣股权让与纠纷案”[33]中，法院经再审后认为被告滕某荣（股权受让人）不是中地信公司的股东，其不具备申请解散公司之主体资格。“付某诉刘某股权让与纠纷案”中，法院认为，争议股权办理变更登记后的受让人即被告刘某乃是名义股东，实质上的控股股东仍为转让股东即原告付某。因而转让股东即债务人作为公司的实际控股人，当然享有相应股份对应的权利并承担相应义务，而代其持股的名义股东对实际股东的损失担责。不知情的案外人仅能向公司的实际控股人请求补缴出资，而其损失则由过错的名义股东负担。

五、结　语

本文通过对法律依据及典型案例的分析，总结法官审理过程中的裁判规律，探讨了股权让与担保合同对内和对外的效力，并列举了司法实务界以及学术界中关于股权让与担保之效力认定过程中所存在的一些问题，对此陈列了相应观点意见，最后针对当前立法及司法现状给出几条规则重塑建议，以期对我国的法治建设和司法活动有所助益。根据现行《公司法》的规定及相关裁判规

[32] 参见（2018）鲁0923民初1605号。
[33] 参见（2017）辽09民初62号。

则，学术界普遍认为股权让与担保合同应当认定为有效，当公司作为担保人时，其享有对债务人的追偿权；当转让股东以转让股权的方式担保其向受让人的借款合同时，如转让股东到期不能清偿债务，债权人可以参照动产质押的相关规定针对涉案股权之折价款享有优先受偿权，但因为股权转让合同意思表示不真实，并不能基于股权让与合同取得该股权的所有权。

金融消费者隐私权保护的法律问题研究

徐凯伦

内容摘要 随着金融市场的持续改革和不断发展，金融机构能够通过不同的渠道收集、使用、处理金融消费者的个人金融信息，这些信息在信息共享的大环境下被赋予了比之前更大的经济价值。相较于传统的隐私权，金融消费者隐私权具有明显的财产属性，近几年金融消费者隐私权遭受侵犯的趋势明显上升，使得我国金融消费者隐私权的保护成为了亟待解决的问题。本文对金融消费者和金融消费者隐私权等概念进行了研究，并分析了我国当前金融消费者隐私权保护的现状，针对这些问题提出了相应的完善建议。

关键词 金融消费者 金融消费者隐私权 法律保护

一、问题的提出

伴随科技发展、大数据的普及以及人民生活水平的提高，金融正以多样化的形式融入百姓的日常生活之中。金融消费者在金融消费过程中处于弱势地位，对金融知识了解不足，风险意识、维权意识较差，由此我们要特别关注对

作者单位：青岛大学法学院。

金融消费者的保护。

近几年金融消费者纠纷大量发生，全国首家设立金融审判庭的上海浦东新区法院于2018年3月14日发布《2017年度金融消费者权益保护审判白皮书》，通报了2017年金融消费者权益保护审判的情况。[1]该白皮书显示，2017年浦东法院共受理了32605件金融消费者纠纷案件，共审结32435件，受案数与结案数均为历年最高，以上数据相较于2016年的26607件[2]（较2015年同比增长54.59%，接近2014年的2倍），案件数量明显上涨，增幅趋势明显。在信息共享的大数据时代下，个人金融信息已经成为金融机构的重要商业资源，金融机构以及大量第三方机构可以轻易地获取金融消费者的个人金融信息，通过对其个人信息的分析可以提供有针对性的金融产品或服务，从而获取更丰厚的利润；与此同时在一定程度上还激发了金融经营者非法获取、利用金融信息的热情，使得近几年非法利用金融消费者个人信息的案件频发，金融消费者的隐私、个人信息时常遭到泄露，严重损害了金融消费者权益，在一定程度上不利于金融市场的持续健康发展，因此应加强金融消费者权益保护工作。

2019年12月27日，央行发布的《中国人民银行金融消费者权益保护实施办法（征求意见稿）》中，将消费者金融信息保护独立成章，从消费者金融信息的全生命周期保护角度，对信息收集、披露和告知、使用、管理、存储与保密、删除与更正、跨境传输、外包服务管理等进行了全链条优化。目前我国法律对于金融消费者隐私权的保护仍处在初步阶段，立法相对滞后，与金融消费者隐私权时常遭到严重侵害这一现象形成鲜明对比，因此探究金融消费者隐私权的保护及完善显得尤为必要。

---

[1] 上海法院网《2017年度金融消费者权益保护审判白皮书》，载 http://shfy.chinacourt.gov.cn/article/detail/2018/06/id/3231721.shtml，2021年3月4日访问。

[2] 上海法院网《2016年度金融消费者权益保护审判白皮书》，载 http://shfy.chinacourt.gov.cn/article/detail/2017/03/id/2622389.shtml，2021年3月4日访问。

二、金融消费者隐私权理论探析

（一）金融消费者概念界定

在我国金融消费者这一概念尚未被立法吸收，我国现行法律中并没有对其作出明确的界定。在《商业银行法》《保险法》《证券法》《信托法》《关于促进互联网金融健康发展的指导意见》等金融领域的相关法律规范中，并没有直接应用“消费者”或“金融消费者”的概念。2006 年起在一些部门规章、规范性文件中开始出现此概念，但并未对金融消费者的定义作出界定，多为“保护金融消费者”此类口号型宣誓。近年来，在我国金融市场的深化发展以及国际金融改革运动的大环境下，出台的相关规范性文件中开始对“金融消费者”的概念进行界定。中国人民银行于 2013 年印发了《中国人民银行金融消费者权益保护工作管理办法（试行）》的通知，对金融机构和金融消费者的概念作出了规定，其中金融消费者是指“在中华人民共和国境内购买、使用金融机构销售的金融产品或接受金融机构提供的金融服务的自然人”。原保监会于 2013 年 7 月发布的《保险消费投诉处理管理办法》（已失效），规定了“保险消费者”所包含的范围；原银监会于 2013 年 8 月发布的《银行业消费者权益保护工作指引》中，将为了购买或使用银行业产品或使用和接受银行业服务的自然人定义为“银行业消费者”；2019 年 12 月 27 号中国人民银行发布了《中国人民银行金融消费者权益保护实施办法（征求意见稿）》，其中第 2 条第 2 款将“金融消费者”定义为购买、使用金融机构提供的金融产品或服务的自然人。从各文件中可以看出银行、保险等行业只是在各领域内对相关消费者的概念作出界定，但目前我国法律并没有对金融消费者作出统一的认定。

当前国内学者也并未对金融消费者的概念达成一致的观点。有学者提出，“金融消费者就是将消费者的概念范围扩大到金融消费者，金融消费者也是受保护的消费者”[3]；有学者认为“金融消费者是指为生活需要购买、使用金融产

[3] 刘晓星、杨锐：《全球化条件下金融消费者保护问题研究》，载《现代管理科学》2008 年第 6 期。

品和接受金融服务的主体”[4]；但总体看来，学界仍是以《消费者权益保护法》中的“消费者”概念为出发点，即消费者是指为生活需要购买、使用商品或接受服务的人。

笔者认为，金融消费者是特殊领域内的消费者，金融消费者应认定为消费者在金融领域的延伸，对金融消费者权益的保护理应放在《消费者权益保护法》的框架下，并且从成本效益角度分析，以目前的制度体系对金融消费者的概念进行界定是最适宜且确切的。自然人作为金融消费者的主体在理论与实务界已不具有争议，但从对金融消费者弱势地位的保护这一角度出发，并考虑经济和社会成本效益，不能简单地将金融消费者的范围定义为所有自然人，应将“符合一定财力或专业能力的自然人”排除在外，[5]理由如下：第一，此类自然人由于其所具备的专业知识、风险意识、经济水平和经验，并未在与金融机构的交易过程中处于弱势地位，从兼顾公平和效益的角度考虑，应将该类群体排除在金融消费者外，不应给予其类似一般自然人的倾斜保护；第二，若将此类群体纳入金融消费者范畴中，会增加金融机构在交易与提供服务过程中的义务，增加成本。但何为“符合一定财力或专业能力的自然人”，应根据年龄、收入、金融知识水平等因素划分具体的相关标准。

（二）金融消费者隐私权的理论探析

金融隐私权可看作传统“隐私权”在金融领域的扩展。1890 年，美国法学家沃伦（Samuel D.Warren）与布兰斯（Louis D.Brandeis）在《论隐私权中》首次提到了隐私权这一概念，该文首次将隐私权认定成为一种民事权利。“隐私具有独立自主性，建立一个维护人尊严的防御墙，使个人得有所保留，对抗外力干预。”[6]对隐私权在法律上进行明确，是保护个人的私生活不被打扰，仅

[4] 方平：《我国金融消费者权益保护立法相关问题研究》，载《上海金融》2010 年第 7 期。
[5] 参见刘媛：《金融消费者法律保护机制的比较研究》，载《经济法学评论》2012 年第 1 期。
[6] 王泽鉴：《人格权的具体化及其保护范围·隐私权篇（上）》，载《比较法研究》2008 年第 6 期。

具备消极防御的功能。[7]由此可以看出，隐私权维护的是人的精神利益，以维护人格尊严和自由为目的，一般不具有财产属性。[8]实际上金融消费者隐私权不但具有人格属性，由于金融信息与金融机构的经济或财产利益紧密联系，因此还具备集占有、使用、收益、处分权能为一体的财产属性。作为隐私权的延伸概念，金融消费者隐私权是指金融消费者对其个人金融信息所享有的控制支配权。

从上述隐私权定义和属性来看，金融消费者隐私权包含两项重要权能，即权利人自主支配其信息的积极权能和禁止他人任意公开、使用其个人金融信息的消极权能。金融消费者隐私权的积极权能是指权利人可直接控制、支配个人的金融信息的支配权能，[9]可自主决定是否公开、何时以及在何种范围内使用何种方法公开自己的个人金融信息。金融消费者隐私权的消极权能是指以隐瞒权能为中心的个人金融信息不被侵扰权能，非因国家利益、公共利益、个人授权或信息已公开，金融机构不得向其他第三方主体非法披露和公开其金融信息；当权利人的金融隐私权受到侵犯时，有权向有关机关寻求救济、获得损失补偿。

2019 年中国人民银行发布的《中国人民银行金融消费者权益保护实施办法（征求意见稿）》中指出，“消费者金融信息，是指金融机构通过开展业务或者其他合法渠道获取、加工和存储的消费者信息，包括个人身份信息、财产信息、账户信息、信用信息、金融交易信息及其他与特定消费者购买、使用金融产品或服务相关的信息”。该办法采用了概括式定义法，囊括较广，涵盖了金融消费者的私人信息、账户信息、交易信息以及金融消费者的衍生信息，[10]首先强调了该信息相较于其他信息所独有的金融特性，是“金融机构通过开展业

[7] 参见谈李荣：《金融隐私权与信息披露的冲突与制衡》，中国金融出版社 2004 年版，第 8 页。

[8] 参见黎四奇、苗羽婷：《大数据背景下金融隐私权的保护》，载《财经理论与实践》2019 年第 4 期。

[9] 参见谈李荣：《金融隐私权与信用开放的博弈》，法律出版社 2008 年版，第 65 页。

[10] 参见崔聪聪、巩珊珊等：《个人信息保护法研究》，北京邮电大学出版社 2015 年版，第 11 ～ 12 页。

务或者其他合法渠道获取、加工和存储”的；也强调了该信息可以通过“反映个人身份、财产、账户、信用以及其他与特定消费者购买、使用金融产品或服务的情况”从而对应出特定的个体，因此笔者赞同该征求意见稿中对金融消费者的个人金融信息的界定，但该征求意见稿中并未强调金融消费者隐私权的非公开性，金融消费者隐私权或个人金融信息受保护的前提是非公开性。[11]若金融消费者的隐私或者个人金融信息可以通过其他合法且公开的渠道获得，金融机构就没有义务对该类信息进行保密、保护，最典型的如个人的征信记录和诉讼记录，都可以通过其他公开渠道获得，若不对此进行强调，会给金融机构增加一些额外的保密义务，降低其工作效率。

三、金融消费者隐私权保护的必要性

（一）金融消费者隐私权的财产属性

传统隐私权作为一种典型的人格权，一般不具有直接的财产的属性。但是在大数据时代下，金融交易和服务不断信息化、网络化，隐私权模式从私密性模式向控制权模式转变，金融消费者的隐私与商业利益、经济利益密不可分，被赋予了更多财产权的属性，成为了可创造巨大商业价值和社会价值的资源。比如，将收集起来的各种个人金融信息整合建立相应的数据库，由于个人金融信息全面反映了个人金融情况，因此金融机构可对收集起来的信息进行统计、处理，可依靠这些信息推断出消费者的交易喜好和模式，可以有选择地提供金融商品和服务，金融机构可以低成本、高效率地在市场中占据更大的比重。个人金融信息中的个人身份信息、账户信息、交易信息等，可以反映出金融消费者个人的金融状况，其商业价值更高，容易被用于商业目的甚至还会成为不法分子敲诈勒索的对象，不仅会使金融消费者的隐私权遭受损害，还会打击金融消费者购买金融产品、接受金融服务的积极性，不利于我国金融市场持

[11] 参见李爱君:《中国金融消费者权益保护研究报告》，法律出版社 2019 年版，第 149 页。

续健康发展。

（二）金融机构与金融消费者之间的不对称地位

无论是从传统还是实践角度来看，金融机构凭借其雄厚的资金、所具备的专业知识以及积累的经验，与金融消费者相比拥有不容争辩的垄断地位，因此被视为可信赖、安全的机构。[12]金融消费者在与金融机构进行交易时通常都是毫无怀疑地填写按照金融机构事前已经预先拟定好的格式表格，金融消费者并没有意识到在此过程中，在毫无防备的情况下已经将金融机构想要获取的金融消费者的个人金融信息提供给了金融机构。在此过程中由于金融消费者缺乏风险意识以及相关的专业知识，往往处于劣势地位，在提供信息时并未想到其个人金融信息由谁保存、保存的途径、是否会遭受侵犯以及侵犯后如何救济，因此其隐私权更易受到金融机构的侵犯。

（三）金融交易的不断电子化

现代科技日新月异，信息处理技术不断发展，可以通过越来越简便的方式获取并传播个人金融信息。在金融市场不断电子化的过程中，金融机构可以将自己收集、获取的金融消费者的个人金融信息进行统计整理，建立个人金融信息的数据库，通过对数据库中的信息进行分析，可以轻易地分析出不同客户的需求和交易习惯，在此过程中这些信息被赋予了更大的经济价值，同时也增加了被非法收集、利用、披露的风险。在《金融消费者权益保护调查问卷》中，70.54%参与调查的金融消费者认为自己的权益从未被侵犯过，大家多数关注的都是财产安全被侵害等较为直观的问题，从未考虑过自己的隐私可能早已被非法使用、披露，这也在一定程度上表明了由于侵害信息安全的手段多数都为现代技术手段，且具有隐蔽性，加上金融消费者缺乏风险意识，金融消费者难以察觉隐私权受到侵犯，从而使侵犯隐私权的情形更加泛滥。现代网络的普遍以

---

[12] 参见李爱君:《中国金融消费者权益保护研究报告》，法律出版社2019年版，第152页。

及技术的进步，带给了金融消费者极大的便利，与此同时也增加了其权益受侵害的潜在风险，这就对金融消费者隐私权的保护提出了更为现实的要求。

四、我国金融消费者隐私权保护的现状分析

（一）现行法律法规有关条文分散，效力层级低

从现行的法律法规来看，金融消费者隐私权作为传统隐私权的延伸与扩展，属于公民人格权的范畴，当然地享有《宪法》这一保护公民基本权利的根本法的保护。但《宪法》作为根本法，对其所保护的权利多为原则性规定，并不会作出具体的规范。我国2006年10月颁布的《反洗钱法》要求金融机构应当按照规定建立客户身份资料和交易保存制度，并对未按照规定保护客户身份资料和交易记录的或泄露有关信息的违法行为，规定了严格的惩处措施。目前我国在《银行法》《证券法》《保险法》中对金融消费者隐私权保护的问题都作出了十分原则性的规定，但是所有相关的内容都十分笼统，并未有详细确切的规定。例如，《商业银行法》第6条原则性地规定，商业银行应当保障存款人的合法权益不受任何单位和个人的侵犯；第29条规定，商业银行在为客户办理个人储蓄业务时，应当为存款人保密。[13] 虽从立法层面肯定了保护客户信息的合法性，但对应保护的内容、范围以及方式等并未作出规定。

总而言之，从立法角度来看有关对金融消费者隐私权的保护存在以下问题：第一，当前有关金融消费者隐私权保护的立法分散，且效力低。对金融消费者隐私权的保护散见于《商业银行法》《保险法》《证券法》等各个金融领域当中，且有关金融消费者隐私权的内容相互之间易有冲突或者重叠，内容之间难以相互协调，各个领域之间的法律法规不能形成完整的体系，虽然《中国人民银行金融消费者权益保护实施办法（征求意见稿）》中对金融消费者个人信

---

[13]《商业银行法》第29条第1款规定："商业银行办理个人储蓄存款业务，应当遵循存款自愿、取款自由、存款有息、为存款人保密的原则。"

息的保护作出了详细的规定，但其位阶不高、效力较低。第二，立法规定的内容难以在实践中操作。关于规范金融机构获取和使用金融消费者隐私信息的内容大多为原则性规定，对于隐私权保护没有作出进一步详细规定，仅仅停留在金融机构的基本义务层面，在金融交易过程中缺乏可操作性。

（二）保护金融消费者隐私权与信息共享之间的冲突

目前世界范围内主要的征信模式有以下三种，分别为私营征信模式、公共征信模式以及会员制征信模式。[14]我国采取的是以公共征信模式为主，即在市场中以政府为主导，相关企业也参与其中。人民银行征信中心是政府设立的我国专门的征信机构，负责企业及个人信用征信系统，此外，在我国的征信体系中还有125家企业征信机构以及97家专门的信用评级机构作为第三方征信机构参与其中。[15]金融信息征信机制是指征信机构将各金融机构收集的金融消费者的个人信息进行分析、分类处理，形成一个专门的金融信息数据库。[16]消费者、金融机构和征信机构这三方实际上组成了一种信息共享机制，在这一机制下共享了金融消费者的个人信息。目前国家信用信息基础数据库中有3500多家银行和其他金融机构的信用信息数据以及9.9亿自然人的信用信息直接连入。[17]

金融征信机制既满足了金融机构的需要，有利于金融机构进一步拓展业务范围和促进金融市场的健康发展，同时在一定程度上也为金融消费者提供了

[14] 私营征信模式，即基本按市场化方式操作，政府通过立法加强管理。会员制征信模式往往是银行业协会牵头建立征信机构，具有一定公益性。

[15] 参见信用中国：《央行：9.9亿自然人信用信息已接入征信体系》，载 https://www.creditchina.gov.cn/zhuanxiangzhili/zhuanxiangzhilichengguofabu/201903/t20190311_149279.html，2019年3月13日访问。

[16] 参见党玺：《金融消费者隐私权法律问题研究——以银行业个人客户金融隐私权保护为中心》，法律出版社2017年版，第207页。

[17] 参见信用中国：《央行：9.9亿自然人信用信息已接入征信体系》，载 https://www.creditchina.gov.cn/zhuanxiangzhili/zhuanxiangzhilichengguofabu/201903/t20190311_149279.html，2019年3月13日访问。

保障。个人征信信息中反映出金融消费者个人信息中的核心内容，此外，金融消费者个人的消费偏好、交易习惯等信息也可由征信信息推知。征信机构不得不大量收集金融消费者的个人信息以保证收集信息的全面和完整，但在没有法律明确详细规定的情况下，收集个人金融信息过多、范围过宽、方式不合理都可能导致金融消费者隐私权遭受侵犯。征信信息共享与金融消费者隐私权保护之间存在天然的矛盾。政府一方面要求金融机构在特定情形下应当披露金融消费者的个人金融信息，另一方面又要求金融机构对其收集获取的个人金融信息予以严格的保护，如何规定金融机构对个人金融信息的保护义务以及信息披露的例外规定用以消除信息共享与金融消费者隐私权保护之间的冲突，是构建金融消费者隐私权法律机制中必须予以考量的问题。

（三）金融消费者的权利难以救济

中国政法大学—宜信公司进行的《金融消费者权益保护调查问卷》中，[18]关于维权的过程中遇到哪些困难，参加调查的金融消费者中有55.04%的人不知道找哪个机构维权；不知道如何联系维权机构的占比44.96%；而不知道有何维权依据的占比49.61%。由此可以看出当金融消费者的隐私权甚至各项权益遭受损害时，难以得到有效的救济去维护自己的合法权益。

当金融消费者与金融机构产生纠纷时，现行传统的纠纷解决机制主要是与金融机构协商或者借助诉讼、仲裁等方式。在与金融机构协商的过程中，金融机构作为当事人之一也难以作出让步，使得两者之间的协商无法达到令金融消费者满意且信服的结果，必然有大部分金融消费纠纷无法通过协商这一途径得到有效解决。诉讼过程中金融消费者面临耗费时间多，费用成本大的现实问题。2009年隐私权作为一项民事权利首次出现在《侵权责任法》（已失效）中，但是目前我国没有法律对金融消费者隐私权作出明确的规定，因此难以寻求司法途径的救济。而且在诉讼过程中，金融消费者举证困难，与案件有关的证据

[18] 参见李爱君：《中国金融消费者权益保护研究报告》，法律出版社2019年版，第11页。

大多由金融机构保存，金融消费者无法独自获取相关的证据用以证明相关责任，金融机构往往得以免除责任。司法救济是最后的救济渠道，而金融消费者却难以通过此途径获得法律的保护。

目前我国除传统的维权方式外，还设立了金融消费者权益保护机构。金融消费者权益保护结构是设立于“一委一行两会”下金融消费者权益的专门保护部门，该部门负责各个金融领域的消费者权益保护工作。与此同时，这种统一综合的机构职能设置也出现了一些问题，各领域之间职能交叉、重叠的情况，无法根据各自金融领域的不同特质进行有针对性的救济，缺乏统一相协调的消费者投诉和解决机制，降低了解决纠纷的效率和效力，加大了协调的难度，容易产生相互推诿的现象。在混业经营和互联网金融不断发展的形势下，技术手段的进步让金融消费者隐私信息的取得和使用更为隐蔽和复杂，使得金融消费者在隐私权遭受侵犯时无法找寻合适的主管部门寻求救济。

五、金融消费者隐私权保护制度构建

（一）完善金融消费者隐私权保护的立法

现阶段根据我国的现实情况很难制定出专门的金融消费者隐私权的法律规范，原因有二：其一，由于金融行业包括银行、证券、保险等多领域且各个领域的发展呈现多元化趋势，各个领域的产品和服务都具有各自的特质，难以制定出一部可以囊括各领域且完整协调的法律法规；其二，目前我国各金融行业对金融消费者隐私权的保护大多为原则性规定且规定较为笼统，很难在此基础上完成对金融消费者隐私权的单独立法。首先，应当明确金融消费者隐私权的法律地位，这是保护金融消费者隐私权的前提，隐私权法律地位的确认对保护金融消费者隐私权具有积极意义。隐私权虽作为金融消费者隐私权的基础，但其法律地位的确认，不能等同于金融消费者隐私权的法律地位也被法律所明确。应当确立权利本位的总体保护模式，使金融消费者在其隐私权受到侵犯时可以主动的保护其权益，只有金融消费者隐私权的法律地位得到确认，金融消费者才有依据要求侵犯其隐私权的金融机构给予补偿。明确金融消费者隐私权的法律地位是我国构建金融消费者隐私权保护制度的基础。其次，应在《商业银行法》《证券法》《保险法》等各领域立法中明确金融机构在保护消费者个人金融信息的义务，如保密义务以及若不履行义务应承担的相关责任，金融消费者作为消费者在金融行业领域的延伸和扩展，理应属于应受到保护的消费者范畴，因此应尽快修订《消费者权益保护法》，明确金融消费者法律地位，将金融消费者纳入该法所保护的消费者范围中去。此外，尽快将《中国人民银行金融消费者权益保护实施办法》上升为法律，提升其法律效力，使相关法律法规相互配合，并通过有关部门规章和规范性文件进一步细化明确，从而构建起一个完整协调的保护金融消费者隐私权的法律制度。第三，应当对金融消费者隐私权保护的例外情形作出界定，当国家利益、社会公共利益需要时，应当优先实现国家利益、社会公共利益，如当涉及反洗钱领域或者犯罪时，金融机构应当向政府披露与此有关的金融消费者个人信息。这就要求法律应对此种情形作出明确规定以及对金融消费者的隐私权作出相应限制，才能充分保护金融消费者的隐私权。最后，应当在立法中对“金融消费者”“金融消费者隐私权”作出明确的界定，才能使相关立法真正得以施行，而不是归于形式，成为宣誓性的口号，而且立法还应当对金融消费者隐私权的监管机关及其职能进行规定，才能最大限度地保护金融消费者隐私权。

（二）平衡信息共享与隐私权保护之间的冲突

如何做到既能充分推动金融市场持续稳定健康发展，又能最大限度地保护金融消费者的隐私权，实现信息共享与金融消费者隐私权保护之间的利益制衡，协调双方冲突。西方国家在解决此问题时，大多选择在优先保护金融消费者权益的基础上实现信息的共享。法律应当明确金融消费者和金融机构双方的权利义务，金融机构在进行信息共享时应尊重消费者的自主选择权，允许金融消费者在其隐私权遭受侵犯时介入金融机构的信息共享活动。中国可以借鉴美国的“安全港协议”，如在金融机构将信息共享到第三方机构时应当首先通知金融消费者，消费者在此过程中若符合一定条件时有选择退出的权利，金融机构必须确保信息在流通过程中的安全性；其次应当规范个人金融信息披露程序，明确征信机构获取金融消费者隐私权的职权范围，在收集金融消费者个人金融信息前应通过公告或其他方式告知收集的依据和目的，并且征信机构应当做好信息保存工作，避免金融消费者隐私因征信机构没有采取可靠的技术措施而发生泄露或丢失。

（三）完善金融消费者隐私权权利救济渠道

我国金融消费纠纷解决机制看似多元化，但实则并没有为金融消费者维护权益提供一个有效的救济渠道。目前我国金融消费者纠纷解决机制主要可分为调解、仲裁、诉讼三类。调解相较于其他两种途径更方便快捷，在解决金融消费纠纷方面的优势为经济性、专业性，[19]双方不用耗费大量的时间、精力，但在此过程中无法保证调解协议的法律效力；因此应引进第三方金融消费纠纷调解机构与法院建立诉讼调解衔接机制，[20]保障调解协议能够得到有效执行。仲裁相较于调解来说，可能处理纠纷更加公平，但是仲裁的高成本让金融消费者望而却步；因此在处理金融消费者隐私权遭受金融机构侵犯的案件时，可以让未尽到保密义务的金融机构承担相应的费用，而且考虑到金融消费者的专业知识较差，有关的金融消费者保护部门应在金融消费者仲裁机制、仲裁人员的选择上提供相应的建议和帮助。由于金融市场类型多元化和电子化的不断发展与法律滞后的矛盾，以及金融纠纷极具专业性和审判人员不了解金融领域知识的矛盾，使得普通诉讼程序不是最佳的选择，金融消费者发生纠纷时一般采取上述非诉措施，尽量避免采取诉讼程序。因此可以建立专门的金融法庭，充分发挥审判的优势和社会效应。在金融消费者隐私权遭受侵犯的诉讼中应设置举证责任倒置，因为所需要取得的证据大部分都由金融机构保存，使得金融消费者举证困难，法律可以规定由金融机构承担是否履行了适当性义务的举证责任，若金融机构不能提供其收集金融消费

[19] 参见王媛：《关于金融纠纷领域引入行政调解机制的思考》，载《金融发展研究》2016 年第 7 期。
[20] 参见李爱君：《中国金融消费者权益保护研究报告》，法律出版社 2019 年版，第 194 ～ 195 页。

者个人金融信息的合法性依据、充分履行了保密义务、已经向金融消费者告知等相关证据的，应当承担举证不能的法律后果。

积极探索“一委一行两会”投诉受理机制，形成统一的行为监管标准，解决职能冲突问题。还应当在设立时保障其独立性，不受各级政府、监管机构、金融机构和消费者组织的领导和干涉，以此确保其处理结果的公正性；并尽快制定相应的具体规则，将处理的程序、处理结果的效力等关键环节确定下来。

（四）加强对金融消费者隐私权保护的教育

由于金融消费者本身缺乏相关的风险意识、专业知识，使其自身权益更易遭受侵犯，因此应当增强金融消费者保护其隐私权的维权意识，不仅有利于金融消费者更好地维护自身权利，也有利于金融市场持续健康稳定发展。培养金融消费者维权意识可以通过以下途径：首先，专门的金融消费者权益保护机构可以印发有关的科普教育手册，在金融机构发放，使金融消费者在购买产品或接受服务前对有关个人金融信息的价值、功能有所了解，让金融消费者产生对自己所支配的个人金融信息的保护意识；其次，金融监管机构等相关部门可以定期组织讲座，讲授最新的有关金融消费者的立法状况、使用现状以及救济渠道等内容，有利于金融消费者保障其隐私权，在此过程中也有利于维护金融消费者的受教育权；最后，利用多元化的媒体形式进行各种宣讲或科普活动，如在金融圈投放科普短片、与相关媒体合作组织知识竞赛等。

“庞氏骗局”的脉络与法律规制

史博文

内容摘要 “庞氏骗局”是指由意大利投机商人查尔斯·庞齐“发明”的，以高额回报吸引投资后，以新投资人的资金实现对在先投资人收益承诺的一种骗术。“庞氏骗局”在世界范围内肆虐已久，知名案例如尼日利亚“419 诈骗案”、戴夫·罗斯连环信诈骗案以及英国历史上臭名昭著的巴洛·克洛斯骗局等。随着我国社会主义市场经济的快速发展，不可避免地出现了急功近利的金融乱象。本文就“庞氏骗局”的概念、法律风险、出现的原因及预防对策等方面的问题进行了探讨，以便于今后我国在相关领域制定更完备的金融法律制度。

关键词 庞氏骗局 非法集资 集资诈骗 法律风险

所谓“庞式骗局”，是指对外谎称向某些项目或者组织、个人进行投资，实际上资金并没有进入市场，而是进行体外循环或者主要在体外循环，把后加入者投入的资本作为先前加入者的回报的一种诈骗组织或者是行为。非法集资，是指有关主体未依照法定程序经相关部门批准，以某种金融手段或者其他债权凭证的方式向社会公众筹集资金，并承诺在一定期限内以货币、实物以及其他方式向出资人还本付息或给予其他高额回报的行为。“庞氏骗局”与非法集资两个概念具

作者单位：天津工业大学法学院。

有高度重合性，甚至可以说，“庞氏骗局”是非法集资的重要表现形式之一。

一、非法集资中“庞氏骗局”及其法律风险

（一）非法集资与“庞氏骗局”之内在逻辑

“庞氏骗局”是非法集资的一种形式，即非法集资是大概念，“庞氏骗局”是非法集资的子概念。因此“庞氏骗局”的许多特征完全符合非法集资的特征，如“庞氏骗局”以非法占有为目的，而非法集资行为中除“非法吸收公众存款”外，也以非法占有为目的。两者都是经济犯罪，行为人的犯罪动机不可避免地涉及“贪利”的因素，而非法集资案件中的受害人往往也受困于自己的“贪利”心理。反之，行为人若不是以非法占有为目的骗取社会公众财产，那“集资”和“骗局”也就无从谈起了。

非法集资与“庞氏骗局”都是涉众型经济犯罪的行为要素。二者针对的行为对象都是不特定的社会公众，通过行为对象量的积累，达到笼络大量资产的目的。大量“非法集资”案件的受害人有大致相同的特征，如经济相对窘迫、贪利心理严重、受教育程度相对较低等。而巨额的社会财富往往并不由他们所掌握，因此施骗者想要通过他们聚敛巨额财富，就必须达到“量的积累”，即通过对众多被害人的施骗达到自己聚集财富的目的。

非法集资与“庞氏骗局”的盈利模式相同。两者都以高回报率吸引社会公众对其进行投资，以后来参与者的投资作为先前参与者的回报，以此来营造出其兑现诺言，诚实信用的商业形象，从而吸引更多的投资。被害人参与“项目”的目的是盈利，在参与之前，“庞氏骗局”的被害人对成本收益分析有大致相同的心理活动：从成本层面来讲，即参与本“项目”可以不需付出大量劳动而攫取财富，回报率较高，且成本几乎为零；从风险层面来讲，由于“庞氏骗局”的运作方式是以后来参与者的投资来兑现先前参与者加入“项目”的回报承诺，因此在被害人看来，先前参与者的投资都如数返还，且实现了巨额盈利，故风险相对较低。被害人如上的心理活动决定了“庞氏骗局”的盈利模式得以大行其道。

（二）非法集资中“庞氏骗局”的表现形式

“庞氏骗局”主要有两种表现形式：

1. 由个人发起的“庞氏骗局”

实施“庞氏骗局”门槛相对较低，自然人个人即可实施。骗局的运作模式为：被害人以投资的形式进入该“项目”，行为人许诺一个或数个投资周期过后会实现高额回报，与此同时，被害人若发展“下线”也可以按照发展“下线”的数量获取数额不菲的佣金，且在“项目”内进阶更高的职位或等级。因此，“庞氏骗局”由点及面，发展很快，且骗局的发起人只需一人足够。这种表现形式的特点集中表现为“杀熟”，由于中国传统农耕文明的深远影响，家与家、户与户形成了严密而封闭的关系网，社会公众对“人情”的重视程度较高，对所谓“熟人”十分信赖，再加上高回报率的诱惑，很容易被“熟人”扯进“庞氏骗局”的漩涡中来。一传十，十传百，新的参与者又将“项目”介绍给自己的“熟人”，将其发展为自己的“下线”，从而获取佣金或更高的职位，导致骗局的受害人呈指数型增加，这也是“庞氏骗局”能够对社会造成重大影响的原因。

2. 由组织发起的庞氏骗局

虽然庞氏骗局的做局者以具体的人为单位，但由人组成的组织一样可以以组织的名义实施这一骗局，并且社会公众对组织的信任程度相对高于个人，因此若组织实施骗局，迷惑性更强，危害性更大。如某些企业的“欺诈式消费返利”，在高额返利之下企业根本无法维持正常的经营运转，但是该类型的企业有一个特点，即不靠正常经营来获取利润，只是以推销商品或者销售服务为名，聚集大量资金以填补断裂的资金链，或直接以此作为牟利的手段。[1]

（三）非法集资中“庞氏骗局”的法律风险问题

“庞氏骗局”的运作方式俗称“拆东墙补西墙”，即用后来参与者的投资作为回

[1] 参见严行方：《庞氏骗局是钓鱼还是钓愚》，中国财富出版社 2017 年版，第 63 ~ 76 页。

报给予先前投资者。该种运作方式决定了其具有大量的法律风险，几何型增长的投资者数量决定了该投资泡沫破灭的必然性。“庞氏骗局”的法律风险包括以下几点。

1. 低风险、高回报的反投资规律[2]

根据经济学常识，投资中的高回报率必然伴随着高风险。而在“庞氏骗局”中，行为人往往刻意强调高回报率或者对风险避而不谈。随着金融行业的大众化趋势不断蔓延，越来越多的人具备了基本的投资理财知识，片面地强调“高回报率、低风险甚至零风险”的骗局已经显得过于蹩脚，于是出现了新的行为模式。伯纳德·麦道夫作为纳斯达克前任主席、美国历史上最大诈骗案的制造者，他向投资者做出的承诺是年收益率10%。相比其他“庞氏骗局”而言，其收益率似乎十分合理，但是该骗局的特点在于其向投资者强调“本投资毫无风险”。该骗局仅仅玩了一个简单的文字游戏，就在美国席卷了数以千万计受害人的财富。因此，投资者须保持理智，谨慎投资。

2. 有关部门事前监管难度较大

政府对“庞氏骗局”的监管分为事前监管与事后监管，事前监管的重点在于采用宣传等方式防范骗局的发展，避免对社会造成重大不良影响；事后监管的重点在于，“庞氏骗局”已经对社会造成重大不良影响之后，国家公权力机关强势介入，捣毁诈骗团伙，追缴骗款，挽回受害者的损失。“庞氏骗局”发展成一定规模后，具有受害人数较多、涉案金额较大的特点，容易引起有关部门的重视和介入。但是在其发展初期由于规模较小，且骗局自身具有“熟人对熟人发展下线”的特点，具有一定的隐蔽性与封闭性，监管部门事前监管的难度较大，因此只能在其造成一定的社会影响后加以规制，但此时受害人的财产已经受损。

3. “庞氏骗局”被打破后，受害人的财产依然面临巨大的追缴风险

“庞氏骗局”又称“金字塔骗局”，越接近金字塔尖的人在这场资本游戏中收益就越多。一旦“骗局”被打破，行骗者早已携款潜逃或者已经将多数财产挥霍一空，很有可能出现“嫌疑人已绳之以法，但是财产无处追缴”的尴尬局面，虽

[2] 参见吕俊儒：《互联网金融中“庞氏骗局”识别与防范》，载《合作经济与科技》2018年第5期。

然正义得以彰显，可受害人的财产损失却无法弥补。因此，“庞氏骗局”的大规模发展不仅对社会个体的财产有重大威胁，而且极大地增加了社会的不稳定因素。

二、非法集资中“庞氏骗局”的产生根源

（一）“庞氏骗局”出现的监管原因

“庞氏骗局”盛行，政府应当负主要责任，政府作为社会的监管者与管理者，没有尽到相应的监管义务，间接提供了“庞氏骗局”的生存土壤，对社会财产的安全增加了风险。政府应反思的原因有以下几个方面。

1. 政府监管缺失

政府对庞氏骗局监管缺失主要出于以下两个原因：（1）我国改革开放迄今为止仅四十余年，经济建设取得了重大成就，但是作为上层建筑的政府服务水平和监管水平与经济发展的速度不相适应，需要做出相应改变。“庞氏骗局”虽在世界其他国家猖獗日久，但是在中国却是新鲜事物，因此并没有引起监管者的足够重视，缺乏相应的监管措施。（2）“庞氏骗局”发展初期具有一定的隐蔽性，监管部门不易发觉，造成监管失位。

2. 法律规定滞后

我国《刑法》及其司法解释对集资诈骗犯罪规定了八大情形[3]，但是此规定已经难以适应目前中国活跃的市场经济和资本流通现状。

---

[3]《最高人民法院关于审理非法集资刑事案件具体应用法律若干问题的解释》第4条第1款、第2款规定：“以非法占有为目的，使用诈骗方法实施本解释第二条规定所列行为的，应当依照刑法第一百九十二条的规定，以集资诈骗罪定罪处罚。使用诈骗方法非法集资，具有下列情形之一的，可以认定为‘以非法占有为目的’：（一）集资后不用于生产经营活动或者用于生产经营活动与筹集资金规模明显不成比例，致使集资款不能返还的；（二）肆意挥霍集资款，致使集资款不能返还的；（三）携带集资款逃匿的；（四）将集资款用于违法犯罪活动的；（五）抽逃、转移资金、隐匿财产，逃避返还资金的；（六）隐匿、销毁账目，或者搞假破产、假倒闭，逃避返还资金的；（七）拒不交代资金去向，逃避返还资金的；（八）其他可以认定非法占有目的的情形。”

（二）“庞氏骗局”出现的经济原因

“庞氏骗局”的起源与发展和当时社会所处的经济环境密不可分，主要有以下几个方面的原因。

1. 经济低迷

2008年起源于美国、席卷世界的金融危机余波尚存，世界经济处于相对低迷的状态，在金融危机浪潮的打击下，不少规模较小、投资较少的中小企业难以存活。这些中小企业数量极多，本身可以提供大量就业机会。经济低迷带来的“企业倒闭潮”导致了就业岗位的减少，直接对公众的生活水平造成了重要影响，这正是“庞氏骗局”生长繁衍的绝佳土壤。在经济普遍萧条、社会公众普遍缺乏安全感的大环境下，低风险甚至零风险带来高回报的投资渠道必然令人趋之若鹜。

2. 市场混乱

我国社会主义市场经济正处于高速发展的阶段，但与此同时，我国的市场经济发展经验相对欠缺导致我国规制市场秩序以及治理投资市场乱象的能力和经验有所不足，市场机制和监管体制的不完善导致投资市场乱象丛生。社会公众缺乏对市场和投资的基本认识，使得“庞氏骗局”在我国屡禁不绝。由于我国金融投资市场不成熟，且大量群众缺乏基本投资知识，仅仅依靠市场这只“看不见的手”来规范和引导人们理性投资并不现实，还需要政府这只“看得见的手”加以干预，如政府有关部门通过组织防骗宣传、深入基层讲解基础的投资知识等手段提高人民群众对“庞氏骗局”的警惕性与防范心，防止其身陷骗局。

（三）“庞氏骗局”出现的社会原因

经济社会的发展为人们的生活带来便利的同时，也为行骗者实施骗局铺设了桥梁,“庞氏骗局”的行为人利用人们对互联网等新兴技术产业和相关“高精尖”领域的未知与好奇，编织一张诱人的“网”引诱其上当。社会发展为

“庞氏骗局”带来的具体契机如下。

1. 互联网领域迅速发展为行为人提供了行骗的契机

“庞氏骗局”行骗者的关注点始终在受害人的财产上，因此其对骗局中是否有真实产品对外销售并不在意。甚至对于行骗者来说，没有真实产品是更好的选择，行骗者可以借此免去一部分行骗的成本，实现其利益的最大化，这就导致“庞氏骗局”大多和电子化、虚拟化的金融产品有关。随着近几年互联网的高速发展，金融产品尤其是互联网金融产品乱象丛生，直接导致了投资参与各方的信用缺失，最后造成了无论是行骗者还是被蒙蔽者都对社会信用体系丧失信心的恶果。体现在“庞氏骗局”的运作中就是：部分受害人察觉到自己的投资可能被骗之后，为了挽回既有损失，又以施骗者的身份继续运作“庞氏骗局”，从而形成严密的锁链，使打击难度大大增加。其中最著名的案件为“e租宝非法吸收公众存款案”。e租宝平台在2014年12月在网络上发布了e租稳赢、e租财富、e租富享、e租富盈、e租年丰和e租年享6种融资租赁产品，其给出的预期年化收益率为9%—14.6%，e租宝宣传采用的是A2P商业模式，却使用空壳公司虚构的融资租赁项目来骗取投资者的资金。根据有关调查可知，207家承租企业中有就206家被扯入e租宝一手主导的“庞氏骗局”中，仅有1家承租公司有真实存在的融资租赁业务。

2. 经济发展过程中显露的社会问题

自进入21世纪以来，我国人口老龄化形势越发严峻，预计到2050年，我国老年人口总数将达到4.87亿人次。人口老龄化社会的雏形在我国逐渐显现，将造成中国大量财富掌握在对金融投资领域知之甚少的老人手中。我国退休老人众多，且由于中国“重储蓄、轻消费”的传统理念影响，我国老年人群体拥有数目庞大的财富总量，这部分财富成为“庞氏骗局”设计者眼中的一块肥肉，原因在于：（1）大多老年人对新生事物不甚了解，经行骗者貌似专业的话术诱导下，容易对行骗者产生信任；（2）老年人对投资理财基本常识知之甚少，对基本的投资规律了解较少。基于以上原因，老年人做出投资理财的决定时，更应谨慎，应向投资行业的专业从业人员进行咨询后再行决定，防止辛苦一生的存款落入骗子的口袋，成为了保障骗子奢靡生活的“投资人”。

（四）“庞氏骗局”出现的个体原因

除政府、经济与社会方面的原因外，深陷“庞氏骗局”的重要原因就在于受害者本人的“盲目性”与其对相关知识的“匮乏性”。

1. 信息偏在现象严重

信息偏在，又称信息不对称，一般是指不同市场主体之间掌握的信息状况不对等或者信息了解程度有相对优劣之分的现象。这一特点在由个人发起的“庞氏骗局”中主要体现在以老年人为主要受害人的非法集资案件当中，行骗者利用其相对于部分老年人在“互联网”“金融”等方面的知识优越来蛊惑一些片面追求高利润的老年人，从而诱使其上当，陷入“庞氏骗局”的漩涡中来；而由组织发起的“庞氏骗局”中体现得更为显著，组织的“庞氏骗局”行为主体为企业、公司或者其他组织，其在社会信息的取得层面对比自然人占有更大的优势，进而在交易中取得优势地位，受害人的劣势地位导致其容易被蒙蔽而加入“庞氏骗局”中来。

2. 贪图暴利，好逸恶劳的人性之恶

“趋利避害”是人之本性，人们也更愿意付出最少的劳动和成本来获取最大的收益，但是在面临“庞氏骗局”这样风险和收益不成正比的明显圈套时，有的人理智战胜了冲动，就有人冲动战胜了理智，毕竟不用付出任何劳动，不用承担相应的风险，还有超高的回报率，这些条件都是极其诱人的。“庞氏骗局”之所以能够大行其道且屡禁不止，就是因为它牢牢地抓住了人性中“贪图暴利”和“好逸恶劳”的弱点。

3. 博傻理论的存在

经济学中有一种“博傻理论”，也称“最大笨蛋理论”，是由经济学大师约翰·凯恩斯提出的，其含义是，当消费者认为一件商品的价格已经够高了，但是消费者还是要坚持去买它，因为他们认为一定会有更大的傻瓜从自己手里以更高的价格买走这件商品。“庞氏骗局”也是如此，因为这种骗局的运作模式就是先加入者受益，后加入者承担损失，但是金字塔形的发展结构就决定了受益者只能是少部分人。“庞氏骗局”的受害人中不乏高级知识分子等知识相对丰富的人，为什么还是会被骗呢？原因就在于“博傻理论”，他们明白自己深陷的“庞氏骗局”最后一定会崩盘，但是每个人都相信自己不是最后一批承担损失的人。

4. 可得性偏差

可得性偏差（Availability Heuristic）也被称为易得性偏差或者易得性偏见，属于一种启发式偏差，指人们往往根据获取信息层面的易得性来判断事件可能性的大小，如投资者在决策过程中过于看重自己容易得到的信息，而忽视对该信息真实性的甄别，就容易造成这种偏差。在“庞氏骗局”中，具体表现为投资者盲目信任电视广告与网络宣传，缺乏理性思考的能力，如在“e租宝”案之中，许多受害人被卷入骗局的原因在于其认为e租宝曾在中央电视台堂而皇之地进行广告宣传，而中央电视台在新闻媒体界拥有权威的地位，因此他们相信中央电视台所展示信息的真实性，从而参与到“庞氏骗局”当中来，甚至有人要求中央电视台赔偿其损失。根据法律相关规定，电视台有义务审核广告内容的真实性，但是在实际生活中，由于社会信息的复杂性与多样性以及电视台审核压力大等原因，审核广告的真实性也变成了“空中楼阁”，这就要求投资者在做出投资决定之前要理性分析，避免受“可得性偏差”的影响而深陷骗局。

5. 羊群行为

羊群行为指动物成群活动、生存的行为。后来这个概念被引用来描述人类社会的现象，指用与大多数人一样的角度考虑事物从而采取行动、与大多数人在一起、与大多数人的行动保持一致。以后，这个概念被金融学家与经济学家引申来描述投资者在金融市场投资中的一种非理性行为，指投资者趋向于无视对自己有价值的信息，而盲目地跟从市场中大多数投资者的决策方式。羊群行为表现为在某个历史时间段，大量投资者对于特定的投资产生相同的偏好，并采取相同的投资策略进行投资，也就是我们日常所说的“盲目从众”行为。在民间经常有一种奇怪的心理，认为该项目有成千上万的人进行投资，每个人都不是“傻子”，如果该项目是骗局，势必会引起社会稳定的问题，政府不会放任不管，因此项目一定值得信赖，殊不知“庞氏骗局”具有一定的隐蔽性，有些甚至很难取证，有关监管部门实施制裁需要一定时间，而投资者却误认为政府默许该“项目”的发展，从而产生信赖，身陷骗局。因此投资者在投资过程中需要培养独立思考与分析的能力，切忌盲目从众，沦为诈骗犯罪行为人口中的“羊群”。

三、预防集资中“庞氏骗局”之法律对策

实现对“庞氏骗局”的精确打击与充分预防，仅仅依靠一个对此方面重视程度较高的政府，作用是有限的。一方面，需要建立良好的预防与打击制度，依靠制度进行运转，从而实现对非法集资犯罪的充分预防与精确打击；另一方面，就投资者个体而言，需要了解当前国家投资形势，学习基础的投资知识，降低身陷“庞氏骗局”的风险，才能够最大限度地保障自身的财产安全。

（一）国家层面：完善立法和加强监管

1. 完善立法

我国立法机关应在充分调研的基础上，制定适应当今市场经济发展的法律来遏制“庞氏骗局”的大肆传播。（1）具体细化入罪的行为模式，例如“消费全返”模式大约1990年出现在国外，2004年进入我国市场，“多消费，多返利”大大刺激了人们的消费愿望，人们普遍对“不劳而获”的痴狂和执迷不悟滋生了“庞氏骗局”的土壤。但是在许多国家，“消费全返”的经营模式是被严格禁止的。（2）增强集资诈骗犯罪的惩罚力度，当前我国集资诈骗罪的惩罚力度相对于其危害性而言过轻，再加上集资诈骗犯罪的侦查难度相对较高，故《刑法》对集资诈骗犯罪分子的震慑程度相对较低，犯罪成本较低。因此，如果对侦破的集资诈骗的案件施以重罚，则一定程度上可以在威慑性方面弥补

侦查难度大的缺陷。

2. 加强监管

近年来政府一直为加强非法集资的监管不懈努力，2007 年国务院批准成立了“处置非法集资部际联席会议”，具体负责处置非法集资活动的协调和组织工作，地方各级政府也都设立了“处置非法集资办公室”这种临时性机构来处置非法集资活动。“处置非法集资部际联席会议”和各级“处置非法集资办公室”在提供线索、宣传预警、法制宣传、常识普及等方面发挥了重要的作用，但是它们都有一个共同的弱点：都只是协调机构，没有配备相应的执法权。因此，法律应赋予“处置非法集资办公室”等相关机构相应的执法权，以便加强监管，更好地打击非法集资活动的蔓延。一些原本依靠“庞氏骗局”起家的企业发展至今已经渐成规模，成为地方纳税大户，打击这些企业对地方财政也会造成不小的冲击，这就要求各个地方政府对待打击非法集资应报以“壮士断腕”的态度，严厉打击非法集资，营造一个清澈健康的投资市场。如果任“庞氏骗局”猖獗发展，从长远来看，不仅对经济发展百害而无一利，更有可能影响社会稳定，造成社会动荡。因此，依靠经营“庞氏骗局”的企业来保障地方财政，虽然能暂时缓解财政压力，但无异于涸泽而渔，饮鸩止渴。

（二）社会层面：健全自律监管

所谓自律监管，是指除了立法机关的必要立法以及行政机关的必要监管之外，由行业或者组织自行监管行业内部事务的监管模式。在非法集资层面，各地应形成抵御非法集资的社会组织，并赋予该组织法制宣传、讲授投资基础知识、为有关部门提供线索以及为社会公众提供投资咨询等组织职能。利用社会组织来宣传抵御非法集资具有灵活性和针对性等优点，有助于消除民间与政府机关的代沟，强化宣传效果；并且便于深入社会公众生活，及时发现和提供公众身边可能出现的“庞氏骗局”的线索，弥补政府机关打击非法集资的滞后性。因此，加强自律监管制度拥有一定的优越性。

（三）个体层面：提升识别能力，学习投资知识及相关法律知识

随着互联网时代的到来，新兴概念纷至沓来让人应接不暇，“庞氏骗局”的行骗者也正是利用信息大爆炸的潮流实施骗局，如向受害人宣传一些新潮模式和非常深奥的经济学理论和概念，以此来彰显自己的专业性，骗取受害人的信任。作为社会个体，应当提升识别能力，学习基础的投资知识，不被行骗者高深莫测的理论所迷惑，谨记“风险与回报成正比”的规律，以此来指导自己的投资行为。[4]

[4] 参见丁亚迪：《“互联网金融＋庞氏骗局”的成因与防治》，载《市场研究》2018年第10期。

大数据垄断问题研究

——以互联网企业为视角

王姿淇

内容摘要 在大数据时代，数据作为一种资源，在互联网企业竞争中具有战略性作用。其双边市场的特性及平台化运营，使得数据创造出巨大的转化性利益。互联网企业为了保持优势地位，利用数据竞争优势，实施数据垄断行为，造成了侵犯消费者权益、扭曲竞争、妨碍大数据发挥交互效应，阻碍行业的进步等不利后果。然而由于互联网企业经营模式和盈利模式的特殊性，区别于传统行业，导致现有反垄断法对于其垄断行为违法性认定困难。本文从数据算法垄断协议、滥用数据市场支配地位、数据驱动型经营者集中三种垄断行为出发，分析互联网企业是如何实施这些行为的，同时兼评司法案例，探讨反垄断法对于规制互联网企业的数据垄断行为的困境，在我国现有反垄断法框架内，提出大数据时代下，通过调整标准和计量方法，引入数据价值评估，解决互联网企业垄断行为的认定问题。

关键词 大数据 互联网企业 数据垄断行为 反垄断法

作者单位：北京市丰台区社会保险基金管理中心。

一、大数据时代互联网企业垄断的理论基础

（一）大数据时代下的数据竞争优势与数据垄断

1. 大数据与数据竞争优势的关系

“大数据”一词首次被正式提出是在2011年麦肯锡全球研究院发布的研究报告，这份报告从经济角度讲解了处理这些数据能够释放出的潜在价值，引发全球对大数据的关注。

关于大数据的定义，我们需要对其进行细致的界定，即大数据是一种以大容量、高速度和多样性为特征，需要特定的技术和分析方法才能将其转化为价值的信息资产。这一定义与“大数据技术”和“大数据方法”等术语的用法一致，直接指的是主要定义中引用的具体技术和方法。我们结合大数据的定义还有文献的主要研究主题可以得知，大数据概念的核心包括以下几个方面：“体积”“速度”“多样性”用来描述大数据承载的信息的特征；“技术”“分析方法”用来描述正确使用这些信息所需求的技术方法；“价值”用来描述大数据承载信息内容的最终意义。由此可见，通过科学的技术和分析方法，如算法，将以体积、速度、多样性为特点的大数据进行分析和处理，获取信息化内容，最终实现大数据的终极价值，是我们利用大数据的步骤和流程。

大数据时代不同于信息时代，信息时代是信息技术的一较高下，大数据时代是数据分析与共享的时代，掌握数据，通过数据分析出有价值的信息，是目前的数据竞争力所在。同时，数据和信息之间是相互联系的。数据是反映客观事物属性的记录，是信息的具体表现形式。数据经过加工处理之后就成为信息，而信息需要经过数字化转变成数据才能存储和传输。

在这个时代，大数据不再停留在技术层面，它作为一种战略资源，在催生企业竞争力方面发挥着巨大的作用。“大数据是指由数量巨大、结构复杂、类型众多的数据构成的数据集合，是基于云计算的数据处理与应用模式，通过数据的整合共享、交叉复用形成的智力资源和知识服务能力。”大数据技术的

优势竞争意义包括两个方面，一是掌握庞大的数据信息，二是对这些有意义的数据进行专业化处理。

管理大师迈克尔·波特（Michael Poter）在其 1985 年出版的《竞争优势》一书中提出了企业竞争优势的观点，波特认为："竞争优势作为一种特殊的比较模式，它可以使组织在市场之中得到超过它的竞争对手的好处。竞争优势的保持是指组织通过取代或模仿竞争对手获得经济价值，来保持凭借其独特的竞争力的能力。"从 2003 年开始，在企业经济领域，运用大数据增加企业竞争力的经济学研究开始普及化，大数据技术可以应用于任何企业竞争情报系统。在互联网企业领域，其双边市场的特性及平台化运营，使得数据创造出巨大的转化性利益，进而形成了通过掌握数据，控制数据而形成的独特的竞争力，即数据竞争优势。

2. 数据竞争优势与数据垄断的关系

首先，从法学视角来看数据的定义。根据法理学，对于一个概念的法学定义可以从内涵和外延两个角度展开。从内涵角度上讲，数据的定义模式通常意义上有相关性和识别性两种要素。德国《联邦数据法》第 3 条规定，个人数据指关于个人或已识别、能识别的个人（数据主体）的客观情况的信息。从外延角度上讲，数据包括个人数据、商业数据和政务数据。

其次，从法学视角来看数据竞争优势的定义。数据竞争优势的法律要素有数据、竞争、优势地位。数据的法学界定如前段所述。竞争是反垄断法调整的核心元素，反垄断法所规制的企业行为是指在竞争中实施、以取得竞争优势为目标、与其他竞争对手产生相互作用、对竞争环境有促进或妨碍的作用的行为。优势地位被反垄断法规制的是其优势强化的结果即支配地位，支配地位的认定是判定企业是否实施滥用市场支配地位的行为前提。而由数据价值而引发的在竞争中的优势甚至支配地位，是由现行反垄断法调整体系无法准确认定的。

数据和大数据都是互联网的产物，固有的特性就是跨区域、跨行业的开放、互通和分享。数据竞争优势是一个中性价值的词汇，充分利用数据的价值，完善企业情报系统，让企业在发展中获得比较优势，是大数据时代带给企业的新的发展契机。而先发企业为了保持这种优势地位实施粉饰数据、垄断数据等滥用数据竞争优势的行为，进而破坏竞争，则是反垄断法所规制和调整的。

（二）互联网企业及特征

1. 互联网企业的界定

从互联网企业的兴起历程来看，从20世纪80年代开始，互联网对世界的改变是天翻地覆的，互联网行业方兴未艾，互联网企业在这股浪潮中迅速崛起，如微软、雅虎、谷歌、阿里巴巴、百度、腾讯等。他们在互联网领域的部分经营行为，在一定程度上限制了自由竞争、触犯了反垄断法，但是由于其经营模式的特殊性，现有评价标准有难以界定和失效的地方。在讨论互联网“经营者”的垄断行为时，我们先界定这里所讨论的“经营者”具体指什么。首先，互联网平台企业。所谓互联网平台企业，就是指采用平台式的经营模式，以其他互联网企业的基础商品或者服务产品为基础，建立起来一个双边的经营模式，一边是参与消费和使用商品服务的消费者用户，另一边是提供这些商品服务的企业，以此为基础不断吸引更多的“边”用户加入其中，最终形成种类多样、层次丰富、覆盖面较广的经营规模，采用这种经营模式的企业即为互联网平台企业。其次，互联网企业。互联网企业具有广义和狭义之分。其中广义的互联网企业指的就是以计算机信息网络技术为核心基础，利用平台网络开展服务提供业务并因此获取收入的企业组织。而狭义的互联网企业指的就是在互联网网络中注册域名信息，建立网络站点，利用互联网开展各项商务经营的企业组织，在学术之中，这种狭义的互联网企业就是广义互联网企业之中的终端层互联网企业。在本文中，主要讨论是狭义的互联网企业。

2. 区别于传统企业的特殊盈利模式

在传统领域中的企业具有相对稳定、变化幅度并不会太快的市场规模，当资本投入较大时才能达成规模经济，同时产品更新、技术创新频率较为合理。同时，传统企业一般具有实体性产品，销售区域受到地域限制较大，经营情况通过营业额能够较为清晰的显现。市场具有单边性；同时竞争方式明朗、易于识别。

与之相对应，互联网企业由于其快速信息传输、非实体性、地区界限模糊化而不再是单一的生产者、销售者和消费者的关系，互联网企业基于互联网自身的虚拟性、互动性、无国界性、即时性等特点，因此具备了互联网外部性、双边市场、互联网锁定效应以及包容性等特点。这些特点不仅对于互联网的发展产生极大的影响，同时对于互联网企业在经营过程中实现盈利带来极大的特征性指引，帮助互联网企业结合自身经营内容更好地提升商品质量和服务水平，在市场的竞争中通过自身特点产生优势，吸引网络消费者用户，形成基于互联网的特殊盈利模式。

（1）互联网外部性

根据外部性的内涵可以得知，外部性指的就是某一类行为会使得主体之外的人或者群体得到利益或者受到损失的情况，而根据互联网企业的互动性和模拟性特征，互联网外部性同样有相同内涵特征，即通过互联网的使用和应用，互联网使得使用其内容的用户获取价值利益，在用户得到益处之后带动更多的用户群体加入互联网产品使用的过程中，继续提升互联所带来价值效果。举例来讲，淘宝是典型的互联网电商企业，淘宝建立的初期，通过自身的经营吸引了部分顾客在商铺中购买商品，在顾客体会了方便的同时拥有了自身需求的商品，顾客便会吸引更多的消费者加入淘宝的使用之中，这样一来，淘宝企业的经营对于每个顾客的价值都会进一步进行升级。产生这种特征的原因在于，顾客数量的增加会使得顾客之间形成更好的信息分享，比如通过售后点评的方式推荐更好的店铺或者商品，这样就会形成一种良性的外部性特征，形成了互联网外部性，并以这种方式积累利润，实现盈利。

（2）双边市场

所谓的双边市场，指的就是经营者主体同时面对两种类型的市场内容，企业自身作为一个中介服务的群体身份开展经营。在经济学理论当中，双边市场的主要内涵就是指同时存在两个交易主体共同参与到该经营模式之中，相对单边市场来讲，双方需要借助企业平台开展经济活动，并且一方市场的主体收益高低取决于另一方主体加入平台交易的人数多少。[1]在互联网企业之中，不少互联网经营模式就是以平台式经营的方式进行，也就是我们所说的互联网平台型企业，该类企业的双边市场特征也正是该类互联网企业的盈利来源。具体而言，互联网平台企业在面对消费者用户一方市场时，通常采用低价甚至免费的方式提供商品和服务，而面对另一方商品和服务的提供商，则采取收取广告费用或者平台展示费用的方式进行经营，平台企业通过自身商品种类、服务质量的提高，不断吸引更多的消费者用户加入平台企业的使用之中，从而吸引更多的商家加入双边市场中来，实现互联网平台型企业盈利。

（3）互联网锁定效应

“锁定效应”理论在经济学之中又名为“路径依赖”[2]，互联网企业的经营模式同样具备锁定效应的特征，根据互联网企业的高科技特点，消费者用户在从一个互联网企业产品转入另一家互联网企业产品的过程中需要付出诸多的“代价”：第一，工具成本，互联网企业作为虚拟性经营的主体，其经营内容需要依托于相应的技术设备工具，唯有通过工具的使用才可以达到使用互联网产品的目的，当一方消费者用户习惯使用某一种工具来购买互联网产品时，即使另一家互联网企业产品更具有优势，但如果需要更换使用工具以求达到更换目的，消费者如果存在不支付工具成本的心态，那么便形成了互联网锁定效应。第二，风险成本，同样的，当消费者用户针对一家互联网企业已经产生了普遍性的认可，熟悉了该企业产品的质量或者价格，那么对于转投其他互联网企业产品就会产生风险成本的预估心理，出于对未知风险的顾虑，出现互联网锁定效应。[3]第三，知识成本，消费者用户在面临更换互联网企业产品的选择时，如果存在需要掌握新科技知识或者新的使用知识的情况，选择了减少知识成本的付出，同样也会形成互联网锁定效应。

---

[1] See Mark Arastrong, *Competition in Two-Sided Markets*, *Mimeo*, University college London, 2004, p.1571.

[2] 参见卢现祥：《西方新制度经济学》，中国发展出版社 1996 年版，第 61 页。

[3] 参见吕明瑜：《网络产业中市场支配地位面临的新问题》，载《政法论丛》2011 年第 5 期。

（4）包容性

包容性指的就是互联网企业在利用互联网进行产品的生产、宣传和改进的过程中，各种系统、软件的相互配合属性。具体而言，包容的主要内容是围绕着各种要素进行开展的，不同于传统的行业要素，互联网要素的结合更加快速便捷。对于互联网的使用过程来讲，电脑系统是基础，软件程序是登录网络必要途径，网络信息系统是互联网传播渠道，当各方要素产生包容性，相互协调相互配合，便可以通过联合的方式更好地服务互联网的使用者，在各要素组合在一起的过程中，并不会产生相互冲突和阻碍的情况，这样一来就形成了互联网应用中的主要目的，即通过各要素之间相互联合更好实现互联网的价值属性，为用户所了解和应用，同时帮助互联网企业更好开展经营活动，最终实现自身的盈利。[4]

二、研究互联网企业数据垄断行为的必要性

（一）互联网企业运用数据形成转化利益及竞争优势

在数字市场当中，如同石油和电力之于传统行业的重要性，消费者数据价值是现代企业竞争的核心。作为现代企业主体，可以分析其企业用户所积攒下来的原始的、庞大的数据，进行深入计算和整合，经营者就可以掌握具体消费者用户的需求偏好、需求变化趋势以及需求所能达到的消费水准等数据转化信息，并可以依据此内容展开针对性的经营策略。例如，向个别消费者提供针对其喜好的商品和服务，针对消费的需求变化及时调整服务和商品的种类、内容，针对性地释放服务和商品宣传信息吸引消费者的注意力，改变现有的经营模式，跟随行业时代的变化及时制定、改变能够满足更多消费者不断变化的需求的经营手段、营销策略。

在目前大数据内容作为战略性资源的背景之下，企业能够快速地掌握并

[4] Posting of David S. Evans to Catalyst Code.

且收集相关的数据内容，通过分析和云计算加以整合，就可以快速地采集到数据之中所蕴含的海量信息，这些信息不仅仅是表面化的信息内容，更多是对于企业在后续数据处理和开发过程中，能够给企业的未来发展模式和企业所处的行业竞争格局带来极大的影响。（1）从数据的收集速度来讲，数据的流动性较为快速，企业在收集数据的过程可以快速地积累数据内容，通过分析洞察消费者用户的消费内容积累原始的数据资本，相较于传统的行业模式，其可以通过数据快速达成传统企业耗时许久的数据资本积累，形成数据竞争优势。（2）从数据的收集数量来讲，数据的收集方式不同于传统行业的原始材料的积累，数据的收集将会以 TB 乃至 PB 的单位进行收集，[5]数据的种类、数量、规模以及所涵盖的范围都会达到一种无以复加的庞大程度，企业在竞争过程中可以基于此形成一种在数据市场中的强力支配能力。（3）从数据的后续利用来讲，数据本身的价值在企业的信息利用过程中类似于一种知识产权，因为企业通过自身的经营内容收取基于经营内容而产生的消费者用户数据信息，这种数据从某种程度上跟该企业的内容挂钩并且无法进行分割处理，因此从保护知识产权的角度来讲，企业可以无条件地使用、分析并享有这种数据所带来的隐藏价值，同时不会也无须进行分享和公开。这样一来，庞大的数据信息通过企业经营分析形成企业决策、价格合理调整，从而收取更多的数据信息，最终形成“信息孤岛”。[6]但是这种良性的循环对于企业自身而言是一种孤立式的数据收集，经营企业可以通过数据优势不断获取市场的竞争优势地位，形成阻碍正常竞争的可能。

在大数据高速发展的年代，数据内容不仅仅是一种独立于企业经营的外在元素，它已经融入企业的每一项生产活动之中，成为了同样的生产要素。由最初极其简单的数字型内容，变更成为企业直接得以利用的数据信息，数据作为一种重要的企业资源可以帮助企业快速的积累资本，而在竞争的过程

[5] 参见詹馥静、王先林：《反垄断视角的大数据问题初探》，载《价格理论与实践》2018 年第 9 期。
[6] 参见陆颖：《大数据产业发展倒逼反垄断规制改革探讨》，载《广西经济管理干部学院学报》2018 年第 1 期。

中，企业通过对大数据进行分析和计算，便可以获得同一行业中明显的数据竞争优势。

在互联网企业当中，互联网平台拥有双边市场的定位，即用户可以免费或者以低成本的方式进行平台使用，而商品、服务的生产者、提供者则需要向互联网平台企业缴纳高额的“广告费用”。但是从数据竞争优势的角度来讲，互联网企业从用户之中并不是没有得到任何有效的信息，它们收集到了至关重要的内容——“用户数据”，互联网平台企业通过对数据内容进行详细分析，并且通过上面的分析向互联网消费者用户有针对性地提供商品、服务和信息，从某种程度上来讲，不仅仅可以让用户更为依赖该互联网平台，同时也会使互联网平台企业通过长期的积累获得时间跨度更广、内容更加全面的数据内容。

随着数据时代的快速发展，企业经营者渐渐地知晓了这种掩藏在互联网之下的巨大价值，学会利用数据的分析和开采，产生数据信息，并将这种信息应用到企业的经营之中，获取更多的报酬。数据竞争在互联网企业中同样起着至关重要的作用，从平台的特性来讲，互联网平台不仅仅可以方便网络消费用户，而且可以通过用户的使用获取数据信息并加以整合，从而调整交易价格、减少交易成本、扩大市场经营领域。在平台的大数据竞争过程之中，数据的应用可以在互联网企业对互联网用户的针对性服务中发挥不可忽视的作用。互联网企业不仅可以通过前述的数据分析改变经营策略，改善产品质量，甚至进行广告定位，更为关键的是，互联网企业的数据使用可以帮助他们在互联网用户使用过程产生更为高效的选择性信息“推荐”，这其中不仅包括商品、服务，还会涉及用户想要了解的指向性信息。

因此互联网企业开始利用双边市场的经营模式将服务平台化，通过免费和低价的商品内容获取更多的互联网用户数据信息，再将这些信息加以处理和运算整合，将信息价值融入企业更多服务和商品之中，进而获取更多的收入，这样一来，互联网平台企业之间的数据信息利用便构成一个整体。我们以提供搜索引擎服务的企业为例，这些企业就是通过用户的搜索行为获取用户检索的主要目标，将这些数据信息进行整合，便可以针对用户检索数量多的领域开展集中式服务展示，比如将检索多的商品以广告的形式进行推荐，吸引用户的眼球，而这种经营模式不仅可以满足用户的需求，同时也得以帮助企业获取信息，将数据信息不断地转换为商品和服务的购买率，吸引更多的广告商加盟，建立企业资本。

（二）互联网企业滥用数据竞争优势的损害

互联网企业滥用数据竞争优势实施大数据垄断，对于消费者、其他经营者以及公平竞争环境都会产生损害。在大数据的应用过程中应当杜绝垄断化，因为大数据的占有和收集依赖于企业的资源，当行业中的大型企业拥有财力物力的时候，大数据要素就很容易成为这些企业所掌控的资源，拥有数据量较大的平台的企业在竞争中就会拥有较大的优势。从这个角度来看，当数据的信息含量不断叠加，形成更多的数据集合，掌握其内容的企业便会成为拥有高信息资源的优势企业，形成数据垄断，这样一来便会阻碍行业的发展，限制正常的竞争，而企业在品尝到数据信息的甜头之后，便会倾向于进行数据垄断以巩固其经营利润，这样一来，被操纵的数据会为了满足既得利益集团的利益需求而被粉饰，其他市场经营者如果不能拥有对数据真伪的准确辨识，很容易陷入圈套，做出错误决策，进而丧失竞争主动权。

1. 提高了其他经营者的准入门槛、扭曲竞争

在企业经营者想要进入大数据市场的时候，企业自身需要具备三种技能：（1）数据本身，以便于访问和分析获取大量信息。（2）算法工具，可以通过对数据的分析获取目标信息，帮助企业调整产品服务价格和企业策略。（3）专业知识，需要对数据科学、个人隐私、法律知识拥有全面的了解，同时知晓商业内容和数据价值。[7]基于这种方式，后进入互联网数据市场的企业将越来越无法掌握先加入互联网数据市场的数据内容，先前的互联网企业利用数据获得的

[7] See Travis Pearson, Rasmus Wegener, *Big Data: The organizational challenge*, Bain & Company (2013).

竞争优势将越来越明显。最后，该互联网平台企业不仅可以通过这种方式增加企业竞争力，排除对手的竞争，而且互联网企业的用户还可以基于平台企业庞大的用户数量而获取商品、服务和信息的更多、更大的价值。

由于数据可以提高对市场情况的认知，而这种关联性并非通过理论分析可以获得，且即便可以通过中介获得或者准入数据，也不意味着可以有效使用数据。企业为了保持竞争优势会采取数据驱动战略限制竞争者进入数据，不与他人分享数据，从而提高新进企业的市场准入难度。具有市场支配地位的企业通过数据可以对本行业以及同行竞争者的发展态势进行分析，将它们兼并或者扼杀在摇篮中以解决潜在的危险。

大数据的经济特有利于市场集中和支配地位的形成，会导致胜者“通吃”的结果，新的市场准入者即便拥有数据分析的能力，但是由于没有获得大量消费者数据信息，很难提供有针对性、相关性高的信息，消费者很难转向新准入市场的企业和产品。

2. 侵害消费者合法权益

滥用数据优势会侵害消费者的合法权益，具体来看有以下几种可能性：第一，滥用数据优势破坏市场竞争，影响消费者选择。就搜索广告而言，互联网提供信息的便捷性和时效性本该是引导消费者，为消费者提供有利指引，然而搜索引擎在搜索数据垄断的情况下，垄断了广告领域，竞价广告随之产生，消费者在检索的过程中最终获取的是虚假的搜索信息，导致消费者的选择可能性下降。

第二，侵犯消费者的自我选择权和隐私权。由于 Facebook 免费提供服务，用户并未因使用剥削性商业条款而遭受直接的经济损失。用户的损失主要在于失去了控制权：他们不再能控制个人数据的使用方式。Facebook 的用户并未察觉哪些源头的哪些数据正被整合成他们详细的个人资料与在线活动。由于数据的整合，个人数据获得了用户无法预见的重要性。因为 Facebook 的市场势力，用户也没有能够规避数据整合的选择。Facebook 进行数据整合也因此侵害了用户的信息自决权。同时也侵犯了消费者的隐私权。另外，在形成的用户资料的帮助下，Facebook 能够改善定向广告活动。因此，Facebook 对广告客户来说变得越来越必不可少。Facebook 过去几年迅速增长的利润也反映了这一点。这也对广告客户造成了潜在的竞争损害，因为他们面临着一个具有市场支配地位的广告空间供应商。

第三，减少消费者检索结果的相关度。虽然大的搜索引擎掌握了用户的选择偏好等数据，可以为其提供私人订制的服务，但是数据准入的不平等降低了提供给用户的服务质量。“搜索引擎有动力也有能力优先考虑付费广告商，而不是考虑为用户提供相关性程度高，质量好的搜索结果。”比如在搜索某个地理位置时出现其他信息的可能性比较低，但是如果涉及与消费有关的，譬如搜索某个名胜古迹，最先出现的一定是在线票服务公司的门票信息。更有甚者，用户搜索的主要指向内容并不会出现在首页上，而是广告内容显示靠前。从某种意义上说，强大的搜索引擎更倾向于为广告商提供私人订制服务，而不是消费者。

3. 数据割裂阻碍行业进步

大数据的关键在于交互效应，目前我国的信息出现孤岛状态，即互联网领域被几个寡头企业垄断，无法实现数据的公开与共享。这种数据的垄断情况便会产生一种数据上的割裂，数据与数据之间的相互作用将无法发挥，从互联网企业的角度来讲，通过软件或者技术的应用，根据自身企业的数据信息形成了自我使用的数据库内容，这些数据内容具有封闭性和独立性，专属于企业自身的数据需求，而不同企业之间的数据信息由于缺乏相应的沟通协调渠道，因此难以实现数据共享。在此种情况之下，数据信息的联合想要通过企业间的自我联合分享是非常难以实现的，互联网企业势必会在数据应用过程中重点分析自身需求的重要数据，而对竞争企业的数据分享必然会有所保留，通过这种方式保证自己在行业市场竞争之中的绝对数据优势，因此想要通过企业自觉进行数据分享来实现行业的数据联合并不现实，进而导致该行业的进步与发展受到阻碍。

（三）互联网企业垄断行为违法认定困难

在过去较为传统的经济学当中，针对某一行为是否构成垄断，一般会依据三种标准进行判断：第一个标准，某一产品或者是某一服务在定价的过程之中是否会偏离平均成本或者边际成本；第二个标准，该企业在某一行业市场之中的市场份额占比；第三个标准，该企业所在某一市场的市场进入难易程度。虽然有上述三个标准的规制，但是互联网的虚拟性、数据性等特点使得上述标准很难认定。以互联网为平台的企业由于具有明显竞争因素，容易构成垄断行为，所以传统支配地位的认定方式很难予以规制。互联网企业在前期进行资金投入之后，由于行业的特性，在后续的发展过程中通过数据信息的收集以及较为稳固的经营内容，资本投入几乎呈现逐步减少的趋势，正因为如此，互联网成为了一种容易走入寡头型企业的行业模式，互联网企业的市场稳定容易实现。在先入企业的影响之下，后入企业很难站稳脚跟，只要互联网企业在经营过程中将商品或者服务的定价进行合理的控制，就可以一直处于盈利的状态。从另外的角度去看，互联网行业商品和服务的低价很难偏离平均成本，也很难据此而不是营业额的方式判定其具备市场支配地位。

从互联网用户的角度来看，某一个互联网企业的经营范围越广，涉及的覆盖层次越深，就越能吸引用户频繁使用该互联网企业的商品或者服务，庞大的商品服务市场使得用户依赖于该互联网企业的各项服务，这样的一种现象是以网络用户为出发点，进而导致其他同行业的互联网企业存在极高的市场加入难度，而且从现有的消费者权益保护方面而言，越是大型的互联网企业越容易接受监管和规制，这也是其他企业存在进入壁垒的原因之一。

传统竞争之中的价格竞争已经不属于互联网企业现有竞争模式的范畴了，在大数据引导的互联网企业之中，针对新兴事物和时代的变通能力才是互联网企业现有的竞争优势，也就是现在所谓的创新能力，在这种背景之下，创新能力使得互联网行业的商品或者服务的期限缩短，不同产品种类也开始不断衍生，行业的分类也不断加剧。从某种程度上来讲，互联网行业的市场份额在这种快速变更的过程中很难具有稳定性。例如，之前的共享单车市场，目前已经有许多商家倒闭退出，过去的市场份额产生了断层式的变动，如果仍然按照原有的市场份额进行支配地位的判断，显然在这种背景之下是不合适的。

经过上述分析，我们可以进行总结，就是市场份额的不断变化、网络用户消费者的自身选择使得互联网行业产生了一种支配性地位的外观，但是我们在据此认定互联网企业支配地位的过程中需要慎之又慎。美国知名的经济学家保罗曾说过：在高科技领域，垄断行为并不一定全都是坏的，至少在行业发展的过程中，较为集中的领先者可以在开拓市场的过程中不断引领行业的快速发展，实现“通吃”，这种“通吃”的情形需要我们更为理智地看待，尤其是在互联网这一快速变化的市场环境中。

总体上来说，虽然互联网企业同传统行业的垄断行为都是属于垄断这一大概念，但是回归到互联网行业的具体垄断行为之中时，互联网企业的垄断认定则会出现明显的认定困难，认定的最终方式也同样具有很大的差异性。在传统行业的搭售行为之中，如果某一企业针对消费者进行了两种毫无关联的商品的销售，那么便构成了反垄断需要规制的行为特点，但是在互联网领域之中，产品的搭售行为将变得非常模糊，没有确切形态的网络商品有时会依托另一商品或者服务而存在，此时界定是否存在搭售的行为便会出现实质性的认定困难。例如，在奇虎针对腾讯存在垄断行为提起诉讼的案件当中，原告基于反垄断法中关于搭售商品行为的认定，指出被告公司旗下的 QQ 在客户端之中搭售其他 QQ 功能的做法，存在垄断行为，但是在这种情况下，被告辩称自身仅有搭售之中“搭”的行为，其他功能均为免费提供，用户可以自行选择功能的应用和使用，并不存在“售”的具体行为，因此不构成反垄断审查中的搭售。从案件中我们不难看出，在对互联网企业的垄断行为进行界定时，传统的界定标准已经无法很好地予以规制，无论是由于互联网企业特点抑或互联网行业的发展模式，这些都提醒着我们，需要在未来反垄断审查中对互联网行业开辟新的标准和认定模式，以应对互联网行业的具体垄断行为。

三、互联网企业数据算法垄断协议

（一）互联网企业数据算法垄断协议

相较于利用协议、会谈、口头协商等传统的协同形式达成垄断协议，在大数据时代的数据市场中，垄断协议甚至能够通过算法达成和实施。2015年美国司法部（DOJ）调查了几个贴画销售商在亚马逊电商平台上从事固定价格的行为，DOJ发现这几个销售商开发了一种价格算法，可以根据消费者的选择进行价格调整，并且这些销售商彼此分享价格信息，从事价格协调行为。DOJ最后对这些从事违法共谋的销售商进行了处罚。[8]随着算法和人工智能的崛起，如何透视精密、复杂的操作识别经营者之间的垄断协议成为各大反垄断执法机构面临的难题。

数据垄断在少数数据寡头手里成为又一种垄断形式。国内阿里巴巴集团和百度等大型互联网企业努力建立服务自身发展的数据库。2017年6月的顺丰菜鸟之战，实际上争夺的是各自数据库里的用户数据。在共享经济时代，数据垄断创造的“人无我有”利益是有限的。[9]在有效法律规制的情况下，实现有规模、有规则的数据的流通和共享才能够实现该行业生态系统的长足发展。

在传统的三大垄断行为之中，数据代码垄断协议的内容同样有了在互联网大数据市场中的新型含义。不同于传统的签订协议行为，大数据在互联网企业经营过程中不仅有利于提升企业相关商品、服务的针对性调整，同时还可以在大数据领域产生一种数据的直观性，并在互联网企业之间产生一种数据依赖，比如一家企业主要利用另一家企业的数据信息开展经营，同时在同一行业之中形成专属于自身经营内容的数据优势，并反过来影响其所借鉴数据的企业。产生一种双方相互性的依赖，从而助长合谋行为的产生。

---

[8] 电子商务研究中心：《作家联合要求美国司法部调查亚马逊》，载http://www.100ec.cn/detail--6200401.html，2021年3月6日访问。

[9] 参见刘艳：《顺丰菜鸟之争曝共享经济短板犹存》，载《中国商界》2017年7月15日。

在互联网企业之中，算法科技以及人工智能是大数据处理的核心技术，通过分析互联网企业在经营过程中采集的消费相关数据，便可以了解竞争对手的价格策略，知晓对方的商业目标，进而可以针对自身进行调整。这样一来，企业在面对竞争企业的降价或者提价行为之时，依托于数据信息处理的算法科技和人工智能处理将会自动针对价格的变化展开加速运算，很好地匹配价格，提升价格变动效率，这样一来就形成了价格合谋。[10]

由以上例子可见，企业通过特定的算法科技加以定价和制定策略，同时依据现有的历史数据协调定价相关内容，最终实现价格合谋，在达成之后，企业可以通过实时变动的数据内容进一步监控卡特尔开展的具体情况。在这样的过程之中，互联网企业可以在经营中选择性地共享相关数据，在数据应用的过程中，通过数据的选择性共享传达相关隐形的信息，这样一来，收到数据信息的企业便可以依据此内容进行调整，以一种较为隐蔽的方式实现最终的价格合谋。由此可见，在这种隐蔽性较好的价格合谋之下，互联网企业最终在大数据时代形成了新模式的垄断协议，这也将会是我们未来反垄断法律法规在应对互联网大数据企业不正当竞争过程中的审查重点和规制难点。

（二）互联网企业数据算法垄断协议的司法判例研究

算法垄断协议作为隐形性的卡特尔行为，这个行为不论在什么情况下，对市场竞争都是有损害的，应当适用“本身违法性”原则。[11]但是当前关于算法垄断协议的案例并不多，笔者将对三个案例进行分析。

第一，DOJ 诉 Topkins 案。在亚马逊网站，Topkins 与其他卖家通过数据算法形成价格共谋。商户之间的合意通过沟通协商达成，数据算法是其达成共谋的手段条件，属于反垄断法所禁止的价格卡特尔。亚马逊网站上彼此独立的竞争者，无论其动机是限制竞争还是促进竞争，固定价格是以公开的方式还是密

[10] 参见詹馥静、王先林：《反垄断视角的大数据问题初探》，载《价格理论与实践》2018 年第 9 期。

[11] 参见王晓晔：《反垄断法》，法律出版社 2011 年版，第 108 页。

谋的方式达成，都造成了价格垄断。而算法的介入增加了其密谋性，使得共谋行为更加隐蔽。如果没有数据算法，共谋者对于价格的把控要不然就是一成不变，要不然后续的调整变化需要再次沟通协商。在大数据时代，数据算法使得价格共谋只需要一次协商即可完成，即运用共同的计算方法。在市场其他因素发生变化的情况下，算法可以自动调整价格，价格共谋可以持续实现。从经济学角度分析可知，对竞争环境危害最大的卡特尔就是价格卡特尔。[12]

第二，Meyer 起诉优步（Uber）一案中，Meyer 认为优步公司运用数据算法与其公司注册司机之间达成了横向卡特尔，但是优步公司认为，公司和司机不属于同质竞争者，而是分属于不同的经营环节，因此他们之间的协议为纵向协议。本案的焦点在于公司与司机之间的数据算法的性质，如果是横向卡特尔，那么根据"本身违法原则"，必然是限制竞争的垄断行为；如果是纵向协议，那么根据"适用合理原则"，需要先评价其对于市场结构的影响，再做出判断。从表面上看，该数据算法共谋发生于公司和司机之间两个不同经营阶段的参与者之间，但是我们应当看到，在优步司机之间也通过算法实现了价格共谋，优步公司支持司机之间的共谋，并通过更改算法提高营运费用。由于该数据算法不仅涉及公司和司机之间的共谋，更涵盖了优步司机之间的共谋，因此，法院认定其可能构成轴辐共谋。[13]在本案中，我们可以看出，数据算法改变了原有经营者之间的竞争关系和竞争手段，优步公司与其司机之间并不是雇主与雇员的关系，他们是独立的"经营者"。每个独立的"经营者"优步司机之间，因为数据算法的关系成为价格共谋，虽然他们本身并不具备垄断的故意，可以说这种价格共谋也是公司加给他们的，此时就又回到了横向卡特尔，本身违反原则的适用。从消费者和社会福利角度讲，优步司机在高峰期提高"调度费"幅度因为数据算法而导致相同。那么当优步公司占据市场支配地位的时候，改变算法，提高价格，针对消费者的经济侵害就出现了。

---

[12] 参见王晓晔:《反垄断法》，法律出版社 2011 年版，第 109 页。

[13] 轴辐共谋，最早出现在美国，是一种有纵向合谋外观但实际达成横向合谋的合谋形式。

第三，华硕、飞利浦等公司也受到了欧盟委员会的反垄断调查，调查结果和过程无从得知。目前可以了解到的是，同样是因为利用数据算法与竞争者实行价格共谋。如果有足够的证明，得出这样的调查结果，那么焦点转移到是否“经营者”之间有共谋的合意。如果没有合意，利用数据算法与其他经营者保持一致则只是价格上的附随行为。但是，我们注意到，这种附随与传统的区别在于，他能够无缝衔接，实现同步调价。因此，可以说，即使是没有事前共谋，但是事实上也造成了侵害消费者权益、扭曲竞争的不利后果，应当引起反垄断执法部门的注意。

（三）互联网企业数据算法垄断协议的审查困境

1. 数据算法垄断协议挑战反垄断规则适用

在上文的司法判例分析中，我们得知，即使是没有恶意的预先共谋，通过数据算法的方式达成的隐形价格垄段也应当受到反垄断法规制。在现有反垄断法框架中，仅仅规制预先共谋对于算法引发的价格共谋无法规制。其调整难度主要体现在以下两个方面。

第一，现行反垄断法规制的垄断协议，是指通过明示的方式，通过企业间的联合或者行业协会的方式，在横向经营者和纵向经营者之间签订的固定价格、销量等协议。对于横向垄断协议适用本身违法原则，对于纵向垄断协议适用合理原则。如果没有明确的协议和共谋，反垄断法执法机构是无法发起反垄断审查的。在互联网领域，通过数据算法达成的价格联合浮动的现象，很难界定其“协议”的存在。因此，这种垄断行为很容易就逃脱了反垄断审查。

第二，横向垄断协议和纵向垄断协议界限模糊，横向联合危害性不明确，法律原则适用困难。在传统企业市场中，适用本身违法的横向卡特尔一般依赖于市场结构条件，市场上的竞争者数目呈现寡头状态时，排除、妨碍竞争的协议更容易达成。这时的横向卡特尔对竞争的危害、对消费者和社会福利的侵害是很大的。数据算法的出现，使得这种共谋对市场结构的依赖变得微乎其微。

数据算法的普及使得很多小经营者也能参与到其中。就如上文所提到的优步公司与优步司机之间的数据算法。每个司机都是独立的小经营者，司机彼此之间由于算法关系形成了共谋。他们之间的共谋对市场秩序的危害并没有那么明显，也许应当对其适用合理性原则，审查后再定论更为适合。同时该案也出现了横向垄断和纵向垄断同时依托于一个行为之上，两种垄断协议界限模糊化，导致法律原则适用出现界定困难。

2. 数据算法垄断协议隐形性增加反垄断审查难度

垄断协议的达成通常都是私下的，达成的经营者之间基于利益驱动，会共同保密。在传统市场中，很难被发现。反垄断执法机构发起审查一般基于两种方式：一是知情人举报或受害人举报；二是发现该市场的产品价格发生增长或者小经营者频繁退出市场等异常情况。在互联网企业之间，数据算法将这种垄断协议更加隐形化。原因如下：第一，由于与市场结构相剥离，数据算法垄断发生时，市场中经营者数量众多，参与数据算法共谋的经营者也很多。那么反垄断执法机构在没有知情人举报的情况下，单纯分析市场变换状态，很难发现是哪些经营者参与其中。在目前盛行的电商平台，如京东、淘宝、携程等，其中同质经营者非常多，他们的价格变动并不是完全同步的，甚至针对不同的消费者的算法是两套标准，也就是“杀熟”[14]行为。这种复杂的情况给反垄断审查工作带来了巨大的困难。第二，数据算法以默示的方式达成价格卡特尔，没有明显的合意和共谋。针对这种情况，即使执法机构发现了市场异常，也因为缺少法律依据而难以发起反垄断调查。

对于互联网企业的数据垄断协议调查困境，目前的反垄断机制无法实现有效而充分的调节。因此，在大数据时代，如何规制互联网企业间的垄断协议行为，需要在反垄断内涵和要义之中进行调整和拓展，以保证法律的与时俱进。

[14] 部分电商平台对于经常在该网站购买的消费者给予的价格，比新顾客还要高。

（四）互联网企业数据算法垄断协议的认定

1. 将数据算法垄断协议纳入卡特尔表现形式

共谋是经营者实现一致行动、达到扭曲竞争目的的合意。目前我国反垄断法中规定的卡特尔的表现形式有三种：竞争者间的协议、行业协会的决定、协同行为。但在实践中，这三种行为并不能严格清晰地加以区分，更多表现为协议的形式。假如，互联网企业之间有明确的共谋合意，以数据算法作为共谋的工具，那么该数据算法就成为“协议”，属于反垄断法的调查范围。但事实上，数据算法所能够达成的效果，和通过数据算法覆盖的领域远比上述情况要广。笔者将其分成两种情况分别研究：有交流的数据算法共谋和无交流的数据算法共谋。

对于有交流的数据算法共谋，不仅可以通过明确的协议，还可以通过更为隐蔽的方式实现“行业交流”。为了达到排除、限制竞争的目的，互联网企业之间共享同一种数据算法，这种算法能够根据其他影响因子的变化，按照固定参数值直接形成动态的价格或者销量的同盟。对于这种共享数据算法的行为，参与企业可以称其为信息交流，并不是垄断合意。然而，我们可以看到，这种价格同盟很显然已经损害了竞争，侵害了消费者的社会福利，因此，我们应当将这种数据算法共享的行为列为大数据时代的卡特尔表现形式，要求合法的信息交流必须保证企业之间的经营活动自由、独立、不受彼此影响。

对于无交流的数据算法共谋，目前是通过附随性数据算法等方式实现价格和销量的紧随性变动，随着科技的快速发展，实现途径也会更加的隐蔽和多样化。互联网企业之间没有通过交流的方式，而是由于在市场关系中的依赖关系以默示的方式，按照数据算法追随以保持同样的变动。默示的变动，虽然缺乏共谋这样一个形式要件，但是从行为目的、市场现象、危害结果角度讲，都造成了损害竞争、侵害消费者社会福利的不利后果，因此也应当将这种行为纳入卡特尔表现形式。

2. 增加数据算法垄断协议推定要件

数据算法垄断协议的隐秘性，使得“签订”垄断协议的企业之间的共谋变得更加难以被发现，给反垄断执法工作带来极大的困难。尤其是无交流的数据算法垄断行为，在反垄断审查中很难追寻到蛛丝马迹。因此，可以适当允许反垄断执法机构通过市场行为的变化而推定数据算法垄断协议的存在，并与技术部门一道，主动发起反垄断调查。

数据算法垄断协议推定要件可以有：（1）部分企业间交流活动频率明显高于与其同领域的其他竞争者。（2）产品或服务的价格同时发生明显涨幅，且增长幅度比例相同或近似。（3）某些企业的经营活动明显不符合自身利益。（4）该市场产品价格不遵循价值守恒定律，明显高于其价值。（5）其他可以推定企业间有数据垄断协议的行为。当出现以上情形，反垄断执法机关在调查中即使没有充分的证据证明企业间有数据垄断协议的存在，但是有足够证据证明其具有以上行为且已经损害竞争的情况下，可以认定这些企业之间实施了垄断行为。但是，对这些推定要件的应用应当是非常审慎的，必须经过反复调查和充分论证，必要时联合工信部协助调查，不可过度执法，干预影响合法的有利于竞争的经营行为。

四、互联网企业滥用数据市场支配地位

（一）互联网企业滥用市场支配地位

Facebook 案件是互联网企业滥用市场支配地位的典型例子，此案件是由德国联邦卡特尔审查局提起审查的案件，具有典型的垄断特点。一些较小型的德国社交网络运营商与供应商，由于直接的网络效应，尽管产品基本相似，但 Facebook 的产品可替代性是有限的。根据联邦卡特尔局的调查，德国用户主要使用社交网络来与德国国内的朋友熟人保持联系。而 Facebook 通过这种身份性质的登录行为，在网络之中确立了自身的市场支配地位。该市场存在很高的进入门槛。由于网络效应，用户实际上被锁定了，并且很难转向 Facebook

的任一竞争者。间接的网络效应进一步阻碍了新兴竞争者的市场进入。对于广告融资服务（也被称为“受众供应平台”），广告端的利润来源于庞大的私人用户基础（积极的间接网络效应）。竞争者为了成功进入广告融资的产品市场，不得不先达到用户数量的这个临界值。如果没能达到这个临界值，就无法吸引广告端。而直接网络效应使其难以达到该用户的数量。在 Facebook 案中，直接网络效应导致了规模经济，规模经济又反过来导致了成本节约，这给 Facebook 远超于其竞争对手的巨大的战略决策空间。

Facebook 能够优先获取用户个人数据以及其他与竞争有关的数据。因为社交网络是数据驱动的产品，这样数据的获取渠道是市场竞争中一项关键的因素。数据与产品设计以及服务货币化的可能性皆有关。如果其他公司缺乏获取类似数据源的渠道，这就成为市场进入的又一门槛。可见，Facebook 是具有市场支配地位的。而利用这种支配地位,Facebook 能利用数据优化服务并“黏”住更多的用户。通过整合数据，增强了“基于身份的网络效应”以及随之而来的用户锁定，损害了其他社交网络供应商的利益。

（二）滥用数据市场支配地位的司法判例研究

在传统的不正当竞争模式当中，滥用市场支配地位的行为时有发生，在大数据市场之中，互联网企业同样存在利用企业自身收集互联网用户的数据内容进行信息垄断，造成滥用市场支配地位的情况，其中比较著名的案例就是 hiQ 起诉 LinkedIn 一案。LinkedIn（领英）互联网平台公司主要以注册用户间起到联系中介的方式运营自身公司，作为互联网大数据拥有量极高的企业之一，领英以职业社会交往平台的方式，为平台的注册用户提供足以信任的商业交易活动保障，因此，通过这种行为获取了大量的用户数据。而 hiQ Labs 公司作为一家数据分析计算企业，主要就是利用领英提供的各项用户数据内容开展自身业务，为在企业中对员工的工作能力、工作方式进行分析的内容提供数据信息，并以此作为互联网企业的主要业务内容。

在此等背景之下，2017 年 5 月，领英公司向 hiQ 公司提出公司函，要求其停止使用领英公司的用户数据，并且使得 hiQ 在过去五年一直沿用的数据内容受到了领英公司的技术干扰，无法继续获取数据。据此，同年 6 月 hiQ 公司针对领英公司的行为涉嫌违反不正当竞争法向美国加州法院提起诉讼，要求其撤销技术手段恢复 hiQ 的数据使用。在诉讼过程之中，hiQ 针对领英的行为列举了各项理由：一是领英将其通过职业社交网络平台获取的大量用户市场信息通过传输和分析的方式引入大数据市场，并通过同样的数据内容控制其他领域的市场竞争，获取不正当的数据竞争优势，违反美国反托拉斯法的主要内容。二是根据美国反垄断法之中关于 Essential Facilities Doctrine（必需设施原则）[15] 的内容，将领英拒绝其使用数据的行为列定为拥有垄断地位和将要实施垄断主要行为的互联网企业，同时拒绝向领域内的竞争对手提供其他企业所需的必要设施。经过法院的审查，法院据以认定，领英之所以禁止 hiQ 继续使用其用户数据，存在滥用市场支配地位的可能性，同时意图通过其市场支配地位进军 hiQ 同等市场，获取不正当竞争的数据优势。最终法院裁定领英在未来企业运行中，不得阻碍 hiQ 继续沿用其用户数据，并且若存在使用技术手段阻碍的方式，要在 24 小时之内予以解除。[16]

就本案内容进行分析，我们不难看出，互联网企业在通过其经营行为掌握了用户数据或者其他数据内容之时，便足以通过数据的占有在该领域之内成为一个主要的支配主体，在数据分享与否的过程中，都会形成数据市场的支配地位，在通过对数据进行分析的同时，如使用 SSNIP 的计算方式进行测算，便可以从企业的角度寻求未来领域的扩张，以给企业带来更广阔的市场领域和市场利润，在边界扩张的过程必然会对于市场的竞争对手造成压力，出现数据市场支配地位的行为。

---

[15] 参见侯利阳、王继荣：《欧盟必要设施原则考析：兼论对我国的启示》，载《竞争法律与政策评论》2015 年卷。

[16] 参见曾雄：《以 hiQ 诉 LinkedIn 案谈数据竞争法律问题》，载《互联网天地》2017 年第 8 期。

（三）界定互联网企业滥用支配地位的困境

1. 互联网企业相关市场界定困难

（1）界定相关产品市场的困境

在互联网行业之中，互联网商品和服务的特殊性、多样性以及更迭的快速性使得互联网产品市场的界定存在很大的困境，在现代社会互联网企业同传统企业相互融合的背景之下，如何界定互联网企业相关产品市场，针对其中的边界定义是一大难题。

第一，互联网企业同传统市场存在交叉现象。从现有的互联网大型企业现状分析，出现了许多线上线下店铺同时售卖的经营模式，如不少商家在拥有实体店铺的同时也在网上开设了网店；又比如现在的网约车等通过线上辅助的方式带动实体产业发展的经营模式，在界定市场边界的过程该如何进行区分？笔者认为，在针对线上线下的模式区分时，如果根据不同边界界定方式进行区别，那么势必会产生不同的审查结果，在这样的基础之上，既然在互联网行业经营的过程中已经形成了这种现实的交叉重叠，那么在反垄断审查界定之时，也应当作为共同体对待，若是坚持否认两种的连接属性，将会在现有产品市场的基础上进行不恰当的缩小。在这种情况之下，界限更加模糊的市场边界将使得界定的难度更加巨大。

第二，互联网企业商品内容界定难。在传统的行业市场之中，商品之间存在明显的区分，纺织品同重工业制品不可能在内涵上产生融合，但是随着现代网络科技的发展，互联网的诸多商品之中出现了可以承载更多种类商品的属性，例如在前述的腾讯被诉案件中，QQ 客户端所承载的游戏、音乐、聊天、空间等商品服务内容，是否有必要在商品的内容中进行明确的界定，是需要进行考量的，根据法院的判决，互联网商品所承载的其他商品服务内容同属于该商品的范围之中，这样一来在界定商品内容时并不会产生过于死板的界定标准，但反过来讲，越发广泛的互联网商品内涵使得反垄断审查的商品界定难度再次上升。

第三，现有的互联网商品缺乏明确的替代性商品。在互联网行业的发展历程中，先进入市场的企业“通吃”的现象导致了在同一行业领域内，某一高科技互联网商品服务缺乏同一类型的替代内容，例如在即时通信方面，腾讯公司掌握着主导权，而相似的商品服务并没有替代的趋势和能力，逐步走向消亡。同时，互联网企业的快速变革需要科技不断地创新，而大型互联网企业无论是在财力还是科技研发上都存在明显优势，因此可以一直在商品服务的创新方面处于领先地位，从而保证企业的核心商品不被取代，这样一来，不仅是同一市场领域之中缺乏相应的竞争者，针对商品替代性分析达到反垄断审查目的的方式也无法展开了，这也是互联网行业产品市场界定出现困难的原因之一。

（2）界定相关地域市场的困境

在界定互联网行业市场的过程中，我们需要关注地域性方面的问题。在互联网现有经营管理之中，互联网企业所产生的商品和服务基本可以分为线上线下结合式以及纯虚拟线上的内容，第一种具体包括以电商为核心经营内容的企业，这些企业都是将互联网模式融入传统实体经济的经营企业；第二种则主要包括即时通信为主和搜索引擎为主的线上经营模式企业，如腾讯公司、百度公司等。针对第一种线上线下相结合的产品经营模式企业，还可以根据融合的实体经济所涉及的地域范围进行反垄断审查相关界定，因为实体的传统行业仍然依托于场地的规划。然而第二种纯虚拟的互联网企业，由于不涉及地域内容，其经营范围也覆盖得更加广泛，其中部分企业甚至达到了全球化经营的程度，这样一来，对相关地域市场的界定将会更加困难，在综合考量各方面因素的基础上，针对地域市场的界定不仅要关注互联网企业的用户合同，还需要关注经营范围的覆盖面，除此之外，互联网商品和服务的快速流动性使得地域性的审查难以在进度上即时跟进。通过上述分析，我们不可否认的是，大数据时代下互联网企业的商品和服务加大了产品相关地域市场界定难度。

2. 互联网企业支配地位认定困难

在传统市场中，企业主要通过独占生产资源或者是特定知识产权技术，使得交易对方经营产生较大依赖性，据此不断占领更大市场，最终实现对整个市场的较大控制力。而对于互联网企业来说，支配市场能力培养的机制与上述机制并不相同，有其特殊性。

（1）市场支配地位成因特殊性

对于互联网企业来说，网络效应是其基本特征。网络效应引起了需求方规模经济，继而促使特定产品用户规模不断增大，而且有更多用户受到已有用户的影响纷纷变成这一产品的用户，也就是网络背景下特有的正反馈扩张效应。这一效应的存在使得互联网企业能够快速提高产品或服务的市占率，继而取得支配市场的力量或地位。譬如在微软公司的垄断案件中，哥伦比亚特区联邦地方法院裁定指出，那些需要使用视窗操作系统的消费者会因为网络积极扩张效应而受益。基于微软提供的视窗操作系统的应用程序数量不断增多会使得这一系统使用需求规模增大，并赋予微软公司主导这一市场的力量和地位，同时软件开发商也会主要针对这一系统来提供更多的应用程序。这样一来，微软提供的视窗操作系统就建立了一种正反馈循环，也因此对它的竞争者造成极大打击。

因此对于互联网企业来说，同时存在供给方和需求方两种规模经济。网络行业用户在对产品和服务进行选择时，除了定价和性能之外，还需要同时考虑使用这一产品和服务的客户规模。通常来讲，使用这一产品或服务的人越多，那么对于潜在用户也就越有吸引力，这种基于需求端的正向反馈和自动增长也就促成了需求方规模经济。考虑到互联网提供的产品主要是信息产品，这一产品的复制和传播几乎不需要耗费任何成本，也就是说此类产品的边际成本可以视为零。那么需求方规模经济达到一定规模，实现盈利之后，这一产品的边际收益就会不断增长，经营者将因此不断获取更大的市场份额，也就因此取得了更强的市场垄断能力。网络效应进一步给企业带来更多用户，企业市占率进一步提高，产品由于得到用户的广泛认可和使用，其协同价值也会越来越高。这样一来，用户总是偏好于市场中少数几种产品。那么竞争者就会被市场快速淘汰，也就促成了市场中强者和弱者两极分化的局面，这就是为什么“赢者通吃”和“先下手为强”在互联网市场十分普遍的根本原因。

（2）市场支配地位强化特殊

标准化以及兼容性也是互联网企业寡头垄断实现的两个主要因素。通常来讲，通过不兼容强化自身支配市场的作用具体表现为下述两个方面：一是事前不兼容，促使竞争者很难进入竞争市场；二是事后不兼容排除已有竞争者。所以，兼容性是互联网企业最大的竞争优势，不兼容性能够给企业创造几乎难以推倒的市场壁垒。

互联网企业通过实现和强化标准化来增强其支配市场能力的途径有下述三种。第一，标准本身已经是市场进入壁垒，也就是通过设定较高标准，尤其是实施标准来阻止潜在竞争者参与竞争。互联网企业经营人员如果能够控制标准，特别是事实标准，那么相关竞争者就很难越过这一障碍与之抗争。第二，通过对已有标准进行不断改进和升级，给现有竞争者制造产出障碍。标准在互联网领域多数都是专利、商业秘密以及其他形式的排他权利。所以，控制标准的企业就能够以此为筹码升级自身权利，或者通过对标准进行改进等来提高竞争者参与竞争的难度。第三，结合知识产权，建立特殊的标准形式。互联网企业倘若将专利与标准结合，那么其他竞争者就必须付出更大代价才能够获得标准和相应专利，也就因此具备更强支配竞争市场的综合实力，如此也就能够给其竞争者创造更难以逾越的障碍。另外，考虑到互联网企业本身对于技术创新有较高依赖性，同时标准化将促使制定标准者掌握其中包含的技术创新、生产指标关键要素和衍生知识产权等资源。

所以，对于互联网企业来说，标准化是其得到市场力量的关键来源。标准通常主要为原创技术专利，并且有专利群支撑，而控制核心技术就能够形成排他性的技术垄断，特别是如果拥有决定市场准入的标准，那么企业就能够通过许可方式来阻止对手参与竞争，继而垄断市场。总之，与传统企业相比，标准给互联网企业带来竞争优势和影响力更加强大，影响范围也更加宽广。“标准”对于市场来说，能够提高竞争效率，也会对市场造成负面影响。经营者只需要提高“标准”或者增强控制标准的程度就能够提高支配市场的能力，还有可能基于“标准”的强制性以及排他性而滥用自身支配市场的能力，此时就需要《反垄断法》予以规制。

（四）互联网企业支配地位界定方法

1. 引入数据市场替换传统相关市场界定

互联网企业将数据价值转化为企业效益需要经历四个步骤。第一收集：通过对消费的使用记录进行收集提取信息。第二存储：将数据进行转化形成更多的数据信息集合。第三分析：对不同数据来源进行合成，找到其相关性。第四使用：对分析所得数据再使用，如出售给广告商，数据交易等。既然整个过程完全围绕数据展开，那么整个数据竞争所波及和影响的市场必然是数据市场，只有从数据市场角度界定相关市场，才能更准确地包含和囊括互联网数据竞争的范围。当下具有“媒介”性质的互联网企业如微信、QQ 社交软件，百度、Google 等大的搜索引擎，一方面为消费者提供免费服务，利用用户的网络使用痕迹实现大数据利用的四个步骤，得到有价值的数据信息。另一方面向互联网企业另一方市场收取广告费用。传统上，反垄断审查界定相关市场需要具有经济型也就是有“价格”的商业关系。那么所圈定的相关市场只能是与广告商有关的市场。而跳出“经济”“收益”等数额化的经济利益，将数据看作一种核心资源，所有围绕数据展开，利用数据开展的业务，无论涉及大数据利用四环节中的任一环节，均视为数据市场的组成部分。将数据市场的内容进行详细的界定，这种界定的方式将使互联网企业的数据竞争更为凸显，无法隐藏。

2. 通过用户数量评价支配地位

如前所述，在互联网企业中，以“其他经营者扩大产出的能力”为决定性因素的传统支配地位认定方法注定无法适用，转换成本成了衡量支配地位的决定性因素。转化成本举例而言就是用户弃用微信投向另一个新的同领域、同功能软件如“信微”所要付出的成本。显然，使用微信联络起的是我们的熟人圈，如果使用“信微”无法达到同样的使用目的，那么我们转用“信微”就要付出很大的成本。从另一角度也说明，我们是被微信“锁定”的用户。

如果我们将使用社交软件的用户列为A圆，而使用搜索引擎的用户群体列为B圆，那么这两个圆是有重叠的，我们不需要识别这个两个圆有怎样的关系。我们需要识别的是A圆中，社交软件占据了多少用户数量或者说用户份额。B圆中，搜索引擎占据了多少用户数量以及其在这个圆中的份额。举个例子来说，从2009到2011年，根据中国整体区域互联网用户的使用时间来看，腾讯在互联网中的即时通信服务行业市场中的份额超过了八成，而“竞争者中最接近的仅为4.2%”；而自2012年8月开始，腾讯在手机客户端的即时通信服务行业市场中份额更是高达九成。抽象说来，使用时间与用户人数存在正相关关系，在此可以暂且推定腾讯的“用户数量份额”与其“使用时间份额”大体相当，即在80%以上，因而是即时通信市场上用户数量最多的经营者，也就是说腾讯在该市场占据了支配地位。

3. 改进市场份额的计算方法

在传统行业中，通常会根据企业的市场份额占比来判断企业在市场中的竞争力及优势地位。但对于互联网企业来说，网络的特殊性使得部分互联网企业虽然在市场中拥有较高份额，但并不代表其在市场中拥有绝对优势与支配作用，或者虽然有的时候拥有支配力量但也很难持续。所以，互联网企业在高技术、快速创新等因素的作用下，其所拥有的市场垄断优势往往也只是一个时期内技术创新的产物，但这也标志着其要参与到更加激烈的技术竞争中。[17]正是由于技术的快速变化使得市场垄断更多时候只是短时间内的霸权。创新周期的缩短让互联网企业在竞争中不断松懈。从现实情况来看，许多原来在市场中并不具有垄断优势的经营者经过技术创新，尤其是利用标准必要专利，能够在较短时间内通过标准的强制性和专利的排他性在市场中获得支配地位。所以，要想确定互联网企业是否在市场中拥有支配地位，就需要对其网络效率及快速创新等因素进行综合分析，结合这些因素对传统市场份额计算方法进行优化完善。

---

[17] 参见朱宏文、王健：《反垄断法——转变中的法律》，社会科学文献出版社2006年版，第134页。

在网络效应的作用下，互联网企业销售量较之销售额可以更好地表现出互联网企业的市场影响力，这是由于消费者往往对于用户数量偏多的产品更有兴趣，因此用户数量是正反馈发挥作用的基础所在。同时，在双边市场的作用下，互联网企业在发展中为了获得更多的消费群体，会进行更为激烈的竞争。此外，因为很多互联网企业提供的产品具有免费性，如果单纯基于销售额来评价其市场份额，有的企业会为零。所以，在对互联网企业市场份额进行计算时选择用户规模即销售量作为标准更加科学。在明确了计算标准之后，还应选择具体计算方法以此来计算相应的市场份额。在美国 My Space 被诉案审判中，将访问网站的用户数量和网页被浏览的次数数据，作为评价其市场占有率的基本方法；欧盟委员会在审查微软收购雅虎搜索业务一案中，也选择以搜索请求量和竞价排名搜索请求量为标准来计算相应的市场份额。而国内艾瑞咨询公司则认为应将“即时通信注册账户数量”和“及时通信活跃账户数量”作为计算市场份额的主要指标。

基于上述分析可以看出，互联网企业创新速度相对较快，在对其市场份额进行计算时应以最近一期数据为基准，这样可以更客观有效地衡量互联网企业市场力量，如可将近 5 个月或 1 年数据作为基础。但销售量并不只是表现在注册用户量这一方面，同时还应考虑浏览量、点击量等因素，再加上不同用户在各类终端设备的使用时间上存在较大差别，因此，可以以传统行业中的比值法来计算市场份额，即按照不同市场对注册量、浏览量、点击量、使用时间等数值的比重进行明确。举例来说，对于搜索引擎市场而言就应赋予浏览量与点击量更大的比重，而对于通信市场来说就应赋予注册量与使用时间更高的比重。

五、数据驱动型互联网企业经营者集中控制

（一）数据驱动型互联网企业经营者集中

在 2016 年 8 月，两个约车平台巨头型企业的合并消息开始传播，滴滴同

优步中国两家企业的合并行为引起了轩然大波。根据我国《国务院关于经营者集中申报标准的规定》，当合并双方企业的其中一方经营者在前一年度的国内营业总额超过20亿元，同时双方的国内营业额在前一年度均超过4亿元，则符合经营者集中的要件，需要向反垄断审查机构进行申报。但是在滴滴和优步现实的合并之中，双方声称企业在前一年度未能实现盈利，并未达到上述经营者集中的申报标准，以此为由没有进行经营者集中的申报，并在当时的情况进行了合并。

很显然滴滴与优步的合并看重的是对方手里的用户数量及数据价值，此类型的经营者集中属于数据驱动型经营者集中行为。从日常生活的简单认知上来说，我们都意识到两者合并已经成为网约车领域垄断的存在，曾经活跃过的易道、易达逐步销声匿迹，神州退出普通网约车转向专车服务。到目前为止，尽管商务部制定的前述规定中明确规定，虽然经营者集中的双方并未达到前述的申报标准，但是如若存在证据和事实足以证明双方的合并行为可能存在排除和限制正常竞争的效果，同样需要针对其合并行为进行经营者集中的调查审核。但是针对本案滴滴和优步中国的审查尚未有明确的最终结果，滴滴也没有做出相应的承诺。究其原因，以营业额为审查标准的审查体系对于数据驱动型企业的并购而言有无力之感。

（二）互联网企业经营者集中控制的司法判例研究

在互联网企业之中，互联网企业通过收集用户的数据得以享有并建立自身的数据市场，企业的巨大平台型优势，通过大数据的利用以及更加全面的算法加以分析和应用，同时针对自身的平台以及平台内部的用户服务协议等方式，可以将搜集到的诸多信息加以保护性处理，例如进行内部的封闭和隐蔽性处理，专门为自身谋求更多的商业利益，但是这样一来，数据信息之间相互沟通和处理将变得非常不流畅，影响了企业数据之间的分享，因此便会促使出现一种数据上的企业合并，也就是通过合并互联网企业的方式，将彼此各自掌握的数据信息进行整合，形成强强联合的完整数据信息，并在交易市场上占据更加明显的优势地位，形成了互联网企业的数据经营者集中现象。

比较典型的例子是美国联邦贸易委员会就 Dun & Bradstreet 收购 QED 提起的起诉一案，美国联邦贸易委员会（Federal Trade Commission）在 2010 年针对教育市场方面的两个主要企业 Dun & Bradstreet 和 QED 的合并计划进行了细致的审查，质疑其在收购优质教育数据（QED）的行为过程中存在经营者集中的可能性，并指控这笔交易通过 K-12 教育营销数据库消除了幼儿园市场上几乎所有的竞争，损害了消费者。而这些两家企业所掌握的销售数据在数据市场是应用于向全国各地的教师和其他教育工作者销售书籍、教育材料和其他产品。根据联邦贸易委员会提出的申诉，这两家公司的合并通过其子公司市场数据检索（MDR）为 Dun & Bradstreet 提供了超过 90% 的 K-12 教育营销数据市场份额。而在收购的过程之中，收购方 Dun & Bradstreet 使用了约 2900 万美元便从原有的公司之中收购了 QED，这一数额远远低于美国反垄断当局要求两家公司在敲定交易前通知的最低金额。[18]

联邦贸易委员会竞争局长理查德·范斯坦（Richard Feinstein）表示："尽管交易的美元价值相对较低，但它极大地减少了市场上的竞争。"当 Dun & Bradstreet 收购 QED 时，它收购了最直接的竞争对手，并创造了垄断地位，这种收购行为引起联邦贸易委员会的注意。根据联邦贸易委员会的行政申诉，Dun & Bradstreet 是美国最领先的面向 K-12 教师、行政人员、学校和学区的营销数据提供商，并且销售从教科书和其他教育材料到办公用品的产品的公司使用该企业提供的数据来集中销售和推广教育工作。在起诉提起之前，Dun & Bradstreet 已经接管了 QED，并且在 K-12 数据市场占据着近乎垄断的地位。在发生收购之前，QED 是该企业最直接的竞争对手，这种竞争对手之间的强强联合将使得教育数据市场的用户受到损失，除此之外只有另外两家公司提供类似的产品和服务，联邦贸易委员会认为，这两家小公司无法阻止收购企业行使其垄断权，并且根据公平贸易委员会的说法，新的竞争对手进入该市场将

[18] *FTC Sues Dun & Bradstreet Over 2009 Acquisition of Competing Education Data Provider.*

是困难的，不太可能抵消交易的反竞争影响。最终公平贸易委员会裁定，要求 Dun & Bradstreet 公司将部分收购所得的数据销售给同一市场的第三方主体，以改变这种经营者集中的情况。

通过分析上述案例，我们不难发现，享有数据竞争优势的两大企业，如果为了提升自身在行业内部更大的数据市场，形成完整的数据模式，通过企业收购或者企业合并的方式，进行了某种程度的联合，将互相作为较为相近领域的竞争对手进行经营者集中，势必会形成更大的数据市场垄断局势，这就是我们所需要加以重视的数据驱动型经营者集中。

（三）经营者集中审查困境

现行审查体系中对经营者申报情况的审查标准是营业额，而市场份额和基于市场占有率获取的控制市场的能力，这两个指标是对企业申报情况进行实质审查时着重考虑的要素。基于财务核算分析可知，要知道市场份额首先要先计算求得营业额，也就是说营业额的确定是市场份额计算确定的前提条件。对企业集中度进行审查和控制时主要参考的标准体系是：营业额、相关市场界定以及市场份额，主要基于营业额这一指标首先将需要禁止的企业集中个案辨识出来。所以可以将现行申报标准理解为与实质审查存在内部联系的前置标准，不过在互联网领域，这一方法的作用相当有限。

第一，对其历史演变分析可知，市场份额这一指标本身就不是最佳指标，而是一个“次优”筛选指标。在具体实践过程中，市场行为、结果以及结构三大标准是判断企业在市场中是否居于支配地位的重要依据，受客观条件所限，前两个标准很难测定所以逐步被舍弃。因此，市场结构标准就成为不同区域和国家判断企业在市场中支配地位的重要指标。不过，只有在外围企业和竞争企业的供应弹性以及市场需求弹性固定不变的前提下，市场份额和企业支配市场的能力也就是市场力量之间才存在正比关系。也就是说，并不能准确反映企业支配市场的能力，而只能将其作为评价企业支配市场能力的一种替代方法。

第二，市场份额这一指标也无法适应当前互联网经济所代表的新时代经济发展的现实需要。市场份额这一指标主要适用于判断传统市场中企业对市场的支配能力和支配地位，但是在互联网环境下企业支配市场的能力并不能用这一指标。原因是用市场指标来判定企业对市场的支配能力或地位时并没有充分考虑互联网企业使用互联网平台的特征，也就是说并未考虑技术的变化及其与业务之间的融合，更没有考虑互联网市场的进入门槛非常低这一现实特征。还有学者指出市场份额在互联网市场环境下，同时存在增强和减弱两种影响，因此对于这一指标的运用应该采用混合评价模式，也就是将这些指标综合考虑，对企业支配市场的能力进行综合分析。总之在互联网环境下，能使用市场份额这一指标准确评价互联网企业对市场的支配能力。同时考虑到市场份额和营业额之间存在一定联系，所以仅仅使用营业额这一标准也不能实现对互联网产业中可能需要予以禁止或限制的企业的有效辨别。

（四）互联网企业经营者集中审查方法

1. 用数据价值标准代替营业额标准

营业额标准在“免费”的互联网企业中已然失效，对此类经营者集中是否会造成对于竞争的损害，营业额标准无能为力。既然称为“数据驱动型”并购，那么可见，数据的价值是推动企业并购的根本原因。滴滴花 70 亿美元收购优步，看重的并不是营业额，而是优步掌握的数据，也就是用户信息和品牌效应。数据既然已经成为一种重要的资产，建立以数据价值为标准的经营者集中审查制度显然是适应且能够准确把握数据驱动型并购是否具有潜在风险的。

数据价值评估，可以分别从数据资源识别和获取能力、数据资源存储和分析能力、构建服务支撑平台实力三个角度进行评估。前两项是大数据利用的四环节，这几项能力考察指标最为直接且客观地反映了数据利用能力。最后一项服务支撑平台同样重要。拥有独立的服务支撑平台使得该互联网企业如虎添翼。例如，阿里巴巴拥有自己的大数据服务平台即阿里云，其他公司可以付费使用该平台，ofo 小黄车、华大基因、众安保险都是其客户。

2. 用行为主义评价代替结构主义评价

通过对世界各国实行的反垄断法中控制企业集中度的相关制度进行分析可知，目前常用的两种方法是结构主义和行为主义两大评价体系。其中前者指的是规范行业集中度的一种评价体系，后者指的是仅对在市场中居于支配地位企业行为进行规范和限制的评价体系。[19]上述两种评价体系在很长时间内都同时在各国存在。相对于互联网企业来说，应该采用何种模式来控制行业集中度，尤其是应该采用何种方式来控制互联网巨头企业集中控制市场的行为，并没有统一结论。其中反垄断执法机构明显偏好于结构主义的控制模式。譬如谷歌数据显示，从2007年开始，谷歌公司接受的反垄断调查案例共有40起，本国政府对其开展了近20起调查。在其对外扩张过程中，美国政府曾经4次将其收购案件纳入反垄断调查范围，尤其对其发出的合作协议展开了多次调查，全世界反垄断调查同样非常关注谷歌公司的外部扩张活动，曾经制止了谷歌公司和其他产业企业巨头的五次“合作”。有理论研究人员指出，互联网企业的集中控制更加适用于行为主义，也就是提倡使用宽松政策，其理论基础是经济理论和产业组织理论。

笔者更加认同在控制互联网企业集中度时，应该主要采用行为主义评价体系并配合运用结构主义评价体系。其中原因主要在于：第一，互联网企业具有特定外部性，所以互联网企业在市场中必然会自然而然地汇聚大量经济资源和市场力量，由于技术的不断创新和相互竞争，互联网市场也是一个不断发生动态变化的市场。而对这个市场如果仅仅用市场集中度和市场规模两个指标，也就是运用结构主义模式来对其集中度进行判定显然与其动态变化发展的现实情况不符。并且全球各国产业经济的发展历程也已经充分证明，通过充分竞争建立起来的垄断结构仅仅改变了竞争形势，使竞争向更广泛、更大时间跨度和更高水平层次开展，而并没有消除竞争也就是改变竞争的本质。而且，垄断本身也是一种经济机制，这种特殊经济机制也同样具有促使

[19] 参见王晓晔：《反垄断法》，法律出版社2011年版，第78页。

资源得到优化配置的功能。在一个存在竞争的市场上，规模已经不再是一个问题。第二，集中是互联网企业经营者创新服务和产品的有效路径，经营网络服务或产品的企业管理人员之所以促成集中，最关键的原因是围绕创新为核心的市场交易通常能够给企业带来诱惑力较大的利益。再者，考虑到互联网市场中的企业竞争还存在动态和技术性两大特征，所以反垄断法适用于此领域时必然存在更显著的不确定性，实施反垄断法对于企业效率的影响是正面的还是负面的至今仍未有定论，事实上互联网市场中企业垄断也有可能给消费者和经济发展带来好处。[20]第三，通过对当前已经建立了较为成熟的反垄断法制体系的欧盟各国和美国展开研究可知，由于欧盟各国和美国的法制和市场经济体制都比较完善，随着企业持续创新尤其是进行技术创新，就必然会出现垄断程度较高的企业或形成垄断性市场结构，这一现象非常普遍。所以假若对互联网企业集中度控制过程中，仅仅使用结构主义规制，就很有可能对互联网企业不断革新技术带来极大挫伤，继而不仅会影响消费者福利，同时还可能对经济发展造成负面影响。所以本文认为应该运用行为主义为主的评价体系来控制互联网企业的集中行为。

从各国实践看，当前互联网企业的集中评价体系从结构主义评价逐渐转变为实行行为主义评价的趋势，不过需要注意的是，未来也不应该完全摒弃结构主义评价体系，还应该基于企业集中给竞争带来的损害的控制和消除这一考虑，同时运用结构主义评价实行规制。

六、结　语

在大数据时代，互联网企业在竞争中充分利用数据价值开展竞争，互联网先发企业为保持数据竞争优势，实施了数据垄断行为。本文从我国《反垄断

[20] 参见焦海涛:《论互联网企业反垄断执法的谦抑性——以市场支配地位滥用行为规制为中心》，载《交大法学》2013 年第 2 期。

法》规制的三种垄断行为入手，分别进行分析。第一，互联网企业通过数据算法的方式达成垄断协议。数据算法垄断协议一方面对于反垄断规则的适用带来挑战，另一方面其隐形性增加了反垄断审查的难度。对此提出的解决方法有：将数据算法垄断协议纳入卡特尔表现形式；增加数据算法垄断协议推定要件。第二，互联网企业滥用数据市场支配地位。界定其支配地位的困境有：相关市场界定困难、支配地位认定困难。对此提出的解决方法有：引入数据市场替换传统相关市场界定；通过用户数量评价支配地位；改进市场份额的计算方法。第三，互联网企业的数据驱动型经营者集中控制。此类型的经营者集中对现行反垄断审查机制带来了挑战。对此提出的解决方法有：用行为主义评价体系代替结构主义评价体系；用数据价值标准代替营业额标准。从数据资源识别和获取能力、数据资源存储和分析能力、构建服务支撑平台实力三个角度进行评估。

村镇银行公司治理法律问题研究

张　瑞

内容摘要　村镇银行在发展之初受到一些条件限制，暴露出一些法律问题和制度上的不足。第一，主发起银行制度导致村镇银行公司治理股权高度集中；村镇银行复制主发起银行的经营管理模式丧失了独立性和灵活性；限制了村镇银行资本金来源。第二，村镇银行内部治理结构的法律法规不完善，董事会与监事会无法充分发挥作用。第三，现行村镇银行法律制度难以保障其实现保护存款人利益和服务三农的治理目标。本文以村镇银行公司治理作为研究重点，分析其治理的现状，以及现有关于村镇银行公司治理的法律法规存在的不足，试图从法律层面提出相关的完善意见。

关键词　村镇银行　公司治理　法律制度　完善建议

一、村镇银行诞生的背景及其公司治理法律研究的意义

（一）村镇银行诞生的背景

我国是传统的农业大国，农业是国民经济的基石，为国民经济平稳、健

作者单位：中信建投证券股份有限公司。

康的发展和人民生活水平的提高作出了巨大的贡献，农业对粮食安全、社会稳定起到了至关重要的作用。随着改革开放进程的不断推进，农村的生产力大幅提高，农民收入也有了一定程度的增加。然而自从20世纪90年代以来，一些问题逐渐暴露出来，城乡发展两极分化日益严重，农业脆弱，农村产业结构落后，农民贫穷、社会保障不完善……农业、农村、农民——“三农”问题日益突出，农业和农村经济面临着全方位的转型和升级。

“三农”问题的日益突出，引起了党中央、国务院的高度重视，《国民经济和社会发展第十一个五年规划纲要》(以下简称《十一五规划》)第一次提出了建设社会主义新农村的构想。《国民经济和社会发展第十二个五年规划纲要》(以下简称《十二五规划》)指出要“强农、惠农，加快社会主义新农村建设”。然而，想要改造传统农业，建设社会主义新农村，需要资金、制度、技术、人力等要素的支持，特别是资金要素的投入。对于资金的投入不仅要依靠国家财政，更有赖于农村金融部门的大力支持。但是现实情况是农村金融部门的金融供给远远不能满足现阶段农村经济发展、建设社会主义新农村的资金需求，目前普遍存在着信贷供给不足，信贷资金净流出，农村金融支农力度不足等问题。具体而言，20世纪90年代，农村地区的国有商业银行由于放贷给农民或乡镇企业的贷款风险高、收益低，因而对农户和乡镇企业设立贷款的门槛高，并逐渐撤并县级以下分支机构，将农村吸储输送到城市发达地区。农村地区商业银行变成了抽水机，支农力度大大降低，并不能满足农村地区的金融需求。农村信用合作社曾在我国农村金融体系中占有重要的地位，但后来也因为其产权不清晰、股权设置不规范、缺乏法律规制等原因陷入了发展困境。[1]这些都加剧了农村金融的供需矛盾。

以上提到的农村金融体系存在的种种问题，严重制约了农村经济的发展，正因如此，农村金融也面临着一场深化改革。针对我国现在农村金融体系存在

---

[1] 参见吴少新、许传华：《中国村镇银行发展的长效机制研究》，湖北人民出版社2010年版，第63页。

的信贷供需严重失衡的状况，为了让农村金融更好地服务于农村经济的发展，2006年12月，原中国银行业监督管理委员会（以下简称原银监会）发布了《关于调整放宽农村地区银行业金融机构准入政策更好支持社会主义新农村建设的若干意见》，鼓励各类资本到农村地区新设村镇银行。2007年1月，原银监会又在此基础上颁布实施了《村镇银行管理暂行规定》（以下简称《暂行规定》），对村镇银行的公司治理结构做出了规定。2007年3月1日，我国第一家村镇银行——四川仪陇惠民村镇银行成立。《暂行规定》现已废止，2017年11月，原银监会下发了《村镇银行监管指引》（银监发〔2017〕52号）（以下简称《监管指引》），对村镇银行的组织机构的设立、股权设置和股东资格、公司治理、经营管理和监督管理等都做出了明确的规定；现行有效的《中国银保监会农村中小银行机构行政许可事项实施办法》（中国银行保险监督管理委员会令2019年第9号）（以下简称《实施办法》）则对村镇银行的设立条件、发起人资格做出了明确的规定。根据银保监会发布的数据，截止到2019年6月底，全国已组建村镇银行1631家，这些村镇银行的设立一方面可以增加农村金融的供给，缓解信贷供需失衡的情况，满足农村、农民对资金的需求；另一方面也可以为中小企业提供融资渠道，促进实体经济尤其是民营中小企业更好地发展，防止像2011年浙江温州等地由于中小企业资金链断裂而引发的债务危机再次发生。

（二）村镇银行公司治理法律研究的意义

在“三农”问题日益突出，中国农村金融体制改革的大背景下，村镇银行诞生了，并且自2007年以来呈现几何级数似的增长。村镇银行的出现增加了农村信贷的供给、促进了农村地区金融机构的竞争。同年，原银监会颁布并实施了《关于加强村镇银行监管的意见》（以下简称《监管的意见》），在村镇银行法规体系进一步完善后，《暂行规定》《监管的意见》废止，目前村镇银行主要受到《监管指引》《实施办法》等规范性文件调整。村镇银行自诞生以来，逐步形成了多元的投资主体结构、不断优化的产权制度和公司治理结构等。但是村镇银行毕竟是新事物，它在快速发展的过程中也逐渐暴露出一些问题，比如公众认可度不高导致的吸储困难、信贷资金供给不足；支农性不足，农村需要资金的农户由于缺少担保而很难获得贷款，村镇银行贷款脱农化趋势明显；村镇银行股权集中度高，各方主体出资设立村镇银行积极性不高；村镇银行法人独立性不足，法人治理结构不完善。这些村镇银行发展过程中逐渐显露出的不成熟、不完善，很多是由于相关制度缺失或者存在缺陷，因此构建一套较为完善的村镇银行法律制度是实现村镇银行健康、持久发展的重要制度保障。本文对于现在村镇银行运行中存在的现实和法律问题进行分析，对比国际上其他国家关于促进银行更好地服务于农村、农业的成功经验，发现我国现有村镇银行公司治理方面存在的法律问题，从而借鉴国外相关制度保障的成功经验，为我国村镇银行的可持续发展构建适合我国国情的村镇银行公司治理相关法律制度。

二、村镇银行的法律定位

根据《监管指引》第 2 条对村镇银行的界定，村镇银行是指“经银监会及其派出机构依据有关法律法规批准的，主要为县（市、区）域内‘三农’、小微企业和社区居民提供金融服务的银行业金融机构”。

根据设立目的及功能的不同，我国银行大致分为中央银行、政策性银行和商业银行三类。而村镇银行其法律性质属于商业银行还是政策性银行，对这个问题的探讨有助于将村镇银行纳入相应的法律框架内并对其进一步规范、调整，从而完善相关法律制度，促进村镇银行健康、持续发展。

笔者在查阅、研究了大量村镇银行的著作、学术论文的基础上，发现学界对于村镇银行的法律性质没有太大分歧，认为村镇银行属于商业银行。笔者也同意这一观点，理由有以下几点：第一，村镇银行的立法依据之一为《商业银行法》。根据《监管指引》第 1 条，《商业银行法》是《监管指引》的立法依据之一，而且，《监管指引》对村镇银行从设立、经营、管理等各方面的规范和《商业银行法》对商业银行的法律规范基本相同，因此依据《监管指引》设立的村镇银行其性质应属于商业银行。第二，村镇银行的经营范围和商业银行有很大一部分重合。[2] 根据《监管指引》第8条规定和《商业银行法》第2条、第3条规定，村镇银行同商业银行一样，都是可以吸收公众存款、发放贷款、办理结算、办理票据承兑与贴现等业务的企业法人。第三，根据《监管指引》规定，村镇银行受银监会及其派出机构监管，且在监管指标、市场退出方面受到《商业银行法》调整。根据《监管指引》规定，对村镇银行监管指标不达监管要求，需按照《商业银行法》等进行处罚，村镇银行无法持续经营，且不能到期支付债务的，可依据《商业银行法》等有关法律实施市场退出。综上所述，笔者认为村镇银行的法律性质属于商业银行。

但是笔者同时也认为，村镇银行不同于《商业银行法》调整的商业银行，其自身有特殊性，是特殊的商业银行。村镇银行区分于商业银行的不同之处，也正是其特点所在。

首先，村镇银行与一般商业银行最大的不同点在于其市场定位和服务对象与商业银行不同。《监管指引》对村镇银行的业务经营范围、经营地域、和服务对象做出了限制，《监管指引》明确规定了村镇银行“不得超越业务经营范围”“不得向国家政策限制性行业发放贷款，不得跨经营区域发放贷款和办理票据承兑与贴现”“信贷投放应立足满足县（市、区）域内农村经济发展需要，‘支农支小’贷款占比和增速应符合相关监管要求”“对已符合‘支农支小’监管要求、具备相应风险管理能力的村镇银行，其富余资金可购买政府债券、金融债券、同业存单等标准化资产以及商业银行发行的保本型理财产品”。法律对村镇银行的经营地域和业务范围进行限制是为了达到控制资金从农村地区净流出，保证农村信贷资金的供给的政策目标，体现了村镇银行的特殊性——支农性。商业银行作为公司法人，其最大的目标是逐利。不同于商业银行追求利润最大化，村镇银行在设立之初就被法律赋予了更多的社会责任，因为其设

---

[2] 参见高战胜:《论村镇银行的法律性质》，载《河南教育学院学报》2007年第4期。

立的目的就是缓解农村、农业金融供给不足的现实情况。其主要服务对象也是农民、中小企业，旨在帮助农村、农民提供更多的资金支持，因此，法律规定其禁止异地放贷，放贷应当首先满足当地资金需求能够确保村镇银行实现其支农功能，防止村镇银行把农村当作“抽水机”，将农村吸收的存款放贷于城市等发达地区。

此外，法律对村镇银行的最低注册资本以及公司治理结构的规定也不同于《商业银行法》的规定。第一，《商业银行法》规定，商业银行中注册资本要求最低的农村商业银行，设立时注册资本最低限额为5000万元人民币，而《实施办法》规定，设立乡（镇）、县（区）级村镇银行的最低注册资本分别为100万元、300万元。因此，村镇银行的资产规模较小。第二，也正因为村镇银行的资产规模小，经营范围和经营地域仅限于所在的乡、县，因此《实施办法》对村镇银行公司治理结构的规定也不同于一般商业银行，例如，规定“村镇银行（投资管理型村镇银行作为主发起人除外）的主发起人必须是银行业金融机构，且持股比例不得低于村镇银行股本总额的15%”，对于其他发起人股东如自然人（及其近亲属），境内非金融机构、境内非银行金融机构（及其关联方、一致行动人）等，则规定“入股比例不得超过村镇银行股本总额的10%”。

三、发展村镇银行的意义

（一）村镇银行能够缓解农村金融供求失衡

1. 我国农村金融市场的需求分析

改革开放初期，国家的经济中心侧重发展城市经济，导致农村经济发展滞后，逐渐形成了城乡二元经济结构。由于社会、经济、政策、体制等各方面的原因，使得农村金融需求一直很低迷。近几年来，随着政府加大对三农的扶持力度以及社会主义新农村建设进程的逐步推进，农村的实体经济有了一定程度的发展，使得农村金融需求也发生了很大的变化，主要体现在以下两个方面。

第一，社会主义新农村建设需要大量资金投入，农村金融需求总量不断增加。《十一五规划》中首次提出建设社会主义新农村，其根本目的是彻底改变中国目前的城乡二元经济结构。《十二五规划》提出了强农惠农，加快社会主义新农村建设，具体要求包括：加快发展现代农业，拓宽农民增收渠道，改善农村生产生活等。随着社会主义新农村建设的推进，完善农村的基础设施建设，完善农村的教育、医疗体系以及社会保障体系，促进产业升级，这些都需要大量的资金投入。而紧靠国家财政投入远远不能满足建设社会主义新农村所需要的资金，还需要构建一个由商业金融、政策性金融、合作金融和民间金融共同组成的农村金融体系。

第二，随着农村金融需求主体的变化，农村金融需求的种类也发生了重大变化。首先，规模农户的出现，使得农户的融资需求转向生产性、商业性资金需求。以前，农户的借款、融资多数是为了满足诸如盖房、结婚等消费需求。近年来随着农民有了一定的资金积累，农户逐渐开始从事高附加值的种植业、养殖业，对融资的需求不断升级。其次，乡镇企业等中小企业资金需求强烈。乡镇企业是我国农村经济的重要支柱，乡镇企业在经历了 20 世纪 80 年代的蓬勃发展之后，现在面临着生产技术落后、产品品质粗糙等问题。因此乡镇企业力图改进产品生产技术、提高管理水平、树立企业品牌，这些都导致乡镇企业对资金的需求越来越大。

2. 我国农村金融市场的供给分析

第一，农村资金净外流严重，农村金融市场信贷资金供给不足。根据国家统计局的数据显示，近年来，农业和乡镇企业获得贷款占银行业金融机构信贷总量的比例逐年下降，2009 年农业和乡镇企业信贷资金合计 30652 亿元，占银行业金融机构信贷总量的 4.5%。而同年第一产业（农林牧渔业）的 GDP 为 35226 亿元，占总 GDP 的 10.1%。并且，农户和乡镇企业在银行的存款额大于获得的贷款额，农村地区资金净外流现象严重。造成农村资金供给不足的原因有很多：首先，政策性银行对农户融资作用有限。我国的农业发展银行属于政策性银行，其设立目的是维护国家粮食和其他农产品的供应安全，其主要职责在于对农产品收购资金的管理和供应，因此它的主要目标对象并不是农户个体。单个农户并不能从农业发展银行获得生产经营性信贷资金。因此，政策性银行对农户融资作用有限。其次，国有商业银行在股份制改造后，以效益和利润为中心，加之大量撤并县级以下分支机构和网点，造成了农村金融需求得不到满足，资金净流出的负面后果。邮政储蓄银行在农村只存不贷，更是将资金从农村抽往城市。再次，对于农村信用合作社，则开始出现商业化倾向，导致信贷资金投向高回报的企业融资不断增加，而农业生产性融资逐渐减少，农户很难满足资金需求。最后，关于民间金融机构，在正规金融机构的金融供给严重不足的情况下，民间金融机构承担了农村地区的大部分融资功能，另外，民间金融机构又处于法律制度的灰色地带，长期以来并未被合法化，使得农民和农村企业在从民间金融机构获得融资的同时面临着很大的法律风险。

第二，农户和农村中小企业从商业银行等正规金融机构难以获得贷款。农村地区银行业金融机构面对的主要客户是农户和中小企业，而根据我国现有的《民法典》等法律法规的规定，农户可供抵押的抵押物范围有限，仅限于荒山、荒沟、荒丘、荒滩的“四荒地”的土地使用权，以及以招标、拍卖、公开协商等方式取得的土地承包经营权等。但是农户承包的土地和宅基地不能用作贷款抵押，因此造成了农户贷款难的现象。而对于农村地区的中小企业，如果不是地方甚至全国发展较好的龙头企业，也很难获得银行贷款。

3. 发展村镇银行能满足农村金融需求，缓解农村信贷资金净外流

在建设社会主义新农村的背景下，农村地区有着大量的金融需求，而现在我国农村地区的金融体系并不完善，可以说政策性银行、商业银行、农村信用合作社都不能充分满足农村地区的金融需求，而民间借贷又有待于进一步的法治化、规范化。因此，在这样的背景下，村镇银行的出现可以更好地满足农村金融需求。

另一方面，发展村镇银行还能缓解农村信贷资金净外流的现象。如前文所述，村镇银行的特点之一在于其经营地域受限制，即村镇银行不得发放异地

贷款，放贷应首先满足县域内农业、农户、农村经济发展的资金需求。这样的规定，有效地保证了村镇银行不会沦为农村资金外流的“抽水机”。[3]

（二）村镇银行能够为中小企业提供融资渠道

自 2011 年 9 月开始，浙江温州开始爆发一波中小企业倒闭潮，老板跑路潮，随之而来的是温州爆发的债务危机，这不仅仅是一个经济事件，更逐渐演变成一个社会问题。温州债务危机最终在政府、市场、企业三方的共同努力下得到了控制，然而在温州债务危机的背后反映出的中小企业融资难的问题值得深思。

村镇银行轻资产，更灵活，如果辅以优惠的政策引导，完善的法律制度监督，那么村镇银行就可以更好地为中小企业服务，满足中小企业的融资需求。这一点，我国可以借鉴美国社区银行的成功经验。美国的社区银行资产规模小，公司治理机制灵活，经营范围仅限于社区周边，主要为中小企业提供金融服务。并且运行状况很好，在美国的银行体系中发挥着至关重要的作用。美国社区银行的成功离不开相关的法律制度作为保障。我国的村镇银行与美国的社区银行在很多方面都很相像，在借鉴了美国社区银行的相关法律制度的成功经验之后，相信我国的村镇银行也能够更好地服务中小企业，满足其金融需求。

此外，村镇银行不仅为中小企业拓宽了融资渠道，还为民间资本由地下金融转向正规金融提供了合法化的平台。温州中小企业之所以出现大量的倒闭，老板跑路，其直接原因是资金链的断裂，然而资金链断裂的重要原因是企业维持生存的信贷融资需求难以从银行这类正规金融机构获得。于是中小企业不得不转向了民间借贷这类地下金融。[4]而地下金融的高利贷使得中小企业不堪重负，极端的结果就是造成企业倒闭，老板跑路。温州中小企业的债务危机如果不能很好解决，将会引发严重的社会问题。

---

[3] 参见王曙光：《农村金融机构管理》，中国金融出版社 2009 年版，第 49 页。

[4] 参见蒋敏、周炜、宋杨：《影子银行、〈资管新规〉和企业融资》，载《国际金融研究》2020 年第 12 期。

因此民间金融的合法化问题迫在眉睫。正如原浙江省副省长、温州市委书记陈德荣的观点，“中国应该尽快促使民间借贷阳光化、合法化，引导地下金融进入村镇银行、小额贷款公司等合法化的平台，使政府能够对其有效地监管，防止民间借贷异化为高利贷从而引发社会问题，实现我国金融体制的增量改革”。因此笔者认为，村镇银行的设立与发展能够为中小企业提供更多的融资渠道，从增量改革上缓解中小企业的融资困境。村镇银行为民间借贷的合法化提供了平台，在我国现在的金融体制改革过程中发挥着至关重要的作用。

四、村镇银行公司治理的理论

（一）村镇银行公司治理的概念

1. 公司治理的内涵

公司治理的概念来自国外，是英文“Corporate Governance”的直译，它并不是法学领域的专有概念，而是最早出现于经济学领域。公司治理是一个涉及多个学科且含义较为宽泛的概念，不仅涉及经济学，还涉及法学、管理学等多个领域。因此，对于公司治理的内涵，国内外各领域的研究并没有统一的解释。

英国牛津大学管理学院院长柯林梅耶在 1955 年发表的《市场经济和过渡经济的企业治理机制》一文中指出，公司治理是公司赖以代表和服务于它的投资者的一种组织安排。它包括从董事会到经理人员激励机制的一切东西。[5]著名经济学学者钱颖一教授认为“公司治理结构是一套制度安排，用于支配若干企业中有重大利害关系的团体——投资者、经理人员、职工之间的关系，并从这种联盟中实现经济利益”[6]。

在法学的视野下，公司治理的范畴重点在于维持公司治理中相关主体之间的权利和利益的分配与均衡，从而保障公司良好的运行状态。具体而言，公

[5] 参见赵勇：《商业银行法人治理研究》，中国金融出版社 2010 年版，第 21 页。

[6] 钱颖一：《企业的治理结构改革与融资结构改革》，载《经济研究》1995 年第 3 期。

司治理在法学上的内涵，是指“公司内部的权利义务设置及其权利实现机制，其内容主要涉及董事会的结构与功能，董事会、董事长与以总经理为代表的公司经营管理层的权利和义务配置，以及与此有关的聘选、监督等方面的制度安排等内容”[7]。

2. 村镇银行公司治理的内涵

本文的研究内容是村镇银行公司治理的法律问题，村镇银行的法律性质是特殊的商业银行，因此笔者认为，在本文中应结合村镇银行的特殊性对村镇银行公司治理进行界定。

巴塞尔银行监管委员会在其2006年发布的《加强银行公司治理》报告中，对商业银行公司治理做出了如下定义：“从银行业角度看，公司治理涉及董事会和高级管理层管理银行业务及各项事务的方式，这将影响董事会和高级管理层如何制定公司目标；经营银行日常业务；履行对股东的责任义务并重视其他被认可的利益相关者的利益；确保银行的经营活动和日常行为符合安全稳健经营的要求，并遵循适用法律和监管规定；保护存款人的利益。”[8]

而原银监会发布的《商业银行公司治理指引》(以下简称《治理指引》)中对商业银行公司治理做了如下定义：“商业银行公司治理是指股东大会、董事会、监事会、高级管理层、股东及其他利益相关者之间的相互关系，包括组织架构、职责边界、履职要求等治理制衡机制，以及决策、执行、监督、激励约束等治理运行机制。”定义明确了商业银行公司治理的主体是股东大会、董事会、监事会、高级管理层等。

《治理指引》中对商业银行公司治理的原则也做出了规定：“商业银行公司治理应当遵循各治理主体独立运作、有效制衡、相互合作、协调运转的原则，建立合理的激励、约束机制，科学、高效地决策、执行和监督。”

---

[7] 赵万一：《公司治理与投资者利益保护》，载《21世纪商法论坛——投资者利益保护》，社会科学文献出版社2003年版，第193～194、203、205页。

[8] Basel Committee on Banking Supervision, Enhancing corporate governance for banking organizations, Feb. 2006.

因此，综合上述经济学、法学领域对于公司治理、商业银行公司治理的界定，笔者认为，村镇银行公司治理是关于村镇银行股东大会、董事会、监事会、高级管理层和其他利益相关者之间权、责、利的一整套关系体系，包括建立合理的“三会一层”组织架构，建立保证各治理主体独立运作、有效制衡、相互合作、协调运转的合理的激励、约束机制，规章制度，以确保如下目标的达成：第一，村镇银行的经营活动和日常行为安全稳健，科学、高效地决策、执行和监督，符合法律规定；第二，保护存款人的利益，不损害利益相关者的利益；第三，努力实现法律赋予村镇银行的支农性目标。

（二）商业银行的特殊性及其对村镇银行公司治理的影响

商业银行属于公司制企业，因此其公司治理与一般公司有许多共性，比如公司治理的一般原则、制度等，同样也适用于商业银行。但是商业银行作为金融机构，其公司治理又有着自身的特殊性。因此我们在探究商业银行公司治理结构时需要从其特殊性出发来分析商业银行公司治理的结构。

1. 商业银行特殊性研究

商业银行的特殊性主要体现在以下两个方面：第一，资金结构的特殊性。第二，强大的传染性和外部性。

（1）资本结构的特殊性

公司的资本结构是一个财务概念，是指企业融资来源的结构，主要是股权资本和债权资本的比例。商业银行和一般企业相比其资本结构具有高资产负债率和债务结构分散化的特点。

资产负债率表明银行资本中来源于债务融资的比例，银行业的资产负债率一般都在 80%—90%，《巴塞尔协议》和我国的《商业银行法》也只是规定银行的资本充足率不得低于 8%，也就是说银行最高可以负债 92%。高资产负债率表明银行的绝大多数资本来源于负债。而银行的主要负债业务就是存款，存款人和银行之间是债权债务关系。高资产负债率，意味着银行的全部资产中仅有一小部分（约 10%）来源于股东，绝大部分（约 90%）来源于债权人。

这样的资本结构对公司的股东有利，而对公司的债权人不利。因为如果出现巨大损失，银行股东仅以出资额或股份为限对外承担有限责任，而大部分损失需要由债权人——广大存款人来承担。这样股东提供较少资金而有可能享受到高风险下的高收益，使得商业银行股东愿意追求高风险的投资。因此这就加大了存款人遭受损失的可能性，使得存款人的利益保护问题变得十分重要。

债务结构分散化是银行资本结构的又一特点，是说银行的负债业务（主要是吸收存款）面对的储户数量多、范围广，债权人呈现分散化状态。而广大储户普遍存在“搭便车”的心理，不愿意花费时间精力对自己存款的银行进行监督；另外，由于多数储户也不具备银行经营的专业知识，储户与银行之间信息不对称，再者也没有统一的组织或机构对银行的经营活动进行监督，因此储户没有能力行使其作为债权人对于银行的监督权。这就增加了银行运营的潜在风险，一旦银行经营发生危机或经营业绩变差，广大呈分散化的债权人很容易选择最简单的方式规避风险，避免损失——用脚投票，集体挤兑。这样的结果只会更加恶化银行短暂的业绩不佳，更可能演变成整个银行体系的危机和动荡。因此，笔者认为保护债权人的存款保险制度十分必要。

（2）银行体系较强的传染性和外部性

银行业的经营风险要高于其他行业，商业银行在经营过程中面临的主要风险包括信用风险、市场风险、流动性风险、操作风险等。因此银行业绩的好坏具有很大不确定性，相较于其他行业也更加脆弱。正如上文中笔者提到的，银行业的资本结构具有债权人范围广而又分散化的特点，加之债权人与商业银行之间信息不对称的情况严重，这就导致一旦一家商业银行出现危机，就很容易引起存款人的猜疑和惶恐，严重的可能引发存款人的集体挤兑，给银行造成巨大损失。一家银行遭遇挤兑甚至倒闭，往往会严重影响公众对于银行业的信心，而产生“多米诺骨牌效应”，使得单个银行的危机传染至其他金融机构乃至全国的金融体系，影响经济金融秩序的正常运行。如果处理不好，还可能冲击一国的经济体系，引发经济危机和社会动荡，这体现了银行体系强大的负外部性。[9]由此可以看出银行体系具有高风险性、较强的传染性以及其明显的负外部性。

2. 商业银行特殊性对村镇银行公司治理的影响

由于商业银行的特殊性，使村镇银行公司治理相对于一般公司治理有所不同。

第一，应当注重保护存款人等利益相关者的利益。由于商业银行高资产负债率、债权人分散的特点，使得商业银行股东提供少量资本，而可能享受较高的收益，而债权人（存款人）提供了大量资金而承担了主要风险，二者承担的风险和享受的收益严重不对等。在这种情况下，债权人本应是商业银行公司治理的主体，以保障自己的权益。而实际情况是债权人没有动力和能力对商业银行的经营管理进行监管，因此并未参加到商业银行的公司治理中。在此情况下，银行股东如果为了追求高收益而选择高风险的投资，这增加了银行存款人遭受损失的可能性。如果银行存款人的利益受到了损害，使得银行业丧失了公信力，那么日后银行恐怕将难以获得存款，成为无源之水。[10]因此在村镇银行公司治理目标中，保护债权人（公众存款人）的利益至关重要，应当对公众存款人的利益保护做出制度性安排。

第二，必须注重村镇银行的风险管理。由于银行体系是高风险行业，面临着多重风险，又具有较强的传染性和负外部性。《商业银行法》第4条规定，商业银行以安全性、流动性、效益性为经营原则。显然，安全性是商业银行经营时的首要原则。因此，笔者认为，村镇银行的公司治理应更为强调风险控制。银行公司治理与它的风险控制是相辅相成、辩证统一的关系。公司治理结构的完善，可以增强商业银行的风险管理能力；相反，商业银行风险管理能力的提升也会更加完善其公司治理。

因此，笔者认为村镇银行要做好风险的预防、分析、控制。风险管理既

[9] 参见洪正：《商业银行公司治理特殊性研究》，中国金融出版社2010年版，第47页。

[10] 参见柴瑞娟：《村镇银行公司治理制度之检视与完善》，载《山东大学法律评论》2010年第1期。

有赖于村镇银行内部控制机制和董事会、风险管理委员会的管理机制，也依赖于董事、高级管理人员的专业素质和相关责任的强化。因此，有必要从法律的角度对村镇银行的风险管理机构、人员的要求、资质做出特别的规定。

第三，应当将支农性作为村镇银行公司治理的目标之一。由于村镇银行设立的初衷是增加农村金融供给，满足农户、农业企业的资金需求，并且《暂行规定》等法律法规中也明确了村镇银行的功能定位在于“满足农户、农村、农业经济发展的需要”，因此村镇银行应当将支农性作为公司治理目标之一，这也是村镇银行不同于一般商业银行的特别之处。因此村镇银行的工作方式、产品和服务、组织机构设置，以及经营管理都应当尽量符合服务三农的宗旨。

五、我国村镇银行公司治理法律制度存在的不足

村镇银行对于社会主义新农村建设以及农村金融体制改革具有重大的意义。自2007年第一家村镇银行成立以来，村镇银行发展迅猛，截止到2019年6月底，全国已组建村镇银行1631家。但是，在数量快速增长的同时，村镇银行在发展过程中也暴露了一些问题，诸如村镇银行公众认可度不高，吸储难，信贷资金供给不足；股权结构不合理，导致村镇银行逐渐丧失了自己的独立性；大银行对于发起设立村镇银行积极性不高，民间资本受困于法律制度约束，投资村镇银行积极性也不高。而之所以出现这些问题，笔者认为很重要的原因是由于我国村镇银行公司治理结构的相关法律制度存在不足或缺失。

（一）村镇银行公司治理法律法规综述

自2006年12月原银监会发布《若干意见》至今，我国已逐渐构建了一系列调整村镇银行的法律法规、部门规章、规范性文件。其中，《监管指引》《实施办法》《小额贷款公司改制设立村镇银行暂行规定》《村镇银行组建审批工作指引》等法律法规、部门规章、规范性文件，对村镇银行的设立、经营管理、公司治理、监管做出了综合性规定。

根据《监管指引》的规定，村镇银行作为独立的企业法人，还受《公司法》《商业银行法》的调整。首先，《商业银行法》作为调整商业银行的最重要的法律之一，对村镇银行有重要的指导意义。《监管指引》规定的村镇银行在设立条件、组织结构等方面的要求比《商业银行法》对于一般商业银行的规定有所降低。但是《商业银行法》中关于商业银行的总则性规定、存款人利益保护、贷款业务规则、财务会计、监管等方面的规定，由于《监管指引》未对村镇银行做出具体要求，因此村镇银行仍然要适用《商业银行法》。其次，村镇银行的法律性质属于商业银行，而商业银行属于公司制企业，因此对于《监管指引》中没有明确规定的内容，比如公司的社会责任、职工利益保护等方面的内容，村镇银行也要受到《公司法》的调整。

（二）主发起银行制度导致村镇银行公司治理低效

1. 村镇银行主发起银行制度概述

村镇银行的主发起银行制度对村镇银行的主发起人资格、持股比例等做出了详细规定。主发起银行制度来源于《监管指引》及《实施办法》,《监管指引》第2条规定，村镇银行主发起人是指"持股比例不低于最低标准且为村镇银行唯一或最大股东的银行业金融机构"。《实施办法》规定，镇银行主发起人须为银行业金融机构，且持股比例不得对于15%；对于其他发起人股东如单一自然人（及其近亲属），境内非金融机构、境内非银行金融机构（及其关联方、一致行动人）等，则规定"入股比例不得超过村镇银行股本总额的10%"。

从立法本意来看，监管部门设置主发起银行制度，一是出于审慎性原则和控制风险的因素考虑。由银行业金融机构发起设立村镇银行有利于保证村镇银行的规范运行，加强主发起银行对于村镇银行的监督，维护村镇银行乃至农村金融市场的经营安全，还能提高村镇银行的信誉度、公信力等。二是出于专业性角度考虑。村镇银行由主发起银行作为股东发起设立，则能够借助主发起银行在金融专业知识、业务能力、管理水平等方面的优势，弥补其他股东银行从业经验的不足。

2. 村镇银行主发起银行制度的缺陷

从村镇银行的实际运行情况来看，在该制度的执行过程中，很多银行都呈现出股权高度集中的特点，有些村镇银行的主发起银行持股比例高达50%以上，主发起银行处于绝对控股地位。因此，主发起银行制度在实践中也面临一系列问题。

（1）限制了村镇银行资本金来源，降低了其他投资主体的积极性

原银监会出于审慎性原则、农村金融安全以及银行业务专业性高等方面的考虑，设置了主发起银行制度，有一定的合理性。但是与此同时，主发起银行制度也存在弊端，那就是严重限制了村镇银行的资本金来源，尤其是限制了民间资本的进入。

一方面，自从2007年第一家村镇银行成立至今，村镇银行已发展了十余年，实践中其发展面临的最大的困境之一就是可供放贷的资金紧缺，不能满足农村地区金融需求。另一方面，在我国农村地区存在着大量民间资本，由于无法参与正规金融，因此长期活跃在地下金融，民间资本处于无人监管的不稳定状态，在满足农村地区金融需求的同时也加剧了资金风险。那么，如果将民间资本顺利地引导向正规金融，这样一来既解决了村镇银行放贷资金紧缺的难题，又可以为地下金融正规化提供渠道。《实施办法》无疑是对民间资本进入正规金融开放程度最大的法律文件，是民间资本阳光化的制度保障。

然而实践中，《监管指引》《实施办法》的立法目的并没有充分实现，民间资本对于设立村镇银行热情很高，但往往很难拉到银行业金融机构作为发起人或出资人。[11] 即使找到了银行作为发起人，由于《监管指引》规定，主发起人须为"持股比例不低于最低标准且为村镇银行唯一或最大股东的银行业金融机构"，《实施办法》规定，单一自然人（及其近亲属），境内非金融机构、境内非银行金融机构（及其关联方、一致行动人）等持股比例不得超过村镇银行

---

[11] 参见包爽：《我国村镇银行发展的法律对策研究》，湖南大学硕士学位论文，2009年4月。

股本总额的10%，这两方面要求导致多数主发起银行对于村镇银行绝对控股。这使得民间资本即使投资村镇银行，也对村镇银行并不掌握实际控制权，因此极大降低了民间资本参股村镇银行的热情，从而抑制了村镇银行的广泛设立和发展，同时也不利于疏导民间资本纳入正规金融。

（2）导致村镇银行股权高度集中，公司治理低效

目前设立的村镇银行，普遍是股份制企业（有限责任公司或股份有限公司），但是受主发起银行制度的制约，我国目前的村镇银行的股权结构普遍存在主发起银行“一股独大”，村镇银行股权高度集中的问题。[12] 多数主发起银行对村镇银行绝对控股，难以形成股权制衡，从而容易引发内部人控制，控股股东侵害中小股东甚至村镇银行利益等问题，降低了公司治理的效率。

国内外诸多研究表明，股权结构和治理结构之间存在着密切的联系。股权结构是村镇银行公司治理的产权基础，它决定了股东的结构和股东大会，也会影响董事会和监事会的构成，从而影响村镇银行的运行效率、经营业绩等。因此，有什么样的股权结构，就应当采取相应的公司治理结构，对于村镇银行也是如此。所以，构建一个合理的股权结构是保障村镇银行高效运行、稳健经营、良好发展的关键。而对于村镇银行股权结构的研究具体又包括两部分：股权集中度和股权构成。股权集中度顾名思义指的是各股东所持股份占银行总股份之比重，又可以分为高度集中型、适度集中型和高度分散型三种类型。而股权构成指的是村镇银行的股份由什么样的股东所持有，根据投资主体不同划分为自然人持股、法人持股、国家持股等。

公司股权结构以股权集中度的标准划分，可以分为三种类型：高度集中型、适度集中型和高度分散型。高度集中型股权结构是指公司有一名控股股东，对公司享有绝对控制权。适度集中型股权结构会是指公司有较大的相对控股股东，同时还有其他大股东。

我国目前的村镇银行股权结构中，多数都是发起银行持股比例20%以上，

[12] 参见柴瑞娟：《村镇银行股权结构研究》，载《法学杂志》2010年第2期。

很多主发起银行持股比例将近甚至超过50%，一股独大，村镇银行股权高度集中。而在高度集中的股权结构下，村镇银行拥有一个绝对控股股东，对公司持股50%以上，对银行拥有绝对控制权。集中的股权结构和分散的股权结构相比，大股东由于出资多，收益大，因而往往积极主动地经营银行，效率较高。但是，村镇银行高度集中的股权结构也产生了一些弊端：首先，由于大股东绝对控股，容易操纵董事会、监事会的选举，使得董事会变成大股东的传声筒，使监事会沦为摆设。由于缺乏有力的制衡和监督，大股东很容易通过关联交易等方式侵害中小股东利益而为自身谋利。其次，在高度集中的股权结构下，中小股东持股比例低，话语权小，小股东缺乏参与银行管理的动力和能力，不利于银行决策的科学化、民主化。高度集中的股权结构以德国、日本的商业银行为主要代表。

而在适度集中型的股权结构下，由于既有相对控股股东，也有其他大股东，他们各自持有相当份额的股权，因此对银行的经营和监管具有充分的动力和能力，不易产生像中小股东那样的“搭便车”行为。另外，在适度集中性的股权结构下，由于不存在一股独大的绝对控股股东，使得各相对控股股东和其他大股东之间通过内部利益牵制，达到相互监督的效果，从而形成股权制衡，更好地促进公司的发展。我国的浙商银行和浙江台州市商业银行，定位于服务中小企业，并且都取得了不错的经营业绩。观察其股权结构的设置，不难发现他们都不约而同遵循了股权结构适度集中的原则，其各股东持股比例在10%左右。适度集中同时又适度分散的股权结构，为银行的出色业绩奠定了基础。因此，笔者认为适度集中的股权结构更适合村镇银行的运营和发展，并且能够使其经营、监控机制更有效率。

（3）村镇银行复制主发起银行的经营管理模式，丧失了独立性和灵活性

根据《监管指引》，村镇银行虽然规模很小，却是一级独立法人，管理上有扁平化的特点，并且《监管指引》对村镇银行的公司治理做出了灵活的规定。因此，村镇银行本应具有决策链条短，信贷审批灵活，发放贷款效率高，经营管理灵活等特点。

但是，实践当中，村镇银行的上述优势往往难以发挥。首先，村镇银行的主要发起人往往是商业银行，因此在经营管理、人事安排等方面村镇银行受发起银行影响很深。而从一些大中型商业银行的角度考虑，其在农村地区设立村镇银行的初衷主要是实现跨地区经营，因此，从设立之初往往就以分支机构的模式进行管理，这样更有利于加强对村镇银行的管理和风险控制，防止由于村镇银行经营不善而影响主发起银行品牌和声誉的情况发生。其次，村镇银行由于无法提供跨行支付、异地结算、征信查询等业务，这些业务还要发起行代理。这些原因导致了村镇银行逐步沦为主发起银行的分支机构，难以真正做到独立自主经营，法人独立性有所降低。在这种情况下，村镇银行也逐渐丧失了决策链短、经营管理灵活等优势。

（三）关于董事会的法律规定不健全，董事会无法充分发挥作用

《监管指引》第 2 条明确规定“村镇银行是指经银监会及其派出机构依据有关法律法规批准的，主要为县（市、区）域内‘三农’、小微企业和社区居民提供金融服务的银行业金融机构”。而我国的商业银行的公司治理主要适用于《公司法》《商业银行法》《治理指引》等法律法规及规范性文件。

1. 村镇银行董事会独立性不足

（1）缺乏合理的董事选聘制度，董事选聘形式化、行政化严重

《公司法》赋予董事会的职责是经营决策机构，它要决定公司的经营计划，制定公司的发展战略，对管理层实行监督。而完善的董事选聘制度是保证一个优秀的董事会的关键。我国的《公司法》规定了，非职工代表董事由股东会或股东大会选举，职工代表董事由职工代表大会选举。《治理指引》也规定了“商业银行应当制定规范、公开的董事选任程序，经股东大会批准后实施”。虽然在《公司法》和《治理指引》中规定了董事的产生方式，但并没有规定具体、详尽的选聘制度，包括选聘程序、董事的资质等方面的要求等。而笔者看到的一些村镇银行在其《公司章程》里也没有制定详尽可操作的董事选聘机制。

因此，实践中村镇银行的董事选聘出现了形式化、行政化的现象。村镇

银行的董事选聘行政干预严重，尤其是对董事长的选聘。村镇银行的董事长多由大股东——主发起银行直接提名或决定。这样选举出的董事缺乏独立性，往往更加看重银行利润如何分配，而忽视了影响银行发展的其他问题，而且难以照顾到村镇银行中小股东以及存款人的利益。

（2）董事会介入管理层职能，监督作用弱化

如笔者在上文所述，村镇银行董事选聘受主发起银行影响严重，导致董事、董事长往往由主发起银行直接决定、任命。不仅如此，实践中村镇银行行长等高级管理人员的选聘也出现了形式化、行政化的趋势，导致董事长身兼行长职务，董事会、高管层职能含混不清。

尽管村镇银行的公司章程中多明确规定了董事长可以提名行长，但是从实践情况来看，董事会对于行长等管理层的选聘也只是走形式，村镇银行行长的任命基本仍由主发起银行决定。因此董事长同时身兼行长的情况非常普遍。这就导致董事长领导的董事会既是裁判员，要监督管理层的经营管理；又是运动员，因为其自身同时也是高级管理人员。结果导致村镇银行的董事会独立性不足，大多直接参与银行的管理，介入了管理层的职能，因而无法对管理层实行有效的监督和制约。笔者认为，董事会应独立于高管层，才能充分发挥董事会的制衡作用。

（3）独立董事制度过于灵活

我国的《公司法》《商业银行法》中尚没有确定独立董事制度，在《治理指引》中规定了独立董事制度。且根据《治理指引》规定，“董事会由执行董事和非执行董事（含独立董事）组成”，因此对于商业银行而言，董事会成员中必须包括独立董事。而调整村镇银行的《监管指引》规定“村镇银行可设立独立董事”，没有规定村镇银行须施行独立董事制度，较为灵活。笔者认为，根据村镇银行股权结构和公司治理目标的特点，以及村镇银行目前经营过程中暴露的一些问题，有必要对村镇银行独立董事制度进行强制要求。

首先，村镇银行公司治理目标不同于一般企业，除了要实现股东利益最大化，还要切实保护存款人的利益，不损害其他利益相关者的利益，并努力实

现支农性目标。然而村镇银行的股权结构高度集中于主发起银行，他们的利益有可能与中小股东以及银行债权人的利益发生冲突。在这种情况下，村镇银行的大股东——主发起银行有可能，也有能力损害中小股东或者债权人的利益。因此，笔者认为，引入独立董事制度，有利于形成与大股东之间的制衡机制，保障中小股东与债权人的利益。其次，如笔者在前文所述，实践中村镇银行董事会介入管理层职能的情况十分普遍，导致董事会并不能真正起到监督管理层的作用。因此，引入独立董事，会增加董事会中非管理层董事的比例，使董事会与管理层分离，而增强董事会的监督职能。加拿大蒙特利尔银行就规定，董事会中来自管理层的董事不得超过两名。韩国银行业监管部门也规定，银行的董事应以外部董事为主，要独立于管理层，并建议专门委员会的成员也由外部人员担任。

2. 村镇银行缺少董事会专门委员会制度，董事会决策职能弱化

《公司法》规定了，董事会是公司制企业的执行机关，负责制定公司的经营方针和战略决策等。而实践中，我国村镇银行的董事多是通过出席董事会并听取行长做报告的方式对村镇银行的经营、决策的重大事项做出审议。村镇银行的日常运营专业性很强，其公司治理涉及财务管理、投资管理、风险控制、关联交易控制等诸多方面，而目前村镇银行董事参与日常经营、决策的方式无论是从广度还是从深度上，都无法满足银行日常经营的客观需求。笔者认为，村镇银行的董事会应当从决策能力和履职机制方面进一步改进，才能真正发挥董事会的作用。而在提高董事会专业能力方面，笔者认为，引入专门委员会制度可以大大提高董事会的决策能力。

《治理指引》对商业银行董事会下属的专门委员会做出规定，“董事会应当根据商业银行情况单独或合并设立其专门委员会，如战略委员会、审计委员会、风险管理委员会、关联交易控制委员会、提名委员会、薪酬委员会等”。而《监管指引》则规定，“村镇银行董事会可根据需要合理设置专门委员会”。

笔者认为村镇银行“可以”设立专门委员会，这样的规定过于灵活。如前所述，银行业面临着多种复杂的风险，并且银行业还有很强的传染性和负外部

性。村镇银行规模普遍没有股份制商业银行大，因而其公司治理水平以及抗风险能力也更低于股份制商业银行。因此，笔者认为村镇银行更应当设立专门委员会，以更好地发挥董事会的决策和监督的作用。

以提名委员会的作用为例，《治理指引》规定，“提名委员会主要负责拟定董事和高级管理层成员的选任程序和标准，对董事和高级管理层成员的任职资格进行初步审核，并向董事会提出建议”。如上文所述，村镇银行缺乏公平合理的董事选聘制度，实践中董事选聘存在行政化、形式化的现象。而国外许多商业银行一般在其公司章程或其他治理规则中，规定董事选聘程序由提名委员会按照一定的标准提名董事候选人开始。并且规定了提名委员会中独立董事占到很高比例，这就保证了选聘董事程序的公平性，以及董事候选人的独立性。根据标准普尔评级机构 1997 年对被选入其调查样本的金融企业进行的调查，独立董事人数占提名委员会董事总人数超过一半的金融机构，占到了所有被调查金融机构的 50.7%；而提名委员会全部由独立董事构成的占比 20.3%。[13]由此可见，提名委员会对于村镇银行董事会的构建，治理结构的完善具有非常重要的作用。而村镇银行并未被强制设立提名委员会，因此其董事选聘机制的公平、公开程度并没有保证，从而可能影响村镇银行的经营、决策水平。

风险管理委员会亦是如此，《治理指引》规定，“风险管理委员会主要负责监督高级管理层关于信用风险、流动性风险、市场风险、操作风险、合规风险和声誉风险等风险的控制情况，对商业银行风险政策、管理状况及风险承受能力进行定期评估，提出完善商业银行风险管理和内部控制的意见”。以长兴联合村镇银行为例，很多中小村镇银行的风险管理水平令人担忧。长兴联合村镇银行董事长曾由主发起银行委派一名员工兼任，并非专职人员。董事会历次会议未达法定次数。尤其是董事会并没有下设风险管理委员会等专门委员会，导致董事会并无能力履行风险管理的职责。难以达到《商业银行内部控制指引》规定的“董事会负责明确设定确定商业银行可接受的风险水平”“对内部控制

---

[13] 参见赵勇：《商业银行法人治理研究》，中国金融出版社 2010 年版，第 236 页。

的有效性进行监督”的公司治理要求。[14]

（四）监事会未充分发挥监督职能

1. 村镇银行监事会履职机制不完善，监督职能较弱

《监管指引》虽然规定了村镇银行应设立监事会，但从目前实践来看，村镇银行监事会实际发挥的监督效果、实际作用并不明显，主要原因之一是村镇银行监事会的履职机制不完善。

首先，缺乏监事会如何履行监督职能的具体制度。《治理指引》规定，“监事会例会每季度至少应当召开一次。监事会临时会议召开程序由商业银行章程规定”。由于《监管指引》未对监事会的履职机制做强制要求和明确规定，因此部分村镇银行每年只是例行公事的召开一到两次监事会，并不能真正起到检查监督的作用。即使发现银行经营管理的问题，也因为不具有时效性而大大降低了监事会的监督效率。因此笔者认为规制村镇银行公司治理的法律法规也应当对监事会召开的程序、次数，监事的资质等做出具体的规定，使得监事会的检查监督职能不流于形式。或让村镇银行适用《治理指引》的部分规定，尤其是监事会建设方面的。

其次，缺乏职工监事履行监督权的保障机制。《治理指引》规定，“商业银行监事会由职工代表出任的监事、股东大会选举的外部监事和股东监事组成”。其中，股东监事从股东中选出，股东由于对村镇银行持有股份，因此更关心它的经营、发展情况，也对村镇银行的各方面信息更加了解，有能力也有动力行使好监督权。而职工监事对于银行的依赖性更强，并不具有独立性，因为职工个人的职业发展前途往往决定于董事会、高管层。因此，职工监事无法有效行使监督权。各方选举的不同的监事代表各自不同的利益对公司的经营进行监督，以达到相互制衡、实现银行内控良好运行的目的。而目前《监管指引》对

[14] 参见蒋玉敏：《村镇银行风险管理现状问题与对策——以浙江长兴联合村镇银行为例》，载《货币银行》2011 年第 5 期。

监事会的构成并没有做出明确的规定，且职工监事天然处于“弱势”，因此笔者认为，首先应对村镇银行监事会的组成有进一步明确的规定，确保各方力量的平衡；其次对于职工监事应当通过法律法规构建职工监事履职的保障机制，让职工监事“敢说真话，敢于监督”，这样才能真正发挥好监事和监事会的作用。

2. 监事专业能力不足，不能起到监督的作用

《公司法》和《治理指引》规定了商业银行监事的职能范围。《治理指引》规定了监事会具有包括监督董事会、高管层履职情况，监督检查商业银行的财务活动，对商业银行的经营决策、风险管理和内部控制进行审计等多项职能。这些都说明银行的监事工作具有极强的专业性，需要由具有专业知识和丰富经验，并且品格良好的人来担任。而《监管指引》并未对村镇银行的监事资质做出具体规定，而《治理指引》对商业银行监事长的任职资格做出了明确要求，还规定监事会可根据情况设立提名委员会和监督委员会；还可以独立聘请外部机构就相关工作提供专业协助，以保证监事会具有足够专业的能力履行自己的职责。

实践中，由于《监管指引》并未对村镇银行的监事会的监事任职资格和专门委员会的设置做出具体规定，因此一些已经建立监事会的村镇银行也没有对监事的专业能力进行考核。有些监事仅仅通过列席董事会，听行长做报告的方式来履行监事会的监督职责。如此方式和如此水平的监督，并不能发挥监事会本应有的作用。因此笔者认为，还应当通过法律法规，对村镇银行监事的任职资格以及监事会各专门委员会的设置做出具体规定。

（五）村镇银行支农性规定缺乏可操作性，村镇银行支农作用不明显

为了保证村镇银行等新型农村金融机构能够更好地支持农村经济的发展，我国也颁布了一列的法律法规，并在其中明确规定了村镇银行支农性的要求。《监管指引》规定，“村镇银行应坚持‘立足县域、立足支农支小、立足基础金融服务、立足普惠金融’的基本原则，按照服务‘三农’、小微企业和社区的

市场定位，确立发展战略及与之相适应的发展目标，并建立相应经营机制和服务体系”“信贷投放应立足满足县（市、区）域内农村经济发展需要，‘支农支小’贷款占比和增速应符合相关监管要求”。但是以上这些支农性规定，仍然过于原则化，并且还属于倡导性、建议性的规定，缺乏实际可操作性，因而在执行效果上并不理想。

实践中，村镇银行逐渐偏离了“服务三农”的宗旨，支农性较弱，主要表现在以下几个方面。第一，在设立地域上，有许多村镇银行选择设立在市区或者县域地区，尤其是一些经济较发达，金融服务并不匮乏的县和城市郊区。而真正需要金融服务的落后的乡镇、乡村，却鲜有村镇银行的身影。第二，村镇银行贷款脱农化、短期化趋势明显。[15] 由于村镇银行法律性质属于商业银行，因此会本能地追求利润最大化。村镇银行在发放贷款时出于收益和安全的考虑，放贷对象多为工商企业。鲜有村镇银行放贷给农户，有的村镇银行甚至开业一年多，还没有发放过一笔涉农贷款。有些村镇银行在贷款统计表格上注明的用途是种植或养殖业贷款，而实则是放贷给企业的 6 个月以下短期贷款。[16]

六、完善我国村镇银行公司治理的法律对策

（一）完善村镇银行股权结构的法律对策

1. 取消发起人资格限制，构建多元化股权结构

现行的村镇银行制度规定，村镇银行的主发起人必须为银行业金融机构。首先，这一规定严重限制了包括民间资本在内的各种资本投资村镇银行，不利于村镇银行的大量设立和发展。其次，村镇银行的股权高度集中于主发起银行，难以形成股权制衡，公司治理结构不合理。最后，由于大多数村镇银行都由主发起银行控股，村镇银行多数都是复制主发起银行的经营和管理模式，丧

[15] 参见徐小青、樊雪志：《村镇银行试点的成效、问题与建议》，载《中国市场》2010 年第 9 期。

[16] 参见杨晓东、常文利：《新型村镇银行运营优势与突出问题研究》，载《兰州学刊》2010 年第 7 期。

失了独立性，也丧失了自身灵活机动的优势。鉴于现行主发起银行制度给村镇银行发展带来的上述问题，笔者认为法律应适当放宽村镇银行的市场准入，逐渐取消主发起人资格的限制，以鼓励村镇银行形成多元化的股权结构。

（1）由境内自然人、非银行机构作为主发起人

现行的主发起银行制度是监管部门出于审慎性考虑，以更好地防范、控制村镇银行面临的各种风险。笔者认为，随着村镇银行的不断发展，农村金融体系的不断完善，现行的主发起银行制度只是目前条件下的过渡性制度安排。在未来应当逐步允许境内的自然人以及非银行机构作为主发起人设立村镇银行，这无论是对于解决村镇银行目前的发展困境，还是对农村金融的未来发展，都意义重大。

首先，村镇银行的"草根"性质使得自然人发起人对村镇银行有天然的亲切感，有利于银行工作人员深入农户，了解他们一手的资金需求和信用情况，切实满足农民农户的信贷需求。其次，自然人发起人相比机构发起人而言会更加投入、用心地对村镇银行进行经营和管理，可以大大加速村镇银行发展的步伐。最后，引入非银行机构作为发起人，不仅拓宽了村镇银行的投资主体，促进村镇银行在未来的发展中实现增量增长，而且有助于引导民间资本由地下金融通过参股村镇银行转移到正规金融。

（2）由境外投资者作为主发起人

无论是外资银行业金融机构，还是非银行业机构，引进境外投资者作为主发起人的好处在于国外的投资者带来了资金、先进的技术和管理经验，从而带动了中国国内银行业的发展。具体而言，第一，有助于村镇银行完善公司治理结构。我国的商业银行和外资银行相比，管理水平仍有差距，一些产品和服务仍然缺乏竞争力，而已开设的1000多家村镇银行的经营管理水平更是参差不齐。因此，引进境外的投资者作为主发起人，尤其是那些管理经验丰富、业绩良好的国际金融集团，有助于村镇银行改善公司治理结构，提高自身管理水平。第二，有助于村镇银行快速发展。引入境外投资者，村镇银行可以学习国外的先进经验，少走弯路，大大降低了学习成本。第三，促进国内银行创新产

品和服务，推动国内金融市场发展。我国商业银行的主营业务收入中，存贷差收入占据七成以上，而中间业务收入占比不到三成，几乎和国外发达国家商业银行的收入结构截然相反。这显示出我国的金融创新能力和动力不足，而引入境外投资者作为村镇银行的主发起人，增强了村镇银行的创新意识和开发新产品、服务的能力，对其他商业银行也是一种刺激和促进。

2. 放宽股东持股比例限制，构建适度集中的股权结构

现行法律规定了主发起银行以及其他股东的持股比例限制，由于村镇银行的主发起人持股必须在15%以上，而其他股东如自然人股东，或非银行机构股东持股被限制在10%以下，就导致了村镇银行股权高度集中，容易引发一股独大的情况发生，从而影响了公司治理的有效性。

笔者建议，未来《监管指引》中关于除主发起人外的其他发起人股东持股比例上线可进一步放宽，例如增加其他股东的持股比例，以促进村镇银行构建适度集中的股权结构。这样，一方面，不会产生一股独大的绝对控股股东；另一方面，由于存在相对控股股东，从而对村镇银行的经营管理具有充分的动力和能力，不易产生中小股东搭便车的行为，使得各相对控股股东和小股东之间相互制衡、互相监督。

（二）完善村镇银行董事会建设的法律对策

笔者认为，需要进一步完善村镇银行董事会的建设，村镇银行作为特殊的商业银行，应当遵循《公司法》《商业银行法》的相关规定。

对于村镇银行董事会相关制度，首先笔者建议完善董事的选聘制度。目前村镇银行适用的《公司法》《商业银行法》《监管指引》都没有规定详尽、具体的董事选聘制度，村镇银行的《公司章程》里也鲜有规定。因此笔者认为，第一，法律应当对村镇银行董事的资质做出详尽、具体的规定，包括董事应具备的专业知识和工作经验以及正直、勤勉、忠实等品格和一些否定性条件。第二，关于董事选聘程序，由于调整村镇银行的法律法规中，缺少对董事选聘程序的详尽规定，导致村镇银行的董事选聘出现了行政化、形式化的现象。而调整商业银行

的《治理指引》中则明确规定了，董事会提名委员会、单独或者合计持有商业银行发行的有表决权股份总数百分之三以上股东“可以向董事会提出董事候选人”，董事会提名委员会对董事候选人的任职资格和条件进行初步审核，并需要经董事会审议、股东大会表决。并且，国外许多商业银行一般也会在其公司章程或其他治理规则中规定提名委员会中独立董事占到很高比例，这就保证了选聘董事程序的公平性，以及董事候选人的独立性。笔者认为，我国的村镇银行一是应当尽快适用《治理指引》的法规；二是可以借鉴国外商业银行提名委员会独立董事占多数的规则，进一步完善并形成一套完整的董事选聘程序。

最后，建立一套专门委员会体系以增强董事会对银行业务的决策能力和对高管层的监督能力。目前法律只是规定村镇银行董事会“可以”设置不同的专业委员会。而《治理指引》规定，“董事会应当根据商业银行情况单独或合并设立其专门委员会，如战略委员会、审计委员会、风险管理委员会、关联交易控制委员会、提名委员会、薪酬委员会等”。笔者认为，法律应当对村镇银行设立各专门委员会做出强制性规定。因为村镇银行规模小，公司治理水平和风险控制能力不足，应当通过设立专门委员会，加强村镇银行董事会对银行进行管理和治理的能力。并且，笔者还认为，还应通过法律法规保障村镇银行董事会各专门委员会的独立性和专业性，以保证董事会的独立性。比如，规定各专门委员会中独立董事占比要超过一半。再如，规定有的专门委员会的负责人必须为独立董事，这一点笔者认为村镇银行应当适用我国《治理指引》对于专门委员会的规定，即“审计委员会、关联交易控制委员会、提名委员会、薪酬委员会原则上应当由独立董事担任负责人”。

（三）完善村镇银行监事会法律制度

如前文所述，由于《监管指引》未对村镇银行监事会履职机制及对监事的专业能力等做出明确的要求，导致了实践中很多村镇银行并未建立其行之有效的监事会制度，监事会也并未充分发挥其监督职能。因此笔者建议，关于村镇银行监事会的法律制度应进一步完善。

第一，借鉴《治理指引》，完善村镇银行的监事履职机制。由于《监管指引》并未规定具体的监事的履职机制，因此在实践中一些村镇银行的监事会每年只召开一两次会议；有些村镇银行的监事会监督形式单一，仅仅通过列席董事会会议听取董事长报告的形式，使得监事会的监督职能流于形式。因此，笔者认为，应借鉴《治理指引》对村镇银行监事会的规定。首先，法律应规定村镇银行监事会一年内召开的次数，并且监事会应当制定相应的议事规则。借鉴《治理指引》对于监事会履职制度的规定，村镇银行的监事会例会应当每季度召开一次，并且规定在其公司章程中应明确注明召开临时会议的程序，以及相应的监事会议事规则。其次，建立职工监事行使监督权的保障机制。目前，我国村镇银行监事会中的职工监事，往往考虑到自己未来的职业发展、升迁、奖金等各方面因素都决定于董事会和高管层，因而无法真正行使监督权。笔者认为，应通过法律规定建立职工监事的履职保障机制。比如，规定职工监事在任职以及离任几年内期间，非经职工代表大会通过，不得被辞退或解除劳动合同等。

第二，法律应对监事任职资格、监事会的专门委员会做出规定，保证监事具有足够的专业能力。首先，目前法律未对村镇银行监事的任职资格做出明确规定，笔者认为应当参考《治理指引》对监事长任职资格的规定，规定村镇银行监事长或监事至少应当具有财务、审计、金融、法律等某一方面专业知识和工作经验。其次，法律应规定村镇银行监事会可根据需要建立一系列专门委员会，可以独立聘请外部机构就相关工作提供专业协助，以增强监事会的监督能力，对村镇银行的经营、对董事会和高管层、对银行的财务等实行切实有效的监督。

（四）促进村镇银行实现服务三农公司治理目标的法律对策

正如笔者在前文所述，商业银行的特殊性使得村镇银行的公司治理目标不同于一般的公司制企业，其中，服务三农是村镇银行所需要履行的重要职责。而我国现有的关于村镇银行的法律法规，不足以让村镇银行更好地实现服务三农、支农支小的战略目标。

村镇银行的法律性质属于商业银行，遵循着“效益性”的经营原则，并且要“自主经营，自担风险，自负盈亏，自我约束”，因而其追求利润最大化无可厚非。但是与此同时，《监管指引》等多部法律法规的主旨也表明了，村镇银行同时承担着服务三农的任务。而现有的关于村镇银行支农性规定，过于原则化，多为倡导性、建议性的规定，缺乏实际可操作性，所以在执行效果上并不理想。实践中，村镇银行逐渐偏离了“服务三农”的宗旨，设立地点多选在经济较为发达的县或城郊；贷款短期化、脱农化严重。笔者认为，关于如何在已有的支农性规定基础上，制定出更具有可操作性的具体的制度和措施，可以借鉴美国《社区再投资法》的一些做法。

（1）《社区再投资法》有关社区银行的规定

美国的社区银行是由地方资助设立和运营、资产规模在 10 亿美元以下、独立的小型商业银行。与其他商业银行不同的是，社区银行是从当地社区的住户和企业吸收存款，并向当地住户、企业，特别是中小企业、农场主提供金融服务的银行业金融机构。调整社区银行行为的法律法规主要有《社区再投资法》《小企业法》等。

美国国会于 1977 年颁布了《社区再投资法》（The Community Reinvestment Act，CRA）。其立法的背景是，美国当时的城市发展停滞不前甚至出现衰落的趋势，尤其是低收入社区，而在公众眼中城市和社区的衰落与低收入阶层无法平等地获得信贷有很大关系。低收入阶层有强烈的资金需求以改变自身经济状况，但由于信用低，难以获得贷款，又限制了他们改变自身经济窘况的行动。在此情况下，为了鼓励金融机构在这些低收入、欠发达地区投资、放贷，美国国会通过了《社区再投资法》。

该法案要求，几乎所有银行必须为其所在社区提供信贷支持，而其中必须有一部分放贷给社区中的中低收入群体，也明确了金融机构有义务采取积极的措施满足当地社区的信贷需求。该法案主要用于评估银行等金融机构在满足当地社区信贷需求方面，尤其是针对中低收入阶层的放贷做出的努力和贡献，具体考核银行的三个方面的工作，在此笔者仅就其中对于我国村镇银行有借鉴意义的措施和法规做详细的阐述。

第一，贷款考核（lending test）。主要考核银行是否满足了社区内小企业、小农场、房屋抵押贷等方面的信贷需求。考核标准包括：贷款行为方面，比如某家银行向低收入阶层、中等偏下收入阶层、中等收入阶层以及高收入阶层发放贷款的笔数和总额。创新性和灵活性方面，该银行是否为满足中低收入阶层的贷款需求而采用创新的贷款行为。

第二，投资考核（investment test）。主要考核银行通过投资满足当地信贷需求的情况。考核标准包括：合格投资的总额；投资于社区发展的资金与融资需求的匹配程度；合格投资的创新性和复杂程度。

第三，服务考核（service test）。主要考核银行在本地区提供零售服务的有效性，尤其是对中低收入社区的服务网点设置和服务范围。考核标准包括：银行分支机构在各个收入阶层社区内的分布情况；银行开设、关闭分支机构的历史记录，尤其在中低收入区域；自助银行服务在中低收入区域的分布情况和效率。

（2）《社区再投资法》的实施与执行

为实施 CRA，美国国会指定了包括美联储在内的四个政府机构作为 CRA 法案的监督检查机构。并对其监督检查提出了几项要求：①运用监督权鼓励金融机构满足社区信贷需求；②对金融机构满足社区及中低收入阶层信贷需求的情况作定期评估；③在审批金融机构注册、参加存款保险、设立分支机构或收购兼并时，将该金融机构 CRA 的执行情况评估结果作为重要参考依据。

法案还对不同地区不同金融机构制定了详尽的评估标准，根据前述关于贷款、投资、服务的考核，为金融机构做出 4 个等级评级：成绩突出、满意、有待改进、不合要求。而评级结果将直接影响金融机构日后开展各项经营活动的审批。

但 CRA 法案的实施在一开始也遇到了各种困难，主要问题在于：缺乏明确的规定和标准；4 家监管机构对 CRA 的执行力度不强。很多银行并未执行 CRA 的规定，对社区扶持不够而在之后开展经营活动中遭受审批的阻力。这种情况直到 CRA 颁布 12 年后才有所改善，1989 年各监管机构开始制定 CRA

执行的细则，对被监管的银行机构定期检查，考核其信贷笔数、金额，甚至还要考核贷款结构分布与占比等。同年，美联储以未满足 CRA 要求为由，否决了一家银行的并购申请。

此后，监管机构对 CRA 的执行由定性转为定量，由粗放转为精细，加大了对 CRA 的执行力度，该法案逐渐发挥了作用，逐步实现了立法的初衷。美国当地有多项调研表明，该法案持续、成功地满足了诸多低收入群体对资金的需求，提升了金融供给的公平程度，促进了中低收入社区的经济发展，改善了中低收入者的生活。与此同时，商业银行也并未因加大对低收入阶层的金融供给而收益降低。相反，由于金融机构和银行家们积累了对低收入社区的放贷经验，逐步学会了有效控制此类信贷的风险，并开发出针对低收入阶层的新产品和服务，反而为银行自身的业务拓宽了渠道，找到了新的盈利增长点。

（3）我国村镇银行支农性制度的完善

在上文的论述中，美国的《社区再投资法》给了我们很多启示。纵览 CRA 的制定和执行，笔者认为有以下两点最为值得我们借鉴。

第一，完善村镇银行支农性的具体规定，逐步细化、具体化。在村镇银行的立法中，现行的《监管指引》对于村镇银行支农性制度做出了笼统的规定。然而村镇银行可用资金是否用于农村建设，谁来监督？村镇银行发放贷款已满足当地资金需求，实践中又如何考核？对于这些具体而细化的问题规定过于模糊，缺乏可操作性，使得村镇银行有可能偏离服务三农的宗旨。尽管 2019 年 12 月银保监会发布了《关于推进村镇银行坚守定位　提升服务乡村振兴战略能力的通知》，对村镇银行考核指标设定了原则性要求，但其中涉及支农支小的指标仅有一项，完整的监测考核指标体系及具体的考核安排还需要各地结合当地实际情况进行完善。因此，笔者建议今后的立法可以借鉴美国《社区再投资法》的规定，要求村镇银行将针对本县域、乡、村内发放的贷款的笔数、金额，以及放贷给中低收入农户、中小型农业企业等涉农贷款的占比做详尽的记录，并以此作为考核指标，建立一系列指标评价体系，对村镇银行的支农效果进行定期考核，对村镇银行在当地涉农贷款的数量、服务创新性、满足农村地区金融需求的程度等方面做出综合评价。还可以与村镇银行在之后开展各项经营活动的审批相挂钩，支农综合评价分数低的，对其扩张经营进行限制；评价高的，给予政策优惠或经济奖励。

第二，制定完毕具体的实施细则后，需要强有力的贯彻执行，加强监管机构的权力和执行力度，将法律规定落到实处。正如美国《社区再投资法》的实施、执行给我们的启示一样，设计再完美的制度，如果没有后来政府和监管机构强有力的执行措施，仍然是一纸空文，被束之高阁。因此，笔者认为，对于村镇银行的支农性制度也是如此，监管部门应当加大村镇银行相关法律法规的执行力度，制定出详尽、可操作的考核村镇银行支农效果的标准和奖惩机制，按照评估标准、奖励约束机制，定期考核村镇银行满足当地农村金融需求的情况，并且将考核结果与村镇银行日后开设分支机构、兼并收购其他金融机构等扩张经营的审批相结合，作为考虑的依据。如果考核达到优秀，可以给予政策、税收等方面的优惠；如果考核不合格，给予一定的惩罚。

七、结　语

村镇银行是我国农村金融体系的新成员，村镇银行的设立对于农村金融改革意义重大，它为改善农村金融供求失衡的局面带来了新的途径和新的思路。村镇银行的发展在我国尚处于初级阶段，农村金融各项基础法律制度尚不健全，这给村镇银行的发展带来了很大的困难。因此，笔者认为我们需要从法律层面，为促进村镇银行的发展营造一个良好的外部法律环境。同时，也要构建符合我国村镇银行实际发展情况的内部治理机制。本文着重研究了我国现行村镇银行公司治理相关法律制度存在的不足，并提出了相应的完善建议。

第一，村镇银行现行主发起银行制度导致其股权结构不合理，阻碍了村镇银行的发展。首先，现行的主发起银行制度限制了村镇银行的资本金来源，降低了除银行外其他主体投资的积极性。其次，导致村镇银行股权高度集中，无法形成股东之间，以及三会之间相互制衡的治理模式。最后，由于很多商业银行作为主发起人发起设立村镇银行，所以很多村镇银行被商业银行控股，遂逐渐复制主发起银行的经营、管理模式，而逐渐丧失了自身经营的独立性。对于村镇银行主发起银行制度带来的上述弊端，笔者认为，应当逐步取消发起人资格的限制，构建多元化的股权结构，避免一股独大侵犯小股东利益的情况，形成股东之间相互制衡、互相监督的公司治理结构。

第二，现行法律法规对于村镇银行内部治理结构，如董事会、监事会的任意性规定过多，导致村镇银行治理结构过于灵活、简单，不够完善。首先，现行调整村镇银行行为的主要法律法规包括《监管指引》等，其中的任意性规定过多。这就造成了《监管指引》为了适应村镇银行灵活、机动的特点而降低了对其公司治理的要求，使得村镇银行的董事会、监事会等治理机构设置不能达到公司治理的效果和要求，也无法与村镇银行的高风险性相匹配，给村镇银行的运行埋下了隐患。因此，应建立健全村镇银行的董事会、监事会等内部治理机构。

第三，村镇银行现行法律制度不能满足其支农性的公司治理目标。村镇银行的法律性质是商业银行，营利性是它的第一目标和主要任务。但是国家对于村镇银行的设立，既然降低了准入门槛和设立条件，其目的在于让村镇银行扎根农村地区，更好地服务三农，满足农户、农业企业的资金需求，促进农业经济发展。所以，支农性是几乎与营利性同等重要的又一目标。而我国现行法律制度对于村镇银行的支农性规定，尚且停留在原则性规定的层面，规定较为模糊，缺乏可执行性。并且，对于调整村镇银行支农行为的法律法规的执行和实施力度也比较薄弱。因此，笔者认为可以借鉴美国社区银行法律制度的做法，完善、细化我国法律关于村镇银行支农性的具体规定，并且加强有关法律法规的执行、监督力度，以保证村镇银行能够起到其应有的作用，切实做到扎根农村，服务三农。

《企业合规论丛》稿约

《企业合规论丛》是在华东师范大学法学院支持下，由华东师范大学企业合规研究中心创办、独立编辑并公开出版发行的学术连续出版物。

《企业合规论丛》初创于2018年，现包含“专题研讨”“论文争鸣”“判解研究”等栏目。

欢迎海内外专家学者、优秀学子、司法实务工作者惠赐稿件，论文来稿原则上在8000字以上，案例分析来稿原则上在5000字以上，并只接收电子邮箱投稿。来稿请以“作者姓名+文章标题”为邮件名称。收稿邮箱：qyhglc@163.com。

来稿请附摘要（300字之内）、关键词（5个以内）及作者个人简介（包括姓名、单位、职务或职称、地址、联系电话、电子邮箱）。关于引证规范，请具体参见尾页所附之引证体例。

《企业合规论丛》实行匿名审稿制，编辑部收到稿件起三个月内向作者通报审录结果，每稿必复。

《企业合规论丛》崇尚学术自由，严守学术规范。一旦发现作者一稿多发、抄袭或者存在其他严重学术不端行为的，本论丛将向其所在单位、主管机关、学术团体及新闻媒体通报情况，并保留追究其法律责任的权利。

为了扩大本论丛及作者知识信息交流渠道，除非作者在来稿时声明保留，否则视为同意《企业合规论丛》拥有以专有方式授予中国法制出版社对已发作品纸质图书的出版权，以非专有方式向第三人授予已发作品电子出版权、信息网络传播权和数字化汇编、复制权，以及向《中国社会科学文摘》《高等学校文科学术文摘》和中国人民大学书报复印资料等文摘类刊物推荐转载已发作品的权利。

《企业合规论丛》编委会

《企业合规论丛》注释体例

一、文中注释一律采用脚注，全文连续编号。

二、非直接引用原文的，注释前加“参见”；引用非原始资料时，请注明“转引自”。

三、引用同一文献的，如果两个注释并非相邻，分别列出完整的文献信息；如果两个注释相邻，则采用“同上注，第 × 页”。

四、注释及参考文献范例

（一）著作、教材类：

[1]《马克思恩格斯选集》(第 4 卷)，人民出版社 1972 年版，第 24 页。

[2] 龚祥瑞:《比较宪法与行政法》，法律出版社 1985 年版，第 255 页。

[3] 佟柔主编:《中国民法》，法律出版社 1990 年版，第 67 ～ 75 页。

（二）论文类：

[1] 苏永钦:《私法自治中的国家强制》，载《中外法学》2001 年第 1 期。

[2] 王利明:《隐私权的新发展》，载《人大法律评论》2009 年第 1 辑。

（三）文集类：

[1] 龚祥瑞:《比较宪法学的研究方法》，载《比较宪法研究论文集》(第一集)，南京大学出版社 1993 年版，第 55 页。

（四）译作类：

[1][古希腊] 亚里士多德:《政治学》，吴寿彭译，商务印书馆 1983 年版，第 54 页。

（五）报纸：

[1] 张志铭:《现代化与中国律师制度的发展》，载《光明日报》2003 年 9

月 23 日。

（六）古籍类：

[1]（清）沈家本：《沈寄簃先生遗书》甲编，第 43 卷。

（七）辞书类：

[1]《新英汉法律词典》，法律出版社 1998 年版，第 24 页。

（八）网络资料类：

[1] 郑成思：《“入世”、知识产权保护与民商法的现代化》，载 http://www.iolaw.org.cn/showNews.asp?id=243，2009 年 6 月 19 日访问。

（九）英文类：

[1] L.Fuller, *The Morality of Law*, Robert Gilpin, revised edition, New Haven: Yale University Press, 1969, p.143.

[2] Joseph Raz, *Legal Principles and The limits of Law*, 81 Yale Law Journal (1972), p.839.

[3] H.L.A.Hart, *Jhering's Heaven of Concepts and Modern Analytical Jurisprudence*, in Eaasys in Jurisprudence and philosophy, London: Oxofrd University Press, 1983, pp.269-270.

（十）英文以外的外文文种：依照该文种注释习惯。

图书在版编目（CIP）数据

企业合规论丛．第4辑 / 华东师范大学企业合规研究中心编．—北京：中国法制出版社，2021.7

ISBN 978-7-5216-1970-6

Ⅰ．①企… Ⅱ．①华… Ⅲ．①企业法—研究—中国 Ⅳ．①D922.291.914

中国版本图书馆 CIP 数据核字（2021）第118386号

策划编辑 / 王雯汀　　责任编辑 / 王雯汀　　封面设计 / 杨泽江

企业合规论丛·第4辑

QIYE HEGUI LUNCONG · DI-SI JI

编 者 / 华东师范大学企业合规研究中心
经 销 / 新华书店
印 刷 / 北京虎彩文化传播有限公司
开 本 / 710毫米×1000毫米　16开
印 张 / 24
字 数 / 353千

版 次：2021年7月第1版 / 2021年7月第1次印刷
书 号：ISBN 978-7-5216-1970-6　　定价：79.00元

北京西单横二条2号
邮政编码：100031　　传　真：010-66031119
网　址：http://www.zgfzs.com　　编辑部电话：010-63141824
市场营销部电话：010-66033393　　邮购部电话：010-66033288
（如有印装质量问题，请与本社印务部联系调换。电话：010-66032926）